현대시론 다시 읽기

현대시론 다시 읽기

인쇄 2012년 4월 25일 | 발행 2012년 4월 30일

지은이 · 김혜니
펴낸이 · 한봉숙
펴낸곳 · 푸른사상사
주간 · 맹문재 | 편집 · 지순이 | 마케팅 · 박강태

등록   제2-2876호
주소   서울시 중구 초동 42번지 아시아미디어타워 502호
대표전화   02) 2268-8706(7) | 팩시밀리   02) 2268-8708
이메일   prun21c@yahoo.co.kr / prun21c@hanmail.net
홈페이지   www.prun21c.com

ⓒ 김혜니, 2012

ISBN 978-89-5640-913-9 93810
값 23,000원

☞ 저자와의 합의에 의해 인지는 생략합니다.
  이 책의 전부 또는 일부 내용을 재사용하려면 사전에 저작권자와 푸른사상사의
  서면에 의한 동의를 받아야 합니다.
  e-CIP 홈페이지(http://www.nl.go.kr/cip.php)에서 이용하실 수 있습니다.
  (CIP제어번호 : CIP2012001904)

푸른사상 교양총서 6

현대시론 다시 읽기

김혜니

| 머리말 |

　일부 논자들은 흔히들 20세기가 경제 강대국이 세계를 지배했던 '비즈니스 시대'라면 앞으로 전개될 21세기는 문화 강대국이 세계를 지배할 '문화 시대'가 될 것이라고들 전망하고 있다. 이러한 전망의 근거는 이미 20세기 말에 나타나기 시작하였다. 그것은 20세기 산업사회의 기반이 자연과학을 기초로 한 중공업 산업 중심이었던 데 반해, 20세기 말에 와서 이러한 산업의 판도가 인지과학 기반의 지식정보화 산업으로 이동되었기 때문이다.
　이러한 21세기의 전망과 더불어 교육에 대한 새로운 인식이 요구되고 있다. 지금 세계는 교육 시스템 개혁에 집중하고 있으며, 학교가 교육 콘텐츠 강화에 의해 진화하고 있다. 각종 첨단장비를 이용한 스마트 스쿨 시스템이 자리하고 있는 것이다. 따라서 우려했던 문학의 위기, 인문과학의 위기라는 말은 슬며시 사라지고 있지만, 그래도 21세기 문학은 좀처럼 대답을 찾기 어려운 질문들 앞에 서 있는 것도 사실이다.
　그러나 이와 같이 교육의 패러다임이 바뀌면서 인간의 삶에 있어서 더욱 창의적 사고력과 상상력 그리고 표현력 등이 요구되고 있다. 그 요구의 중심에 문학 교육이 자리하고 있음은 명백한 사실이다. 일찍이 아리스토텔레스는 인간의 희망을 가리켜 '깨어 있는 자의 꿈'이라고 말한 바 있다. 문학작품을 대면한다는 것은 인간의 꿈과 희망을 키우는 것과 같다. 문학작품은 인간과 세계에 대한 총체적인 이해와 비판적 사고 능력을 증폭시킨다. 문학의 여러 장르 중에서도 특히 시의 감상과 창작은 자아와 세계를 바라보고 삶의 총체성을 인식하여 내면화하는 으뜸에 자리한다.

롤프 옌센(Rolf Jensen)은 21세기 또 다른 형태의 미래 사회를 '드림 소사이어티(dream society)'라고 규정하기도 한다. 따라서 이제는 시인이 시대의 변화를 읽지 않고 너무 낡은 시 문법만을 고수하는 것도 바람직하지 않다. 문화와 더불어 문학의 세계화는 반드시 필요하다. 우리의 문학과 세계문학을 연결시켜 고유한 것에 보편성을 부여하는 것이야 말로 문학의 미래를 다지는 길일 것이다. 그러나 우리의 전통을 바탕으로 문학과 문화의 세계화가 이루어져야 한다는 것은 변함없는 정석이다.

문학 교육은 반드시 이론과 실제가 병행되어야 한다. 실제가 없는 이론은 공허하고 서운하지만, 이론이 없는 실제 역시 산만하고 의심스럽기 때문이다. 이러한 논지에서 각 장르의 문학은 그 원론을 바탕으로 변화를 가늠하고 시도하여 바람직한 문학의 방향을 다져야 한다고 믿는다. 본 저자가 현대시론을 펴내게 된 의의도 여기에 있다.

본 『현대시론 다시 읽기』는 '시란 무엇인가'로부터 논의를 펼친다. 이어서 시의 종류, 유형, 언어, 리듬, 이미지, 비유, 상징, 아이러니와 패러독스, 어조, 시점과 거리 등 원론을 착실하게 논의하였다. 그리고 다양하게 변화하는 현대시와 시론인 아방가르드·전위문학의 시, 포스트모더니즘 문학의 시, 다매체 시대 문학의 시 등을 나름대로 정리하여 논의하였다. 특히 이번 2쇄에서는 디카시(dica-poem)를 소개했다. 그동안 디카를 활용한 글쓰기는 네티즌을 중심으로 일상화되어 왔다. 그리하여 디카시는 디지털 시대 새로운 시의 외연을 여는 핵심 이슈가 되고 있기도 하다.

아무쪼록 본 저서가 시를 사랑하는 후학도들에게 조그마한 도움이라도 되었으면 희망해 본다.

2012년 압구정동 우리집 서재에서
김 혜 니

머리말 • 5

제1장 시의 본질 • 11
   1. 시의 정의 • 12
   2. 시의 특성 • 16
   3. 시의 네 가지 관점 • 25
   4. 서정시의 장르적 특징 • 39

제2장 시의 유형 • 63
   1. 형식에 따른 유형 • 64
   2. 내용에 따른 유형 • 78
   3. 주제에 따른 유형 • 100

제3장 시와 언어 • 121
   1. 시어와 일상어 • 122
   2. 내포적 시어 • 125
   3. 애매성의 시어 • 132
   4. 낯설음의 시어 • 136

제4장 시와 리듬 • 145

    1. 리듬의 시적 개념 • 146
    2. 율격의 개념과 종류 • 149
    3. 한국 현대시의 전통적 리듬 • 162
    4. 음성 상징어와 리듬 • 166

제5장 시와 이미지 • 173

    1. 이미지의 개념과 시적 기능 • 174
    2. 이미지의 종류 • 179

제6장 시와 비유 • 191

    1. 비유의 개념 • 192
    2. 직유의 종류 • 195
    3. 은유의 개념과 구분 • 199
    4. 치환은유와 병치은유 • 204

제7장　시와 상징 ・221

1. 상징의 개념 ・222
2. 상징의 성격 ・224
3. 상징의 종류 ・237

제8장　아이러니와 파라독스 ・249

1. 아이러니의 개념과 정의 ・250
2. 아이러니의 기능 ・253
3. 아이러니의 종류 ・255
4. 파라독스 ・272

제9장　화자와 어조 ・281

1. 시의 화자와 기능 ・282
2. 화자와 청자의 유형 ・285
3. 시와 어조 ・295

제10장 시의 시점과 거리 •303

1. 시와 시점 •304
2. 현상적 화자 시점 •305
3. 함축적 화자 시점 •312
4. 시와 거리 •317

제11장 변화하는 개성의 시와 시론 •335

1. 아방가르드·전위문학의 시 •336
2. 포스트모더니즘 시대의 현대시 양상 •366
3. 다매체 시대의 문학과 현대시 •392
4. SNS와 디카시의 대두 •403

참고문헌 •409
찾아보기 •413

제1장
시의 본질

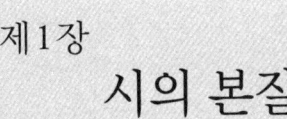

1. 시의 정의
2. 시의 특성
3. 시의 네 가지 관점
4. 서정시의 장르적 특징

1. 시의 정의

　시란 무엇인가? 시는 언어 예술의 문학영역 가운데 가장 오랜 역사를 가진 양식이기 때문에 지금까지 동양과 서양을 막론하고 수많은 정의가 시도되어 왔다. 그러나 시에 대한 정확한 정의는 내려질 수 없다는 것이 또한 시의 본질이기도 하다. 시의 본질은 단정적으로 정의할 수는 없다. 왜냐하면 시를 논의하는 사람의 관점에 따라서, 그리고 표현상의 차이에 따라서 시의 정의는 저마다 다른 견해가 제시될 수밖에 없기 때문이다. 또한 그 제시된 정의는 나름대로 경험과 고찰 그리고 사유가 이루어낸 결과이므로 크든 작든 얼마간 상이점을 가질 수밖에 없는 까닭이기도 하다. 그래서 일찍이 엘리엇(T.S. Eliot)은 "시의 정의의 역사는 오류의 역사"라고 말한 바 있다. 그렇다면 지나간 역사 속에서 수많은 사람들이 제시한 시에 대한 정의가 잘못된 것일까? 그것은 또한 결코 아니다.

　그만큼 시는 표상적 얼굴 뒤에 숨겨진 비밀, 아니 그 본질적 속성이 너무나 다양하다. 우리 인간은 우리가 살고 있는 우주의 무한한 공간을 가득 메운 천체들이나 그들 속에 살고 있는 수많은 생명체와 자연물들 모두를 헤아릴 수는 없다. 이런 무수한 천체뿐만 아니라, 지상의 모든 생명체와 자연물 하나하나가 시로 형상화되고, 더불어 시의 본질이 되기 때문에 완벽한 정답이 없는 것인지도 모른다.

　동양권에서 공통적으로 쓰고 있는 '詩'라는 용어의 범주는 매우 광범위하면서도 막연하다. '詩'라는 한자의 구조를 보면 '言+寺'를 서로 합한 글자로 '언어의 사원'을 의미한다. '言'은 모호한 소리인 '音'이나 말을 나타내는 '談'이 아니라, '분명하고 음조가 고른 말'을 뜻한다. 또한 '寺'는 '持'와 '志'의 뜻을 지닌다. 곧 '持'의 원자(原字)로서 '손을 움직여 일한다'는 것과 동시에 '志'의 '우리의 마음이 어떤 대상을 향해서 곧게 나감'을 뜻한다.

　공자(公子)는 시 삼백 수를 한마디로 "詩三百一言而蔽之曰思無邪"(시 삼백 수는 한마디로 생각함에 사악함이 없는 것이다)라고 했다. 또한 『서경(書經)』의 「순전(舜典)」에서 순(舜)임금은 "詩言志 歌永言 聲從永 律知聲"(시는 뜻을 말로 나타낸 것이며, 영원한 노래를 언어로 표현하는 것이며, 노랫소리는 영원성을 따르는 것이며, 앎의 소리는 정도를 아는 것이다)라고 했다. 시를 공자의 '사무사(思無邪)'로 또는 '지(志)의 표출'이나 '지(志)의 발언'으로 보았던 동양의 시관은, 물론 당시의 시가집 편찬이 아름다운 서정시에 국한되어 있다는 점에서 유래된 것이다. 하지만 이는 효용론적 입장을 분명하게 보여주고 있는 것이다.

　또한 우리나라의 이규보는 『백운소설(白雲小說)』에서 "夫詩 以意爲主 設意最難 綴辭次之"(시의 아버지는 표현하려고 하는 주인이며, 진정한 의미를 세우려고 할 때 무엇보다도 어려운 작업은 문장을 각색하고, 재치 있는 표현을 하며, 차운을 제대로 세울 줄 아는 것이다)라고 했다. 또한 서거정은 『동인시화(東人詩話)』에서, "諸者小技 然或有關於世敎 君子宜有所報之"(시라는 것은 작은 기예를 말하는데, 세상을 가르치는 일과 무관하지 않으니, 군자라면 시를 적당한 장소에 적절하게 전해야 한다)라고 했다. 이는 효용론적 입장을 그대로 수용하고 있는 것이다.

　서양에서의 시에 대한 정의는 일반적으로 네 가지 입장을 취하고 있다. 그것은 모방론적 입장, 표현론적 입장, 효용론적 입장, 구조론적 혹은 존재론적 입장이다. 가령 아리스토텔레스(Aristoteles)가 『시학(*Poetica*)』에서 말한 "시는 율어(律語)에 의한 모방이다"라는 정의는 모방론적 입장이고, 워즈워드(W. Wordsworth)가 『서정시가집 서문(*Preface of Lyrical Ballads*)』에서 말한 "시는 강한 감정의 자연적 발로다"라는 정의는 표현론적 입장이다. 또한 플라톤(Platon)이 『국가(*Politeia*)』에서 말한 "공화국에서 시인을 추방해야 한다"라는 정의는 효용론적 입장이고, 워렌(R.P. Warren)이 『시의 이해(*Understanding Poetry*)』에서 말한 "시는 시인의 정서적 확신이 아니라 그러한 확신을 위협하는 모든 반대 개념들과 충돌하는 존재다"라는 정의는 구조론적 입장이다.

　대체적으로 동양과 서구의 시론을 비교하면, 동양적 시 정신은 공리와 효용에 치중해 있고 서구적 시 정신은 모방의 기술에 치중해 있음을 알 수 있다. 이러한 동양과 서구의 시 정신을 지양하고 조화하는 시 정신이야말로 바람직하다고 할 수 있다. 또한 고대의 시론에서는 모방론적 관점, 효용론적 관점을 중요시하던 것이, 현대로 오면서 표현론적 관점, 구조주의 관점에 무게를 싣고 있다고 할 수 있다.

　이상에서 언급한 다양한 시의 정의는 대략 세 가지로 유형화할 수 있다.

　첫째, 시의 효용적인 기능의 유형이다. 이들은 동양과 서양의 고전 시학에 공통적으로 나타난 요소로서, 시의 교훈성을 강조한 공리적 문학관을 바탕으로 삼고 있다. '사무사(思無邪)' 곧 생각에 간사함이 없어야 한다는 공자의 정의나, '공화국에서 시인을 추방해야 한다' 는 플라톤의 정의는 모두 시의 효용적 기능으로서 교훈성의 가치를 중요시한 것이라 할 수 있다. 공자의 시관과 플라톤의 시관은 다같이 '도덕률의 정도' 라는 점에서 서로 공통점을 보여준다. 이밖에 시드니(P. Sidney)의 "시는 가르치고 즐거움을 주려는 의도를 가진 말하는 그림이다"라는 정의는 교훈성과 쾌락성을 동시에 보여준다. 드러나 시드니의 정의도 역시 효용적 기능의 측면에서 시를 정의한 것이라고 간주할 수 있다.

둘째, 시의 내용과 형식적 기능의 유형이다. 이는 내용과 형식의 분리가 가능하다는 관점에서 두 가지를 구분해서 정의하기도 하고, 또는 이들의 분리가 불가능하다는 관점에서 정의한 실례도 있다. 동양에서의 "詩言志 歌永言" 곧, "시는 뜻을 말로 나타낸 것이며, 영원한 노래를 언어로 표현하는 것이다"라고 말한 순임금의 말을 대표적으로 꼽을 수 있다. 서구에서는 주로 낭만파 시인과 비평가들에 의해 정의되었는데, 형태 면에서는 음악적 형식과 내용 면에서는 사상과 정서의 측면에서 정의한 것들이 이에 해당된다. "시는 강한 감정의 자연적 발로다"라고 정의한 워즈워드, "시는 미의 운율적 창조다"라고 정의한 포우(E. A. Poe)를 포함한 많은 낭만파 시인들 대부분이 내용과 형식면에서 시를 정의하고 있는 것이다.

셋째, 시의 창작 과정과 그 방법론적 측면의 유형이다. 현대 시인과 비평가들 대부분은 시의 구성적 측면에서 시를 정의하고 있다. 그들은 '시란 무엇인가'의 차원에서 시를 해명한다는 것에 대한 한계의식을 느끼고, '시란 어떻게 이루어져 있는가'의 구성적 차원에서 시의 본질을 밝히고자 하였다. 그리하여 내포와 외연의 극단에서의 모든 의미를 통일함은 물론이고 시의 구성 원리로서 운율과 은유를 중시한다. 또한 역설과 아이러니를 강조한 영·미의 신비평가들은 시의 구성 원리, 곧 창조 과정을 바탕으로 시를 정의한다.

이상에서 언급한 시의 정의는 모두 나름대로 시의 특성 가운데 일부를 지적하고 있다. 그만큼 시의 본질을 밝히는 완벽한 정의를 내린다는 것은 어려운 일이다. 다만 시는 정서와 상상의 문학이라는 점, 운율적 언어로 이루어진다는 점, 그리고 생명의 해석이거나 체험이라는 점 등에서 그 공통성을 발견할 수 있다.

이러한 시를 굳이 정의해 본다면 '시란 인간의 사상과 정서를 절제된 언어의 유기적인 질서 속에서 운율적 언어로 형상화한 운문문학의 한 장르' 또는 '시란 시적 주체가 시적 대상을 운율과 심상을 통해 표현하는 문학의 한 갈래'라고 정의할 수 있다. 시적 주체는 시 속의 표현 주체로 '시적 화자(詩的話者)'라고 한다. '시적 화자'는 시에서 시인의 주체적 인식을 대신 전달하는 매개자인 것이다. 또한 시적 대상이란 시에 그려져 있는 세계로서 시의 소재나 관념, 화자의 심리적 상황을 포괄하는 개념이다. 이는 시적 화자가 바라보는 구체적 사물이나 화자의 말을 듣는 청자뿐 아니라, 시 전체의 소재나 제재가 되는 사물이나 관념, 사건, 나아가 화자의 특정한 심리적 상황까지도 포괄하는 것이다.

2. 시의 특성

(1) 정서와 상상

문학의 네 요소인 정서·상상·사상·형식 가운데 특히 시는 정서와 상상을 통하여 생명을 표현하고 인생의 의미를 해석하는 문학이다. 시의 근본적 특질은 정서와 감정에 있다. 왜냐하면 시는 독자를 감동시켜야 하기 때문이다. 리처즈(I. A. Richards)는 "정서는 일종의 유기적 혹은 정신적 감각"이라고 하였고, 제임스(W. James)는 "자극이 되는 사실을 지각한 후에 이를 따라 신체적 변화들이 일어나는데 그 변화의 의식이 곧 정서"라고 말했다. 산문과 달리 시를 일컬어 감정의 표현, 정서의 표현이라는 말을 한다. 감정이란 원래 변덕스러워 일정하게 정의하기 어려운 심정의 미묘한 움직임을 말한다. 정서는 감정 중에서도 보다 구체적이고 육체적인 심리 작용이다. 심리학에 의하면 자극이 되는 대상을 지각한 다음에 현저한 신체적 변화와 강한 감정이 일어나는데, 그것이 일정한 상태로 계속되다가 끝나거나 다른 정신 상태로 옮아가는 의식 과정을 정서라고 한다. 정서는 감정과 유사하지만 그보다는 더 본능적이고 신체적 노출이 심한 것이다. 나아가 정서보다 한층 더 복잡하고 고등한 것을 정조(sentiment)라고 한다.

> "오매, 단풍 들것네."
> 장광에 골 붉은 감잎 날아오아
> 누이는 놀란 듯이 치어다보며
> "오매, 단풍 들것네."
>
> 추석이 내일 모레 기둘리니
> 바람이 자지어서 걱정이리
> 누이의 마음아 나를 보아라.
> "오매, 단풍 들것네."
>
> — 김영랑, 「오매 단풍 들것네」 전문

바쁜 일상을 살아가면서 미처 계절이 바뀐 줄도 모르고 지내던 누이는 어느 날 장독대를 오르다가 바람결에 날아오는 붉게 물든 감잎을 보고 "오매, 단풍 들것네." 하고 외친다. 가을이 온 것을 느끼고 자신의 마음도 붉게 물들이면서 기뻐하는 것이다. 하지만 가을이 온 것을 발견한 놀라움도 잠시 누이는 곧 추석이 오고, 차가운 바람이 불어올 것을 걱정한다. 즉, 자연을 대하는 누이의 이러한 모습에서 천진난만한 순박함과 생활인으로서의 마음 모두를 엿볼 수 있다. 그리고 이런 누이의 행동을 보고 있는 '나'는 단풍에 물든 누이의 순수한 마음과 생활인으로서의 마음을 단풍 든 감잎보다 더 아름답게 여기며, 인간적인 감동을 느낀다. 다시 말해,

이 시는 감잎을 통해 느낀 가을의 정서가 '누이'를 통해 '나'로 자연스럽게 전이되어, 두 사람의 마음이 동화되어 가는 모습을 섬세하게 표현하고 있는 것이다.

또한 이 시는 누이의 독백을 그대로 인용한 '오매, 단풍 들것네.'의 반복적 사용으로, 흔히 일어날 수 있는 일상적인 상황을 그대로 옮겨 놓은 듯하다. 이러한 일상어의 사용은 낭만적이고 서정적인 정서를 효과적으로 드러내주며 나아가 이를 반복적으로 사용함으로써 음악성까지 더하고 있다. 그리고 이 시에 사용된 토속적인 사투리는 '누이'와 '나'의 순박함을 드러내는 동시에 향토적 정서를 효과적으로 드러내 주고 있는 것이다.

칸트(I. Kant)는 예술의 본질을 상상이라는 정신 능력으로 해명하려 하였고, 상상력을 다시 두 가지 개념으로 정의하고 있다. 하나는 「순수이성비판(Ktitik der reinen Vernunft)」에서 논의된 것으로, 상상력은 감각적으로 지각되는 다양한 재료들을 통합하여 거기에 통일성을 부여하는 종합 능력이라는 것이다. 다른 하나는 「판단력 비판(Kritik der Urteilskraft)」에서 논의된 것으로, 상상력은 자유로운 행위라는 것이다. 이러한 자유는 연상의 법칙에 따라 사물을 재생할 뿐만 아니라, 정신 자체의 고유한 능력에 따라 새로운 사물을 생산할 수 있다는 말이기도 하다.

상상력에 의한 이미지 창조는 시의 본질을 밝혀준다. 시인이 시를 쓴다는 것은 넓은 의미에서 상상을 통하여 새로운 세계를 창조하는 언어 행위라고 할 수 있다. 이때 언어 행위란 반드시 말하고자 하는 의지나 내용이 요구된다. 시인은 시를 통하여 이전과는 다른 새로운 세계를 그려내려고 한다. 그러나 과학자는 이성적 사고와 논리적 학문으로 말하는 것이고, 시인은 상상이라는 이미지를 통하여 말한다는 데 근본적 차이가 있다. 여기서 내용이란 시인의 의식이며, 의식이란 바로 세계에 대한 시인의 인식이거나 관심이라고 할 수 있다. 시인은 과거에 경험한 사물의 존재에 대한 이미지를 재현하여 새로운 존재를 창조하고 과거에 경험한 가치나 의미 등 관념의 세계를 다시 반추하고 새롭게 해석을 가하기도 한다.

> 막차는 좀처럼 오지 않았다.
> 대합실 밖에는 밤새 송이눈이 쌓이고
> 흰 보라 수수꽃 눈시린 유리창마다
> 톱밥난로가 지펴지고 있었다.
> 그믐처럼 몇은 졸고
> 몇은 감기에 쿨럭이고
> 그리웠던 순간들을 생각하며 나는
> 한 줌의 톱밥을 불빛 속에 던져 주었다.
> 내면 깊숙이 할 말들은 가득해도
> 청색의 손바닥을 불빛 속에 적셔 두고
> 모두들 아무 말도 하지 않았다.
> 산다는 것이 때론 술에 취한 듯
> 한 두름의 굴비 한 광주리의 사과를
> 만지작거리며 귀향하는 기분으로
> 침묵해야 한다는 것을
> 모두들 알고 있었다.
>
> ― 곽재구, 「사평역에서」 부분

 이 시는 사람들의 삶의 고단함과 애환을 상상적 공간인 간이역을 통해 보여주고 있다. 시적 화자 '나'는 하얀 눈이 내리는 저녁, 사평역 대합실에서 막차를 기다리며 주위 사람들을 둘러본다. '눈시린 유리창'처럼 차가운 현실을 사는 사람들을 '톱밥난로'가 따뜻하게 위로한다. '그믐처럼' 암담하고 힘든 현실 속에서 사람들은 힘들고 지쳐 있다. 이런 사람들을 조금이나마 위로하기 위해 시적 화자는 '톱밥난로'의 불씨를 살린다. 곧, 그들에게도 있었을 '그리웠던 순간들'을 되살리고 싶은 것이다. 모두

들 가슴속에 맺힌 이야기들이 가득하지만, 아무 말 없이 난로 주위에 모여 불을 쬐며 손을 녹인다. '청색의 손바닥'이 보여 주듯 차디찬 삶의 애환이 모두를 침묵하게 만든 것이다. 그립고 정겨운 옛 추억을 떠올리고는 있지만, 이들의 삶은 암담하고 힘겹다. 그저 술에 취한 듯, 그리고 정성껏 선물을 준비해 고향 가는 기분으로 고달픔을 달랠 뿐이다. 그런 현실을 알기에 사람들은 침묵하고 있다.

이 시는 임철우의 소설 『사평역』의 모티프가 되었던 작품이기도 하다. 사평역은 실제로 존재하지 않고, 시인의 상상력이 만들어 낸 가상의 간이역으로, 전남 나주시 남평읍의 남평역을 변형한 것이라고 한다.

> 내 마음 속 우리 님의 고운 눈썹을
> 즈믄 밤의 꿈으로 맑게 씻어서
> 하늘에다 옮기어 심어 놨더니
> 동지 섣달 날으는 매서운 새가
> 그걸 알고 시늉하며 비끼어 가네
>
> ― 서정주, 「동천」 전문

이 시는 시인이 추구하는 절대적 가치와 인간의 본질을 고도의 상징적 수법으로 형상화하고 있다. '동천(冬天)', 곧 겨울 하늘은 시의 공간적 배경으로, 시 속의 정경은 한겨울의 차갑고 어두운 밤 하늘에 초승달이 떠 있고, 한 마리의 매서운 느낌을 주는 새가 날고 있다. 그런데 이러한 분위기로만 끝난다면 그것은 하나의 풍경화에 머물 것이다. 초승달과 눈썹의 연상, 다시 그 눈썹은 죽은 임으로 연결되어 의미를 부여하고, 더 나아가 새와 마음이 통하면서 삶의 공간을 우주로 확산시킨다. 죽은 임을 잊지 못하는 시적 화자의 한(恨)이 임의 모습을 초승달로 환생시키고, 현실에 살아있는 임의 눈썹으로 보면서 이승에서 임과 함께 살아갈 수 있도록 만드는 것이다.

특히 '눈썹'이 '달'의 이미지로 전환되는 부분은 시인의 상상력이 돋보이는 구절이다. '고운 눈썹'은 이 시에서 가장 핵심적인 이미지이다. 눈썹을 '하늘에다 옮기어 심어 놓았다'는 표현은 절대적 경지로 승화시켰다는 의미로, 눈썹에 대한 시적 화자의 애착과 외경심(畏敬心)을 느낄 수 있다. 따라서 절대적 가치를 상징하는 '달'과 그것에 대한 외경 때문에 비껴가는 '매서운 새' 사이에 존재하는 거리가 천상과 지상, 혹은 절대적 진리와 인간의 유한성 사이의 극복할 수 없는 숙명적 단절로 드러난다. 즉, 단정된 두 개의 세계를 하나의 '겨울' 속에 함께 배치함으로써 절대적 가치에 대한 무한한 외경과 인간의 숙명적 한계를 보여주고 있는 것이다.

(2) 운율적·내포적 언어

시의 본질을 밝히는 특질 가운데 하나는, 시는 운율적 언어(rhythmical language)와 내포적 언어(connotative language)로 된 대표적인 언어 예술이라는 점이다. 물론 소설이나 희곡의 경우도 언어를 표현 수단으로 삼는 것은 사실이지만, 시의 경우처럼 절대적인 비중을 차지하지는 않는다.

일찍이 포우(E. A. Poe)는 『시의 원리(The Poetic Principle)』에서 "시는 미의 운율적 창조다"라고 언급했고, 허드슨(W. H. Hudson)도 『문학연구서설(An Introduction to the Study of Literature)』에서 "시의 정서와 상상은 특별한 표현 방식을 통과해서 일어나는데, 그 형식이란 바로 규칙적인 운율적 언어와 율격이다"라고 말한 바 있다. 또한 웰렉과 워렌(Wellek & Warren)도 『문학의 이론(Theory of Literature)』에서 "시를 구성하는 두 개의 주요한 원리는 운율과 은유"라고 하면서 리듬과 율격(metre)의 중요성을 말하고 있다. 모든 시는 우선 의미를 낳게 하는 음의 연속을 바탕으로 한다. 이러한 리듬의 효과는 독자의 쾌감을 조절할 뿐만 아니라 시의 의미, 시의 내용과도 밀접한 관계를 갖는다.

일정한 길이의 소리 반복을 보다 기술적으로 개발하여 우리의 감정이나 정서를 순화해 주고 있는 것이 바로 음악의 세계이다. 일정한 소리의 반복, 일정한 음성의 변별적 작용, 일정한 행위의 반복, 이러한 것들을 넓은 의미에서 율동, 곧 리듬이라고 한다. 전통 사회에서는 이러한 음성적 규칙을 체계적으로 시의 창작에 사용하여 예술의 정서적 기능을 극대화하였는데 전통적으로 서양에서는 율격(metre), 한시에서는 압운(押韻), 우리의 고대 시가에서는 자수율이나 음보율 등이 그것이다.

과거의 시는 소위 정형시다. 정형시는 언어의 음성적 기능만을 고려하여 시행의 끝에 일정한 음운을 붙인다든지, 글자수를 맞춘다든지, 강약의 악센트를 규칙화한다든지, 음보를 규칙화하는 등 외형적인 음성적 규칙을 강요하는 객관적 형식을 띤다. 그러나 현대 자유시는 이러한 외형적 규칙에 강요되거나 구속되는 것이 아니라, 시인 자신의 주관적인 창조에 의해서 이루어지는 주관적인 리듬을 지닌다. 이러한 리듬을 내재율이라고 한다. 현대시에 나타난 리듬을 유형화하자면 대략 첫째, 전통적인 율격을 계승하거나 이를 변형한 경우. 둘째, 일상적 어법을 변형하여 시어를 배열하거나 행을 가른 경우. 셋째, 언어의 통사적 구조를 반복적으로 사용한 경우. 넷째, 의미를 반복한 경우. 다섯째, 이미지를 반복한 경우 등이 있다.

언어학자들은 언어의 기능을 두 가지로 나누어 표시(denotation)와 함축(connotation)으로 설명한다. 표시는 언어가 지니는 사전적 의미를 말하고, 함축은 그 의미가 풍기는 분위기·다양성·암시력·연상과 상징적인 의미까지 포함된다. 이 표시와 함축이라는 언어의 두 기능은 다른 말로 해서 외연(外延)과 내포(內包)에 해당된다. 전자는 과학용어이며 후자는 문학용어이다.

시어의 내포적 기능은 단순히 주어진 낱말 하나하나에 드러나는 감정이나 의미의 복합성만을 가리키는 것은 아니다. 그것은 개별적이며 동시에 전체적이다. 다시 말하여 전체라는 문맥 속에서 특수한 의미를 내포하고 있는 것이다. 그러므로 시는 무엇보다도 독창적인 언어의 구상과 예술적 형상화를 통해서 생명의 진실을 표현하는 문학이라고 할 수 있다.

(3) 압축된 형식미

시는 내용과 형식이 일치되어야 하는 문학으로, 전체적인 시의 형태가 압축(tighten)·집중(concentration)·응결(condensation)·통일(unity)되어야 한다. 일반적으로 소설의 형태가 자유롭고 산만한 반면, 시의 구조는 엄격하게 꽉 짜여져야 한다는 것도 곧, 시가 집중적인 형태미를 지녀야 하기 때문이다. 이것은 정형시는 물론 자유시나 나아가 산문시의 경우에도 예외가 허락되지 않는 시의 근본적인 특질이다. 단시(短詩)는 말할 것도 없고 장시(長詩)의 경우에도 집중적이고 압축된 시의 구조와 형태미를 필요로 한다.

물론 시에 따라서는 전체의 주제가 뛰어날 수도 있고, 부분적인 이미지의 사용이 돋보일 수도 있고, 언어의 구사가 두드러지게 나타나기도 하고, 리듬이 효과적일 수도 있다. 그러나 원칙적으로 말하자면 이것들이 압축된 형태 속에 조화되고 통일되어야 하는 것이다.

> 여승(女僧)은 합장하고 절을 했다.
> 가지취의 내음새가 났다.
> 쓸쓸한 낯이 옛날같이 늙었다.
> 나는 불경처럼 서러워졌다.
>
> 평안도의 어느 산(山) 깊은 금덤판

나는 파리한 여인에게서 옥수수를 샀다.
여인은 나 어린 딸아이를 따리며 가을밤같이 차게 울었다.

섶벌같이 나아간 지아비 기다려 십년(十年)이 갔다.
지아비는 돌아오지 않고
어린 딸은 도라지꽃이 좋아 돌무덤으로 갔다.

산꿩도 섧게 울은 슬픈 날이 있었다.
산 절의 마당귀에 여인의 머리 오리가 눈물 방울과 같이 떨어진 날이 있었다.
— 백석, 「여승」 전문

위의 시에서는 한 여인의 기구한 일생이 4연에 압축되어 있다. 이 시는 서사적 형식으로, 소설의 1인칭 관찰자 시점을 취한다. 즉 이 시는 '여인'을 화자로 직접 삼지 않고, 여인이 겪은 사건들을 중간에서 전달해 주는 '나'를 통해 '여인'의 고달프고 비극적인 삶을 객관적으로 표현하고 있는 것이다.

여인의 삶을 살펴보자. 여인의 남편은 부지런한 농부였을 것이다. 하지만 일제의 수탈로 토지를 잃어버린 남편은 가족의 생계를 위해 돈을 벌러 금광으로 떠난다. 그러나 금광도 일제의 횡포에서 벗어날 수 없었을 것이고, 예상되는 가혹한 학대에 연락마저 끊어지고 만다. 그동안 여인은 어린 딸을 데리고 힘겹게 살다가 남편을 찾으러 금광으로 와 옥수수 행상을 하며 지낸다. 고향을 떠나 남편도 없이 어린 딸과 함께 하는 여인의 삶은 고되고 힘겹다. 그 와중에 어린 딸은 죽고 변변한 무덤도 가지지 못한 채 돌무덤 속으로 사라져 버린다. 그리고 여인은 머리를 깎고 속세와 인연을 끊는다. 단란했던 한 가정이 서러운 끝을 맞이한 것이다.

이처럼 이 시는 "산 절의 마당귀에 여인의 머리 오리가 눈물 방울과 같이 떨어진 날"의 순간 속에 여러 가지 체험을 융합하고 있다. 여인이 머리를 깎고 '여승'이 되는 순간은 여러 체험들이 퇴적되어 있는 순간이고, 많은 과거들이 내포되어 집중적으로 압축되어 있는 순간이다. 그 순간이 통일체를 형성하면서 시의 본질적 특질인 내포와 고도한 압축을 드러내고 있는 것이다.

브룩스(C. Brooks)와 워렌(R. P. Warren)은 『시의 이해(*Understanding Poetry*)』에서 "단시나 서술시(장시)를 포함해서 모든 시는 극적인 구조를 내포하며, 또 이런 의미에서 모든 시는 '작은 희곡(little drama)'이라고 할 수 있고, 실제에 있어서 그렇게 되어져야 한다."라고 말한다. 이 말은 드라마의 구조가 가장 엄격하게 정서적 정화(catharsis)·정신적 공감을 자아내는 것처럼, 시의 경우도 집중되고 압축된 효과를 주어야 한다는 의미로 해석할 수 있다.

3. 시의 네 가지 관점

장르(genre)는 '속(屬)'이라는 의미의 생물학용어인 라틴어 'genus'에서 유래한다. 우리나라에서는 장르 또는 갈래라고 부르는데, 어떤 작품이 속하는 종류 혹은 부류를 가리킨다. 장르의 개념 규정은 분류 기준을 어떻게 설정할 것인가 하는 문제로부터 비롯된다. 기본적으로 작품들 속에서 발견되는 유사성을 토대로 작품들을 분류하는데, 이 유사성은 크게 네 가지 관점에서 찾아진다. 곧 모방론적 관점, 표현론적 관점, 효용론적 관점, 형식론적 관점이 그것이다.

(1) 모방론적 관점

일찍이 플라톤은 『공화국』 10장에서 시인추방론을 주장했다. 그에 의하면 예술가의 창작이란 진리에서 3단계나 떨어진 것이어서 당연히 시인은 추방되어야 할 존재라는 것이다. 이것은 모방의 개념에 대해서 단순히 있는 상황을 그대로 모사해 내는 것 이상의 의미를 부여하지 않은 것이고, 모방의 본질에 대해 부정적인 견해를 표명한 것이다. 반면 아리스토텔레스는 개연성(probability)과 보편성(universality)의 이론을 활용하여 역사와 시를 구분했다. 곧 역사는 사실의 세계를 그리기 때문에 일회성으로 족하지만 시는 있을 수 있는 세계, 있음직한 것들의 보편성과 개연성을 가진 세계임을 역설한 것이다. 다시 말하여 아리스토텔레스는, 모방은 인간의 본능이고, 본능을 추구하는 과정에서 쾌락을 획득할 수 있기 때문에 모방 자체를 가치 있는 작업으로 인정하여 예술의 근원으로 보아야 한다는 주장이다.

이러한 모방론적 관점의 시관은 18세기까지 서구 시론의 주류로 군림했던 가장 고전적인 시관이기도 하다. 그리하여 당시 시인은 마치 사진기를 통해 피사체를 촬영하듯 대상을 리얼하게 재현하려고 노력했다. 따라서 이들 견해의 공통적 특징은, 시의 존재 의의를 절대적 진리의 발견과 그 모방을 위한 한 방편으로 인식하고 있다는 것이다. 시인들은 우선 우주나 자연의 질서 그리고 그것들의 변화를 주도하는 힘의 본질을 간파한다. 그리하여 그 체득된 결과를 인간 자신이나 인간 삶의 문제와 연결시켜 사색한다. 그럼으로써 자기 존재에 대한 규명이나 가치의 모색 그리고 그를 위한 방법론을 확고히 하려고 했던 것이, 이들이 시를 통해 추구하려 했던 본래의 의도였다고 할 수 있다. 이러한 모방론적 관점의 시관은 고전주의와 사실주의의 이론적 토대가 되었다.

이상에서 살펴봤듯이, 이 관점은 시를 현실과 인생의 모방 · 반영 · 재현으로 보는 것이다. 말하자면 작품 속에 재현된 세계에 초점을 둔 시관(詩觀)이다. 여기서 시의 가치 기준은 작품이 재현하거나 재현해야 하는 대상들의 재현적 '진실'이다. 그리고 진실은 크게 일상적인 진실에 대한 모방과 당위적 진실에 대한 모방으로 분류할 수 있다. 일상적 진실의 모방은 일종의 글로 그린 그림과 같은 것이고, 당위적 진실의 모방은 현재의 입장에서는 실제 상황이 아니지만 실현 가능하다고 믿거나 아니면 시인이 소망하는 세계를 시로 구현했을 때 그 결과로 재현된 바를 말하는 것이다. 그래서 전자는 현실의 모사라 할 수 있고, 후자는 상상에 근거한 작품적 현실을 구현한 것이라고 할 수 있다.

> 신새벽 뒷골목에
> 네 이름을 쓴다 민주주의여
> 내 머리는 너를 잊은 지 오래
> 내 발길은 너를 잊은 지 너무도 너무도 오래
> 오직 한가닥 있어
> 타는 가슴 속 목마름의 기억이
> 네 이름을 남 몰래 쓴다 민주주의여
>
> 아직 동 트지 않은 뒷골목의 어딘가
> 발자국 소리 호르락 소리 문 두드리는 소리
> 외마디 길고 긴 누군가의 비명소리
> 신음소리 통곡소리 탄식소리 그 곳에 내 가슴팍 속에
> 깊이깊이 새겨지는 네 이름 위에
> 네 이름의 외로운 눈부심 위에
> 살아오는 삶의 아픔
> 살아오는 저 푸르른 자유의 추억
> 되살아오는 끌려가던 벗들의 피묻은 얼굴
> 떨리는 손 떨리는 가슴
> 떨리는 치떨리는 노여움으로 나무판자에
> 백묵으로 서툰 솜씨로
> 쓴다.
> ― 김지하, 「타는 목마름으로」 부분

이 시는 독재 정권하의 폭압을 배경으로 하여 당시의 일상적 진실을 그대로 재현하고 있다. 민주주의를 억압했던 독재 권력은 자유와 민주를 부르짖는 많은 사람들을 잡아들였고, 많은 이들이 고문과 의문의 죽음을 당해야 했다. 동트지 않는 뒷골목은 우리 젊은이들의 '발자국 소리'와 이를 쫓는 '호르락 소리'가 울려퍼졌고, 우리 사회는 '신음소리 통곡소리 탄식소리'를 가슴속에 간직해야만 했던 암울한 시기였다. 이 시는 그러한 현실을 재현함으로써 그 재현된 실상을 고발하는 것과 같은 역할을 한다.

또한 이 시는 소리의 중첩을 통하여 자유가 없는 공포와 고통의 시대 현실을 효과적으로 표현하고 있으며, "떨리는 손 떨리는 가슴/ 떨리는 치 떨리는 노여움으로 나무판자"에 숨죽이며 '민주주의'라는 글씨를 쓰는 행위를 통해 암담한 현실 속의 화자의 의지를 압축적으로 드러내 보여준다. 그리고 이 시의 화자는 권력의 폭압에 의해 많은 사람들이 굴종하는 암울한 시대에도 꿈과 희망을 포기하지 않고 민주주의를 간절히 열망하는 뜨거운 피를 지닌 사람임이 드러난다. 따라서 이 시는 과거와 현재, 미래로 이어지는 고리 속에서의 사회·역사적 상황을 그대로 재현한 모방론적 관점의 작품이라고 할 수 있다.

(2) 표현론적 관점

시는 자기 표현(self express)이다. 시가 자기 존재에 대해 그리고 자기 감정에 대해 얼마나 성실한 태도를 보이고 있으며, 지속적으로 배려하고 있는가에 초점을 맞출 때 좋은 시를 쓸 수 있다고 보는 것이 바로 표현론적 관점의 시관이다. 이러한 관점의 시관은 시를 감정의 분출이라든가 작가의 지각·사상·감정에 작용하는 상상력의 산물로 정의한다. 문학이란 작가의 창조적 상상물이라고 단정하고 상상의 세계를 자유롭게 펼치는 것이 문학의 세계라고 생각하는 것이다.

이러한 견해는 서구의 문예사조를 살펴볼 때, 고전주의 시대에서 낭만주의로 전환할 때 지배적으로 드러난다. 고전주의는 대체로 문학을 이원적 관점에서 바라본다. 이는 표현하는 형식과 내용은 구분해야 한다는 것이다. 따라서 표현하는 형식과 내용은 다른 사람에게서 배우지 않으면 안 된다. 어떤 대가에게서 배우든지, 전통 자체에서 배우든지, 혹은 전대의 누구에게서 배워야 한다. 그 형식을 충분히 익힌 다음 자기가 보고, 듣고, 경험한 것을 그 형식 속에 담는 것이다. 그래서 고전주의 시대에는 형식을 익힌다는 것이 매우 중요시된다. 나아가 내용이 아무리 좋아도 형식이 맞지 않으면 좋은 작품으로 평가하지 않았다.

  그러나 낭만주의 시대가 시작되면서 모든 형식은 무시되는 경향을 보였다. 시인이 상상 속에서 경험한 세계를 형식에 구속되지 않고 자유롭게 표현하는 것이다. 따라서 낭만주의 시대에는 자유·창조·천재·상상·동경 등의 언어가 문학을 규정하는 데 자주 쓰였다. 전통이나 형식의 구속보다는 자유로운 표현을 원했으며, 모방보다는 독창을 높이 평가했으며, 배워 익혀서 쓰는 것보다는 천재의 자유로운 상상력에 의하여 창조되는 것이며, 현실 세계가 아니라 신비한 세계·먼 이국·혹은 이상한 나라를 동경했던 것이다.

  인간은 자기를 표현하고 싶은 욕구가 있다. 예술도 이러한 욕구에 의해 생겨난 것이다. 남에게 보여주려는 의도에서가 아니라, 우리에게 식욕·성욕 등의 본능이 있듯이 자기를 표현하고 싶어하는 본능이 있다는 것이다. 따라서 표현론적 관점의 시관은 엄격한 규칙이나 형식의 제약 등을 의도적으로 회피함으로써 최대한의 자유를 확보함을 목적으로 한다. 왜냐하면 이러한 제약 요소들은 자기를 표현하는 데 있어서 사실상 부수적인 것들에 지나지 않기 때문이다.

  이러한 표현론적 관점의 시관은 시의 독창성과 진실성을 강조하고, 그것의 구현에 주력함을 특징으로 한다. 여기에서의 독창성과 진실성은 시인 자신을 중심으로 전개되는 것이다. 이는 시인이 얼마나 자신에 대하여 열정적이고 순수하며 헌신적으로 행동하고 있는가를 말하는 것이다. 이것은 앞서 말한 모방론적 관점과는 대치되는 시관으로 상대, 즉 표현대상을 의식하거나 중시하는 것이 아니라, 시인 자신의 자기 구현 여부를 시적 성실성의 잣대로 삼는다는 점이 다른 시관과 구별된다.

해즐릿(W. Hazlitt)은 『영국시인론』에서 "시는 상상과 정열과 언어다"라고 정의했고, 셸리(P. B. Shelley)는 『시의 옹호』에서 "시는 일반적 의미로 상상의 표현이다"라고 정의했는데, 이것은 모두 표현론적 관점에서 비롯한 것이다. 이 관점에서 작품 평가의 중요한 기준은 '성실성(sincerity)' 이다. 그것은 고전주의 시대의 가치 기준인 '적격(適格, decorum)'과 대립된다. 또한 표현론적 입장에서 시를 쓸 때 매우 주의해야 할 점은, 시인 자신의 이야기로 함몰되거나 너무 사변적으로 흘러서는 안 된다는 점을 간과해서는 안 된다는 것이다.

> 지상에는
> 아홉 켤레의 신발.
> 아니 현관에는 아니 들깐에는
> 아니 어느 시인의 가정에는
> 알 전등이 켜질 무렵을
> 문수(文數)가 다른 아홉 켤레의 신발을.
>
> 내 신발은
> 십구 문 반(十九文半)
> 눈과 얼음의 길을 걸어
> 그들 옆에 벗으면
> 육 문 삼(六文三)의 코가 납작한

귀염둥아 귀염둥아
우리 막내둥아

미소하는
내 얼굴을 보아라.
얼음과 눈으로 벽(壁)을 짜 올린
여기는
지상
연민(憐憫)한 삶의 길이여
내 신발은 십구 문 반

아랫목에 모인
아홉 마리의 강아지야.
강아지 같은 것들아.
굴욕과 굶주림과 추운 길을 걸어
내가 왔다.
아버지가 왔다.
아니 십구 문 반의 신발이 왔다.
아니 지상에는
아버지라는 어설픈 것이
존재한다.
미소하는
내 얼굴을 보아라.

— 박목월, 「가정」 전문

 남을 의식하고 사회의 통념에 충실하는 상태에서는 진정한 의미의 자유를 획득할 수 없으며, 나아가 자신의 열정을 해소할 수도 없다고 보는 것이 표현론적 관점의 대표적인 주장이다. 시 「가정」에서는 자신의 내부에 고여 있는 일상의 모든 감정을 충분히 표현하고 있다. 시적 화자는 아홉 명의 가족을 거느리고 있는 가장임을 알 수 있다. 그리고 그는 시인이다. 글을 쓰는 사람으로서 아홉 식솔을 거느리기란 쉽지 않은 일이었을 것이다. 그래서 시적 화자는 '알 전등이 켜질 무렵'에야 집에 돌아오는 '얼음과 눈으로 짜 올린' 지상에서 '연민의 삶의 길'을 걷고 있다. 그 삶은 구체적으로 '굴욕과 굶주림과 추운 길'이다. 그리고 시적 화자는 스스로 '아버지라는 어설픈 것'이라고 표현함으로써 가족에게 더 나은 삶을 주지 못함을 안타까워한다. 이렇듯 힘든 삶을 살아가는 시적 화자는 아직 어린 막내를 포함한 가족들에게서 위안을 받고 행복한 미소를 짓는다.

이 시는 어딘가에 있는 그 누구에게 보이기 위해서 쓴 시도 아니고, 혼탁한 사회를 정화시키기 위한 사명감에서 쓴 것도 아니다. 생활인으로서의 시인은 힘겨운 삶을 살아가고 있다. 그래서 아버지로서의 느끼는 삶의 무게와 자식들에 대한 막중한 책임의식을 지닌다. 굴욕과 굶주림을 참으며 집으로 돌아온 아버지는, 강아지와 같은 자식들을 보면서 저절로 미소를 짓게 되고 위안을 받는다. 말하자면 아버지가 집에 돌아와서 어린것들의 모습을 보면서 삶의 고통을 씻는 정경을 표현하고 있는 것이다.

(3) 효용론적 관점

무엇보다도 우선 시는 감동이 있어야 한다. 시에 있어서 시적 감동의 문제는 어느 것보다 중요한 문제이다. 효용론적 관점의 시관은 시를 '전달'로 보는 것, 곧 독자에게 끼진 어떤 '효과'를 중시하는 것이다. 그리고 그러한 목적을 획득하는 성공 여부에 따라 작품의 가치를 판단한다. 말하자면 독자의 반응에 가치를 둔 문학관이다.

문학은 창작하는 주체, 즉 작가가 있다면 이 작품을 향수하는 개체, 즉 독자가 있어야 한다. 작가가 독자에게 무엇인가 전달하기 위하여 작품을 쓰는 것이, 곧 실용적인 관점이다. 다시 말하여 문학의 기능이 독자에게 얼마만큼, 그리고 어떻게 영향을 미치느냐를 중시한 문학관이다. 문학의 교시적 기능을 중시한 사람은 대체로 실용적인 문학관을 가진 사람이다. 따라서 효용론적 문학관은 오랜 역사와 전통을 가지고 있다.

　비극의 기능이 정신 정화 작용(精神淨化作用, 카타르시스)에 있다고 본 아리스토텔레스의 문학관도 어느 정도 이 효용의 관점이 내포되어 있기도 하다. 왜냐하면 비극은 관객의 정신적·육체적 건강에 도움이 된다고 보았기 때문이다. 또한, 로마의 서사시인 루크레티우스(Titus Lucretius, 99~56 B.C)는 우주원자설을 운문으로 읊은 장편시「자연계」에서, 문학당의설(文學糖衣說)을 말한 바 있는데, 이것 역시 효용의 관점에서 문학을 설명한 것이다. 즉 그는, "의사가 어린이들에게 쓴 약을 먹이려 할 때는 약의 거죽에 달콤한 꿀물을 바른다. 그러면 아이들은 달콤함에 속아서 쓰디쓴 약을 마신다. 어린이들이 꿀물에 속았다 할지라도 아무 해를 받지 않고 도리어 그런 수단으로 말미암아 건강을 회복하게 된다. 그와 마찬가지로 철학 속에는 아직도 철학의 맛을 보지 못한 사람들에게 너무 쓴 내용이 들어 있기 때문에 나는 나의 추리를 운문으로 된 달콤한 노래로써 여러분 앞에 바치려 한다. 이와 같이 시라고 하는 달콤한 꿀을 발라 놓으면 독자의 마음을 끌 수 있을 것이고, 또 독자는 건전한 철리와 그 유익함을 섭취할 수 있을 것이다."라고 말하고 있는 것이다.

　문학의 효용적 관점이 보다 강조되기 시작한 것은 르네상스 이후, 산문문학이 중요한 위치로 부상하면서부터이다. 읊거나 노래하는 시, 혹은 운문으로 된 문학형태는 아무래도 청자나 독자에게 즐거움을 준다는 측면이 강하다. 따라서, 그것은 시인의 표현적 욕구와도 밀접한 연관을 지니고 있다. 그러나 산문은 지식을 전달한다는 측면이 강하게 드러난다. 17, 8세기 서구 계몽주의자들의 견해가 대체로 이 효용적 관점에 접근되어 있다. 그들은 당시 그들이 속한 사회가 지적으로 미성숙 상태에 있다고 보고, 문학을 통해서 그 사회를 계몽해 가겠다는 의도로 작품을 쓴 것이다.

> 산그늘 내린 밭귀퉁이에서 할머니와 참깨를 턴다.
> 보아 하니 할머니는 슬슬 막대기질을 하지만
> 어두워지기 전에 집으로 돌아가고 싶은 젊은 나는
> 한 번을 내리치는 데도 힘을 더한다.
> 세상사(世上事)에는 흔히 맛보기가 어려운 쾌감이
> 참깨를 털어내는 일엔 희한한 게 있는 것 같다.
> 한 번을 내리쳐도 셀 수 없이
> 솨아솨아 쏟아지는 무수한 흰 알맹이들
> 도시(都市)에서 십년을 가차이 살아본 나로선
> 기가 막히게 신나는 일인지라
> 휘파람을 불어가며 몇 다발이고 연이어 털어낸다.
> 사람도 아무 곳에나 한 번만 기분 좋게 내리치면
> 참깨처럼 솨아솨아 쏟아지는 것들이
> 얼마든지 있을 거라고 생각하며 정신없이 털다가
> "아가, 모가지까지 털어져선 안되느니라."
> 할머니의 가엾어하는 꾸중을 듣기도 했다.
>
> ― 김준태, 「참깨를 털면서」 전문

이 시는 참깨를 터는 사소한 행위를 통하여 삶의 본질을 진지하게 모색하고 있는 작품이다. 시적 화자인 젊은이와 할머니의 세대 간에 살아가는 방식의 차이, 또 농촌과 도시 간의 생활의 차이 등을 드러내고 있다. 도시에 살다가 농촌으로 내려온 화자는 할머니와 함께 밭 귀퉁이에서 참깨를 턴다. 빨리 집으로 돌아가고 싶은 화자는 빨리 일을 끝내기 위해 힘을 주면서 일을 재촉한다. 그러나 할머니는 여유를 가지고 슬슬 일을 한다. 일을 하다 보니 시적 화자는 참깨 터는 일에 쾌감을 느낀다. 그 이유는 도시에서는 한 번에 이리도 쉽게 풀리는 일이 없는데, 참깨는 한번만 내리쳐도 쏴아쏴아 쏟아지기 때문이다. 그래서 화자는 쾌감에 젖어 신나게 휘파람을 불어가며 정신 없이 연이어 참깨를 털어 낸다.

그러나 곧이어 화자의 생각이 잘못된 것이었음이 할머니의 꾸중으로 확인된다. 할머니는 "아가, 모가지까지 털어져선 안되느니라."라고 말씀하신 것이다. 이 말은, 빨리 터는 것도 중요하지만 빨리 빨리 하느라 일의 기본을 무시하면 안 된다는 것이다. 곧, 모든 일에는 순리가 있다는 가르침이다. 그리고 도시의 일은 어렵고 농촌의 일은 쉬운 것이 아니며, 도시건 농촌이건 간에 일을 함에 있어서는 성심과 열의를 가지고 해야 한다는 뜻도 내포되어 있다. 이러한 태도야말로 살아가는 삶의 이치이자 삶의 본질임을 깨닫게 하고 있는 것이다.

이처럼 효용론적 관점의 시관은 작품 그 자체의 형상화보다는 시인이 독자에게 주는 메시지를 더 중요시한다. 그런데 그 메시지는 당시의 상황에서는 유효하지만 시대가 바뀌고 상황이 바뀌면 유효성을 잃을 수도 있다. 작품 자체의 형상화에 소홀하다 보면, 결국 문학성을 잃게 되는 경우도 있기 때문이다. 따라서 시대와 공간을 초월한 효용론적 시를 써야함은 물론이다.

(4) 형식론적 관점

모방론적 관점, 표현론적 관점, 효용론적 관점 등 세 관점은 모두 문학작품을 작품 외의 다른 요소들과의 관계에서 찾는 관점이다. 이에 비해 형식론적 관점의 시관은 작품 그 자체에서 문학의 의의를 찾으려는 관점이다. 다시 말하면, 작품 자체의 언어 조직이 창출하는 문학세계에 주의를 집중하는 것이다. 이 관점은 먼저 완결된 작품은 작자로부터 독립된 실재라고 주장한다. 이러한 형식론적 관점의 이론적 토대를 마련하게 된 것은 미국의 '신비평(The American New Criticism)', 러시아 형식주의(Russian

Formalism), 시카고의 아리스토텔레스학파(The Chicago Aristotelians) 등이다.

  형식론적 관점은 형식과 내용, 구조와 의미가 각각 불가분의 관계에 있다고 보고, 철저한 분석을 통하여 언어들이 지닌 외연적 · 내포적 의미와 가치를 해독하고자 한다. 또한 내용 혹은 의미는 그것이 형식의 일부로 통합될 경우에 한하여 존재할 수 있으며, 형식이 없는 내용은 생경한 삶의 한 토막으로 남아 있을 뿐 그 삶이 예술이 될 수는 없다고 주장한다. 따라서 형식론적 관점의 특징은 문학작품에 대한 철저한 정독과 분석이다.

  이 시관에서는, 작품의 해석을 작가나 그가 생존했던 시기의 환경을 의식하여 해석하는 것은 '의도적 오류(intentional)'를 범하게 된다고 말한다. 가령 한용운의 시집 『님의 침묵』에서 '님'의 의미를 그가 살았던 일제하의 시기, 그가 활약했던 독립운동, 그의 신분인 '스님' 등으로 미루어, '조국', '광복', '부처' 등으로 해석하는 것 자체가 의도적 오류를 범하고 있다는 것이다. 따라서 한용운의 시에서의 '님'은 오직 '님'일 뿐 그 이상도 그 이하도 아니라고 보아야 한다는 주장이다. 반면 작품이 독자에게 미치는 영향을 고려하여 해석한다면 '감정적 오류(affective fallacy)'를 범한다고 한다. 말하자면 시가 독자에게 미친 영향이나 효과 등을 고려하여 이를 전제로 해독하는 경우, 시의 평가 자체가 인상주의나 상대주의로 흐를 수 있다는 것이다.

    겨울 바다에 가 보았지.
    미지(未知)의 새,
    보고 싶던 새들은 죽고 없었네.

    그대 생각을 했건만도
    매운 해풍에
    그 진실마저 눈물져 얼어 버리고

허무의
불
물 이랑 위에 불붙어 있었네.

나를 가르치는 건
언제나
시간….
끄덕이며 끄덕이며 겨울 바다에 섰었네

남은 날은
적지만

기도를 끝낸 다음
더욱 뜨거운 기도의 문이 열리는
그런 영혼을 갖게 하소서.

남은 날은
적지만

겨울 바다에 가 보았지.
인고(忍苦)의 물이
수심(水深) 속에 기둥을 이루고 있었네.
— 김남조, 「겨울 바다」 전문

   이 시는 겨울 바다가 주는 암울한 절망감과 허무의식을 극복하고 신념화된 삶의 의지를 그린 작품이다. 허무한 마음을 달래기 위해 겨울 바다를 찾은 시적 화자는 매서운 바닷바람에 눈물지고 얼어버리는 차디찬 허무적인 절망에 빠져들게 된다. 시적 화자는, 사람은 누구나 '불'과 '물'로 표상된 표면적 허무감과 내면적 의지력 사이의 첨예한 대립과 갈등을 안고 살아가는 존재이며, 한정된 시간을 살다가 삶을 마감하는 유한적 존재라는 것을 절감한다. 그러면서도 그 어떤 고통도 시간이 흐르면 저절로 치유된다는 진리를 깨달으며 긍정적으로 마음을 다스린다. 그리고 마음으로부터 토해낸 뜨거운 기도를 올린다.

일반적으로 '겨울'은 봄·여름·가을을 마무리하는 마지막 계절이다. 그래서 겨울은 죽음·절망·상실·이별 등의 이미지를 가지고 있으면서도, 또 다른 생명을 준비하는 시기로 생성·희망의 이미지를 동시에 지니고 있다. 그리고 '바다'는 물의 순환이 끝나기도 하면서 새로운 순환이 시작되는 곳으로, '겨울'과 마찬가지로 죽음과 생성·절망과 희망의 모순된 의미를 아울러 가진다. 시적 화자는 이러한 '겨울 바다'를 초반부에는 절망과 허무가 가득 찬 공간으로, 후반부에는 인고의 의지로 새로운 삶의 의지를 다지는 공간으로 표현한다.

특히 이 시에서는 '불'과 '물'의 대립적 심상이 뚜렷히 부각된다. '불'은 소멸의 이미지로, '물'은 생성의 이미지로 표현된다. 이 시에서 '불'은 절망과 허무에 빠진 시적 화자의 심적 상황을 극명하게 보여준다. 그리고 "허무의/불/물이랑 위에 불붙어 있었네."에서 보여주듯이 절망의 '불'은 '물'과 결합하면서 해결의 희망을 안겨 준다. 8연에서 화자는 '물'의 특성에 따라 참고 인내하며 삶의 시련을 극복하고 있다. 즉, 1연의 '불'의 특성이 지배적인 '겨울 바다'는 소멸의 공간이지만, '물'의 특성을 쫓아가는 8연의 '겨울 바다'는 생성의 공간으로 변화하면서 좌절과 절망이 생성과 희망으로 전환하고 있는 것이다.

이와 같이 형식론적 관점은 시를 현실과의 관계, 작가와의 관계, 독자와의 관계에 연관시켜 보지 않고 다만 시 자체의 구조적 요소만을 중시하는 시관이다. 그리하여 작품의 본질적인 조건인 언어, 리듬, 이미지, 비유, 상징 등 형식적 요소만을 가치 척도로 삼아서 작품을 해독하는 시관이다.

4. 서정시의 장르적 특징

(1) 동일화의 원리

고대에는 모든 문학의 형태가 운문으로 되어 있었기 때문에 서정시·서사시·극시 등 세 가지 양식이 문학을 대표하였다. 그 후 문학사가 전개되면서 서사시는 소설로 모양새를 갖추게 되고, 극시는 희곡으로 모양새를 갖추게 된다. 그리하여 서정시만이 시의 자리를 굳히며 남아 있게 된다. 그래서 시라고 하면 으레 서정시를 지칭하게 되었으며, 시의 본령을 서정시에 두었다. 따라서 시에 대한 이해는 서정시에 대한 이해를 기본으로 하였다.

서정시의 가장 두드러진 특징은 자아의 내적인 세계와 외적인 세계가 완전하게 결합하거나 충돌하는 관계에 있다. 이를 주관적인 정서와 객관적인 사물의 교감에 의하여 빚어지는 창조라고도 말한다. 또한 설명하는 입장에 따라 주관과 객관, 자연과 인간, 세계와 자아, 객체와 주체 등의 대응 관계라고 말하기도 한다. 이러한 설명들은 결국 시인의 내면적 의지가 외부적인 세계와의 긴장이나 충돌을 통하여 새로운 세계를 조망하는 원리이다. 이것은 물리적 거리의 초월이며 객관적 공간의 주관화이다.

외부 세계의 충격에 대한 유기체의 반응을 인간의 존재 양식이라 할 수 있다. 시인의 경우, 이 반응은 단순히 수동적인 것이 아니라 그 외부 세계를 자기가 갖고 싶어하는 세계로 변용시켜 자아와 세계가 동일성을 이루도록 하는 능동적인 의미도 지닌다. 이처럼 인간의 마음은 수동적 기록자인 동시에 능동적 참여자인 것이다. 그래서 시의 세계는 신화적 세계, 가정의 세계, 가능의 세계, 창조의 세계, 포어트리(poetry)의 세계라고 하는 것이다.

듀이(John Dewey)는 자아와 세계의 만남이 동일성으로 이루어질 때 미적 체험이 발생한다고 말한다. 각각 유기체와 환경의 특성이 소멸된 완전한 결합, 즉 자아와 세계가 각각 특수한 성격을 상실하고 하나의 새로운 동일성의 차원에서 융합된 주객일체의 경지인 것이다. 이것은 또한 바슐라르(G. Bachelard)의 표현을 따르자면, 몽상하는 사람이 말할 때 누가 말하는 것인가, 그인가 세계인가를 구분할 수 없는 경지이다. 그리고 이러한 경지가 바로 미적 체험이며 서정적 세계의 융합인 것이다.

자아와 세계의 동일성을 추구하는 데는 두 가지 방법이 있다. 그것은 동화(assimilation)와 투사(projection)이다. 동화란 시인이 세계를 자신의 내부로 끌어들여서 그것을 내적 인격화하는, 곧 세계의 자아화이다. 말하자면 실제로는 자아와 갈등의 관계에 있는 세계를 자아의 욕망, 가치관, 감정에 적합한 것으로 만들어 동일성을 이룩하는 것이다. 반면, 세계 속에 자아를 투입하여 동일 존재로서의 화합을 모색하는 것을 투사라고 한다. 그런데 이 모두는 결국 미적 체험을 구체화하기 위한 예라고 할 수 있다. 왜냐하면 자아나 세계가 가지고 있는 고유의 대체적 특성을 버리고, 전혀 새로운 세계에서 동일한 존재로 다시 태어나는 일이기 때문이다. 이른바 주객합일(主客合一)의 경지인 것이다.

> 강(江)나루 건너서
> 밀밭 길을
>
> 구름에 달 가듯이
> 가는 나그네
>
> 길은 외줄기
> 남도(南道) 삼백리(三百里)
>
> 술 익는 마을마다

타는 저녁 놀

　　　구름에 달 가듯이
　　　가는 나그네

　　　　　　　　　　— 박목월,「나그네」전문

　이 시를 주목하면, 하늘에서는 달이 구름 위로 수평 행진을 하고 있고, 땅에서는 나그네가 길 위로 수평 행진을 하고 있다. 그리고 '~듯이'에서 나타나듯 달의 속도만큼 꼭 같이 나그네도 길을 가고 있다. 나그네의 행진은 달의 행진과 닮아 있는 평행 수평 행진을 하고 있는 것이다. 그리고 그 행진은 제3연에서 보여주듯 '외줄기'이며 '삼백리'나 되는 길의 행진이다.

　3연이 고독한 인생행로의 긴 여정을 공간적으로 극대화하고 있다면, 제4연은 존재론적 차원에서 그러한 인생의 행로를 긍정하고 수용하여 하늘과 땅의 화해가 시도된다. 제4연에서의 '술'과 '저녁놀'은 등가 관계를 이루고 있으며, 따라서 '술'은 '저녁놀'과 함께 하늘의 '달'과 땅의 '나그네'를 동일화시키는 매개항의 기능을 담당한다. 그리하여 알코올의 '열(熱)'과 저녁놀의 '빛'이 결합하여 온 세계로 확산된다. 마치 저녁놀이 온누리를 곱게 물들이듯 술은 나그네의 마음을 곱게 물들이고 있다.

　5연은 2연의 반복된 시구가 아니다. 말하자면 2연에서는 달과 나그네가 각각 자아와 물상간의 대립·갈등된 관계로서 수평 행진을 하고 있는 것이다. 그러나 4연의, 하늘의 달과 땅의 나그네와의 교감은 마침내 5연에서 달[物]과 나그네[我]의 일체(一體), 달[天]과 나그네[地]의 합일(合一)의 완성을 보여준다. 곧 자아와 세계의 동일성 관계에 놓인다. 다시 말하여, 나그네가 세계를 자신의 내부로 끌어들여 그것을 내적 인격화하는 이른바 세계의 자아화이다.

> 모가지가 길어서 슬픈 짐승이여
> 언제나 점잖은 편 말이 없구나.
> 관(冠)이 향기로운 너는
> 무척 높은 족속이었나 보다.
>
> 물속에 제 그림자를 들여다보고
> 잃었던 전설을 생각해 내고는
> 어찌할 수 없는 향수에
> 슬픈 모가지를 하고
> 먼 데 산을 바라본다.
>
> ― 노천명, 「사슴」 전문

 이 시는 사슴이라는 대상에 자신의 감정을 이입, 곧 투사하여 자아와 사슴과의 동일성을 획득하고 있다. 1연에서 긴 목을 늘이고 서 있는 사슴은 현실과 어울리지 못하고 고독과 번민에 겨워하는 자아의 형상화이다. 그러한 자아의 형상을 시적 화자는 '슬픈 짐승'으로 표현한다. 그리고 "언제나 점잖은 편 말이 없구나"에는 인내와 복종으로 일관해 온 시적 화자의 모습이 담겨 있다. "관이 향기로운 너는"에서 '관'은 사슴의 뿔을 가리킨다. 여기서 '관'을 인간과 연계해 보면, 높은 사람의 머리 위에 씌워진 장식물이다. 또한 일반적으로 인체 공간에서 '머리 부분'은 '다리 부분'과 대립하여 정신적·이상적인 뜻을 내포한다. 물론 '다리 부분'은 육체적·현실적인 것을 뜻한다. 따라서 이 시구는 시적 화자의 정신적인 고고성을 암시한다고 할 수 있다.

 2연에서 "물속에 제 그림자를 들여다 보"는 행위를 통하여 시적 자아의 나르시시즘(narcissism)적 성향을 읽을 수 있다. 물 속의 그림자는 시적 자아의 "높은 족속"이었을 때의 모습이다. 마찬가지로 "잃었던 전설" 역시 "높은 족속"이었을 때의 일이다. 이 때문에 시적 자아는 "어찌할 수 없는 향수"에 젖는다. 시대적 상황에 어울리지 못하고 "슬픈 모가지"를 한 시적 자아는 "먼 데 산을 바라본다". 여기서 '산'은 한때 사슴이 자유롭고 평화롭게 살았던 곳이지만, 현재는 향수의 대상이라는 점에서 "전설"과 같은 시적 의미를 느끼게 한다.

　이처럼 서정시는 궁극적으로 자아와 세계의 동일화를 지향한다. 이는 소설이나 희곡이, 인물과 인물의 성격간 갈등을 표현함으로써 문학적 목표에 이르는 사실과는 구별되는 점이기도 하다. 박목월의 시「나그네」를 세계가 자아 속으로 들어오는 동화로 설명할 수 있다면, 노천명의 시「사슴」은 자아가 세계로 나아가는 것을 투사로 설명할 수 있는 것이다. 말하자면 시에서 추구하는 동일화란, 신과 자연 그리고 인간을 별개의 존재로 보지 않고 하나의 범주 속에 귀속시켜 이들 사이의 갈등을 해소하고 벽을 무너뜨려 합일의 장을 마련하기 위한 문학적 이상의 적극적 표상이라고 할 수 있다.

(2) 한국 서정시의 전통

　시를 말하면 흔히 서정시를 연상하게 된다. 이는 서정시가 인류에 의해서 가장 오랫동안 향유되어 온 문학의 한 형태이기 때문이다. 곧, 서정시라고 하면 인간의 정서와 사상을 지나치게 길지 않게, 적당히 행과 연을 구분해 가면서 상징과 함축적인 언어로 표현하는 문학예술의 일종이라고 인식되어 왔던 것이다. 세계를 자기화하고 주관화하며 언제나 자신의 감정을 드러내려는 서정시는, 어느 나라의 경우에도 가장 중심적인 시의 주류가 된다. 합리적인 문명이나 일상적인 현실이나 물질적인 세속을 벗어나 나와 세계가 내밀하게 공존하려는 서정적인 욕망은 문명사회에서 오히려 가장 시적인 모습이라는 데 의의를 지닌다.

> 公無渡河　임이여 그 물을 건너지 마오.
> 公竟渡河　임은 기어이 물을 건너셨네.
> 墮河而死　물에 빠져 돌아가시니.
> 當奈公何　이제 임이여 어이할꼬.
> ― 백수광부의 아내,「공무도하가」전문

이 노래는 임을 잃은 슬픔을 애절한 목소리로 노래하고 있는 작품이다. 국문학사상 최고의 서정시로 악곡명을 따라「공후인(箜篌引)」이라고도 하는데 그 유래는 다음과 같다.

고조선의 뱃사공 곽리자고(霍里子高)가 이른 아침 배를 손질하고 있었다. 그 때 머리가 하얗게 센 미치광이[백수광부(白首狂夫)] 한 사람이 머리를 풀어헤친 채 술병을 쥐고는 어지러이 흐르는 강물을 건너고 있다. 그 뒤를 그의 아내가 따르며 말렸으나 미치지 못해 그 미치광이는 끝내 물에 빠져 죽고 만다. 이에 그의 아내는 공후(箜篌)를 뜯으면서 공무도하(公無渡河)의 노래를 불렀는데 그 목소리가 아주 슬펐다. 노래가 끝나자 그의 아내 역시 스스로 물에 몸을 던져 죽는다. 이러한 광경을 처음부터 목격한 곽리자고가 집에 돌아와 그의 아내 여옥(麗玉)에게 이야기를 전하면서 노래를 들려준다. 여옥은 슬퍼 공후를 뜯으면서 그 노래를 부른다. 그 후 여옥은 이 노래를 이웃에 사는 여용(麗容)에게 전하여 결국 널리 알려지게 되고, 이 노래를 이름하여「공후인」이라 하였다.

이 시의 정서적 특징은 정한(情恨)의 세계이다. 물을 건너가려는 임을 만류하였으나 임은 끝내 건너려다 물에 빠져 죽게 된다는 사별의 아픔을 담고 있다. 그 안타까운 상황에 처하여 화자는 '어이할꼬?'라는 말로 자신의 심정을 드러낸다. 이러한 슬픔·체념·안타까움·정한은 우리 민족의 보편적 정서이자 우리 노래가 지닌 가장 대표적인 정서라는 점에서, 이 노래가 한국적 정서의 원류(源流)라고 할 수 있다. 즉, 우리 민족의 전통적인 정서를 한(恨)이라고 한다면, 이 노래는 우리나라 서정시의 출발이면서 동시에 한국적 정서인 한의 원류라 할 수 있는 것이다. 이러한 비극적 상심(傷心)을 노래한 「공무도하가」의 '이별의 정한'이라는 정서는 고구려의 「황조가」에서, 연대는 미상이나 백제 시대로 추정하고 있는 「정읍사」에서, 고려 속요 「가시리」, 「서경별곡」과 정지상의 한시(漢詩) 「송인」에서, 조선 시대 황진이의 시조와 민요의 「아리랑」에서, 현대에 들어와 김소월의 시 「진달래꽃」, 「접동새」 등에서 면면히 이어져오고 있다. 그러나 이들 작품의 서정적 자아의 정서는 조금씩 다르다.

> 가시리 가시리잇고 나난
> 바리고 가시리잇고 나난.
>   위 증즐가 태평성대(太平盛大)
>
> 날러는 엇디 살라 하고
> 바리고 가시리잇고 나난.
>   위 증즐가 태평성대(太平盛大)
>
> 잡사와 두어리마나난
> 선하면 아니올셰라.
>   위 증즐가 태평성대(太平盛大)
>
> 셜온 님 보내압노니 나난
> 가시난 듯 도셔 오쇼서 나난.
>   위 증즐가 태평성대(太平盛大)
>   — 작자 미상, 「가시리」 전문

사랑하는 임을 보내는 여인의 애절한 마음을 형상화한 이 노래는 우리 민족의 전통적인 한의 정서를 담고 있다. 간결한 형식에 순 우리말의 소

박하고 직접적인 시어로 이별의 정한과 재회에 대한 간절한 기원을 진솔하게 표현한 이 노래는, 고려 속요 중 절조(絶調)라고 일컬어진다.

각 연을 살펴보면, 1연에서는 떠나는 임이 야속해서 붙들려고 원망에 찬 하소연을 한다. 2연에서는 하소연이 고조된다. 시적 전개의 절정을 이룬 3연에서는 임을 붙잡아 두고 싶은 심정과 자칫하면 임의 노여움을 살지 모른다는 염려 때문에 임을 잡지 못하는 한국 여인들의 순박한 정서가 그대로 드러난다. 4연에서는 이별의 슬픔을 가슴 깊이 묻고 임을 보내야 하는 여인의 정한이 잘 나타나 있다. 곧 '애원→탄식→절제→기다림'의 구조를 띠고 있는 것이다.

정한이란 자신에게 닥친 부당한 상황을 어쩔 수 없이 받아들이는 데서 생겨난다. 이 시의 화자도 임이 자신을 버리고 가는 상황을 어쩔 수 없이 받아들인다. 그래서 한의 정서가 생긴다. 이 정서를 「가시리」에서는 직설적으로 표출하고 있다. 즉, 화자가 버리고 가는 임과 자신 사이에 어떤 것도 개입시키지 않을 만큼 직선적인 감정을 표출 하고 있는 것이다.

> 동짓(冬至)달 기나긴 밤을 한 허리를 버혀 내여.
> 춘풍(春風) 니불 아래 서리서리 너헛다가.
> 어론님 오신 날 밤이여든 구뷔구뷔 펴리라.
> ― 황진이, 「동지달 기나긴 밤을」 전문

이 작품은 임을 기다리는 여인의 간절한 마음을 비유와 의태적 심상을 통해 호소력 있게 형상화한 작품이다. 추상적 개념인 시간을 구체적 사물로 형상화한 표현기법이 매우 참신하고 생생한 인상을 주어 작품 전체에 신선감을 불어넣고 있다. 초장에는 동짓달 기나긴 밤의 외로운 여심(女心)이 "한 허리를 버혀 내여" 속에 깊이 간직되어 있으며, 중장과 종장의 "서리서리 너헛다가"와 "구뷔구뷔 펴리라"와 같은 싯구는 우리말의 우수성을 잘 살려 낸 표현이라 할 수 있다. 임을 기다리며 한숨으로 지새우는 여인의 애절한 심정이 여성 특유의 섬세한 감각으로 잘 표현된 작품이다.

나 보기가 역겨워
가실 때에는
말없이 고이 보내 드리우리다.

영변(寧邊)에 약산(藥山)
진달래꽃
아름 따다 가실 길에 뿌리우리다.

가시는 걸음 걸음
놓인 그 꽃을
사뿐히 즈려 밟고 가시옵소서.

나 보기가 역겨워
가실 때에는
죽어도 아니 눈물 흘리우리다.

— 김소월, 「진달래꽃」 전문

이 시의 시적 화자는 임과 이별하는 상황을 가정한 후, 그 상황을 이겨 낼 의지를 보이고 있다. 하지만, 그 모습은 적극적으로 대처하기보다는 그저 떠나는 임의 길을 축원한 후 이별의 슬픔을 혼자서 간직하겠다는 전통적 한국 여인의 순종적 모습이다.

또한 이 시의 시적 화자는 사랑하는 임이 떠나가도 "죽어도 아니 눈물 흘리우리다."라고 말한다. 즉, 시적 화자는 이별의 슬픔을 지극히 애통해하면서도 절대 눈물을 흘리지 않겠다고 노래한다. 하지만 떠나는 임에게 자신의 분신인 '진달래꽃'을 뿌리는 시적 화자의 태도를 생각해 볼 때,

이것은 너무나도 큰 슬픔에 마음속으로 많이 울 것이라는 의미가 함축되어 있다. 실제로 말하고자 하는 내용을 의미상 그와 상반되게 표현함으로써 시적 화자의 심정을 더욱 절절히 전달하는 것을 반어적 표현이라고 한다. 이처럼 슬프기는 하나 겉으로는 슬픔을 나타내려고 하지 않는 애이불비(哀而不悲)의 태도는 우리 민족의 전통적 여인의 모습이기도 하다.

이 밖에 조지훈의 「석문」, 서정주의 「신부」 등에서도 한국 서정시의 전통적 정한의 정서가 드러난다. 이 두 시는 모두 '일월산 황씨 부인 설화'를 소재로 하고 있다.

> 당신이 오시는 날까지는, 길이 꺼지지 않을 촛불 한 자루도 간직하였습니다. 이는 당신의 그리운 얼굴이 이 희미한 불 앞에 어리울 때까지는, 천년(千年)이 지나도 눈감지 않을 저희 슬픈 영혼의 모습입니다.
>
> (…중략…)
>
> 여기 돌문이 있습니다.
> 원한도 사무칠 양이면 지극한 정성에 열리지 않는 돌문이 있습니다.
> 당신이 오셔서 다시 천 년(千年)토록 앉아 기다리라고, 슬픈 비바람에 낡아 가는 돌문이 있습니다.
>
> — 조지훈, 「석문」 부분

> 신부는 초록 저고리 다홍 치마로 겨우 귀밑머리만 풀리운 채 신랑하고 첫날밤을 아직 앉아 있었는데, 신랑이 그만 오줌이 급해져서 냉큼 일어나 달려가는 바람에 옷자락이 문 돌쩌귀에 걸렸습니다. 그것을 신랑은 생각이 또 급해서 제 신부가 음탕해서 그 새를 못 참아서 뒤에서 손으로 잡아당기는 거라고, 그렇게만 알곤 뒤도 안 돌아보고 나가 버렸습니다. 문 돌쩌귀에 걸린 옷자락이 찢어진 채로 오줌 누곤 못 쓰겠다며 달아나 버렸습니다.
> 그러고 나서 40년인가 50년인가 지나간 뒤에 뜻밖에 딴 볼일이 생겨 이 신부네 집 옆을 지나가다가 그래도 잠시 궁금해서 신부방 문을 열고 들여

다보니 신부는 귀밑머리만 풀린 첫날밤 모양 그대로 초록 저고리 다홍치마로 아직도 고스란히 앉아 있었습니다. 안쓰러운 생각이 들어 그 어깨를 가서 어루만지니 그때서야 매운 재가 되어 폭삭 내려 앉아 버렸습니다. 초록 재와 다홍 재로 내려앉아 버렸습이다.

— 서정주, 「신부」 전문

시 「석문」과 「신부」는 모두 설화를 소재로 하고 있다. 「석문」에서는 원한에 사무친 영혼의 목소리를 경어체로 호소하듯 표현함으로써 실감을 더해 준다. 시와 관련된 배경설화는 '일월산 황씨 부인당 전설'인데, 이를 간단히 소개하자면 다음과 같다.

일월산 밑에 사는 황씨 처녀는 그녀를 좋아하던 두 총각 중 한 사람에게 시집을 간다. 시집간 첫날밤이었다. 화장실에 갔다 온 신랑이 문 창호지에 비친 칼의 그림자가 자신의 연적이라고 생각하고 도망간다. 그러나 그것은 대나무 잎이었다. 족두리도 벗지 못하고 기다리던 신부는 한을 품고 결국 세상을 떠난다. 신부의 시신은 그대로 삭지 않는다. 후에 그 신랑이 신부의 시신을 일월산 아래 부인당에 모시고 사당까지 지어 바치고서야 시신이 삭아 넘어졌다.

배경설화에서 보여주듯이, 「석문」에서는 자신의 힘만으로는 열리지 않는 돌문이 임의 따뜻한 사랑에 의해서 열릴 것을 기다리는 여인의 심정을 간절하게 표현하고 있다. 푸념하는 듯한 담화를 통해 기다리는 사랑의 깊이와 원한에 사무친 하소연하는 여인의 정서가 잘 드러나 있다. 따라서 이 시는 우리의 전통적 여인상인 '임을 향한 영원한 사랑과 한'을 표출한다고 할 수 있다. 시 「신부」 역시 한 여인의 비극적 생애를 짧은 이야기 형식으로 담담하게 풀어나가고 있다. 한국 여인의 매운 정절과 한의 정서를 잘 드러내고 있는 것이다. 이와 같이 전통적인 서정시라면 특히 두드러지는 한국적 정서, 한국적인 소재를 다루고 있는 시를 말하는 것이다.

그리고 정서적으로는 이상에서 보여준 바처럼 부재한 임을 노래하는 사랑의 시와 민중성을 지니고 있는 민요적 가락, 한국적 특징을 나타내는 자연미의 표현에서 찾을 수 있을 것이다.

(3) 한국 현대시의 서정과 전통의 흐름

한국 현대시의 주류는 자유로운 형식을 취하는 서정시다. 서정시는 각각 주정적(主情的)인 경향과 주지적(主知的)인 경향으로 나뉜다. 곧 감정이 지나칠 때 주정적인 경향을 띠고, 감정이 적절히 지적인 요소를 포함할 때 주지적인 경향을 띠게 된다. 주정적 경향은 사물과의 동일성을 통하여 자아를 확인하려는 것이기 때문에 생의 원초적 대상인 자연이나 전통, 불변하고 영원한 사물을 자기 동일성의 대상으로 삼게 된다. 반면 주지적인 경향은 변화하는 시간과 역사, 인간이 이룩한 문명, 문화적인 환경 속에서 자아를 발견하려는 노력이기 때문에 도시적이고, 문명적이고, 지성적인 것들을 자기 동일성의 대상으로 삼게 된다.

그러나 시라는 것은 결국 자기 구원의 방식이다. 때문에 자연이나 문명이라는 객관적 상관물을 간접화하여 도모하지 않고, 직접 자아에 도전하는 방식을 생각할 수 있다. 말하자면, 자연이나 문명을 통하여 나를 보는 것이 아니라 스스로 나를 보는 방식인 것이다. 스스로 자아를 보려고 하기 때문에 즉물적이 아니라 관념적·사변적·명상적·철학적·종교적이다. 이는 수평적인 방식이 아니라 수직적인 방식이다. 이러한 경향의 시를 우리는 인생론적·철학적·종교적이라고 말한다.

그러나 주정시·주지시·철학시는 모두가 궁극적으로 단독자로서의 자아에 대한 고뇌와 환희를 표현하는 것이며, 마침내는 개인의 시적 구원에 도달하는 것이다. 이런 까닭으로 이들의 시적 행위는 자아의 세계화, 곧 자신을 어떤 대상물에 투사하고 이입하여 새로운 세계를 창조해 가는 상상의 과정인 것이다. 그러나 자아를 개체적이고 절대적인 것으로 인정하지 않고 집단적인 것으로 가상하여 어떤 집단·계층·민족 등의 삶을 시적 윤리와 가치로 동일시하여 시대의식, 집단의식을 표현하고자 하는 경향도 있다.

원래 시 정신이란 객관성이나 일반성에 대한 절대성의 자각·세속화·정치화·수단화에 대한 거부의 몸짓에서 순수함을 고집하려는 것이지만, 역사를 보면 시는 끊임없이 정치와 집단적인 윤리의 우월성에 의해서 이용되어 오기도 하였다. 우리의 시사(詩史)에서도 그것은 예외가 아니었다. 과거의 시란 달의(達意)나 재도(載道)의 수단으로 사용되는 것이 당연한 것이었고 시의 자율성을 선언한 현대시사에서도 계몽시·저항시·참여시·민중시 등 정치적 목적시가 사용되어 왔다.

1920년대 전반기 시인들은 대부분 감상적·영탄적·퇴폐적 등 세기말적 징후를 빌어 작품을 썼다. 그러나 김소월은 전통적인 한국 시가의 정서와 형태를 계승하면서 우리의 깊은 감정을 한이라는 슬픔과 이별에서 찾으려하였다. 소월은 전통적인 정서의 한과 애상(哀傷)을 바탕으로 전통적 형식인 민요적 율격을 사용하여 독특한 시의 세계를 개척한 것이다. 또한 김억은 서구 사조를 수용하면서도 전통적인 가락과 정서를 표현했다. 그리고 한용운은 일제하의 현실에서 부재하는 임을 노래했다. 이러한 소월의 유교적 의식, 김억의 서구적 의식, 한용운의 불교적 의식이라는 차이에도 불구하고, 이들 시인들의 시는 전통적 정서와 가락에 접맥된 서정시라 할 수 있다.

소월이 개척한 전통적 정서, 토속적 한국의 색채는 1930년대 시문학파에서 잘 드러난다. 『시문학』은 1930년 3월에 창간된 시가 중심의 문예 동인지이다. 동인으로는 김영랑, 박용철, 정지용, 정인보, 이하윤 등이 참여하였다. 『시문학』은 불과 3호로 끝을 맺었지만 문학사적 의의는 크다. 우선 카프(KAPF)의 목적의식 · 도식성 · 획일성 · 조직성에 반대하여 순수 문학을 옹호한 모태가 되었고, 시를 언어 예술로 자각한 현대시의 시발점이 되었다.

> 내 마음의 언딘 듯 한편에 끝없는
> 강물이 흐르네.
> 돋쳐오르는 아침날 빛이 빤질한
> 은결을 도도네
> 가슴엔 듯 눈엔 듯 또 핏줄엔 듯
> 마음이 도른도른 숨어 있는 곳
> 내 마음의 어딘 듯 한편에 끝없는
> 강물이 흐르네.
>
> — 김영랑, 「동백잎에 빛나는 마음」 전문

이 시의 제목은 오늘날 「끝없는 강물이 흐르네」로 알려져 있다. 그리고 주제는 '내 마음'이다. 이 시의 소재는 남쪽에 많은 동백나무, 그 잎에 비치는 시인의 마음이다. 마음은 형체가 없는 것이나 시인은 그것이 강물처럼 흐르는 것으로 표현한다. 강물로 표상된 마음의 상태가 아침 햇빛에 반짝거리는 밝은 색깔, 빠스락거리는 은종이 같은 질감을 지니고 있다. 이처럼 이 시는 형체 없는 마음을 마치 형체가 있는 것처럼 감각적으로 지각할 수 있게끔 형상화하고 있다는 점에서 순수 서정시를 대표하는 작품이라고 할 수 있다.

> 고향에 고향에 돌아와도
> 그리던 고향은 아니러뇨
>
> 산꿩이 알을 품고
> 뻐꾸기 제 철에 울건만,

마음은 제 고향 지니지 않고
머언 항구로 떠도는 구름.

오늘도 뫼 끝에 홀로 오르니
흰 점 꽃이 인정스레 웃고,

어린 시절에 불던 풀피리 소리 아니 나고
메마른 입술에 쓰디쓰다.

고향에 고향에 돌아와도
그리던 하늘만이 높푸르구나.

― 정지용, 「고향」 전문

　이 시는 30년대 초반 정지용의 대표작 중의 하나로 꼽히는 작품으로, 시인 자신의 고향을 노래한 것이다. 이 시의 짜임을 보면 부정 구문과 대조하여 고향 상실의 비애 또는 그에 따른 좌절의 허망감을 선명하게 부각하고 있다. 자연사의 의구함에 인간사의 무상함이 대조되어 고향 상실의 비애를 선명하게 드러낸다. 시적 화자의 마음속에 간직된 고향과 실제 찾아가 만난 고향의 모습은 판이하게 다른 것이다.
　그런데 이 시는 고향에 대한 정감을 유년 시절에 경험한 사물들인 산꿩, 뻐꾸기, 구름, 흰 꽃, 풀피리 등 친근한 자연 사물을 통해 형상화하고 있다. 이러한 사물들은 바로 순수 서정시의 특징으로서 선명한 촉각적·시각적 이미지를 구사해 준다. 또한 시어의 선택에 있어서 전체적으로 순박한 민족 언어를 사용함으로써 민중의 정서를 표출하고 있는데, 이 점 역시 순수미를 드러내 주고 있다.
　전통적 정서와 한국적 기층 세계를 소재로 하는 경향은 1930년대 후반의 서정주, 유치환 등의 소위 생명파의 시에서도 나타난다. 생명파는 프로 문학의 이념, 순수시를 표방한 『시문학』의 유미주의적 경향과 관념성, 그리고 모더니즘의 감각적 기교주의와 반생명성에 반발하여 등장한 일군의 시인들을 가리키는 명칭이다. 생명파의 일원으로는 『시인부락』을 중심으로 한 서정주, 유치환, 김동리, 오장환, 함형수 등을 들 수 있다. 그러나 생명파 시인들의 시는 『시문학』의 예술지상주의적인 경향을 이어받으면서도 생명의 본질과 인간에 대한 근원적 이해를 추구함으로써 이를 좀 더 인간주의적인 것으로 발전시켰다고 할 수 있다. 생명파가 인간과 생명이라는 보편적 테마에 새로운 의의를 부여함으로써 현대문학의 진로를 모색하였음은 문학사적으로 중요한 일이기도 하다.

또한 1930년대 전원 시인 혹은 목가 시인으로 한국 현대시사에 있어 독보적인 위치를 차지한 신석정 역시 우리나라의 전통적 동양 정신을 그대로 드러내는 시를 썼다.

어머니,
당신은 그 먼 나라를 알으십니까?

깊은 삼림대(森林帶)를 끼고 돌면
고요한 호수에 흰 물새 날고,
좁은 들길에 야장미(野薔薇) 열매 붉어

멀리 노루 새끼 마음놓고 뛰어다니는
아무도 살지 않는 그 먼 나라를 알으십니까?

그 나라에 가실 때에는 부디 잊지 마셔요.
나와 같이 그 나라에 가서 비둘기를 키웁시다.

어머니,

당신은 그 먼 나라를 알으십니까?

산비탈 넌지시 타고 내려오면
양지밭에 흰 염소 한가히 풀 뜯고,
길 솟는 옥수수밭에 해는 저물어
먼 바다 물소리 구슬피 들려 오는
아무도 살지 않는 그 먼 나라를 알으십니까?
— 신석정, 「그 먼 나라를 알으십니까」 부분

이 시는 1930년대 일제 강점기에 쓰인 것으로, 당시의 억압적인 상황에서 벗어나 우리 민족이 누려야 할 평화로운 삶의 모습을 '먼 나라'라는 이상적인 공간으로 표현하고 있다. '먼 나라'는 시적 화자를 비롯한 우리 민족이 염원하는 평화롭고, 순수하고, 풍요로운 공간으로 시인의 전원적이고 목가적인 시 경향을 잘 드러내는 공간이다.

시적 화자는 현재 현실에 몸담고 있다. 그리고 자신이 동경하는 이상향, '먼 나라'를 아느냐고 '어머니'에게 묻고 있다. '어머니'는 시적 화자를 이상향으로 데려다 줄 절대적 구원자의 모습인 것이다. 그리고 '어머니'의 대표적 이미지는 모성애이고, 그로 인해 평화와 안정의 느낌을 전해준다. 시적 화자가 원하는 '먼 나라'의 모습도 평화롭고 자유롭고 또한 풍요로운 곳으로 '어머니'의 이미지와 관련이 깊다. '어머니'는 일제의 수탈과 강압적 지배에서 우리를 구원해 평화로운 '먼 나라'로 인도해 줄 인도자이며, 구원자인 것이다.

이와 같이 이 시는 한국의 전통적인 전원의 향수와 서정성을 구사한 작품이라고 할 수 있다. 따라서 이러한 계통의 시는 김동명의 「파초」, 김상용의 「남으로 창을 내겠소」 등에서도 찾아볼 수 있다.

1940년대의 청록파도 우리나라 현대시의 서정적 전통을 드러낸다고 할 수 있다. 청록파란 주로 자연을 제재로 하여 시 창작 활동을 한 박목월,

조지훈, 박두진 등 세 시인을 일컫는 말이다. 세 시인은 1946년, 시집 『청록집』을 공동으로 간행하게 되었는데, 이 시집에 의거하여 '청록파'라는 이름을 얻게 되었다.

　박목월의 향토적 서정에는 한국인의 전통적인 삶의 의식이 녹아 있으며, 이를 통하여 일제 말기 한국인의 정신적 동질성을 통합하려고 한 가치를 발견할 수 있다. 그의 민요풍의 시 형식도 그러한 민족적 전통에 근거한다. 조지훈의 전아한 고전적 취미도 한국인의 역사적·문화적 인식을 일깨워 주며, 민족의 문화적 동질성을 환기시킴으로써 일제 치하 민족의 굴욕을 극복하려 한 의미를 지닌다. 그의 시에서 저항적 요소가 보이고 있음도 그러한 정신적 자세와 연결된다. 박두진에 있어서 자연 인식은 원시적 건강성과 함께 강렬한 의지의 상징으로 표현된다. 그것은 그의 기독교적 신앙에서 빚어진 의연하고 당당한 의로움의 생활 신념과 관계된다.

　　얇은 사(紗) 하이얀 고깔은
　　고이 접어서 나빌레라.

　　파르라니 깎은 머리
　　박사(薄紗)고깔에 감추오고,

　　두 볼에 흐르는 빛이
　　정작으로 고와서 서러워라.

　　빈 대(臺)에 황촉(黃燭)불이 말없이 녹는 밤에
　　오동잎 잎새마다 달이 지는데,

　　소매는 길어서 하늘은 넓고,
　　돌아설 듯 날아가며 사뿐히 접어 올린 외씨버선이여!

까만 눈동자 살포시 들어
먼 하늘 한 개 별빛에 모두오고,

복사꽃 고운 뺨에 아롱질 듯 두 방울이야
세사(世事)에 시달려도 번뇌(煩惱)는 별빛이라.

휘어져 감기우고 다시 접어 뻗는 손이
깊은 마음속 거룩한 합장(合掌)인 양하고,

이 밤사 귀또리도 지새는 삼경(三更)인데,
얇은 사(紗) 하이얀 고깔은 고이 접어서 나빌레라.
— 조지훈, 「승무」 전문

  이 시는 '승무(僧舞)'라는 춤을 통해 세속적인 번뇌를 종교적으로 승화시키는 모습을 형상화하고 있는 작품으로, 4음보의 율격이나 소재 면에서 전통성을 드러내고 있다. 1~9연의 전체를 춤추는 동작에 따라 전개하고 있는 이 시는, '하이얀', '감추오고' 등 예스러운 시어를 사용하여 고풍스런 분위기를 형성한다.
  시적 화자는 파르라니 깎은 머리를 박사 고깔에 감춘 한 여승을 바라보고 있다. 그 여인은 오동잎 잎새마다 달이 지는 밤 '빈 대'에서 홀로 춤을 춘다. 긴 소매를 들어 하늘을 휘감고, 돌아서면 살며시 보이는 가느다란 여인의 외씨버선, 여인은 까만 눈동자를 살포시 들어 먼 하늘 별빛을 바라본다. 번뇌에 시달려 거칠게 춤을 추던 여인은 별빛에 눈을 모으고 멈춰선다. 그리고 말없이 그동안의 번뇌를 생각하며 눈물을 흘린다. 시적 화자는 멈춰 서 있는 여인의 내면을 이제 들여다 보기 시작한다. 그 여인의 가슴 속에 있었던 세속의 번뇌가 마침내 '별빛'으로 승화하고 있음을 시적 화자는 '거룩한 합장'을 통해 깨닫는다.

이 시는 '얇은 사', '박사 고깔', '황촉불', '외씨버선', '삼경', '이 밤사', '귀또리' 등의 고풍스런 시어와 '하이얀', '나빌레라', '파르라니', '감추오고', '살포시', '모두오고', '아롱질 듯' 등의 유려하고 우아한 시어를 사용하여 작품의 전통적인 멋과 함께 음악성·회화성을 효과적으로 드러내고 있다.

1930년대 후반기 이래의 순수시 전통 즉, 생명파와 청록파에서 활약했던 서정주는 1950년대에 들어와 고전 정신과 토속적 서정 추구의 시를 썼던 이동주, 박재삼과 함께 한 맥락을 형성하게 된다. 이동주는 슬픔·원망·정한이라는 한국 시가의 전통적 정서를 추구함으로써 전통시의 한 흐름을 형성한다. 특히 「혼야」, 「강강술래」 등의 시에 그 전통적 경향이 잘 나타나 있다. 또한 전후 신진 시인 박재삼은 고전 정서와 전통적 가락을 현대적인 호흡으로 훌륭하게 되살려냄으로써 전통시의 새로운 가능성을 개척한다. 가령 그의 시 「울음이 타는 가을 강」, 「추억에서」 등은 전래 정조인 한의 정서를 현대적으로 재창조하고 있는 것이다.

마음도 한자리 못 앉아 있는 마음일 때,
친구의 서러운 사랑 이야기를
가을 햇볕으로나 동무삼아 따라가면,
어느 새 등성이에 이르러 눈물나고나.

제삿날 큰집에 모이는 불빛도 불빛이지만,
해질녘 울음이 타는 가을 강을 보것네.

저것봐, 저것봐,
네보담도 내보담도
그 기쁜 첫사랑 산골 물 소리가 사라지고
그 다음 사랑 끝에 생긴 울음까지 녹아나고
이제는 미칠 일 하나로 바다에 다 와 가는

소리 죽은 가을 강을 처음 보것네.
— 박재삼, 「울음이 타는 가을 강」 전문

　이 시는 '노을에 물든 가을 강'이라는 일상적인 자연 현상에 인생의 의미를 부여하여 인생의 고단함과 삶의 유한성이라는 인간의 본원적 한을 노래하고 있다.
　시적 화자는 바다에 다 와 가는 '소리 죽은 가을 강'을 보며 자신의 처지를 생각한다. 이러한 '물'의 모습은 산골짜기에서 시작하여 바다에 이르는 과정을 통해 청년·중년·노년의 모습을 훌륭하게 형상화하고 있다. "그 기쁜 첫사랑의 산골 물소리가 사라지고"는 첫사랑의 설렘처럼 기쁨과 희망을 간직하였던 청년 시절이 지나갔음을, "그 다음 사랑 끝에 생긴 울음까지 녹아나고"는 울음을 토해 낼 만큼의 아픈 경험과 그로 인한 성숙으로 인생의 본질을 생각하는 중년의 시절이 지나갔음을, "이제는 미칠 일 하나로 바다에 다 와 가는"은 세월의 흐름을 한탄하며 쓸쓸히 노년을 보내고 있음을 비유한 것으로, 인생의 본질적인 한을 표현하고 있는 것이다.
　이 시의 전반부는 시적 화자가 제삿날을 맞아 큰집이 있는 고향을 찾아가다가 노을에 물든 가을 강을 바라보며 떠올린 슬픈 사랑의 추억과, 고향을 떠나 방황하면서 어렵게 살아가는 자신의 삶에 대한 애상이 중심을 이룬다. 그리고 후반부에서 시적 화자는 노을이 지는 가을 강을 바라보며 자신이 느끼는 인생의 고단함을 보편적인 한의 정서로 확대한다. 말하자면, 전반부에 나타난 삶의 서러움이 개인에 관한 것이었다면, 그 정서는 '가을 강'을 통해 모든 이가 가질 법한 인생의 한으로 확대되고 있는 것이다.
　1970년대에 들어와서 전통적 정한과 서정을 노래한 대표적 시인으로는 임홍재와 송수권을 꼽을 수 있다. 임홍재는 농촌에 살고 있는 서민들의 애환을 진솔하게 시로 형상화하고 있는데, 원색적인 시어를 통해 가난과 한의 울분을 강렬하게 표출한다. 가령, 시 「바느질」에서는 어머니의 모습을 한 맺힌 목소리에 담아 시로 승화시키고 있다. 가난은 눈물과 한을 낳고, 한은 다시 운명에로 변이하여 죽음의 이미지를 형성하고 있는 것이다. 시 「산역」에서는 아버지의 참담한 생활을 서러운 목소리로 그리고 있다.

송수권 시의 서정은 소박한 세계, 한의 정서 등으로 드러난다. 그리고 그의 문학적 관심은 사물에 대한 깊은 상상력의 탐구에 있다. 그의 상상력의 원천은 고전과 자연, 때로는 시대적 상황과 역사, 나아가 신화적 사고에 이르기까지 넓고 깊다.

>누이야
>가을산 그리메에 빠진 눈썹 두어 낱을
>지금도 살아서 보는가
>정정(淨淨)한 눈물 돌로 눌러 죽이고
>그 눈물 끝을 따라가면
>즈믄 밤의 강이 일어서던 것을
>그 강물 깊이깊이 가라앉는 고뇌의 말씀들
>돌로 살아서 반짝여 오던 것을
>더러는 물 속에서 튀는 물고기같이
>살아오던 것을
>그리고 산다화(山茶花) 한 가지 꺾어 스스럼없이
>건네이던 것을
>
>누이야 지금도 살아서 보는가
>가을산 그리메에 빠져 떠돌던, 그 눈썹 두어 낱을 기러기가
>강물에 부리고 가는 것을
>내 한 잔은 마시고 한 잔은 비워 두고

더러는 잎새에 살아서 튀는 물방울같이
그렇게 만나는 것을

누이야 아는가
가을산 그리메에 빠져 떠돌던
눈썹 두어 낱이
지금 이 못물 속에 비쳐옴을

— 송수권, 「산문에 기대어」 전문

이 시의 시적 화자는 산사(山寺)의 입구에서 가을산의 그림자가 눈썹 모양인 것을 보고, 누이의 눈썹을 떠올리며 죽은 누이를 회상하고 있다. 그리고 죽은 누이와의 재회를 기대하며 그리움과 한을 승화시킨다. 죽은 누이를 회상하던 시적 화자는 죽음의 이미지인 '즈믄 밤의 강'이 일어서는 것처럼 느낀다. 곧, 재생의 이미지를 떠올린 것이다. 시적 화자는 죽은 누이도 '돌', '물고기', '산다화' 등 재생의 이미지를 갖고 있는 자연물처럼 재생하기를 기원한다.

또한 시적 화자는 줄을 맞춰 날아가는 기러기들의 모습에서 죽은 누이의 눈썹을 떠올린다. 그 기러기들이 강물에 비친다. 그래서 시적 화자는 누이의 무덤가에 와서 술을 따른다. 술 한 잔은 자신이 마시고 한 잔은 누이를 위해 제를 지낸다. 누이의 무덤에 비워진 술이 잎새에 튀는 것처럼 시적 화자는 죽은 누이와 재회할 것을 기대한다. '살아서 튄다'는 말은 시적 화자가 죽은 누이와 만나는 모습을 그린 것으로, 여기에는 누이와의 재회를 믿는 시적 화자의 심정이 드러난다. '강물'은 단순히 죽은 누이를 생각하는 공간에서 누이와 만날 수 있는 공간으로 전환된다. 그리고 '못물'은 새로운 생성, 곧 재생의 공간이다. 누이의 눈썹이 그러한 '못물'에 비쳐오는 것은 시적 화자가 누이와의 재회를 확신하고 있음을 보여주는 것이다.

　이렇듯 송수권의 시에서의 한은 단순히 체념에 머무르지 않는다. 한이 극도에 달하여 되살아 삶에 투영되는 끈질긴 힘, 한은 삶의 생명력으로 분출되는 것이다.

　한국시의 주류는 서정시라고 할 수 있다. 서정은 그 시대를 살아가는 세대들의 감수성을 반영한다. 따라서 인간의 감수성이 그러하듯 서정시란 고정된 것이 아니고 시대의 흐름을 타고 변화하게 마련이다. 80년대 시인들에게 있어서 우리의 순수한 전통적 서정시를 깊이 있게 지속적으로 쓰고 있는 사람은 그리 많지 않다. 그리고 80년대 서정시는 지난날 우리의 서정시와는 다르게 변모하고 있음을 본다. 음풍농월의 서정시와는 달리 본질적이며 존재론적인 모습을 투영하여 형상화하고 있는 것이다. 기형도, 이상호, 서정윤, 김용범 등의 젊은 시인들의 시에서는 죽음이라는 시적 존재론을 포착하여 인간의 한 본질을 서정적으로 노래하고 있음을 발견할 수 있다. 그리고 이들의 시는 매우 감각적인 서정을 표출하고 있다는 데 그 특징이 있다.

　한편 80년대의 역사의식과 현실 인식을 바탕으로 하여 서정성을 표출하는 시인들도 있다. 이러한 특성을 보여주는 시인으로는 안도현, 박세현, 오태환, 정일근, 최영철 등을 주목할 수 있다. 이러한 삶의 서정시는 그 시대의 역사와 사회의식을 탐색하면서 그것을 예술의식으로 미화하려고 노력하고 있다. 그리하여 나름대로 80년대적인 서정의 세계를 개척하여 특징지어주고 있는 것이다.

제2장

시의 유형

1. 형식에 따른 유형
2. 내용에 따른 유형
3. 주제에 따른 유형

1. 형식에 따른 유형

(1) 정형시(定型詩)

정형시란 운율을 이루는 틀이 일정한 규칙에 의해서 고정되어 있는 시를 말한다. 곧 전통적으로 구조·어구·길이·리듬 등 일정한 형식적 제약 속에서 표현되는 시 형식이다.

서구에서의 전통적인 정형시는 음량을 바탕으로 음절수가 시행(詩行) 또는 연구(聯句)에 일정하며, 거기에 압운·후렴·애서넌스(assonance, 유사음) 등의 보족적인 규칙이 있다. 시행의 음절수는 장단 등에 따라 종류가 구분된다. 독일 및 영국 등에서의 정형시는 음질을 중심으로 이루어진다. 음절의 강약 또는 약강 등의 그룹을 한 묶음으로 음보(音步, foot) 또는 시각(詩脚)이라 하고, 그 음보수를 스캔션(scansion)한다. 즉, 음보의 수를 조사해서 계산하는 것이다. 이렇게 스캔션된 음보수에 의하여 정형의 종류가 만들어지며, 이를 미터(meter, 격조)라 하고 압운·두운·애서넌스 등의 보족에 고정되어 리듬을 형성한다.

이에 대하여 동양, 곧 한시에서는 절구나 율시 및 배율 등이 정형시에 해당된다. 한시는 음성률(音聲律 : 음의 고저 장단)·음절률(音節律 : 자수율)·음위율(音位律 : 압운) 등 세 가지 기준과 외재율 또는 외형율의 규칙에 따라 창작된다. 이에 비해 우리나라 정형시는 다만 음수율 혹은 자수율만 지켜지고 있는 특징을 보이고 있다. 중국의 오언절구나 칠언율시, 그리고 일본의 배구(俳句) 등은 모두 정형시에 속한다.

이와 같이 정형시의 특성은 각 종족들의 언어 및 문자 양식에 따라 그 기준이 서로 다르다. 우리나라에서는 시조나 가사가 대표적 정형시이다. 그리고 서구시의 영향을 받아 1910년대 중반부터 시도된 자유시 및 산문시 형식이 보편화되기 이전까지는, 3·4 또는 4·4조, 7·5 또는 8·5조의 자수율에 맞추어진 정형시 형식만 지켜온 것으로 드러난다.

우리의 시조는 고려 말기에 완성된 정형시로서 민족의 정서를 담고 현재까지 이어진 유일한 민족문학이다. 곧 여말에 불교가 부패하여 유교가 발흥하고 사대부들이 신흥하면서 그들의 즉흥적인 시심을 담을 수 있는 단형(短型)의 시가가 필요하였던 것이다. 기본 형식은 3장 6구 45자 내외, 4음보로 구성된다. 초장은 3·4·3·4, 중장은 3·4·3·4, 종장은 3·5·4·3으로 되어 있으나, 각 구에 한두 자의 가감이 있고, 종장의 첫째 구는 항상 고정된다. 시조의 종류에는 평시조·엇시조·사설시조가 있다.

> 백설(白雪)이 자자진 골에 구루미 머흐레라.
> 반가온 매화(梅花)난 어내 곳에 픠엿난고.
> 석양(夕陽)에 홀로 셔 이셔 갈 곳 몰라 하노라.
> ― 이색,「백설이 자자진 골에」전문

이 작품은 고려에서 조선으로 넘어가는 왕조 교체기에 처해 있는 한 지사(志士)의 의식을 잘 보여준다. 구름에 덮여 있는 가파른 시대 상황, 자신의 마음을 반갑게 맞아 줄 매화를 찾는 심정이 해거름에 홀로 거닐며 방황하는 지식인의 고독한 초상 속에 잘 나타난다. 곧 이성계의 무리가 세력을 키우고 있을 때 고려를 지킬 우국지사들은 어디에 있는가? 멸망해 가는 고려의 왕조를 안타까워하는 고려 유신의 탄식이 들리는 듯하다.

이 시조의 초장은 3·5·3·4, 중장은 3·3·4·4, 종장은 3·5·4·3 으로 드러난다. 앞에서 언급한 바 있듯이, 시조에는 기본 형식이 정해져 있지만, 한두 자의 가감은 있는 것이다. 우리의 시조에 비해 한시는 압운이 잘 지켜지고 있고, 음위율·음성율·음수율을 다 갖추고 있다.

> 間爾何事棲碧山 어찌하여 푸른 산에 사냐 묻길래
> 笑而不答心自閑 웃고 대답 아니해도 마음 절로 한가롭네.
> 桃花流水杳然去 복사꽃 흐르는 물 아득히 떠나거니
> 別有天地非人間 또 다른 세상일래, 인간이 아니로세.
> ― 이백, 「산중문답」 부분

이 작품은 속세를 벗어나 푸른 산중에서 한가로이 지내는 삶의 모습을 통해 자연에 대한 동경의 마음을 표현한 이백의 칠언 절구이다. 짧은 시구지만 세속과의 결별을 통해 이상적인 신선 세계를 추구하는 화자의 내면 세계가 극도로 절제되고 함축된 언어와 문답 형식을 통해 효과적으로 드러나 있다. 한 시행의 음절수가 7언이고 시행의 수가 4행으로 고정된 절구의 정형시임이 한 눈에 파악된다. 따라서 칠언 절구의 음위율을 잘 지키고 있으며 '산', '한', '거', '간' 등에 압운이 있음을 알 수 있다.

> 삼수갑산 가고지고
> 삼수갑산 어듸메냐
> 아하 산첩첩에 흰구름만 쌔고쌨네
> ― 김억, 「삼수갑산」 부분

> 산에는 꽃 피네
> 꽃이 피네

갈 봄 여름 없이
꽃이 피네.

— 김소월, 「산유화」 부분

돌담에 속삭이는 햇발같이
풀 아래 웃음짓는 샘물같이
내 마음 고요히 고운 봄 길 위에
오늘 하루 하늘을 우러르고 싶다.

— 김영랑, 「돌담에 속삭이는 햇발같이」 부분

 김억의 시 「삼수갑산」은 모두 3행으로 짜여 있다. 이러한 통일성은 시적 화자의 감정이 점층적으로 고조되는 효과를 준다. 그리고 1, 2행에 모두 '삼수갑산'이라는 시어가 등장하는데, 이러한 시행 구성의 단순함은 감정을 직설적으로 표출하는 이 시의 표현기법과 관련이 깊다. 또한 1, 2행은 2음보씩 처리되어 4·4조의 기본 율격을 형성한다. 이 시는 이렇게 시행과 배열, 그리고 율격 형성 면에서 일정한 규칙성을 보여줌으로써 우리나라 초기 현대시의 형태적 특징을 드러내고 있다.

 김소월의 시를 감상할 때 내용적인 측면에는 '한'을 노래하고 있고, 형식적인 측면에서는 민요풍의 율조를 사용하고 있다는 점에 주목해야 한다. 민요풍의 율조란 전통 민요의 가락에서 빌려온 것을 말하는데, 가장 일반적인 특징이 3음보를 규칙적으로 사용하고 있다는 것이다. 「산유화」에서도 "산에는 꽃 피네/꽃이 피네//갈 봄 여름 없이/꽃이 피네."에서 보여주듯 3음보를 사용하고 있다.

 김영랑의 시 「돌담에 속삭이는 햇발같이」에서는 우선 7·5조 3음보를 기본으로 사용하고 있음이 눈에 띈다. 이는 "돌담에/속삭이는/햇발같이", "새악시 볼에/떠오는/부끄럼같이"에서 드러난다. 이러한 구성 형식은 우리 시가문학의 전통적 율격으로 우리에게 친근한 가락이다. 또한 이 시는

'ㄴ·ㄹ·ㅁ'의 울림소리와 'ㅗ·ㅏ'의 양성 모음을 반복적으로 사용함으로써 밝고 맑은 시적 분위기를 조성한다. 그리고 통사 구조를 반복하여 시 전체의 운율감을 만들고 있기도 하다.

(2) 자유시(自由詩)

자유시는 형태에 있어서 정형시의 상대적 개념을 지닌다. 정형시가 지닌 형식의 틀에서 벗어나 자유로운 형식으로 지은 시를 말한다. 표현에 따르는 내적 형식만 가질 뿐 외적인 규칙에 대해서는 자유로운 시이다. 현대시는 대부분 자유시이다.

자유시는 정형시가 지닌 운율적 제약을 탈피한 형식이므로 관습적이지 않고 언제나 새로운 형식을 추구한다. 자유시는 그 자체가 규칙적인 음절 수나 음보로부터 자유로울 뿐 아니라, 동일한 소리의 반복이나 규칙적인 압운 등의 패턴에서 벗어나 있다. 따라서 자유시는 시인의 개성적인 감정과 정서를 효과적으로 전달할 수 있어야 하며, 이를 위해 의미의 확대와 축소, 감정의 적절한 제어가 필요하다. 즉, 자유시는 다양한 리듬을 채택하지만 감정이 조직화되지 않는 무분별한 자유는 지양한다는 것이다. 자유시가 시인의 개성적인 리듬을 보다 효과적으로 표현하려는 욕구가 강렬하면서, 동시에 나름대로의 감정이 절제되어 있는 것은 이런 이유에서이다.

자유시의 형식은 행과 행에 의해 구성된 연, 그리고 연과 연 사이의 유기적 연계에 의해 드러난다. 한 행과 한 행이 연결되어 의미의 파장을 형성하고 이러한 의미의 파장에 의해서 하나의 연이 구성된다. 그리고 그 연을 단위로 하는 의미망이 형성된다. 연과 연의 관계가 긴밀하게 작용함으로써 형식과 의미와의 유기적 상관 관계가 나타나는 것이다. 따라서 시행을 잇거나 단절하는 구두점 같은 것 하나하나에도 유의해야 한다.

일찍이 블레이크(W. Blake)와 아놀드(M. Arnold) 등은 자유율을 실험한 바 있으며, 휘트먼(W. Whitman)은 리듬 효과가 반복되는 율격의 음보에 의존하는 대신 리듬의 단위율과 단어·구·절·행의 반복과 균형·변화에 의존하고, 시「풀잎(*Leaves of Grass*)」에서 길이가 일정하지 않은 시행의 실험을 하여 자유시를 출발시킨다. 이후, 자유시는 세기말 프랑스 상징파 시인들에 의하여 펼쳐진 자유시운동이 전 세계로 확산되면서 보편화된다.

우리나라에서 자유시 형식의 시도는 최남선의 「태백산부(太白山賦)」와 「평양행(平壤行)」이라는 기행문 속에 들어 있는 시 작품에서 발견된다. 이후 최승구·현상윤·김안서 등이 1910년에 발표한 일련의 시 작품에서 비롯된다. 한편 자유시에 대한 이론의 도입은 《태서문예신보(泰西文藝新報)》(1918) 창간을 전후한 시기에 백대진·김안서·황석우 등에 의하여 소개된 프랑스 상징주의 시 및 시론에서이다. 백대진이 "상징주의는 자유시로다."라고 한 것을 필두로 김안서의 「프랑스 시단」에 이르러 자유시에 대한 논의는 본격화된다. 특히 황석우는 「조선시단의 발족점과 자유시」라는 글에서, 우리 시단은 자유시로부터 발족하여야 할 것을 역설한다. 다시 말하여 자유시의 발상은 프랑스 상징주의 시에 있다는 것과 그 자유시의 내재율, 곧 개성률(個性律)을 영율(靈律)로 명명하고 있는 것이다. 이처럼 자유시 형식은 김안서와 황석우 등의 이론 도입과 자유시운동을 발판으로 1920년대에 이르러 보편화된다.

 꽃이 피네
 한 잎
 한 잎
 한 하늘이
 열리고 있네.

마침내
　　남은 한 잎이
　　마지막
　　떨고 있는 고비

　　바람도
　　햇볕도
　　숨을 죽이네
　　나도 그만
　　눈을 감네.

　　　　　　　　　　　　　　　　　　— 이호우, 「개화」 전문

　　이 시는 꽃피기 바로 직전의 긴장과 기대에 초점이 맞추어진다. 생명의 탄생에서 느껴지는 경이롭고 신비로운 현상을 관조하며 각각의 행과 연이 온통 개화의 순간에 집중되어 있다. 더구나 마지막 한 잎이 개화하는 바로 그 절정을 포착하기 위해 3연은 '나'와 '바람'과 '햇볕'이 서로 연기(緣起)되는 내적 연관, 숨막히는 기다림과 탄생의 초조함, 그 아슬아슬한 긴장 상태로 상호 연계되어 최고의 정점을 향한다. 세상이 새로 열리는 순간이고 바로 이 순간을 위해 그동안의 절대적 긴장과 경이로움이 시의 분위기를 압도한 것이다. 꽃의 개화 현상을 보지 못하고 그저 눈을 감을 수밖에 없다는 경지는 그만큼 생명의 탄생이 경이롭고 놀라운 체험임을 증언하는 것이다.
　　이처럼, 시인은 꽃이 피어나는 순간의 긴장을 한 단어나 두 개의 구절로 구성하여 지극히 절제된 행의 반복을 통해 시상을 전개한다. 말하자면 1연의 경우, "꽃이 피네/한 잎/한 잎/한 하늘이 열리고 있네"라고 4행으로 배열함으로써 개화의 신비로운 순간과 긴장을 극도로 절제하여 표현하고 있는 것이다. 이러한 자유로운 시행 배열 방식은 자유시가 누릴 수 있는 특징이기도 하다.

> 님은 갔습니다. 아아 사랑하는 나의 님은 갔습니다.
> 푸른 산빛을 깨치고 단풍나무 숲을 향하여 난 작은 길을 걸어서, 차마 떨치고 갔습니다.
> 황금(黃金)의 꽃같이 굳고 빛나던 옛 맹서(盟誓)는 차디찬 티끌이 되어서 한숨의 미풍(微風)에 날아갔습니다.
> 날카로운 첫 키스의 추억(追憶)은 나의 운명의 지침(指針)을 돌려 놓고, 뒷걸음쳐서 사라졌습니다.
> 나는 향기로운 님의 말소리에 귀먹고, 꽃다운 님의 얼굴에 눈멀었습니다.
> 사랑도 사람의 일이라, 만날 때에 미리 떠날 것을 염려하고 경계하지 아니한 것은 아니지만, 이별은 뜻밖의 일이 되고, 놀란 가슴은 새로운 슬픔에 터집니다.
> 그러나 이별을 쓸데없는 눈물의 원천(源泉)을 만들고 마는 것은 스스로 사랑을 깨치는 것인 줄 아는 까닭에, 걷잡을 수 없는 슬픔의 힘을 옮겨서 새 희망(希望)의 정수박이에 들어부었습니다.
> 우리는 만날 때에 떠날 것을 염려하는 것과 같이, 떠날 때에 다시 만날 것을 믿습니다.
> 아아, 님은 갔지마는 나는 님을 보내지 아니하였습니다.
> 제 곡조를 못 이기는 사랑의 노래는 님의 침묵을 휩싸고 돕니다.
> — 한용운,「님의 침묵」전문

이 시는 사랑하는 임과 이별한 시적 화자가 이별의 충격을 다시 만날 수 있다는 기대와 믿음으로 극복하는 과정을 역설적 표현을 통해 드러내고 있다. 이 시는 산문의 형식을 그대로 나열한 것 같은 느낌을 준다. 그러나 이 시는 내재율을 충분히 드러낸다. 1행에서의 "님은 갔습니다"에서부터 시작하여 "차마 떨치고 갔습니다", "한숨의 미풍에 날아갔습니다", "뒷걸음쳐서 사라졌습니다", "꽃다운 님의 얼굴에 눈멀었습니다", "놀란 가슴은 새로운 슬픔에 터집니다" 등 점층적 반복법을 사용하여 표현하고 있는 것이다. 일상적인 산문이라면 반복이 불필요하지만 운문에서의 반복과 병렬은 내재율을 만드는 데 크게 기여한다. 이처럼 자유시는 시인 자신의 개성과 체험에 따라 독특한 리듬을 표출할 수 있다.

>내용 없는 아름다움처럼
>
>가난한 아희에게 온
>서양 나라에서 온
>아름다운 크리스마스카드처럼
>
>어린 양(羊)들의 등성이에 반짝이는
>진눈깨비처럼
>
>— 김종삼, 「북치는 소년」 전문

이 시는 우리나라 가난한 아이가 외국 아이로부터 크리스마스카드를 받는 상황을 전제로 하여 시상이 전개된다. 카드 속에 시각적으로 그려진 아름다운 이미지들이 아이에겐 무의미한 아름다움일 뿐임을 통해 순수한 아름다움이 지닌 현실적 한계를 비판한다.

그런데 이 시는 여러 가지 해석이 가능하다. 이는 무엇보다 각 연의 표현들이 완결되지 않은 채로 끝나고 있고, 또 각 시구들도 너무나 단편적으로 제시되어 있기 때문이다. 곧, 이 시의 세 개의 연은 모두 완전한 문장 요소를 갖추지 않은 채 직유법으로 그 끝이 종결되어 있는 것이다. 그리고 비유의 대상이 생략된 채 보조 관념만 표면에 드러나 있다. 이는 시인의 의도적인 구성 방식으로 볼 수 있는데, 표면에 나타난 환상적인 아름다움만을 부각시킴으로써 생략되어 있지만 이와 대조되는 현실의 비참함을 강조하기 위한 것이라 할 수 있다.

이처럼 자유시는 작가의 개성율을 중시하며 일정한 형식에 구속되지 않고 자유롭게 쓴 작품이다. 따라서 「북치는 소년」의 경우처럼, 완전한 문장 요소를 갖추지 않은 표현 방식도 일정한 형식에 구속되지 않는 자유시가 누리는 특권이라고 할 수 있다.

정형시는 어떤 일정한 틀이 있어 그 틀에 맞추어 언어를 넣으면 하나의 시가 될 수 있다. 그러나 자유시에는 이런 틀이 전혀 없다. 틀이 없다는 것은 새로운 형태의 창조를 의미하고 또한 새로운 리듬의 흐름을 말하는 뜻이기도 하다. 자유시가 정형시보다 어려운 점은 사실 이런 데 있다.

(3) 산문시(散文詩)

산문시는 시적인 내용을 산문적인 형식으로 표현한 시를 말한다. 리듬의 단위를 한 문장이나 한 문단에 두는 등 전체적으로 내재율의 조화에 맞게 쓰는 산문 형식의 시이다. 자유시는 행과 연의 형태 구분이 있는 반면, 산문시는 문단으로 형태를 구분한다.

산문시가 산문과 구별되는 것은 산문에는 잘 나타나지 않는 형태상의 긴장과 운율이 발견되고 서정적인 내용을 담고 있다는 점이다. 동양에서 부(賦)나 사(辭)를 산문시의 일종으로 간주할 수 있는 것도, 이들 양식에서 산문의 형식이나 리듬감이 뚜렷하게 감지되고 빼어난 서정성을 그 내용으로 하고 있기 때문이다. 가령 소동파의 「적벽부」나 도연명의 「귀거래사」 등이 그것이다.

산문시란 용어를 처음 사용한 시인은 프랑스의 보들레르(C. Baudelaire)의 『파리의 우수(*Le Spleen de Paris*)』(1857~1869)이다. 이 작품은 50편의 산문시로 엮어졌는데, 그는 이 시집에서 "리듬이나 운이 없어도 마음속 서정의 움직임이나 몽상의 물결, 의식의 비약에 순응할 수 있는 유연하고 강직하고 시적인 산문"은 산문시라고 밝히고 있다.

우리나라의 경우 프랑스 상징주의 시인들과 러시아 시인들의 작품을 번역하여 이입하는 과정에서, 김안서와 황석우 등을 비롯한 시인들이 '산문시'라는 장르 개념 아래 시를 창작한 바 있다. 그러나 당시의 수준은 자유시와 산문시의 명확한 구분 없이 이 둘을 유사한 개념으로 이해하고 있었기 때문에 엄밀한 의미에서 산문시의 한계가 발견된다. 산문시는 광의로 보면 자유시에 속한다고 할 수 있으나 충분히 구별할 수 있다.

집을 치면, 정화수(精華水) 잔잔한 위에 아침마다 새로 생기는 물방울의 선선한 우물집이었을레. 또한 윤이 나는 마루의, 그 끝에 평상(平床)의, 갈앉은 뜨락의, 물냄새 창창한 그런집이었을레. 서방님은 바람같단들 어느 때고 바람은 어려울 따름, 그 옆에 순순(順順)한 스러지는 물방울의 찬란한 춘향(春香)이 마음이 아니었을레.

하루에 몇 번쯤 푸른 산 언덕들을 눈아래 보았을까나. 그러면 그 때마다 일렁여 오는 푸른 그리움에 어울려, 흐느껴 물살짓는 어깨가 얼마쯤 하였을까나. 진실로, 우리가 받들 산신령(山神靈)은 그 어디 있을까마는, 산과 언덕들의 만리(萬里)같은 물살을 굽어보는, 춘향(春香)은 바람에 어울린 수정(水晶)빛 임자가 아니었을까나.

― 박재삼, 「수정가」 전문

이 시는 2연으로 된 산문시로 춘향을 '정화수'와 '우물집'에, 임을 '바람'에 비유하고 있다. 곧 임을 그리워하며 변함없는 순수한 사랑을 간직하고 있는 춘향의 마음을 서정적으로 노래하고 있는 것이다. 이 시의 화자는 고전소설 『춘향전』의 주인공 '춘향'으로, 이 도령을 애타게 그리워한다. 이 작품을 통해 '춘향'은 단지 고전소설 속의 인물이 아니라, 시간과 공간을 초월하여 사랑과 이별의 정한을 느끼는 보편적이고 전형적인 인물로 다시 태어나고 있다.

그런데 이 시는 운율을 느끼기 어려운 산문시이면서도 시구의 반복과 변용을 통하여 음악적인 효과를 거둔다. 또한 자신의 감정을 직설적으로 내뱉기보다는 적절히 감추고 있어 시적 긴장감을 느끼게 한다. '우물집이 었을레', '집이었을레', '아니었을레' 등의 의미 유보의 어투는 감정을 절제하는 효과를 준다. 그리고 '보았을까냐', '하였을까냐', '아니었을까냐' 등과 같은 영탄의 화법 역시 시적 화자의 감정 표현을 조절하는 기능을 하고 있다.

이처럼 산문시는 정형시처럼 외형적인 운율에 기대지 않고 자유시처럼 다양한 리듬의 변화를 취하며 행과 연의 구분이 모호한 줄글형식을 띤다. 그래서 산문시는 서정적인 내용을 담보한 시형으로 정의할 수 있다.

> 벌목정정(伐木丁丁)이랬거니 아람도리 큰 솔이 베혀짐즉도 하이 골이 울어 멩아리소리 쩌르렁 돌아옴즉도 하이 다람쥐도 좇지 않고 묏새도 울지 않어 깊은 산 고요가 차라리 뼈를 저리우는데 눈과 밤이 조히보담 희고녀! 달도 보름을 기달려 흰 뜻은 한밤이 골을 걸음이란다? 웃절 중이 여섯 판에 여섯 번 지고 웃고 올라간 뒤 조찰히 늙은 사나이의 남긴 내음새를 줏는다? 시름은 바람도 일지 않는 고요에 심히 흔들리우노니 오오 견디란다 차고 올연(兀然)히 슬픔도 꿈도 없이 장수산 속 겨울 한밤내 —
> ― 정지용, 「장수산1」 전문

이 시는 '장수산'의 공간적·시간적 이미지를 빌어 동양적 세계관에 동화되어 하나가 되고 싶어 하는 시적 화자의 정신세계를 보여 주는 작품이다. 우선 장수산은 아름드리 소나무를 벨 때 나는 소리가 쩌렁쩌렁 울릴 정도로 울창한 숲을 가진 곳이다. 그 곳은 다람쥐와 산새의 소리도 들리지 않을 만큼 고요하고 적막하다. 또한 흰 눈이 밤새 쌓이고 그 곳을 보름달이 비추는 세속적 공간과 절연된 무욕의 세계이다. 시적 화자는 고요 뿐인 장수산에서 중이 남기고 간 무념무상의 탈속적 세계를 추구하고자 하지만 아직 거기에 도달하지 못하고 있다. 그러나 그는 장수산 속의 삶에 일체화됨으로써 그러한 시름을 극복하고자 한다. 동양적 사고는 인간과 자연의 조화를 통해 무념무상의 경지에 이르는 것이다.

  이 시는 행의 구분없이 계속적인 문장의 연쇄로 빈틈없이 서술된 작품이다. 그럼에도 불구하고 이 시는 내재율을 지닌다. 즉, '~이랬거니', '~고녀', '~는다?' 등처럼 일부러 고어를 사용하여 반복되는 운율의 효과를 지속적으로 유지하고 있는 것이다. 이처럼 끊어질 듯 이어지는 리듬의 반복을 통해 시적 율동감이 지속적으로, 또 강하게 나타난다. 또한 의도적으로 시행의 종결을 거부하여 호흡을 지속시키고 있기도 하다. 그리하여 장수산의 고요를 통해 시름을 견디려는 시적 화자의 내면의 흐름을 계속적으로 이어지게 하는 효과를 거두고 있는 것이다.

> 문(門)을암만잡아다녀도안열리는것은안에생활(生活)이모자라는까닭이다.밤이사나운꾸지람으로나를졸른다.나는우리집내문패(門牌)앞에서여간성가신게아니다.나는밤속에들어서서제웅처럼자꾸만감(減)해간다.식구(食口)야봉(封)한창호(窓戶)어데라도한구석터놓아다고내가수입(收入)되어들어가야하지않나.지붕에서리가내리고뾰족한데는침(鍼)처럼월광(月光)이묻었다.우리집이앓나보다그러고누가힘에겨운도장을찍나보다.수명(壽命)을헐어서전당(典當)잡히나보다.나는그냥문(門)고리에쇠사슬늘어지듯매어달렸다.문(門)을열려고안열리는문(門)을열려고.
>
>   — 이상, 「가정」 전문

  이 시의 시적 화자는 한 가정의 무능력한 가장이다. 하지만, 그는 자기 집에 떳떳하게 들어가지 못하고 대문 앞에서 안절부절못하고 있다. 집으로 들어가야 하는 '밤'이 두렵게 느껴지고, 대문 앞에 있는 '문패'를 보며 가장으로서의 역할을 제대로 하지 못하는 자괴감에 빠져 있다. 그리고 무당의 굿거리에서 보이는 제웅 곧, 짚으로 만든 사람 형상의 인형처럼

스스로를 허수아비 가장이라고 느낀다. 또한 식구들에게 멀어져 쉽게 문을 열고 다가가지 못한다. 하지만 시적 화자는 다시 한 번 식구들에게 다가갈 의지를 다진다. 그래서 안 열리는 문이지만, 늘어지듯 매달려 문을 열려고 노력하는 것이다. 이는 현재가 시적 화자에게는 어려운 현실이지만, 이 현실을 극복하겠다는 내면 의지를 행동으로 보여주고 있는 부분이다.

이 시는 띄어쓰기가 전혀 되어 있지 않다. 그야말로 산문으로 된 자동기술법의 시이다. 더구나 문법에 의해 어절을 나누고 정독해도 그 뜻을 이해하기가 어렵다. 그래서 읽는 이로서는 답답함을 느낄 수밖에 없다. 이는 시인이 고의적으로 그렇게 표현한 것으로서, 시적 화자의 답답한 마음을 전달하는 가장 효과적인 방법이라고 할 수 있다. 또한 시적 화자의 일그러진 모습을 반영한 것으로도 이해할 수 있다.

이 시의 생경함은 이상이 초현실주의적 기법을 통해 의식의 흐름을 자동기술법으로 서술한 것에서 온다. 다다이즘(dadaism), 쉬르리얼리즘(surrealism), 미래파(futurism) 등의 실험적인 문학운동은 서정시의 전통적인 관습이나 규범을 해체하여 산문화 경향을 극단적으로 추구했는데, 이 시 역시 이러한 사조를 반영한 것이라 할 수 있다. 곧, 분열된 인간의 삶은 명증한 논리로 설명할 수 없다는 딜레마를 반영한 것이다. 이는 곧바로 형식의 해체를 가져왔고 시가 산문화되는 원인으로 작용했다. 띄어쓰기 무시는 이처럼 단절과 연계 혹은 공포와 광기 등을 불분명하게 드러내는 데 효과적인 방법인 것이다.

우리나라에서는 1920~30년대의 이상이나 임화가 이야기 구조를 취하는 장형의 시를 썼고, 60~70년대 민중시에서 산문화 경향의 시를 볼 수 있다. 또한 80년대에 들어서 기형도의 「바람의 집」, 「포도밭 묘지」, 최두석의 「김영천씨」, 「영산포 고모」 등에서도 산문시를 발견할 수 있다. 특히 최두석의 이야기 형식의 시 작품에 등장하는 주인공은 뼈 빠지게 농사

짓는 아버지와 허리가 닳아빠지게 가족에게 봉사하는 어머니를 위시하여 소값 파동으로 절망한 농민, 파란만장한 인생을 보내는 과부들, 실직자, 구두 수선공, 월셋방 사람들, 빚으로 인하여 야반도주한 사람 등으로 비극적 드라마를 연출하고 있다.

2. 내용에 따른 유형

(1) 서정시(敍情詩)

서정시는 개인적 감정을 표현한 비교적 짧은 형식의 시이다. 넓은 의미로는 일반적인 시 전체를 말하지만, 보통 개인의 주관적인 정서를 그에 어울리는 형식에 담아 아름답게 만든 시를 말한다.

서정시(lyric poetry)는 고대 그리스의 7현금인 리라(lyra)에 맞추어 노래를 부른다는 데서 유래한다. 서정시의 특징은, 먼저 본질적으로 음악과 의미의 융합이며 짧은 것이라는 점에 있다. 또한 이것은 주관적인 개인의식의 반영인 동시에 구체적인 현실성의 구현이다. 이러한 서정시의 종류로는 오우드(ode)·소네트(sonnet)·발라드(ballad)·엘레지(elegy)·목가(pastoral) 등이 있다. 오우드는 음악과 같이 노래를 불렀던 시 형식으로서, 그리스시대부터 신과 영웅을 찬양하고 국가의 제전에 사용되었는데, 뒤에는 순 서정적인 노래로서 연애와 결혼과 자연 등을 찬양하는 데 사용되었다. 소네트는 14행으로 된 시로서 '소곡'이라고 하는 서정시의 유형이다. 르네상스 때 이탈리아에서 전성한 램빅 펜타메틀(Iambic pentametre)의 리듬을 지닌 정형시지만 셰익스피어에 이르러 그 정형이 깨졌다고 한다. 소네트는 보통 단순한 감정이나 사상을 표현한다. 발라드는 서정적인 이야기조의 시에다 보통 무용과 음악을 곁들인 민요조의 시이다. 엘리지는 애도시로서 '비가', '만가'라고도 하는 애상적인 개인감정을 노래한 것이며, 목가는 전원생활을 노래하는 서정시이다. 한국의 현대시는 대부분이 이러한 서정시에 속하며, 고전의 시조 및 일본 시가의 하이쿠[俳句]·와카[和歌] 등은 전통적인 형식의 서정시이다.

이러한 서정시의 특징은 대략 여섯 가지를 들 수 있다. 첫째, 서정시는 무엇보다도 음악성을 기본으로 하고 있다는 점이다. 음악은 인간의 영혼과 직접적으로 교감함으로써 인간이 간직한 정서적 울림을 보다 강하게 자극한다. 말하자면 인간의 내면에 잠재해 있는 원시적이고 근본적인 충동을 강렬하게 분출시킴으로써 시적 감동을 보다 증폭시키는 것이다. 시에서 음운이나 음절 그리고 문장 구조 등이 반복적으로 나열되고 변화되어 새로운 감흥을 전달하는 것은 음악적 효과가 인간의 직접적인 체험과 관련되기 때문이다.

> 산새도 오리나무
> 위에서 운다.
>
> 산새는 왜 우노, 시메산골
> 영(嶺) 넘어가려고 그래서 울지.
>
> 눈은 내리네, 와서 덮이네.
> 오늘도 하룻길
> 칠팔십 리
> 돌아서서 육십 리는 가기도 했소.
> ― 김소월,「산」부분

이 시는 서정시의 기본이 되는 음악성을 잘 드러내주고 있다. 시적 화자는 산에서 우는 산새의 모습을 빌어, 가고자 하는 곳에 갈 수 없는 비애와 한을 노래한다. 나아가 고향으로 돌아가지 못하는 시적 화자의 외로움을 반복과 대구를 통해 효과적으로 표현하고 있기도 하다. 이 시의 음악성은, 3음보의 율격을 바탕으로 리듬감을 형성한다. 이러한 3음보의 율격은 우리의 전통 시가인 민요의 영향을 받은 것으로, 김소월의 시 대부분에 나타난다. 민요적 율격은 우리 민족의 가슴에 애환을 자극하는 요소로 시적 화자의 한과 비애를 전달하기에 효과적이다. 또한 1연의 '운다', '우노'와 같이 울음과 관련된 시어들을 다양하게 변용하고 있는데, 이러한 시어들은 이 시의 지배적인 한의 정서를 직접 드러낸 것이다.

둘째, 서정시는 주관적이고 사적인 체험을 표출한다는 점이다. 서정의 세계는 시인 자신의 내부로 향한다. 즉, 서정시는 시인이 독백을 통해 자신의 감정이나 생각을 진술하는 것이다. 서정시에서의 화자가 주로 일인칭으로 나타나고 있는 것도, 직접적이고 본질적이며 가장 근원적으로 자기를 표현하는 방식이기 때문이다.

> 지는 저녁해를 바라보며
> 오늘도 그대를 사랑하였습니다.
> 날 저문 하늘에 별들은 보이지 않고
> 잠든 세상 밖으로 새벽달 빈 길에 뜨면
> 사랑과 어둠의 바닷가에 나가
> 저무는 섬 하나 떠올리며 울었습니다.
> 외로운 사람들은 어디론가 사라져서
> 해마다 첫눈으로 내리고
> 새벽보다 깊은 새벽 섬 기슭에 앉아
> 오늘도 그대를 사랑하는 일보다
> 기다리는 일이 더 행복하였습니다.
> ― 정호승, 「또 기다리는 편지」 전문

이 시는 담담한 어조와 투명한 시어로 임에 대한 사랑과 기다림을 노래한다. 편지 형식을 통해 시적 화자의 그대를 향한 사랑과 그리움, 그리고 그 과정에서 겪는 내적 성숙을 효과적으로 표현하고 있는 것이다.

시적 화자는 저녁부터 새벽까지 바닷가에 앉아 그대를 기다린다. 시간의 흐름에 따라 시적 화자의 정서는 고조된다. 저물녘 홀로 그대를 그리워하며 기다리는 상황에서 시적 화자는 "오늘도 그대를 사랑하였습니다"라고 말함으로써 임이 떠난 후에도 사랑이 계속되고 있음을 고백한다. 그리고 새벽달이 뜬 바닷가에 시적 화자는 혼자 외롭게 떠 있는 '섬'을 보며 자신의 처지인 양 느껴져 한바탕 울음을 토해 낸다. 그러나 임을 향한 마음을 접지 못하고 다시 기다리고 있다. 그리고 임을 사랑하는 것보다 더 큰 사랑으로 행복하게 임을 '기다' 린다.

이처럼 서정시가 지극히 개인적인 체험에 관련되고 있는 데도 불구하고, 우리가 시인의 감정이나 사상에 동화되거나 감동하는 것은 시인의 개성적 체험이 보편적인 경험으로 우리에게 전달되기 때문이다. 비록 서정시에 나타난 시인의 특유하고 새로운 경험 세계가 독자적이라 해도 그러한 경험은 보편적인 정서와 긴밀하게 연결되므로 우리는 시인의 주관적이고 사적인 감정에 공감하게 되는 것이다. 즉 시인은 보여주고 독자는 엿듣는 것이다.

셋째, 서정시는 시인 자신을 위하여 창작한다는 데 있다. 서정시는 어떤 사람을 위하여 또는 어떤 목적을 위하여 쓰이지 않는다. 다시 말하여 실용적이거나 효용적인 목적을 위해 쓰인 것이 아니라는 것이다. 그러므로 서정시는 순수하게 시인의 자족적인 것이다.

나 하늘로 돌아가리라.
새벽빛 와 닿으면 스러지는
이슬 더불어 손에 손을 잡고,

> 나 하늘로 돌아가리라.
> 노을빛 함께 단 둘이서
> 기슭에서 놀다가 구름 손짓하면은,
>
> 나 하늘로 돌아가리라.
> 아름다운 이 세상 소풍 끝내는 날,
> 가서, 아름다웠더라고 말하리라….
>
> — 천상병,「귀천」전문

　이 시는 '죽음'을 바라보는 시인의 자족적 태도가 잘 드러나 있다. 시적 화자는 삶을 긍정적으로 바라보면서 죽음을 초월한 모습을 보여준다. 또한 "아름다운 이 세상 소풍 끝내는 날"이라는 표현을 통해, 이 세상에서의 삶을 소풍에 비유한다. 즉, 시적 화자는 자신이 원래 천상의 세계에 살고 있다가 현실 세계에 잠시 소풍을 나온 것이라고 말함으로써, 삶에 대한 긍정적인 시선과 죽음에 달관한 태도를 보여주고 있는 것이다. 또한 시적 화자는 '소풍'과 같은 삶을 끝내고 하늘로 돌아갈 때 '이슬', '노을빛'과 함께 돌아가겠다고 한다. 이슬과 노을빛은 깨끗하고 아름답지만 순간적인 존재이다. 시적 화자는 인간을 이슬이나 노을빛처럼 순간적인 존재로 인식하며, 하늘의 부름을 받으면 거부하지 않고 돌아가겠다고 함으로써, 인간을 우주의 일부로 수용하는 태도를 드러낸다.

　넷째, 서정시는 자신을 둘러싼 세계와 상호 화합하는 태도를 취한다. 서정시는 자신을 둘러싼 세계를 단절적으로 인식하지 않고 자신의 내부 정서와 교감하여 조화를 이룬다. 서정시가 대상으로 하는 외부의 현상이나 외적 존재들은 시인의 내부에서 만나 서로 불꽃처럼 한 덩어리가 된다. 사물과 사물, 세계와 사물, 사물과 세계와 인간이 하나의 정서 속에서 만들어 내는 내적 융합이 서정시의 특징인 것이다.

꿈을 아느냐 네게 물으면,
플라타너스,
너의 머리는 어느덧 파아란 하늘에 젖어 있다.

너는 사모할 줄 모르나
플라타너스,
너는 네게 있는 것으로 그늘을 늘인다.

먼 길에 올 제
호올로 되어 외로울 제
플라타너스,
너는 그 길을 나와 같이 걸었다.

이제 너의 뿌리 깊이
나의 영혼을 불어 넣고 가도 좋으련만
플라타너스,
나는 너와 함께 신(神)이 아니다.

— 김현승, 「플라타너스」 전문

  이 시의 시적 화자는 '플라타너스'를 의인화하여 하나의 인격체처럼 대하는 자연 친화적인 태도를 보인다. '플라타너스'라는 사물은 세상에 그대로 던져져 있는 것이 아니라 시인과의 만남에 의해 새롭게 인간으로 탄생한 것이다. 플라타너스에게 꿈이 있느냐고 물어보면, 어느새 모습으로 자신의 꿈을 보여주고, 사모할 줄 모른다고 핀잔을 줘도 너그럽게 그늘을 만들어 시적 화자가 쉴 수 있는 공간을 마련해 준다. 또한 시적 화자가 혼자 외롭게 먼 길을 가고 있을 때, 말없이 옆에 서서 같이 길을 걸어 주기도 한다. 즉 시적 화자에게 플라타너스는 고독한 인생길의 동반자인 것이다.

이처럼 시인과 대상은 상호 교감하면서 세계를 느끼고 생명력을 발산하고 있다. 시적 화자는 플라타너스에게 자신의 영혼을 불어넣어 영적인 교감을 하고 있는 것이다. 또한 "나는 너와 함께 신이 아니다"라는 표현을 통해 인간은 피조물로서의 한계를 지닌 존재이자, 고독할 수밖에 없는 실존적 존재임을 드러낸다. 이는 바로 시인과 사물과 세계가 하나의 정서 속에서 한 덩어리가 되는 경지이다. 또한 마지막 연에서도 인간의 한계의식, 운명의식을 보여준다. 시적 화자는, "우리의 길이 다하는 어느 날" 즉, 인생의 종말을 맞이할 때 갖게 되는 고독이야말로 인간의 본질이며, 나아가 죽음이라는 것도 유한한 존재인 인간의 어쩔 수 없는 숙명임을 깨닫는다. 이렇게 서정시는 사물과 세계 사이에 인간이 맺은 매듭에 대해 인식함으로써 세계와 공존하는 인간 정신의 정수를 보여주고자 한다.

다섯째, 서정시는 공감각적이라는 것이다. 서정시는 인과적이거나 논리적인 체계에 의하지 않고 감각적이고 구체적인 형상화를 통해 표현된다. 감각적 이미지의 이상적인 방법이 공감각이다. 말하자면 시각·청각·촉각 등이 동시에 어우러져 정서적 환기를 이룬다. 서정시는 일관된 통일적 원리에 의해 세계를 새롭게 구성하여 경이의 세계를 눈앞에 펼쳐주는 것이다.

> 꽃가루와 같이 부드러운 고양이의 털에
> 고운 봄의 향기(香氣)가 어리우도다.
>
> 금방울과 같이 호동그란 고양이의 눈에
> 미친 불의 불길이 흐르도다.
>
> 고요히 다물은 고양이의 입술에
> 포근한 봄의 졸음이 떠돌아라.

날카롭게 쭉 뻗은 고양이의 수염에
푸른 봄의 생기(生氣)가 뛰놀아라.

— 이장희, 「봄은 고양이로다」 전문

　이 시는 고양이를 통해 감각적이고 생동감 넘치는 봄 분위기를 표출하고 있다. 따라서 고양이의 외모나 성격을 노래하는 것이 아니라, 고양이와 봄을 대비하여 이미지를 결합하고 있는 기교를 찾아볼 수 있다. 1연에서는 고양이의 털을 통해 '봄의 향기'를 나타내고 있는데, "꽃가루와 같이 부드러운 고양이의 털"이라는 표현으로 촉각적 심상을 드러낸다. 이것에 다시 '봄의 향기'라는 후각적 심상을 연결함으로써 감미로우면서도 고운 '봄의 기운'을 형상화한다. 2연은 고양이의 눈에 격정적으로 타오르는 불길을 통해 약동적인 봄, 즉 생명의 탄력감을 나타내 주고 있으며, 3연은 고양이의 입술과 봄의 나른함을 연결하여 감각적으로 표현한다.
　이와 같이 서정시는 대상을 논리적으로 파악하는 것이 아니라 감성적으로 파악하여 독자들로 하여금 정서적 공감을 느끼게 한다.
　여섯째, 서정시는 단형이다. 서정시가 짧은 형식을 취하고 있는 것은 영혼의 울림에서 순간적으로 타오르는 정서를 즉각적으로 표출하기 때문이다. 사물과 세계와 시인 사이의 연계를 통해 세계와 공존하고 있는 인간 정신의 정수를 직관적으로 보여주기 위해서는 단형의 시 형식이 가장 적합한 것이다.

잠 이루지 못하는 밤 고향집 마늘밭에 눈은 쌓이리.

잠 이루지 못하는 밤 고향집 추녀밑 달빛은 쌓이리.

발목을 벗고 물을 건너는 먼 마을.

고향집 마당귀 바람은 잠을 자리.

— 박용래, 「겨울밤」 전문

이 시는 박용래 시에서 흔히 보이듯 4행의 짧은 구성을 취하고 있다. 그러나 이것은 분량이 짧다는 것이지 작품이 간직하고 있는 세계의 깊이가 결코 허술하다는 것은 아니다. 이 시는 겨울밤을 배경으로 고향에 대한 그리움을 감각적인 표현과 절제된 형식으로 나타낸 작품이다. 시적 화자는 겨울밤 '고향'이 그리워 잠을 이루지 못한다. 시적 화자의 기억 속의 '고향'은 '마늘밭'에 눈이 쌓이고 '추녀밑'에 달빛이 가득하다. 이 여백이 가득한 고향의 모습 속에 시적 화자의 고향에 대한 그리움이 채워져 있는 듯하다. 이런 그리움 속에 시적 화자는 상상 속에서 '고향'으로 달려가 보면, 고향집은 바람도 잠을 자듯 평화롭기 그지없다.

이 시에 등장하는 '고향집'은 시적 화자의 개인적인 고향으로도 볼 수 있지만, 현대 사회에서 잊혀 가고 있는 전통적 정서와 풍물을 의미한다고 이해할 수도 있다. 이처럼 단형의 분량에 녹아 있는 서정시의 숨겨진 깊이와 넓이는 실로 무한한 것이다.

(2) 서사시(敍事詩)

서사시(epic poetry)는 국민적·민족적 집단의 역사적 사건이나 신화·전설·영웅의 행적 등을 객관적으로 서술한 시이다. 서사시(epic)는 그리스어 에포스(epos)에서 어원을 찾을 수 있는데, 이는 '이야기', '말', '노래'를 뜻한다. 곧, 서사시는 외형적인 이야기를 객관적으로 서술한 시라고 할 수 있다. 따라서 서사시의 일반적인 특성은 객관성과 스토리 혹은 설화성, 서술적인 표현 형식과 과거의 역사적 사실, 그리고 운문으로 되어 있다는 몇 가지를 들 수 있다. 이러한 서사시는 주로 영웅의 중심적 역할이 강조되어 있으며, 장시(長詩)로 구성되어 배경 이야기를 갖추고 있다. 또한 이러한 모험들은 종족이나 국가의 형성에 관련된 에피소드들로 짜여 있다. 그런데 초기의 서사시들은 주로 무명시인들의 잡다한 작품들이 선을 보이고 있기도 하다.

이처럼 국민적 영웅이나 민족적 신(神)을 장시화한 서사시로는 호머(Homer)의 「일리아드(Iliad)」와 「오디세이아(Odyssey)」, 앵글로색슨의 「베어울프(Beowulf)」, 동인도의 「마하바라타(Mahabharata)」, 스페인의 「시드(Cid)」, 핀란드의 「칼레발라(Kalevala)」, 프랑스의 「롤랑의 노래(Song of Roland)」, 독일의 「니벨룽겐 리이드(Nibelungen Lied)」 등이 있다.

또한 서사시에는 단일한 작가에 의하여 쓰인 고전 서사시(classical epic)나 혹은 예술 서사시(art epic)가 있다. 이것은 버어질(Virgial)로부터 크게 영향을 받았으며, 후에 인물의 보편적인 개성을 탐구하는 방향으로 발전해 나갔다. 버어질의 「애나이드(Aeneid)」, 단테(A. Dante)의 「신곡(Divine Comedy)」, 탓소(T. Tasso)의 「구원받은 예루살렘(Jerusalem Delivered)」, 스펜서(E. Spenser)의 「요정같은 여왕(Faerie Queene)」, 밀턴(J. Milton)의 「실락원(Paradise Lost)」 등이 이러한 서사시에 속한다.

우리나라의 경우 고대 악장인 「용비어천가(龍飛御天歌)」나 「월인천강지곡(月印千江之曲)」, 이규보의 「동명왕편(東明王篇)」, 이승휴의 『제왕운기(帝王韻紀)』 등이 있다. 또한 서사시로 보기에는 한계가 있으나 서사시나 장시 등으로 발표된 작품으로는 유춘섭의 「소녀의 죽음」, 김동환의 「국경의 밤」, 임화의 「네거리의 순이」와 「우리 오빠와 화로」, 김안서의 「지새는 밤」, 김기림의 「기상도」, 김해강의 「홍천몽」, 김상훈의 「낙동강」, 김용호의 「남해찬가」, 신동엽의 「금강」, 전봉건의 「조국」, 김지하의 「오적」, 이성부의 「전야」, 김정한의 「황색예수」, 신경림의 「남한강」, 정동주의 「논개」, 고은의 「백두산」, 김용택의 「섬진강」 등 상당수에 달한다.

「용비어천가」는 조선 초기 세종 때 지어진 악장(樂章)으로, 훈민정음을 사용한 최초의 작품이다. 조선 왕조 6대에 걸친 역대 선조의 행적을 찬양하고 후대 왕에게 권계한 내용을 담고 있다. 체제는 10권 5책 125장으로 된 방대한 조선 건국의 송축가이며 영웅 서사시이다. 그리고「용비어천가」는 순차적 진행의 원리와 주기적 순환의 원리에 따라 서사(序詞)·본사(本詞)·결사(結詞)로 구성되는 구조를 이룬다. 서사와 결사는 서사 내용의 전개에 따르는 서사적 구성이 아니라, 주제를 중심으로 한 논리적 구성을 보여준다. 곧 이끌어냄과 마무리의 기능을 갖는 비서사적 부분이다. 본사는 작품의 삽화 배열이 일정한 원칙에 따라 전개되는 정연한 서사적 짜임으로 이루어져 있으며, 특히 주인공 태조의 영웅적 일생은 순차적 진행의 원리와 '역사와 일화' 형식의 구조화 방법에 따른다. 곧, 고귀한 혈통(제17~26장), 비범한 성장(제27~32장), 탁월한 능력(제33~66장), 투쟁에서의 승리(제67~89장), 태종의 영웅상(제90~109장)으로 전개되는 4단 구조를 이룬다. 이러한 서사적 짜임은 영웅 이야기가 가지는 일반적 서사 단계를 거의 벗어남이 없는 전형성을 반영하고 있으며, 동시에「용비어천가」가 서사적 맥락을 가지고 있음을 확신하게 해 주는 실증적 근거라고 할 수 있다.

　「월인천강지곡」은「용비어천가」와 함께 15세기 2대 장편 서사시이며 악장문학의 쌍벽을 이룬다.「월인천강지곡」은 조선 초기 세종이 지은 것이다.『월인석보』에 전하는「석보상절서」에 의하면, 수양대군(首陽大君)이『석보상절』을 지어 올리자, 이를 본 세종이『석보상절』의 내용에 맞추어 부처의 공덕을 칭송하여 읊은 것이라 한다. 체제는 활자본 상·중·하 3권으로 되어 있는데, 현재 상권 1책과 중권의 낙장(落張)이 전할 뿐이다. 내용은 석가의 전생으로부터 도솔천에서 하강하여 왕자로 생장하고, 화려한 결혼 생활 가운데에서 인생에 대한 번민으로 출가·수도하여 불도를 깨치고, 장엄한 권능으로 중생을 교화·제도하다가 열반하여 그 진신 사리를 신중들이 봉안·신앙하기까지의 전 생애를 소설적 구조로 서사화한다. 곧, 불교의 심오한 진리를 예술적으로 승화시키고 석가의 인격과 권능을 신화적으로 미화함으로써, 이 작품은 영웅의 일생을 찬탄하는 전형적인 서사시의 구조를 지닌다. 또한 표현 면에서도 완벽한 수준을 유지하고 있는데, 음곡(音曲)에 의하여 가창됨으로써 거기에 알맞은 운율로 조화되어 있을 뿐만 아니라, 전체적으로 서경과 서정의 묘사가 뛰어나고, 수사법을 고루 갖추고 있어서 수려하고 완결된 서사시로 평가받고 있다.

「동명왕편」은 고려 무신 정권 때의 문인 이규보가 지은 영웅 서사시이다. 운문체의 한시로 오언 장편 282구로 약 4천 자에 이른다. 그의 문집인 『동국이상국집』 제3권에 수록되어 있다. 동명왕 탄생 이전의 계보를 밝힌 서장(序章)과 출생에서 건국에 이르는 본장(本章), 그리고 후계자인 유리왕의 경력과 작가의 느낌을 붙인 종장(終章)으로 구성된다. 알에서 나온 주몽은 골격과 생김새가 영특하여 자라면서 재주가 뛰어났으며, 뒷날 부여를 떠나 남으로 가서 비류국(沸流國) 송양왕(宋讓王)의 항복을 받고 나라를 세우니 이것이 바로 고구려 건국이며, 그가 고구려의 시조인 동명성왕이다. 「동명왕편」은 당시 중화중심(中華中心)의 역사의식에서 탈피하여 『구삼국사』에서 소재를 취하여 우리의 민족적 우월성 및 고려가 고구려를 계승하고 있다는 고려인의 자부심을 천추만대에 전하겠다는 의도에서 쓰인 것이다. 따라서 작가의 국가관과 민족에 대한 자부심, 그리고 외적에 대한 항거 정신이 잘 나타나 있는 작품이라고 할 수 있다. 북방 대륙에서 한반도의 남단에 이르기까지 넓은 강토와 천상·해상 삼계를 무대로 하여 영웅호걸들의 상호 갈등을 통하여 사건이 전개되고 발전된다. 힘과 힘, 꾀와 꾀, 신통력의 대결을 통하여 부족사회적인 힘을 집결하여 고대 국가의 건설이라는 역사적인 대업을 완수하는 사실이 잘 드러나 있다.

『제왕운기』는 고려 충렬왕 때의 문신 이승휴가 지은 대민족 서사시 혹은 역사 서사시이다. 상·하 양권 1책으로 되어 있으며, 1287년 충렬왕 13에 출간되었다. 상권에는 서(序)에 이어 중국 역사의 요점을 신화 시대부터 삼황오제(三皇五帝), 하(夏)·은(殷)·주(周)의 3대와 진(秦)·한(漢) 등을 거쳐 원(元)의 흥기에 이르기까지 칠언고시 264구로 읊어놓았다. 하권은 우리나라 역사에 관한 내용으로 동국군왕개국연대(東國君王開國年代)와 이조군왕세계연대(李朝君王世系年代)의 2부로 나누어 놓았다. 전자에는 서에 이어 지리기(地理紀), 단군의 전조선(前朝鮮), 기자의 후조선(後朝鮮), 위만(衛滿)의 찬탈, 삼한(三韓)을 계승한 신라·고구려·백제의 3국과 후고구려·후백제·발해가 고려로 통일되는 과정까지를 칠언고시 264구 1,460연으로 서영(敍詠)하고 있다. 후자에는 고려 태조 세계설화(世系說話)에서 필자 당대인 충렬왕 때까지는 오언으로 읊고 있다. 체제상으로 볼 때 오언·칠언의 영사시(詠史詩)이다. 이러한 체는 고려 명종 때 오사문(吳士文)의 「역대가(歷代歌)」가 그 시초이며, 『제왕운기』는 규모가 크고 훨씬 자세하게 서술되어 있다. 그러한 점에서 『제왕운기』는 같은 시대 이규보의 「동명왕편」·「역대가」와 함께 장가체의 설화적 가사로 국문학상의 가치도 높게 평가받고 있다.

『제왕운기』에서는, 우리 민족은 중국인과 다른 천(天)과 연결되는 단군을 시조로 하는 단일민족임을 밝히고 있다. 이는 당시까지 민간 신앙이나 고기류 등을 통하여 전승되어 온 단군신화를 한국사 체계 속에 비로소 편입시킴으로써 우리 역사의 유구성을 과시한 것이다. 나아가 발해를 고구려의 계승국으로 인정하여 고려 태조에 귀순해 온 사실을 서술함으로써 발해를 최초로 우리 역사 속에 편입시켰다. 그것은 만주 일대까지도 고려의 영역이었음을 역사적으로 고증한 것이며, 영토 회복의 의사를 암시하고 있는 것으로 보인다. 이처럼 『제왕운기』는 중국과 우리 민족과의 지리적·문화적 차이를 강조함으로써, 우리는 중국과 구별되는 독자성·주체성·자주성을 가진 우수한 문화 민족임을 국민 각자에게 자각하게 하여 몽고의 정치적 지배에 대항하는 정신적 지주로 삼기 위하여 제작된 것이다. 그런 의미에서 「동명왕편」과 함께 고려 중기의 대민족 서사시라고 불린다.

"아하, 무사히 건넛슬가,
이 한밤에 남편은
두만강을 탈업시 건넛슬가?

저리 국경 강안(江岸)을 경비하는
외투 쓴 검은 순사(巡査)가
왓다 — 갓다 —
오르명 내리명 분주히 하는대
발각도 안 되고 무사히 건넛슬가?"

소금실이 밀수출 마차를 띄워 노코
밤새 가며 속태이는 젊은 안낙네,
물네 젓든 손도 맥이 풀녀저
파! 하고 붓는 어유(魚油) 등잔만 바라본다.
북국(北國)의 겨울밤은 차차 깁허 가는대.
— 김동환, 「국경의 밤」 제1부 1장

우리나라에서는 1920년대에 들어오면서 근대 서사시가 나타나기 시작하는데, 그 대표적 작품이 「국경의 밤」이다. 이 시는 3부 72장 893행으로 구성된 근대시 사상 최초의 장편 서사시로 일컬어진다. 제1부는 1~27장까지인데, 두만강 변 어느 겨울 저녁 두만강 유역의 국경 마을에서 한 여인(순이)이 소금 밀수출 마차를 끌고 강 건너로 간 남편(병남)을 걱정하고 있다. 저녁 무렵 한 청년이 나타나 그 여인의 오두막을 두드리며 주인을 찾는다. 제2부는 28~57장까지인데, 그 청년은 여인의 어릴 적 소꿉친구다. 두 사람은 자라면서 서로에게 연정을 느끼게 되지만, 재가승(在家僧) 여진족의 후예인 순이는 다른 혈통의 사람과는 결혼할 수 없다는 부족의 관습에 따라 다른 남자에게 시집을 가고, 사랑을 잃은 소년은 마을을 떠난다. 그 소년이 8년 뒤에 순이 앞에 나타난 것이다. 제3부는 58~72장까지인데, 청년은 이제 남의 아내가 된 순이에게 다시 구애의 손을 내민다. 그러나 순이는 남편에 대한 도리와 어쩔 수 없는 자신의 운명을 이유로 이를 거절한다. 그 때 밀수출을 나갔던 그녀의 남편은 마적들의 총을 맞고 죽은 시체가 되어 돌아온다.

이 시는 두만강 유역 국경 지대를 배경으로 하여, 일제에 쫓기어 밀수꾼이 되거나 만주나 간도로 이주하는 사람들의 불안과 참담한 현실을 향토색 짙은 민요적 표현을 빌려 노래하고 있다. 그런데 이 시는 소설과 같이 사건과 플롯에 의해 전개되고, 내용의 전개도 대화와 독백으로 이루어져 있어 그 형식 면에서 다른 시들과 차별을 보인다. 이 시에 나타난 '북국'은 추위에 얼어붙은 두만강 변의 한 마을로, 일제의 수탈과 착취에 시달리는 우리 국토를 상징하고, '추운 겨울 밤'은 우리 민족의 암울한 시대적 배경을 의미한다. 이 시의 중심인물 '순이'는 사랑하는 사람과 결혼하지 못하고, 역사적 상황으로 인해 남편과도 사별하게 된다. '순이'는 우리 민족을 상징하는 인물로 '순이'에게 닥친 시련은 1920년대 우리 민족이 겪어야 했던 시련을 의미한다고 할 수 있다.

이 작품이 본격적인 서사시 형식을 갖추고 있지 않음은 사실이다. 그리고 서사시 논쟁의 중심에 있었던 작품이기도 하다. 일찍이 김안서는 「국경의 밤」을 발간하면서 그 의의를 논하는 가운데, 이 시를 '장편 서사시'라고 평가하였고, 김기진과 김춘수도 이 시를 각각 서사시로 간주한 바 있다.[1] 김재홍 역시 한국적 실상에 맞는 서사시의 개념 규정이 반드시 필요하다고 하면서 「국경의 밤」을 서사시로 규정하였다.[2] 반면 김종철과 홍기삼은 「국경의 밤」은 서사시로서 결격 사유가 많다고 지적하였다.[3] 특히 오세영은 「국경의 밤」은 장르적 구분으로는 서정시에 불과하고 표현방법에 있어서는 서술시라고 단정하였다.[4]

물론 한국의 현대 서사시가 역사적 장르임에도 불구하고 '서사시'라는 용어나 개념이 서양에서 정립된 것이므로 서양의 서사시론을 준거의 틀로 삼아야 하는 것은 당연하다. 그러나 서양 중심의 서사시론과 한국적 서사시에는 편차가 나타나기 마련이다. 우리의 서사시는 우리의 서사시대로 고유의 성격과 구조를 지니고 있는 것이다. 또한 필연적인 시대적·사회적·역사적·문학적 창작 배경과 집필 동기를 가지고 있음을 인정하지 않으면 안 된다. 그러나 「국경의 밤」은 작품의 주제나 제재가 개인의 단순한 정서 표출에 있는 것이 아니라 민족사와 그 운명에 대해 치열한 관심을 보이고 있다. 당시 한국민이 겪은 민족적 수난을 서사적 구조로써 응전한 것이다. 이러한 점에서 1920년대 감상적인 낭만주의 시단에 커다란 충격을 준 장편 서사시라고 할 수 있을 것이다.

> 날로 밤으로
> 왕거미 줄치기에 분주한 집
> 마을서 흉집이라고 꺼리는 낡은 집
> 이 집에서 살았다는 백성들은

---

1 김기진, 《동아일보》, 1925. 5. 20.
  김춘수, 「서사시는 가능한가?」, 『사상계』, 1965. 9.
2 김재홍, 『한국근대시사(상)』, 학연사, 1986, 281~284쪽.
3 김종철, 「자기 객관화와 향수」, 『문학사상』, 1975. 3.
  홍기삼, 「한국 서사시의 실제와 가능성」, 『문학사상』, 1975. 3.
4 오세영, 「「국경의 밤」과 서사시의 문제」, 『국어국문학』, 1977.

대대손손에 물려줄
은동곳도 산호관자도 갖지 못했니라.

재를 넘어 무곡(貿穀)을 다니던 당나귀
항구로 가는 콩실이에 늙은 둥글소
모두 없어진 지 오랜
외양간엔 아직 초라한 내음새 그윽하다만
털보네 간 곳은 아무도 모른다.

찻길이 놓이기 전
노루 멧돼지 쪽제비 이런 것들이
앞뒤 산을 마음놓고 뛰어다니던 시절
털보의 셋째 아들
나의 싸리말 동무는
이 집 안방 짓두광주리 옆에서
첫울음을 울었다고 한다.

"털보네는 또 아들을 봤다우
송아지래두 붉었으면 팔아나 먹지."
마을 아낙네들은 무심코
차가운 이야기를 가을 냇물에 실어 보냈다는
그날 밤
저릎등이 시름시름 타들어 가고
소주에 취한 털보의 눈도 일층 붉더란다.

갓주지 이야기와
무서운 전설 가운데서 가난 속에서
나의 동무는 늘 마음 졸이며 자랐다.
당나귀 몰고 간 애비 돌아오지 않는 밤
노랑고양이 울어울어
종시 잠 이루지 못하는 밤이면,

어미 분주히 일하는 방앗간 한 구석에서
나의 동무는
도토리의 꿈을 키웠다.

그가 아홉 살 되던 해
사냥개 꿩을 쫓아다니는 겨울
이 집에 살던 일곱 식솔이
어데론지 사라지고 이튿날 아침
북쪽을 향한 발자국만 눈 위에 떨고 있었다.

더러는 오랑캐령 쪽으로 갔으리라고
더러는 아라사로 갔으리라고
이웃 늙은이들은
모두 무서운 곳을 짚었다.

지금은 아무도 살지 않는 집
마을서 흉집이라고 꺼리는 낡은 집
제철마다 먹음직한 열매
탐스럽게 열던 살구
살구나무도 글거리만 남았길래
꽃피는 철이 와도 가도 뒤울안에
꿀벌 하나 날아들지 않는다.

— 이용악, 「낡은 집」 전문

    이용악은 이 시를 통해 일제 수탈로 인한 식민지 농촌의 궁핍화 현상과 우리 민족의 유이민(流離民) 문제를 폭로한다. 집은 우리 민족에게 삶의 터전이다. 그런 집이 왕거미 줄치기에 분주하고 흉집이라고 꺼리는 낡은 집이 된 것은, 그 곳을 삶의 터전으로 삼고 살아가던 사람들이 떠났기 때문일 것이다. 그렇다면 떠날 수밖에 없었던 이유는 무엇일까? 그 이유를 시적 화자는 '털보네'라는 가족의 이야기를 통해 들려준다. 낡은 집에 살았다는 사람들을 '식구들'이라고 하지 않고 '백성들'이라고 함으로써, 이 시에 나오는 털보네의 이야기가 개인적이지 않고, 나아가 우리 민족임을 드러내고 있다고 할 수 있다.

그런데 시 「낡은 집」은 털보네 일가에 관한 서사와 설화적 요소를 갖추고 있다. 우선 이 시는 탄생·성장·이주의 삽화를 연대기적으로 배열하여 서술하고 있음을 본다.

'탄생'은 "찻길이 놓이기 전"~"소주에 취한 털보의 눈도 일층 붉더란다"까지의 부분이다. 탄생의 상황은 "이 집 안방 짓두광주리 옆"에서 이루어지는 울음의 행위로 드러나며, 시간은 문명 이전의 시절로 설정된다. 인물은 털보의 셋째 아들, 나의 싸리말 동무로써 명료하게 한 가족의 일원이며 집단의 일원으로 밝혀진다. '성장'은 "갓주지 이야기와"~"도토리의 꿈을 키웠다"에 이르는 삽화로 짜여 있다. 동무가 성장하는 외적 상황과 내적 상태가 함께 제시되어 성장 공간의 부정성을 드러내준다. 외적 상황은 갓주지 이야기, 무서운 전설, 가난이라는 집단의 표현으로 요약 제시된다. 내적 상태는 이런 외적 상황에 대응하는 것으로 '마음 졸임'의 불안함으로 나타난다. 집단적 가치에 의해 부정된 탄생의 존재가 집단 안에서 겪게 되는 삶의 불안정성이 드러난다. '이주'는 "그가 아홉 살 되던 해"~"모두 무서운 곳을 짚었다"에 이르는 부분이다. 이 부분도 탄생, 성장의 장면과 마찬가지로 시간에 관한 진술로 시작된다. 이런 시간에 관한 진술은 실제의 시간 진행을 모방하는 경향이 강하여 이 시가 '당대의 기록'으로 읽히게 만든다. 또한 이주의 형태는 갑작스러운 사라짐(도망)으로 되어 있다. 털보네는 쫓기듯 떠난 것이다. 그리고 남아 있는 집단 구성원들은 '오랑캐령', '아라사'의 낯설고 무서운 공간으로 이주했으리라고 추측한다.

또한 이 시는, '언제', '누가', '어디서(로)', '무엇을 하다'의 기본 줄

거리 형태의 서사적 요소를 갖추고 있다. 가령, '언제' – 찻길이 뇌이기 전, 혹은 노루 멧돼지 쪽제비 이런 것들이 앞뒤 산을 마음 놓고 뛰어다니던 시절 / '누가' – 털보의 셋째 아들, 나의 싸리말 동무 / '어디서' – 짓두 광주리옆 / '무엇을 하다' – 첫울음을 울다의 짜임이 그것이다.

이처럼 이 시는 서사적 요소인 시간·행동·의미를 갖추고 있으며, 시적 화자가 등장하여 사건을 객관적으로 서술하고 있다. 또한 전개되는 사건이 인과 관계에 따른 구성에 의해 서술되고, 이야기와 사건 중심으로 서술된다는 점에서 서사적 특징을 갖추고 있다 할 수 있다. 그리고 논자에 따라서는 이야기시로 분류하고 있기도 하다.

오늘날은 서사시가 쓰이지 않는다. 과거와 같은 웅혼 장엄한 서사시의 전통은 사라진 것이다. 현대는 영웅이나 예외적이고 특수한 개인이 등장해서 세계와 투쟁하고 자신을 희생시켜가며 한 민족이나 국가의 장래를 좌우하는 사회가 아닌 것이다. 따라서 오늘날은 과거의 서사시가 담당했던 기능을 '소설'이 대신한다고 할 수 있다. 그럼에도 불구하고 한편에서는 단형(短形)의 시가 형태에 이야기를 함축적으로 담아낸 작품이 꾸준히 창작되었는데, 임화는 이를 가리켜 '단편 서사시'라 이름 붙인 바 있다. 이후 백석의 「여승」, 이용악의 「낡은 집」, 오장환의 「모촌」 등을 둘러싸고 시에서의 서사성에 관해 많은 논의가 이루어진다. 그 결과 '단형 서사시', '이야기시' 등등의 용어가 정착되게 된다. 오늘날 '이야기시'는 이야기로서의 줄거리와 뼈대를 함축적으로 담고 있는 제반 시를 폭넓게 가리키는 용어로 쓰이고 있다.

(3) 극시(劇詩)

극시(dramatic poetry)는 연극적인 내용을 시의 형식으로 나타내거나, 극적 수법을 사용하여 쓴 시를 말한다. 고대에는 희곡이 운문으로 구성되어 있기 때문에 극시라고 한다. 철학적인 면에서 서정시가 주관적이며 서사시가 객관적인 데 비해 극시는 주·객관의 종합이다. 예술적인 면에서 보면 서정시는 현재를 포함하는 감정을 중시하고 유동적이며, 서사시가 과거의 사건에 결부되어 정지적인 데 비해, 극시는 미래로 연장되는 행동이나 인간 생활의 모습을 표현하는 종합적인 것이 특색이다. 또한 극시는 시적 목적을 논리적으로 달성하는 수단으로써, 극적 형식이나 극적 기교의 어떤 요소 또는 요소들을 사용하는 시에 한정된다.

극시는 아리스토텔레스의 『시학』에서 비롯된다고 할 수 있다. 그가 희극·희비극이란 용어를 쓴 것에서 그 유래를 찾아볼 수 있는 것이다. 극시는 그리스의 극으로부터 시작하여 중세기를 거쳐 르네상스 시대에 이르기까지 찬란하게 발전하였다. 그리고 셰익스피어 시대에 전성기를 이루었다. 서사적 플롯에 기초한 주인공이 등장하여 자기 고백을 함으로써 객관성과 주관성을 동시에 재현하는 것이 바로 그것이다. 그만큼 행동을 중시한다. 또한 시제에서도 서정과 서사의 통합이 명확하게 드러난다. 다시 말하여, 극시는 과거 서사성을 현재화(서정성)하는 양식이라고 할 수 있다. 극시의 대표적인 작품으로는 괴테(J. W. Goethe)의 『파우스트(Faust)』와 셰익스피어(W. Shakespeare)의 작품들이 있다.

현대에 들어와 극시는 시극(詩劇 : poetic drama)의 형태로 존재하고 있다. 극시는 무대에서 상연해서 극적 효과를 낼 수 있는 것과 그렇지 못하고 글로서 읽기에 적합한 것이 있다. 전자는 시극이라고 할 수 있다. 그러나 글로서 읽기에 적당한 극시는 대개 너무 정교한 시적 요소가 강해서 무대에서 상연하기에 곤란한 것이다. 이러한 것을 일명 Closet Drama라고 부르기도 한다. 이렇듯 극시와 시극의 차이점은 무대 상연과 관련을 가진다. 그러나 오늘날에는 시극이나 극시를 같은 뜻으로 사용하기도 한다. 또 극시보다 시극이란 말이 더 자주 쓰이고 친근하게 불려진다. 그리고 시극을 출발시켰던 표현주의 운동은 사실주의 연극과는 대립적인 성향을 나타내고 있다.

대표적인 시극으로는 예이츠(W. B. Yeats)의 『연옥(*Purgatory*)』, 엘리엇 (T. S. Eliot)의 『케시드랄의 살인(*Murder in Cathedral*)』, 『르니온 가족(*The Family Reunion*)』, 『칵테일 파티(*The Cockail Party*)』, 『심복서기(*The confidential Clerk*)』, 『형의 진술(*The Elder Statesman*)』 등이 있다. 특히 엘리엇은 엘리자베스 시대의 극시를 현대적으로 변용시키는 시극의 부활을 강력하게 주장한 사람이기도 하다.

우리나라의 시극운동은 1963년에 만들어진 동인 단체 '시극동인회'로부터 시작된다. 동인으로는 박용구·고원·장호·최재복·김정옥·홍윤숙 등이다. 이 단체는 시극의 연구 및 창작 공연을 목적으로 삼고 제1회 공연으로 장호의 『바다가 없는 항구』를, 그 밖에 무용시나 무대시 등을 다양하게 선보이기도 했다. 이후 1979년 중견시인들로 형성된 '현대시를 위한 실험 무대'라는 동인 단체가 생겼다. 이 동인들로는 정진규·이탄·김종해·이근배·허영자·김후란·이건청·강우식 등이다. 이 단체는 매년 한 번씩 시극을 무대로 올리는 활발한 시극운동을 전개했다. 제1회 정진규의 『빛이여, 빛이여』를 비롯하여, 제2회 강우식의 『벌거숭이 방문』, 제3회 이근배의 『처음부터 하나가 아니었던 두 개의 섬』, 제4회 김후란의 『비단길 노래』, 제5회 이건청의 『폐항(廢港)의 밤』 등이 무대에 올려졌다. 그 밖에도 시극에 관심을 가진 박제천의 『판각사(板刻師)의 노래』와 『새타니』 등이 공연되기도 했다.

그러나 서사시가 근대에 들어와서 그 자리를 소설에게 물려준 것처럼, 극시는 희곡에 자신의 기능을 물려주게 된다. 그리고 시극이 독립된 장르로 정립되기에는 많은 문제가 쌓여 있다. 시극에 대한 이론적 문제점과 연극과 시의 어느 것에 비중을 두어야 할지도 난감한 형편이다. 극시의 형식이 연극적인 구성과 형식을 그대로 갖추어야 하기 때문에 시인은 연극적인 것에 전문가적 수준과 소양을 갖추어야 한다. 연출자 역시 시에 대한 이해와 애정이 각별해야 하는 것이 전제되어야 한다. 이와 같은 난점 때문에 극시 혹은 시극의 창작이나 상연은 많은 문제점을 내포하고 있는 것이다.

3. 주제에 따른 유형

(1) 주정시(主情詩)

주정시는 지성을 중요시하는 주지시와는 대립되며, 인간의 감정이나 정서를 그 내용으로 하는 개인적·주관적인 성격을 띤다. 그리고 좁은 의미의 서정시는 대개 주정시를 말한다. 주정적 시가 활발하게 창작되었던 시기는 18세기 후반부터 19세기 초까지 전 유럽에서 전개되었던 문예사조인 낭만주의 시대라고 할 수 있다. 낭만주의는 감상적인 세계 인식, 유기체적 세계관, 관념주의를 중심 내용으로 삼는 로맨티시즘의 번역어이며, 로만주의(魯漫主義)라고도 번역된다. 영국·프랑스·독일을 중심으로 한 범유럽적 지적 운동으로 문학·음악·회화·건축 등의 예술 양식 및 작품·철학적 서술·의상·풍습 등 사회 전반에 걸쳐서 일어났으며 특히 문학에서 주도적 현상을 보였다. 이러한 서구의 낭만주의는 이성과 지성을 강조하는 신고전주의의 형식과 규범에 얽매인 경직된 문학관을 거부하고, 상상력과 감성 및 주관적인 세계 인식을 토대로 하여, 문학을 유기적이고 창조적인 생명의 힘으로 보고자 한 시대사조로 태동하였다. 그리고 그 이념은 사회 현상과 정치적 상황과 연계하여 전개되었다.

1920년대 당시 우리나라의 지식층들은 3·1운동의 실패로 인한 곤혹에 시달리게 된다. 나아가 설상가상으로 경제적 파탄, 지식인의 실업 사태가 극심해진다. 그런데 때마침 데카당스라는 서구의 세기말적 사상이 유입된다. 이에 희망을 잃고 의지할 지주를 잃은 당시의 지식인들이 퇴폐적 분위기에 휩쓸리게 된 것은 자연스러운 현상이라고 볼 수 있다. 그런데 한국의 낭만주의는 국권 상실과 3·1운동의 실패로 인하여 서구의 낭만주의가 밟았던 자연스러운 문예 현상을 거치지 못했다. 낭만주의의 핵심인 개인의 자유와 개성을 억압하는 전통적 인습으로부터의 탈출이라는 것이, 곧 식민지 세력의 억압으로부터의 해방과 연결되어버린 것이다. 그리하여 그들의 구질서에 대한 항거는 일제 지배자들의 목표인 구질서의 해체를 조장해주었고, 오히려 한국의 해방을 저해시키는 결과를 초래한다. 따라서 이들의 시 감정은 새로운 시대의 도래를 알리는 긍정적인 표출이라기보다는 개인의 존재 이유를 유지하기 위한 절망적이고 주정적인 몸부림이 되고 만다.

우리나라의 전통 문화에 대한 서구 문화의 침투로 요약되는 개화기는 19세기의 가톨릭의 탄압, 위정척사(衛正斥邪)운동, 동학 및 갑오경장 등의 저항적 사례를 표면화시킨다. 서구 문화가 문화적 성향으로 수용되기 시작한 것은 1910년경부터이고, 1920년대는 자유시로 대표되는 퇴폐적 낭만주의 또는 상징주의라는 문예사조가 전통의 맥락 속에서 외래지향적 성향을 추구했던 시대이다. 따라서 문체·장르·정서·이념·율격·언어의식에서 새로운 모형의 문학형태를 모색하였으며, 이 중에서 민요 시인들의 민요 탐구나 시조부흥운동과 같은 서구문학의 충격으로부터 전통적인 민족문학을 수호하려는 움직임도 있었다.

『폐허』로 대표되는 외국 문학의 본격적인 소개 이전의 근대 한국문학은 김억·주요한·김소월·홍사용·김동환과 같은 정신적 방황이나 낭만적 동경의 공통적 성향을 드러내는 작가들이 이미 있었다. 따라서 한국 낭만주의는 1910년대부터 개화기의 '민족'이라는 집단적 관념의 틀을 벗어나서 '개인의 감정'에로의 전환을 보여준 시점에서 태동했다고 볼 수 있다. 특히 개인의 서정을 읊은 김억의 시는 김소월에게 이어지면서 개인적 정서의 자각이 이루어졌다는 점에서 주목된다. 이러한 초기적 성향은 『태서문예신보』, 『창조』, 『폐허』, 『장미촌』, 『백조』를 거치는 동안 황석우·박종화·주요한·박영희·이상화·오상순·노자영 등의 시 작품을 통하여 하나의 문예사조로 정착된다.

　대표작으로는 황석우의 「장미촌의 향연」, 박종화의 「밀실로 도라가다」, 「사死의 예찬」, 주요한의 「해의 시절」, 박영희의 「꿈의 나라로」, 「월광으로 짠 병실」, 이상화의 「말세의 희탄」, 「나의 침실로」, 오상순의 「허무혼의 선언」 등이 있다. 이들 시에서는 상실감이나 현실을 부정하고 소외를 형상화하는 죽음과 꿈, 눈물과 한숨, 무덤, 동굴, 침실 등의 시적 영상들이 표출되는데, 이는 일제 식민지 치하의 좌절 및 도피의 양상, 또는 개인주의 및 자유주의가 무력해지고 패배하는 양상을 드러낸 것으로 볼 수 있다. 따라서 이들 시인들은 판단이나 비판보다는 감정적 해방을 선택하지 않을 수 없었다. 그러나 이러한 절망적 몸부림은 30년대의 유치환·서정주 등의 후기 낭만주의로 이어지면서 원시적인 건강한 정서와 의지의 세계로 발전한다.

　　　밤은 깊이도 모르는 어둠 속으로
　　　끊임없이 굴으로 또 빠져서 갈 때,
　　　어둠 속에 낯을 가린 미풍의 한숨은
　　　갈 바를 몰라서 애긋은 사람의 마음만
　　　부질없이도 미치게 흔들어 놓도다.

　　　가장 아름답던 달님의 마음이
　　　이 때이면은 남몰래 앓고 서 있다.

근심스럽게도 한 발 한 발 걸어오는 달님의
정맥혈(靜脈血)로 짠 면사(面紗) 속으로 나오는
병든 얼굴의 말 못하는 근심의 빛이 흐를 때,
갈 바를 모르는 나의 헤매는 마음은
부질없이도 그를 사모(思慕)하도다.

가장 아름답던 나의 쓸쓸한 마음은
이 때로부터 병들기 비롯한 때이다.
― 박영희, 「월광으로 짠 병실」 부분

'마돈나' 지금은 밤도 모든 목거지에 다니노라 피곤하여 돌아가련도다.
아, 너도, 먼동이 트기 전으로, 수밀도(水蜜桃)의 네 가슴에, 이슬이 맺도록 달려 오너라.

'마돈나' 오려무나. 네 집에서 눈으로 유전(遺傳)하던 진주(眞珠)는, 다 두고 몸만 오너라.
빨리 가자, 우리는 밝음이 오면, 어딘지 모르게 숨는 두 별이어라.

'마돈나' 구석지고도 어둔 마음의 거리에서, 나는 두려워 떨며 기다리노라.
아, 어느덧 첫닭이 울고 ― 뭇 개가 짖도다. 나의 아씨여, 너도 듣느냐.

'마돈나' 지난 밤이 새도록, 내 손수 닦아 둔 침실(寢室)로 가자, 침실로!
낡은 달은 빠지려는데, 내 귀가 듣는 발자국 ― 오 너의 것이냐?

'마돈나' 짧은 심지를 더우잡고, 눈물도 없이 하소연하는 내 맘의 촉(燭) 불을 봐라.
양털 같은 바람결에도 질식(窒息)이 되어, 얄푸른 연기로 꺼지려는도다.

'마돈나' 오너라. 가자, 앞산 그르메가 도깨비처럼 발도 없이 이 곳 가까이 오도다.

> 아, 행여나, 누가 볼는지 — 가슴이 뛰누나 나의 아씨여, 너를 부른다.
> — 이상화, 「나의 침실로」 부분

'백조파'의 문학을 흔히 몽환의 문학이라고 한다. 이것은 그들이 현실도피적이며 영탄조를 즐겨 사용하고 있기 때문이다. 백조파 가운데서도 회월 박영희는 몽환문학을 대표한다. 위의 시 「월광으로 짠 병실」에서도 이러한 백조파의 정조를 엿볼 수 있다. 작품 전반이 비현실적인 몽환과 환상의 세계가 지배하고 있는 것이다. 이 시의 주요 소재는 '월광'과 '병실'이다. 그리고 '슬픔으로 이어진 절망의 비애감'이라는 주제를 보여준다. 목소리 역시 감상에 젖어 있다. 이러한 것들이 바로 감상적이라는 주정적 시의 대표적 내용이다.

1연에서, 밤은 깊어만 가고 시적 화자인 '나'는 남모르게 낮은 한숨만 토한다. 2연에서는, '나'의 마음은 달님에게 전이된다. 이러한 심정에서 '나'가 쳐다보는 달은 가슴앓이를 하는 것처럼 느껴진다. 3연에서 '나'와 '달님'은 동일화된다. '정맥혈로 짠 면사' 곧 검붉은 구름 속으로부터 나온 달님은 병든 얼굴을 하고 나에게 근심의 빛을 발한다. '나'는 그러한 달님의 모습을 사모한다. 4연에서, '나'는 달님을 사모하는 때부터 병들기 시작한다. 일찍이 회월은 「월광으로 짠 병실」을 현실에 대한 도피라고 스스로 밝힌 바 있다. 이 작품은 당시 처한 일제 식민지라는 민족적 상황, 그리고 1920년대 초반에 유행했던 서구 낭만주의의 말기적 현상인 절망과 좌절, 우울과 비탄조의 암울한 정서를 대변하고 있는 것이다.

이상화의 시 「나의 침실로」는 '마돈나'라는 호칭으로 시작하여 초조하게 기다리는 시적 화자의 마음과 불러도 오지 않는 '마돈나'의 모습을 효과적으로 표현하고 있다. 의미상으로 보면 '마돈나, 이 밤이 새기 전에 나의 침실로 오라. 애타게 너를 기다리고 있노라. 밤이 새려한다. 어서 오너라'의 반복이다. 이러한 내용을 시적 화자는 다급함, 초조감, 절박감의 거친 호흡으로 토로한다. 원망의 어조에 실린 화자의 격렬한 열정이 시적 긴장을 조성하고 있기도 하다. 이 시에 있어서 감정이 무방비로 노출되는 것은 감상적 낭만주의의 한 성향이며, 애욕적인 것에의 함몰은 퇴폐성을 드러내준다. 또한 현실적인 세계보다는 초월적 세계에 지나치게 눈 돌리는 극단의 낭만은 백조파의 낭만주의를 그대로 보여 주며, 밀폐된 공간에서의 육체적 탐닉은 백조의 데카당스를 단적으로 보여준다. 이러한 것들이 바로 주정시의 요소들이기도 하다.

(2) 주지시(主知詩)

주지시란 인간의 감정을 억제하고 조정하며 지성의 표현을 중점적으로 다루는 시이다. 따라서 이 시에는 기질·풍자·반어·역설 등의 지적 활동이 크게 작용하며, 현대 문명에 대한 비판을 주로 다룬다.

제1차 세계대전으로 인한 사회의 혼란과 무질서는 심각한 위기의식을 갖게 하였다. 그리하여 기존의 문화와 전통을 부정하는 반역의 고뇌에서 감각과 관능의 세계로 도피하여 탐미주의 또는 주정주의 속으로 빠져 들어가는 것을 극복하려 했다. 그리하여 지성의 절대적 우위를 강조하고 유럽 문명의 전통을 재생하며 정신적 질서를 회복하고자 하는 문학적 태도가 생겨난다. 이러한 측면에서 주지시는 첫째, 지성을 절대적으로 우위에 둘 것. 둘째, 탐미주의·주의주의·주정주의를 반대하는 입장에 설 것. 셋째, 전통적 질서의 회복과 현대 문명의 위기를 극복한다는 세 가지 기본적 특성을 가진다.

일반적으로 이지(intellect)와 주지(intelligence)를 구별하려고 하는 경향이 있다. 그러나 그 구별이 용이하지 않다는 점에서 주지시는 이 둘을 포함하는 것으로 이해할 수 있다. 주지시가 중시하는 '지성의 절대적 우위'라는 것은, 내용 면에서 시의 지적 요소나 시사적 현상 그리고 과학적·사상적 내용들을 의미한다. 한편 방법 면에서 보면 질서의식에 의거하여 감정이나 본능에 대한 통제나 억제 작용을 의미한다. 이처럼 주지시는 작품 내용도 중요하지만 그 방법의 의식적 실천을 더 중요시한다. 또한 주지시가 탐미주의·주의주의·주정주의를 반대하는 입장에 서 있다는 것은, 낭만주의나 센티멘털리즘과 감정적·감상적 태도를 부정한다는 것이다. 곧, 주지시는 본능적·영감적 동기를 시에서 배제하고 의식적·비평적 시라야 함을 의미하는 것이다. 본능은 직관적이고 무의식적이며 자연발생적이지만, 주지는 의식적 방법을 중시한다. 주지시에서는 낭만적 천재의 개념도 부정된다.

전통의 회복과 현대 문명의 위기 극복의 시도는 주지주의 시의 가장 중요한 요소이다. 프랑스의 주지주의는 발레리(P. Valery)를 정점으로 하고, 영국의 주지주의는 흄(T. E. Hulme)·엘리엇(T. S. Eliot)·리드(H. Read)·헉슬리(A. L. Huxley) 등으로 대표된다. 특히 흄의 불연속적 세계관은 새로운 질서 회복의 의도에서 직관적으로 추구된 사상이며, 흄의 사상적 기초에서 정립된 엘리엇의 전통과 정통(正統: orthodox)은 황폐화된 현대 문명의 구제라는 의식이 그 밑에 깔려 있다. 이러한 점에서 엘리엇의 장시 「황무지(*The Waste Land*)」와 논문 「전통과 개인적 재능(*Tradition and the Individual Talent*)」은 주지주의의 중요한 자리를 차지하고 있다.

주지주의는 여러 가지 문제점을 지니고 있다. 즉, 이미지즘과 주지주의의 구별, 모더니즘과 주지주의를 동일 개념으로 보는 오류 등이 그것이다. 물론 주지주의는 모더니즘의 한 경향임에는 틀림없다. 이미지즘은 주지주의의 전 단계로서 하나의 유파를 형성한 운동이며, 그 특성으로 정확한 사물의 언어(이 점에서 이미지즘은 사물시), 그룹의 선전 활동, 새로운 리듬과 자유시의 시도, 지성적 태도 등을 들 수 있다. 그러나 주지주의에 이르면 감각과 사상을 통합한 형이상시(metaphysical poetry), 객관적 상관물, 중층 묘사(multiple description), 강력한 전통의식 등을 그 특성으로 한다.

우리나라에 주지주의 이론을 본격적으로 도입한 비평가는 최재서이고, 비평과 더불어 작품으로 실천한 시인은 김기림이다. 최재서는 「현대 주지주의 문학이론의 건설」(《조선일보》, 1934. 5. 2)에서 흄의 불연속적 세계관, 고전적 인간관, 엘리엇의 전통론, 시의 비개성설을 소개한다. 한편 김기림은 「예술에 있어서의 리얼리티 모럴 문제」(《조선일보》, 1933. 10. 21~24)에서 주지주의와 관련된 논문을 발표한다. 김기림의 주지주의 시론의 특징은 과학적 태도, 감상성의 배격, 언어에의 각성, 문명 비판적 정신으로 집약할 수 있다. 이 밖에도 이양하는 리처즈(I. A. Richards)를 소개하였고, 한세광은 이미지스트와 엘리엇을 소개하기도 했다. 특히 김기림의 장시 「기상도」는 엘리엇의 「황무지」의 영향을 받은 이 무렵 주지주의의 대표적인 시라고 할 수 있다.

    비늘
    돋인
    해협(海峽)은
    배암의 잔등
    처럼 살아났고
    아롱진 '아라비아'의 의상(衣裳)을 둘른 젊은 산맥(山脈)들

    바람은 바닷가에 '사라센'의 바단폭(幅)처럼 미끄러웁고
    오만(傲慢)한 풍경은 바로 오전칠시(午前七時)의 절정에 가로누었다.
    헐덕이는 들우에
    늙은 향수(香水)를 뿌리는
    교당(敎堂)의 녹쓰른 종(鐘)소리
    송아지들은 들로 돌아가려므나

아가씨는 바다에 밀려가는 윤선(輪船)을 오늘도 바래보냈다.

국경(國境) 가까운 정거장(停車場)
차장(車掌)의 신호(信號)를 재촉하며
발을 굴르는 국제열차(國際列車)
차창(車窓)마다
"잘있거라"를 삼키고 느껴서우는
마나님들의 이즈러진 얼골들
여객기(旅客機)들은 대륙(大陸)의 공중에 띠끌처럼 흐터졌다.
— 김기림, 「기상도」 1부

「기상도」는 전체 7부 419행으로 된 장시이다. '세계의 아침'(1부), '시민 행렬'(2부), '태풍의 기침 시간'(3부), '자최'(4부), '병든 풍경'(5부), '올빼미의 주문'(6부), '쇠바퀴의 노래'(7부) 등으로 짜여 있다. 이러한 짜임의 「기상도」는 문명 비판의 장시로서 현대인들의 전유물인 아이러니와 풍자의 기법을 최대한 활용하여 쓰인 '현대의 교향악'과 같은 작품이다.

제1부 첫 장면은 감각적 표현으로 시작된다. '해협'과 '비늘 돛인 배암의 잔등'이라는 생동적이며 감각적인 비유와 그 이미지는 종래와는 이질적이며 생소한 시적 기법이다. 이런 기법은 새로운 호기심에 적합한 시의 포멀리즘적 배려와 잘 어울린다. 즉, 1~5행까지는 실제 1행으로 처리해도 좋은데, 의도적으로 끊어서 사물의 공간적 효과를 살리고 있는 것이다. 해협과 파도의 율동감을 '배암'의 이미지나 '아라비아의 의상'과 연상시킨 시적 발상은 매우 참신하다고 할 수 있으며 생동하는 이미지를 효과적으로 표출해 준다.

2연은 바닷가의 바람이 '사라센'의 비단폭같이 미끄러지듯 불어오고, 국제 여행을 떠나는 출발 차비에 분주하다는 내용이다. 그런데 여기서는 여행이 불러일으키는 들뜬 마음과 색다른 공간이 불러일으키는 호기심의 시적 분위기를 위하여, 모든 풍경을 시각화하고 있는 시적 장치를 발견할 수 있다. 그리하여 이국인의 심리와 생동감 있는 사물이 시적 분위기와 일치된다. 또한 배경으로 설정된 '헐떡이는 들' 위에 선 교당의 종소리가 맑은 복음을 뿌린다는 공감각적 이미지를 발견하기도 한다. 이 시에서 주로 청각적 사실을 시각적 감각으로 전이한 것은 작가의 실험의식에서 기인된 것이라 할 수 있다.

 3연에서는 여행을 떠나는 정거장의 광경과 이방인의 심리 변화가 나타난다. 여행자의 흥분된 심리가 "발을 굴르는 국제 열차"로 절박하게 의인화된다. 그리고 차창에는 여행자를 떠나보내는 '마님들'이 '잘있거라'라는 인사말을 안으로 삼키고, 느껴우는 이즈러진 얼굴들이 보인다. 정거장의 분망한 모습으로 과장된 것과는 대조적이다. 그러나 여행의 목적지가 나타나 있지 않다. 이것은 방황을 통하여 자기 안주를 회복하려는 현실 시각이 내포되어 있기 때문이다. 그러면서도 "'잘있거라'를 삼키고 느껴우는 마님의 이즈러진 얼굴" 같은 표현은 재치가 있다.

   하이얀 모색(暮色) 속에 피어 있는
   산협촌(山峽村)의 고독한 그림 속으로
   파아란 역등(驛燈)을 달은 마차(馬車)가 한 대 잠기어 가고,
   바다를 향한 산마룻길에
   우두커니 서 있는 전신주(電信柱) 위엔
   지나가던 구름이 하나 새빨간 노을에 젖어 있었다.

   (…중략…)

   외인묘지(外人墓地)의 어두운 수풀 뒤엔
   밤새도록 가느다란 별빛이 내리고,

> 공백(空白)한 하늘에 걸려 있는 촌락(村落)의 시계(時計)가
> 여윈 손길을 저어 열 시를 가리키면
> 날카로운 고탑(古塔)같이 언덕 위에 솟아 있는
> 퇴색(退色)한 성교당(聖敎堂)의 지붕 위에선
>
> 분수(噴水)처럼 흩어지는 푸른 종소리.
> ― 김광균, 「외인촌」 부분

　김광균은 1937년 신석초, 서정주, 이육사 등과 동인지 『자오선』, 『시인부락』 등에서 활동하면서 작품을 발표한다. 그의 시풍은 다분히 서구의 모더니즘의 영향을 받고 있으며, 온건하고 차분한 회화적인 이미지에 치중한다. 그의 작품은 대체로 소시민의 감정을 채색하여 시각적인 이미지를 구사하여 표출하고 있다. 그리하여 소담하고 선명한 수채화풍의 터치와 달콤한 애상을 곁들인 신선한 현대적 감각은 독자의 마음을 매혹시킨다. 다시 말하면 1910년대에 발생한 흄이나 파운드 등의 이미지즘의 계보를 잇고 있다고 할 수 있는 것이다.

　시 「외인촌」은 강렬한 색채와 회화적 이미지로 인하여 마치 한 폭의 풍경화를 보는 듯한 느낌을 준다. 특히 이 시에서 사용된 이미지들은 시간의 흐름과 인생의 몰락 내지 죽음을 암시하면서 시 전체의 분위기를 어둡게 물들인다. 이 시의 특징은 서구 이미지즘의 영향을 많이 받은 것으로 드러난다. 이 시에 등장하는 '외인촌' 같은 소재도 그렇지만 시각적 · 회화적 이미지의 창조, 공감각적 이미지의 활용 등 표현 수법상의 새로움은 이 시의 중요한 특징이라고 할 수 있다.

　하지만 이 시는 기법적인 새로움을 보여 주는 데 그치고 있을 뿐, 새로운 세계관이나 사상을 보여 주지는 못한다. 오히려 이 시는 애상적인 정조를 바탕에 깔고 있는데, 이러한 감상은 비정성, 견고한 지적 이미지의

구축 등을 특징으로 하는 서구 이미지즘과는 차이가 있는 것이다. 그러나 김광균의 시가 시적 화자의 감정을 많이 노출시킨 것은 사실이지만, 그것이 전혀 여과를 거치지 않은 무절제한 감정의 분출인 경우는 거의 없다. 그의 시는 적당한 비유와 윤기 있는 이미지에 의해 감정을 순화시키고, 비애의 정서를 상당히 세련된 방식으로 드러냄으로써 20년대적 감상성에서 벗어나고 있는 것이다.

(3) 주의시(主意詩)

주의시는 어떤 목적이나 의도를 지닌 의지적인 내용을 표현한 시를 말한다. 그런데 이러한 주의시는 순수한 의지만으로는 시가 되기 어렵기 때문에 대개 지성이나 감정을 동반하여 나타난다. 풍자적이거나 비극적인 것, 원칙적으로 어떤 목적의식이 있는 시는 모두 주의시에 해당할 수 있다. 말하자면 계몽문학·사회문학·프롤레타리아문학 등이 모두 주의시의 특성을 드러내주고 있는 것이다.

인류의 무한한 진보를 믿으며 이성의 힘으로 현존 질서를 타파하고 사회를 개혁하려는 데 목적을 두었던 시대적 사조가 계몽주의이다. 계몽문학은 17, 8세기 유럽의 계몽사상과 아울러 그 이후 다른 지역에서 전개된 계몽의 성격을 띤 사상운동을 지칭하는 포괄적인 개념을 갖고 있다. 계몽주의의 사상적 기반은 17세기의 합리주의와 존 로크(J. Locke)의 철학 및 정치사상, 자연법 그리고 뉴턴(I. Newton)의 기계론적 우주관이다. 이러한 사조는 프랑스를 중심으로 활발히 전개되다가 뒤에는 전 유럽으로 전파되었다. 그리고 계몽사상은 미국 혁명과 프랑스 혁명에 커다란 영향을 미쳤다.

우리나라 계몽주의 문학은 18, 19세기 실학파에서도 찾아볼 수 있으나, 1900년대에서 1920년대까지 뚜렷한 모습을 드러냈다고 볼 수 있다. 그 기간에는 의식과 문화의 근대화를 기본적인 노선으로 삼으면서 이와 함께 일제의 침략에 맞서 국권을 수호하는 것이 또한 긴요한 과제였다. 그러므로 이 두 가지 과제를 어떻게 연결시키는가 하는 데 따라 계몽주의 문학이 두 가지로 나타난다.

첫 번째의 계몽주의 문학은 신채호·박은식·장지연 등이 중심이 되어 일으켰는데, 그들은 근대화를 통하여 국권을 수호하자는 것을 기본 노선으로 삼았다. 언론과 출판을 통하여 성리학적인 명분론에서 벗어나 민족의 위기를 바로 깨닫고 개혁과 구국의 의지를 고취시키려는 이른바 애국계몽운동을 전개했다. 그렇게 하는 데 있어서 가장 긴요한 장르는 역사적 영웅의 행위를 찬양하는 전기였으며 신채호의 『을지문덕』 등이 그 좋은 예이다. 구국의 영웅에 대한 소재를 밖에서도 구하여 박은식은 『서사건국지』를, 장지연은 『애국부인전』을 내놓았다. 이와 함께, 가사의 형식을 개조하여 친일과 매국 책동을 비판하고 풍자하는 노래를 신문을 통해서 다수 발표하여 전통의 현대적 계승을 위한 방향을 제시했다.

첫 번째 단계의 계몽주의 문학이 1910년 식민지화와 더불어 직접적인 탄압의 대상이 되자 이와는 다른 두 번째 단계의 운동이 확대되었는데, 그 주동자는 최남선과 이광수이다. 이들은 민족의 수난에 대해서는 적극적인 관심을 보이지 않고 문학 표현의 근대화를 기본 과제로 삼았으며 자체의 전통을 계승하는 것보다는 서양 또는 일본 근대문학의 전례를 이식하는 것이 더욱 긴요한 방법이라고 믿었다. 그리하여 최남선은 우리의 젊은이들이 구시대의 속박에서 벗어나 자유롭게 문명개화를 이룩하기를 소원했다. 이러한 낙관적이고도 긍정적인 기대를 최남선은 신체시를 통하여 시험했다.

1
처…ㄹ썩, 처…ㄹ썩, 척, 쏴…아.
따린다. 부순다. 무너 바린다.
태산 같은 높은 뫼, 집채 같은 바윗돌이나.
요것이 무어야, 요게 무어야.
나의 큰 힘 아나냐, 모르나냐, 호통까지 하면서
따린다. 부순다. 무너 바린다.
처…ㄹ썩, 처…ㄹ썩, 척, 튜르릉, 꽉.

(…중략…)

6
처…ㄹ썩, 처…ㄹ썩, 척, 쏴…아.
저 세상 저 사람 모다 미우나,
그 중에서도 똑 하나 사랑하난 일이 있으니,
담 크고 순진한 소년배少年輩들이,
재롱처럼 귀엽게 나의 품에 와서 안김이로다.
오나라 소년배 입맞춰 주마.
처…ㄹ썩, 처…ㄹ썩, 척, 튜르릉, 꽉.
— 최남선, 「해에게서 소년에게」 부분

이 시는 최남선이 주재하여 발행한 『소년』 창간호(1908. 11) 권두시로 국문학사상 최초의 신체시이다. 따라서 이전의 시가 가지고 있던 정형성에서 벗어나 자유로운 형식을 표방했다는 점에서 문학사적 의의를 지닌다.

이 시에서 '바다'가 '소년'에게 한 말은 곧 최남선이 청소년들에게 들려주고 싶은 이야기이다. '바다'는 무한한 공간에 광활하게 펼쳐져 있다. 파도는 힘차게 솟구친다. 파도치는 소리 "처…ㄹ썩, 처…ㄹ썩, 척, 쏴…아, 튜르릉, 꽉" 하는 의성어는 청각적 분위기를 자아내면서 바다를 생생하게 눈앞에 그리게 한다. 그 소리는 소년의 씩씩한 기개와 의지의 표상이다. 최남선은 이 시를 통하여 낡고 묵은 것을 타파하고 새로운 세대에 의해 새로운 시대를 열고자 한 '계몽의식'을 표출하였다고 할 수 있다.

사회문학은 사회 문제에 주제를 둔 문학작품을 통틀어 일컫는 말이다. 밑에서 위로 향하는 전투적인 것이나 위에서 밑으로 향하는 연민적인 것이나 모두 사회문학에 해당한다. 중세의 농민 생활을 그린 작품, 종교정혁기(宗敎政革期)의 농민 전쟁에서 소재를 딴 작품, 독일 바로크시인의 풍자 작품 등을 예로 들고 보면 사회문학은 어느 시대에나 있었다고 할 수 있다. 18세기의 영국이나 프랑스에서는 귀족 계급과 시민 계급의 갈등을 다룬 시민 비극이 많이 나왔는데, 1789년의 대혁명이 이에 큰 자극을 주었다. 산업혁명 후에는 사회생활이 점점 복잡해지면서 경제 문제가 큰 비중을 차지하게 되어 문학에도 그것이 반영되었다.

사회문학적 성격은 독일 시인 하이네(H. Heine)의 『사화시집』뿐 아니라, 프랑스의 시인 베를렌(P. M. Verlaine)과 같은 알코올 중독자가 자기의 개종改宗 체험을 종교적인 고백으로 노래한 시집 『예지』에도 나타나 있다. 사회의 긴장에 따라서 사회문학의 의식은 시대와 더불어 점점 강렬해졌으며 프랑스의 졸라(E. Zola), 노르웨이의 입센(H. Ibsen), 독일의 하우프트만(G. Hauptmann) 등의 소설이나 희곡은 그 후의 사회문학에 결정적인 영향을 미쳤다. 20세기 사회문학은 표현주의나 사회주의 작가들에게 많이 나타났으며 정치적 색채가 농후해지는 경향이 있는데, 최근에 와서는 날로 가중되는 문명의 양적 억압 밑에서 다른 경향이 나타나고 있다.

프롤레타리아(proletariat) 문학은 역사적 개념이다. 1920~1930년대 중반에 코민테른[5]을 중심으로 고양된 프롤레타리아 혁명의 열기에 영향을 받

---

5 코민테른 : 프롤레타리아의 해방과 단결을 목적으로 결성된 사회주의자의 국제적 조직. 제1인터내셔널(국제노동자협회 : 1864~1876), 제2인터내셔널(국제사회주의자대회 : 1889~1914), 제3인터내셔널

아 세계 각 국에서 급격히 발전한 프롤레타리아적·혁명적 문학을 말하는 것이다. 한국 프롤레타리아 문학의 경우, 문학작품에서 실제로 프롤레타리아의 현실 변혁적 관점이 드러난 것은, 조선프롤레타리아예술동맹(KAPF : Korea Proleta Artista Federatio)의 목적의식적 방향 전환의 근거가 되었던 조명희의 「낙동강」(1927) 이후부터라고 할 수 있다. 물론 1919년 3·1운동 이후 이전의 문학유산과 당대의 사회 역사적 상황이 빚어낸 '신경향파 문학'이 프롤레타리아 문학 형성에 결정적인 영향을 준 것은 사실이다. 그러나 신경향파의 현실 인식과 계급 인식은 추상적인 차원에 머물러 있었다. 그러던 중 1925년 8월 카프가 결성됨으로써 당대 사회운동과 유기적 연관을 가지는 프롤레타리아 문학의 조직적 운동이 가능하게 되었고 프롤레타리아 문학에 대한 인식이 확대될 수 있었다.

우리나라 프롤레타리아 시 문학은 1920년대 『폐허』의 퇴폐주의적 경향과 『백조』의 감상적 낭만주의적 경향 등, 이전의 시 문학 경향을 부정하여 발전시킨 사조의 하나이다. 이 경향을 띤 시로는 김기진의 「백수(白手)의 탄식」, 「한 개의 불빛」, 이상화의 「가상(街相)」, 「빼앗긴 들에도 봄은 오는가」, 김석송의 「무산자의 절규」, 「생장의 균등」, 박완희의 「가두의 선언」, 임화의 「네거리의 순이」, 「우리 오빠와 화로」, 「암흑(闇黑)의 정신」 등이 있다.

> 네가 지금 간다면, 어디를 간단 말이냐?
> 그러면 내 사랑하는 젊은 동무,
> 너, 내 사랑하는 오직 하나뿐인 누이동생 순이,

(공산주의인터내셔널— 코민테른 : 1919. 3~1943. 5), 제4인터내셔널(코민포름 : 1947~1956) 등으로 불린다. 코민테른은 러시아 혁명에 성공한 볼셰비키를 중심으로 레닌 등의 주도로 모스크바에 30개국의 공산당 좌익 사회주의가 모여서 결성한 국제적 조직이다.

너의 사랑하는 그 귀중한 사내,
근로하는 모든 여자의 연인…
그 청년인 용감한 사내가 어디서 온단 말이냐?

눈바람 찬 불쌍한 도시 종로 복판에 순이야!
너와 나는 지나간 꽃피는 봄에 사랑하는 한 어머니를
눈물나는 가난 속에서 여의었지!
그리하여 너는 이 믿지 못할 얼굴 하얀 오빠를 염려하고,
오빠는 가냘픈 너를 근심하는,
순이야, 너는 마음을 맡길 믿음성 있는 이곳 청년을 가졌었고,
내 사랑하는 동무는….
청년의 연인 근로하는 여자 너를 가졌었다.

겨울날 찬 눈보라가 유리창에 우는 아픈 그 시절,
기계 소리에 말려 흩어지는 우리들의 참새 너희들의 콧노래와
언 눈길을 걷는 발자국 소리와 더불어 가슴 속으로 스며드는
청년과 너의 따뜻한 귓속 다정한 웃음으로
우리들의 청춘은 참말로 꽃다웠고,
언 밥이 주림보다도 쓰리게
가난한 청춘을 울리는 날,
어머니가 되어 우리를 따뜻한 품속에 안아 주던 것은
오직 하나 거리에서 만나 거리에서 헤어지며,
골목 뒤에서 중얼대고 일터에서 충성되던
꺼질 줄 모르는 청춘의 정열 그것이었다.
비할 데 없는 괴로움 가운데서도
얼마나 큰 즐거움이 우리의 머리 위에 빛났더냐?
— 임화, 「네거리의 순이」 부분

이 시는 카프 내의 최고의 시인이자 평론가였던 임화의 초기 대표작으로 1929년 『조선지광』에 발표된 작품이다. 시적 화자는 오빠이다. 누이동

생 '순이'는 돌아가신 어머니를 대신해 집에서 살림을 하면서 공장에 나가는 노동자이다. '오빠'는 남은 것이라고는 때묻은 넥타이 하나뿐인 지식인 계급으로 누이동생의 방황을 보며 현실 인식이 조금씩 바뀌게 된다. '청년'은 순이와 같은 공장에서 일하는 노동자로 서로 연인 관계이지만, 그가 공장에서 노동운동을 한 죄목으로 경찰에 체포됨으로써 두 사람은 고통과 수난을 겪게 된다. 그러나 어떠한 행동도 표출하지 못한 채 그저 마음속으로만 갈등하는 무기력한 오빠는 "눈바람 찬 불쌍한 도시 종로 복판에"서 방황하는 누이동생과 감옥 생활을 하는 청년을 안타깝게 바라볼 뿐이다.

이처럼 이 시에서는 편지 형식을 통해, 애인을 감옥으로 보내고 정신적 방황을 겪고 있는 누이동생 순이에게 방황을 접고 근로하는 사람들 곁으로 돌아갈 것을 호소력 있는 목소리로 권유하고 있다. 그리하여 일제 강점기 노동자들의 투쟁과 동참 의지를 전달한다. 이것이 바로 당대 계급주의 문학이 지닌 목적의식성에 충실한 작품인 것이다.

또한 1960년대 한국 시단의 경향 가운데 하나가 현실 인식의 참여시이다. 1960년대 시는 4·19 그리고 5·16으로부터 자유로울 수 없다. 한국현대시사에 있어서, 이미 50년대에 분단의 현실과 사회 모순 및 부정부패에 대한 비판의식이 표출된다. 유치환·조지훈 등 기성 시인들은 물론 박봉우·윤삼하 등 신진 작가에 이르기까지 많은 시인들이 저항의 의지를 시에 담아냈다. 박봉우의 「휴전선」, 윤삼하의 「응시자」, 유치환의 「뜨거운 노래는 땅에 묻는다」 등은 그 대표작이다. 4·19는 기성 시인과 학생들의 많은 현장시를 낳는다. 그 중 신동문의 「아 신화같이 다비데군(郡)들」과 박두진의 「우리는 아직 깃발을 내린 것이 아니다」 등은 그 대표작의 하나이다.

김수영 역시 1960년의 대표적 참여 시인으로 등장한다. 그는 해방 초기

합동 시집 『새로운 도시와 시민들의 합창』(1948)으로 모더니즘의 경향을 보이다가 시 「푸른 하늘을」을 발표하고 난 이후 사회 참여를 주장하는 대표적인 시인이 된다. 또한 『이야기하는 쟁기꾼들의 대지』(1959)로 등장한 신동엽 역시 4·19를 통해서 새롭게 대두된 시대정신의 격변 속에서 훼손되고 붕괴되는 과정에 대해 깊은 관심을 기울인다. 4·19를 동학과 결합시켜 반민족·반민중·반민주에 대한 거부와 저항을 노래한 「껍데기는 가라」(1967)는 그의 대표작 가운데 하나다.

    풀이 눕는다.
    비를 몰아 오는 동풍에 나부껴
    풀은 눕고
    드디어 울었다.
    날이 흐려서 더 울다가
    다시 누웠다.

    풀이 눕는다.
    바람보다도 더 빨리 눕는다.
    바람보다도 더 빨리 울고
    바람보다도 먼저 일어난다.

    날이 흐리고 풀이 눕는다.
    발목까지
    발밑까지 눕는다.
    바람보다 늦게 누워도
    바람보다 먼저 일어나고
    바람보다 늦게 울어도
    바람보다 먼저 웃는다.
    날이 흐리고 풀뿌리가 눕는다.

— 김수영, 「풀」 전문

껍데기는 가라.
사월도 알맹이만 남고
껍데기는 가라.

껍데기는 가라.
동학년(東學年) 곰나루의, 그 아우성만 살고
껍데기는 가라.

그리하여, 다시
이곳에선, 두 가슴과 그곳까지 내논
아사달과 아사녀가
중립(中立)의 초례청 앞에 서서
부끄럼 빛내며
맞절할지니

껍데기는 가라.
한라에서 백두까지
향그러운 흙가슴만 남고
그 모오든 쇠붙이는 가라.

— 신동엽, 「껍데기는 가라」 전문

  시 「풀」은 '풀'과 '바람'의 대립 구조로 짜여 있는데, '풀'은 억압적인 권력으로부터 고통을 받는 우리의 민중들을 상징하며, '바람'은 민중들을 핍박하는 현실 또는 민중들의 삶을 위협하는 정치권력을 상징한다. '풀'은 '바람'에 따라 이리저리 움직이지만 결국은 다시 일어선다. 이는 권력의 횡포 속에도 불구하고 다시 일어서는 '민중'의 끈질긴 생명이다. 결국 이 시는 풀과 바람 사이에서 나타나는 자연 현상을 제재로 하여 민중들의 생명력과 저항의식이라는 정치·사회적 의미를 시화하고 있는 것이다.
  신동엽의 시 「껍데기는 가라」에서는, 1960년대의 군사 독재 체제를 시대적 배경으로 동학농민전쟁, 4·19혁명이라는 민주의 열망을 다룬다. 그리하여 민족 화해에 대한 열망을 하나로 묶어 민족의 자주·민주·통일을 찾겠다는 강한 의지를 드러낸다. 신동엽의 이념적 바탕은 4·19혁명이다. 4·19혁명에서 비롯된 시인의 현실 인식은 동학농민전쟁의 반외세, 아사달과 아사녀의 사랑으로 대표되는 평화롭고 순결했던 우리 민족 시원(始原)의 삶으로 이어지면서 민족주의에 기초한 역사의식으로 나타난다. 이러한 역사의식을 총체적으로 형상화한 시가 「금강」이라면 이 시는 그 압축판이라고 할 수 있다.

시인은 1연에서 5·16 군사 쿠데타로 4·19혁명이 좌절되고 변질되어 가는 상황에서 혁명 정신을 훼손하는 모든 불의와 거짓들은 가라고 외친다. 이어 동학농민전쟁의 정신을 훼손하는 것들도 이 땅에서 사라지라고 한다. 그 결과 3연에 이르면 껍데기로부터 벗어난 순수한 아사달과 아사녀가 서로 혼례를 치름으로써 민족 통일의 꿈이 이루어진다. 그러나 그러기 위해서는 허위와 무력으로 무장한 외세와 그 하수인인 독재 정권이 사라져야 한다고 시인은 다시 한 번 강조한다. 이처럼 신동엽은 민족주의를 바탕으로 농촌 공동체적인 이상향의 세계를 그리워하며, 통일 조국에 대한 소망을 노래했다.

김수영은 신동엽과 더불어 1960년대 한국시에 있어서 쌍두마차로 평가된다. 투철한 역사 인식과 건강한 민중성에 기초를 둔 시 세계를 펼친 신동엽에 비해, 김수영은 모더니즘 속에서 자라난 모더니즘의 비판자로서 4·19를 계기로 강한 현실의식에 바탕을 둔 참여시에 가담했다. 그러한 맥락 위에 놓인 작품이 바로 「풀」이다. 이 작품에서 보인 민중에 대한 인식은 이후 이성부·이시영·조태일·정희성·문병란·신경림 등으로 이어지는 1970년대 민중문학의 기틀을 마련했다.

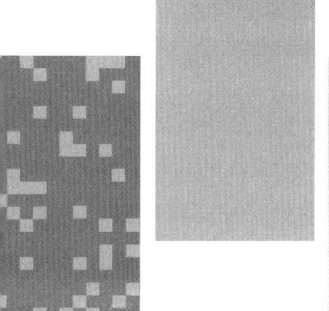

제3장
시와 언어

1. 시어와 일상어
2. 내포적 시어
3. 애매성의 시어
4. 낯설음의 시어

1. 시어와 일상어

　시어란 말은 18세기 영국에서부터 쓰였다. 영국의 시인 그레이(Thomas Gray)는 "일상적으로 사용되는 보통 언어가 필요에 의해서 특수화되면서 거리가 생겼다. 이것이 바로 시어인데, 라틴어의 완곡한 표현체인 고어체를 고쳐놓은 것이다"라고 말한 바 있다. 시어에 대한 이러한 특수성이 바뀐 것은 영국 시인 워즈워드(William Wordsworth)에서 비롯된다. 그는 『서정시집(Lyrical Ballads)』의 서문에서, 시의 감동적인 본질을 표현할 수 있는 모든 언어들이 시어가 될 수 있다고 주장한다. 워즈워드에 의하면, 산문에 쓰인 언어와 시어에는 근본적인 차이가 없다는 것이다. 이는 이제까지 시에는 우아성과 상류 사회에서 사용하는 단어만을 쓰던 것에 반해 새로운 주장이다. 시가 좀 더 일반화되고 친근미를 줄 수 있는 문학장르로 자리매김하게 된 것이다.

　문학은 언어 예술이다. 곧, 문학은 언어라는 재료를 가지고 예술적인 세계를 창조한다는 말이다. 물론 언어를 재료로 하여 자신의 의사를 표현하는 것은 문학만의 특권은 아니다. 철학이나 과학도 언어를 재료로 한다. 철학자는 관념으로 세계를 인식하고 과학자가 사물의 논리나 법칙으로 세계를 인식한다면, 시인은 사물의 논리와 관념에 독특한 정서적 융화를 꾀하고자 한다. 시인은 모든 이질적인 것, 대립되는 것들을 시인 자신의 상상력에 의해 재구성하고 질서화 혹은 체계화한다. 다시 말하여, 문학과 철학 혹은 과학의 구별은 재료에 있는 것이 아니라 그 재료를 사용하는 예술적 방법에 있는 것이다. 미술가가 색깔을 재료로 하여 예술이라는 독특한 세계를 창조하듯이 문학은 언어를 재료로 교묘하게 배합하여 예술을 만든다.

이런 점에서 일상적인 언어가 단순히 의사를 전달하기 위한 수단으로 사용되는 데 반하여 시어는 그 자체로서 존재한다. 시어는 객관적으로 혹은 사전적으로 고정화되어 있다가도, 시인에 따라 여러 가지 색깔로 변색되는 언어 세계에서 자신만의 독특한 개성적 언어를 만들어낸다. 그래서 야스퍼스(K. Jaspers)는 시인을 일종의 언어의 마술사 혹은 연금술사라고 하였다.

① 새벽 시내버스 차창에 성에가 끼었다.
② 엄동 혹한일수록/선연히 피는 성에꽃

①은 새벽 버스 차창에 성에가 끼었다는 사실을 객관적으로 진술한 문장이다. 따라서 그것은 이성적으로 누구나 이해할 수 있는 사실이다. 그러나 ②의 문장은 성에에 대한 객관적 진술이 아니라 시인 자신의 독특한 개성적 언어를 만들고 있다. '성에'를 '성에꽃'이라고 표현한 것이다. 이는 평범한 사람들의 삶이 아름다움을 만들어 낸다는 것을 나타내내 것이라고도 할 수 있다. 곧, 그들에 대한 시인의 애정 어린 표현이다. 그리고 시인은 새벽 시내버스 차창에 핀 성에꽃을 통해, 80년대의 우울한 시대 상황과 서민들의 고단한 삶, 삶의 애환을 역설적으로 표현한 것이다.

마당엔 제비가 낙엽을 쓸고
몇 개인지 모를 방을 옮겨다니며
물고기들이 걸레질을 할 동안
오동나무와 족제비는 아궁이를 지펴 서둘러 밥을 짓는다.
뒷뜰에는 장작을 패는 바람의 도끼질 소리
혹시나 오늘은 어느 객이 찾아오려나
주인인듯한 허름한 옷차림의 산국화
현관문 앞 숙박계를 어루만지며
길고 흰 수염을 쓰다듬듯
창밖을 우두커니 바라본다.

세상의 길이란 길은 모두 잃어야
한번쯤 묵어갈 수 있는 산중여관

— 함명춘, 「산중여관 1」 전문

　이 시는 모두 2연으로 되어 있는데 그 중에서 길이로 보아 시의 대부분을 차지하는 제1연은 모두 산의 모습을 묘사하고 있다. 우선 쉽고 자연스러운 시어가 편안하게 독자를 기다리고 있음을 본다. 그리고 시인의 상상력 속에서 산은 하나의 커다란 여관으로 비유되고 있음을 볼 수 있다. 시인의 상상력 속에서 산은 하나의 커다란 여관으로 새롭게 탄생되고 있는 것이다. 이렇게 산을 하나의 커다란 여관으로 보고, 산에 사는 식구들에게 모두 여관에서 맡아야 할 역할을 부여한다. 마당을 쓰는 제비, 방안을 물걸레질하는 물고기, 밥을 짓는 오동나무와 족제비, 숙박계를 지키는 산국화 등이 그들이다. 시인에게 있어서는 생명이 없는 자연물들도 모두 여관을 운영하는 한 가족의 일원이 된다. 바람은 장작을 패는 도끼이며, 계곡의 흐르는 물은 덧없이 묵고 가는 손님일 것이다. 시인의 이러한 상상력은 독자들에게 산에 대한 지각을 새롭게 해주고 대상에 대한 생생한 감각을 일깨워준다.

시는 기본적으로 언어에 의해서 쓰이는 것이며, 때문에 넓은 의미에서든 좁은 의미에서든 독자와 의사소통이 이루어져야 한다.

2. 내포적 시어

언어는 사상과 감정의 전달 수단이다. 사상을 전달하는 것은 과학적 언어이고 감정을 전달하는 것은 문학적 언어이다. 앞에서 이미 살펴보았듯이 시어는 일상적인 의미나 사전적인 의미로 해석되지 않는다. 시에 사용되는 언어는 일상적이고 객관적인 의미를 초월하여 보다 넓고 깊은 뜻을 지닌다. 이것이 바로 시어의 함축성과 다의성이다. 시어의 다의성은 언어의 객관성이 소멸되고 시인에 의해서 언어의 객관적 의미마저 변형되는 기존 언어의 해체이며 새로운 언어의 창조이다. 여기서 기존 언어의 객관적 의미가 해체된다는 것은 독립된 어휘들에게도 발견되지만 시라는 한 편의 작품이나 문맥을 통하여 드러날 수도 있다.

리처즈(I. A. Richards)는 『문학 비평의 원리』에서 언어의 과학적 용법과 정서적 용법을 구분한다.[6] 그에 의하면, 과학적 용법은 하나의 진술이 그것에 의해 제기되는 지시를 위해서 사용되는 경우이며, 정서적인 용법은 진술이 제시하는 지시가 정서나 태도에 주는 효과를 위해서 사용되는 경우이다. 과학적인 용법의 경우 지시가 어긋나 있으면 안 된다. 그러나 정서적인 말의 경우에는 지시가 어긋난다하더라도 조금도 문제가 되지 않는다. 다시 말하여, 언어의 과학적 용법에서의 지시는 정확하고 논리적이어야 하는 반면 정서적 용법에서는 논리적인 조립을 필요로 하지 않는 대신에 일련의 태도가 정서적 상호 연결을 가져야 한다는 것이다. 리처즈는

---

6 I. A. Richards, 『Principles of Literary Criticism』, Routledge & Kegan Ltd., 1964, pp.211~212.

인간의 삶의 원리를 내면적 충돌들의 균형으로 보고 이러한 균형은 과학과 정서, 이성과 감정의 조화에서 가능하다고 보았다. 그리고 이러한 조화는 오직 정서적 언어로 구성된 시에 의해서 그 치유가 가능하다고 주장한다.

이러한 리처즈의 논리를 바탕으로 웰렉(R. Wellek)과 워렌(A. Warren)은 『문학의 이론』에서, 과학적 용법과 정서적 용법이라는 개념 대신 내포와 외연이라는 개념을 사용한다.[7] 그리하여 언어의 문학적 기능과 과학적 기능을 새롭게 설명함으로써 언어의 기능적 본질에 좀 더 가깝게 접근한다. 그들에 의하면, 과학의 언어는 외연적(denotative)이다. 그래서 기호와 지시 대상은 1대 1로 일치된다. 기호는 완전히 자의적이며 그에 상응하는 다른 기호들로 바꾸어 쓸 수 있다. 기호는 또한 분명하므로 명백하게 지시 대상을 알려준다. 그리하여 과학적 언어는 수학이나 상징 논리와 같은 기호체계를 지향하는 경향이 있다.

반면 모든 문학언어의 특성은 정서적이며, 그것은 내포적(connotative)이다. 내포적 언어는 단순히 지시하는 것과는 다르다. 그것의 표현은 화자나 작가의 어조와 태도를 전달한다. 또한 애매한 요소들이 가미해 있으며, 역사적 사건들, 기억들, 연상들이 배어 있다. 무엇보다도 중요한 차이점은 기호 자체, 곧 단어의 음향적 상징이 강조된다는 점이다. 율격과 소리 형태 등 모든 종류의 기법들은 그 자체로 감정과 태도를 환기하는 언어가 된다.

① 가을 하늘이 높고 맑습니다.
② 계절이 지나가는 하늘에는/가을로 가득 차 있습니다.

---

7 R. Wellek & A. Warren, 『Theory of Literature』, Penguin Books Ltd., 1970, pp.22~23.

①에서 '가을 하늘'은 사전적 의미, 곧 외연적 의미 그대로 받아들이면 된다. 왜냐하면 '가을 하늘'의 속성만 알려주고 있기 때문이다. 그러나 ②에서의 '가을 하늘'의 의미는 단순하지 않다. 우선 '가을'이라는 계절은 우리들에게 사전적 의미를 초월하여 어떤 정서를 환기한다. 다시 말하여, '하늘'이 이와 같은 이미지의 가을로 가득 찼다는 것은 '추억', '사랑', '쓸쓸함', '서글픔', '동경' 등의 정서를 환기시켜 주는 것이다. 이는 시적 화자에게 닥친 현실의 앞날이 슬프고 외롭고 불안하다는 것을 암시해준다.

　이처럼 언어의 외연적 기능은 객관성을 지향하며, 외연적 의미가 강조될수록 과학적이고 수학적인 산문의 언어에 가깝다. 반면 언어의 내포적 기능은 시인의 개인적이고 주관적인 표현을 통해서 이루어진다.

　그러나 시인이 언어를 함축 혹은 내포로서 사용한다고 해서 표시 혹은 외연의 사전적 의미를 전연 무시해서는 안 될 것이다. 시를 이해하기 위해서는 우선 시어의 사전적 의미를 이해하야 한다.

> 봄에는 호미 들고 메 캐러 들에 가며
> 가을엔 맵다란 김장무 날로 먹는 맛도
> 나의 좋아하는 것의 하나이었소.
> 해마다 추석이면 으레히 햇기장쌀에
> 밀길구미 길구어 노티를 지지더니
> 늙으신 할머님 지금은 누구를 위하여…
> 　　　　　　　　　　　— 주요한, 「우리집」 부분

　위의 시에서는 사전적 의미를 먼저 알아야할 시어들이 보인다. 가령, '메', '햇기장쌀', '밀길구미', '길구어' 등이 그것이다. '메'는 메꽃의 뿌리이며, '햇기장쌀'은 그 해에 난 기장 열매를 찧은 쌀이고, '밀길구미'는 밀가루의 사투리이다. 그리고 '길구다'는 찧다라는 의미를 지니고 있다. 이런 사전적 의미를 이해한 바탕에서 내포로서의 의미로 나아갈 수 있는 것이다. 그리하여 '메 캐러 들에 가던 일', '김장무 날로 먹는 맛'과 그것들이 있던 정경, 할머니가 노티를 지지는 모습을 떠올릴 수 있다. 그리고 이제는 즐겁던 옛 풍습을 찾아볼 수 없는 것에 대한 시적 화자의 안타까움과 아쉬움의 정서를 공유할 수 있게 되는 것이다.

또한 언어는 특정한 민족 집단에 뿌리박고 있다. 그러므로 시에 사용된 언어를 모국어적 경험으로 이해하지 못할 경우에는 시의 외연적이고 축어적인 의미밖에 이해하지 못한다. 곧 시에 사용된 단어와 형식이 삶의 맥락과 연결되어 일으키는 풍부한 연상 작용을 제대로 파악하지 못하게 되는 것이다. 그러므로 시를 이해하기 위해서는 그 특정집단의 정치·사회·문화·역사 등의 실력을 갖추어야 한다.

    접동
    접동
    아우래비 접동

    진두강(津頭江) 가람가에 살던 누나는
    진두강 앞 마을에
    와서 웁니다.

    옛날, 우리나라
    먼 뒤쪽의
    진두강 가람 가에 살던 누나는
    의붓어미 시샘에 죽었습니다.

    누나라고 불러보랴
    오오 불설워
    시샘에 몸이 죽은 우리 누나는

죽어서 접동새가 되었습니다.

아홉이나 남아 되던 오랩동생을
죽어서도 못 잊어 차마 못 잊어
야삼경(夜三更) 남 다 자는 밤이 깊으면
이 산 저 산 옮아 가며 슬피 웁니다.

— 김소월, 「접동새」 전문

  이 시를 제대로 이해하려면 우선 '아우래비', '불설워' 등의 시어를 해석할 능력이 있어야 한다. '아우래비'는 '아홉 오라비' 혹은 '아홉 사내동생'을, '불설워'는 '몹시 서럽다'는 뜻이다. 그 다음 우리나라의 전통적 소재인 '접동새 설화'를 알아야만 한다. 접동새의 배경설화는 의붓어미 시샘 때문에 억울하게 죽은 소녀를 주인공으로 한 설화이다. 곧, 옛날 진두강가에 10남매가 부모를 모시고 행복하게 산다. 그러다 어머니가 돌아가시고 의붓어미가 들어왔는데, 의붓어미는 아이들을 심하게 구박한다. 큰누나가 과년해지자 어느 부잣집 도령과 혼약하여 많은 예물을 받게 된다. 이를 시기한 의붓어미가 그녀를 친어머니가 쓰던 장롱에 가두었다가 불에 태워 죽인다. 동생들이 슬퍼하며 타고 남은 재를 헤치자 죽은 누나의 화신인 새 한 마리가 날아 올라간다. 관가에서 이를 알고 의붓어미를 잡아다 불에 태워 죽였는데, 재 속에서 까마귀가 나온다. 접동새가 된 누나는 동생들이 보고 싶었지만 까마귀가 무서워 야삼경에만 와서 운다는 설화이다.

  이러한 배경설화와 어우러지면서 이 시에 등장하는 시어 '접동새'는 자연스럽게 '한'의 표상으로 자리하게 된다. 새는 비상하는 데 본연의 의미가 있으나, 누나의 혼이 되살아나서 분신이 된 접동새는 아홉 동생이 남아 있기에 자유롭게 날아가지 못하고 지상에 남아 슬피 울고 있음을 이해하

게 되는 것이다. 또한 이 시의 도입 부분에서의 접동새의 구슬픈 울음소리
는 읽는 이들의 가슴에 파고들어 완전한 동일성을 이루게 하는 것이다.

> 그래 견딜만하냐.
> 구름 섞어 바람 부는 때
> 아스라이 먼 가지 끝에서
> 네가 내민 주먹은 가당치 않다.
>
> 지난 5월 어느날
> 문득 화관 쓴 제왕이 되어
> 정상에서 부시게 웃던 너를
> 그저 우러러 보기만 했다.
>
> 이젠 볼품 없는 민머리
> 스치는 바람에도 자주 숨는 너
> 떫떫한 말씀으로 가득 차
> 이따금 소쩍새로 울더니
> 또 누구를 겨냥하는 팔매질이냐.
>
> 그래, 두고 보아라.
> 서릿발 빛나는 상강(霜降)쯤
> 아차, 땅으로 떨어지는 찰라
> 비로소 새빨갛게 상기된
> 마지막 너를 보리라.
>
> — 임영조, 「땡감에게」 전문

이 시는 시인의 메시지와 기교적 형식미가 잘 어우러져 안으로는 날카
로운 비의를 내포하면서도 겉으로는 단아한 아름다움을 보여주고 있다.
시인은 5월 풋풋한 나뭇가지 위에서 화려하게 빛나는 감꽃이 제 분수도

모르고 높은 권좌에 군림한 독재자와 유사하다는 발상을 얻는다. 곧, '높은 가지'는 '높은 권좌'의 뜻을 함축하고 있고, '화려한 꽃송이'는 '제 분수를 모른 채 자기 최면에 빠진 독재자의 허세'라는 뜻을 함축하고 있는 것이다. 제2연의 "지난 5월 어느날/문득 화관 쓴 제왕이 되어/정상에서 부시게 웃던 너를/그저 우러러 보기만 했다"는 내용이 바로 그것이다.

 권력의 절정에 있는 독재자는, 표면적으로는 민중에게서 찬사와 존경을 받고 있는 존재처럼 보인다. 나치즘의 절정에 있었던 히틀러가 그러했고 서릿발 같은 숙청을 시도한 스탈린이 그러했다. 그것은 높은 가지에 화려하게 피어 있는 꽃송이의 아름다움을 찬탄하는 것과 유사하다. 그러나 독재자에 대한 민중의 갈채는 결코 진실이 아니다. 민중들은 그의 폭력이 두려워 겉으로만 그렇게 하고 있는 것이다. 그것을 간파하지 못하는 독재자는 끝까지 권력에 집착하여 결국은 파멸의 길을 걷게 된다. 이러한 독재자의 말로를 시인은 무르익은 홍시가 땅으로 떨어지는 찰나 "비로소 새빨갛게 상기된/마지막 너를 보리라"라고 표현한다. 이처럼 시 「땡감에게」는, 스스로 자신의 본성을 헤아려 알고 분수에 맞게 살아가라는 인간에게 주는 메시지를 내포하고 있는 것이다.

 그런데, 과학용어가 사실이나 대상을 1대1의 관계로 정확하게 가리키는 '지시적' 언어인 데 반하여, 내포로서의 시어는 한 낱말 속에 가능한 많은 의미들을 담고 있는 언어이다. 이것을 시어의 다의성이라고 한다. 물론 언어의 다의성이란 시만이 누릴 수 있는 특권은 아니다. '산'이라는 말에는 '악산', '내가 정복해야만 하는 험준한 정상', '산 정상에 오르다'에서 보면 '극복'이나 '목표 달성'이라는 의미로 사용됨을 볼 수 있다. 그러나 이러한 다의성은 이미 사전에도 있는 일상적인 것이다. 따라서 시에서 말하는 다의성은 이러한 사전적 다의성마저 벗어난 개인적이고 창조적인 의미 해석이라고 할 수 있다.

3. 애매성의 시어

과학어나 일상어에서는 언어의 애매성이 의사소통에 절대적인 장애를 주는 요인이기 때문에 제거해야 할 대상이다. 그러나 시는 자기 동일성의 예술이며 존재의 표상이기 때문에 시어는 필연적으로 주관적이며 낯선 발견의 언어일 수밖에 없다. 따라서 의미를 상징하는 언어는 일상의 용법을 벗어나 애매성(obscurity)을 지니게 마련이다. 시어가 애매성을 지닐수록 다양한 의미를 부여하여 신비스런 시의 세계에 돌입하게 된다. 물론 시어가 아니라도 언어는 애매성의 요소가 있다. 현대에 들어와서 시가 일상적인 용법을 벗어나 시적 구조의 언어라는 관점에서 그 애매성은 필연성으로 제기된다.

시의 애매성은 의미를 풍요롭게 하고 언어적 긴장성을 유발하는 효과를 준다. 애매성이라는 용어는 엠프슨(W. Empson)의 『애매성의 일곱 가지 유형(*Seven Types of Ambiguity*)』(1930)에서 사용되었다. 엠프슨은, 시어에는 많은 의미가 내포되어 있어 다양하고 거의 무한한 의미로 분열될 가능성이 있다고 말한다. 또 시어는 일상어와 달리 인간의 미묘한 감정을 묘사하는데, 인간의 감정 자체가 복잡한 만큼 중복, 당착, 모순을 가져올 수 있다고 하면서 시어의 애매성에 대해 언급한다. 애매성은 함축적 의미의 언어가 사용되는 시에서, 상식적인 의미 외에 풍부한 암시성을 수반하거나 동시에 둘 이상의 의미를 드러낼 수 있는 융통성·복합적 의미·풍부한 의미라는 뜻을 지니고 있으며, 난해성과는 구별된다.[8] 이러한 애매성

---

8 애매성의 용어에 대해 필립 휠라이트(Philip Wheelwright)는 '다의미성(plurisignation)'이라는 용어를 썼고, 이상섭 교수는 '뜻겹침'이라는 용어를 쓰고 있기도 하다. 애매성은 난해성과는 구별된다. 애매성은 의미를 풍요롭게 하지만 해석이 가능한 것을 전제로 하는 반면, 난해성은 의미의 풍요성과는 별도로 해석과 이해의 어려움을 의미한다. 또한 애매성은 내포성과도 구별된다. 애매성은 의미의 태도나

의 일곱 가지 유형은 다음과 같다.

① 한 단어 또는 문장이 동시에 여러 방향으로 영향을 미치는 경우.
② 단어나 문장에서 두 개 이상의 뜻이 하나의 의미를 형성하는 경우.
③ 일종의 언어유희(pun)에 해당하는 것으로, 합리적인 문맥에서는 두 개의 의미를 가지는 관념이 한 단어 속에서 동시에 주어지는 경우.
④ 하나의 진술에서 둘 이상의 의미들이 그들 스스로는 일치하지 않으나, 서로 결합하여 작가의 복잡한 정신 상태를 명확하게 드러내는 경우.
⑤ 시인이 글을 써가면서 비로소 그의 생각을 발견하게 되든가 한꺼번에 생각이 명확하게 떠오르지 아니하여 생기는 애매성의 경우.
⑥ 한 진술이 동어반복, 모순 또는 부적절한 진술들에 의해 결국 아무것도 말하지 않을 때 생기는 애매성의 경우. 이는 독자가 스스로 해석을 가해야 하는 경우이다.
⑦ 단어의 두 가지 의미나 애매성의 두 가지 가치가 문맥에 의해 두 개의 상반된 의미로 규정되어, 결국은 그 전체적 효과에 있어서 작가 정신의 양분 상태를 보여주는 경우.

심리적으로는, 사람이 낱말을 통해서가 아니라 문장이나 어구를 통하여 사고하기 때문에 그 문장이나 어구는 분명한 의미를 나타내야 한다. 그러나 실제로 문학작품, 더욱이 시는 시인의 심리적인 면의 미묘함과 그 복잡성을 위주로 한다. 때문에 문학작품의 수용 자세에 불확실성의 원초적 단계가 내재함을 간과해서는 안 된다는 특수성에서 애매성이 시작된다.

눈들이 비단안개에 둘니울 때,
그때는 차마 잊지 못할 때러라.
만나서 울든 때도 그런 날이오,

감정의 이중성을 기초로 하는 반면, 내포성은 시어의 축어적 의미를 기본으로 해서 의미 영역의 확장을 꾀한다.

그리워 미친 날도 그런 때러라.

눈들이 비단안개에 둘니울 때,
그때는 홀목숨은 못살 때러라.
눈풀리는 가지에 당치마구로
젊은 계집 목매고 달릴 때러라.

— 김소월, 「비단 안개」 부분

시 「비단 안개」는 제목 자체가 복합적인 애매성의 느낌을 자극한다. 보드랍고 아름다움의 이미지인 '비단'과 흐리고 물의 이미지를 띤 '안개'가 복합되어 있어 행복과 슬픔이 함께 하는 이질적 충동 상태를 동시에 보여준다. 만남과 이별의 상반되는 충격은, 그 극치의 감정 상태에서는 정상적인 경험이 붕괴됨을 알 수 있다. 여기서 '눈'은 나뭇가지에 움트는 새싹이다. 곧, 봄날 돋아나는 봄눈들이 비단결 같은 안개에 둘러싸이는 그 때를 말한다. 그리고 '비단 안개'는 봄날의 애상적인 분위기를 주도하는 대표적 이미지이다. 새싹들이 봄날의 비단결 같은 안개에 감싸인 배경은 시적 화자가 지닌 애틋한 사랑, 그리움, 이별의 장면들과 어우러지면서 시의 분위기를 한층 고조시킨다.

그러나 시인은 글을 쓸 당시 심리적으로 미묘하고 복잡한 상태에 빠져 있었던 것 같다. 때문에 "눈들이 비단안개에 둘니울 때"라는 시구처럼 아련하고 잡히지 않는 표현을 하게 되며, 따라서 독자 역시 그 시구를 명확하게 이해할 수 없게 된다. 여기서 독자는 시의 감각이 낳는 애매성의 쾌감에 동참할 수 있게 되는 것이다.

눈은 살아 있다.
떨어진 눈은 살아 있다.
마당 위에 떨어진 눈은 살아 있다.

기침을 하자.
젊은 시인이여 기침을 하자.
눈 위에 대고 기침을 하자.
눈더러 보라고 마음 놓고 마음 놓고
기침을 하자.

눈은 살아 있다.
죽음을 잊어버린 영혼과 육체를 위하여
눈은 새벽이 지나도록 살아 있다.

기침을 하자.
젊은 시인이여 기침을 하자.
눈을 바라보며
밤새도록 고인 가슴의 가래라도
마음껏 뱉자.

— 김수영, 「눈」 전문

이 시에서는 '눈'이라는 하나의 단어가 읽는 이로 하여금 여러 가지 애매성을 느끼게 한다. 그것은 곧 '눈[雪]'인지 '눈[眼]'인지 명확하게 구분이 안 되는 데 있다. 이는 일종의 언어유희(pun)에 해당하는 애매성으로, 이 시에서의 '눈'은 눈[雪]이기도 하고 눈[眼]이기도 하는 중의성을 지닌다.

순수한 공간인 하늘로부터 내린 눈[雪]은 비순수 공간인 땅에 떨어진 다음에도 살아 있는 눈[眼]이 된다. 시적 화자는 '젊은 시인'에게 "눈[眼]더러 보라고 마음 놓고" 기침을 하라고 권유한다. 여기서 '젊은 시인'은 때묻지 않은 가치를 소망하는 이로, 시적 화자 자신이기도 하다. '기침을 하는 행위'는 마음속에 고여 있는 불순한 것을 쏟아내는 행위로, 이는 부조리한 세계에 대해 저항하고 싶은 시적 화자의 내면을 반영한다. 3연은 눈[雪]이 살아 있는 눈[眼]이 된 이유를 밝힌다. 그것은 "죽음을 잊어버린 영혼과 육체" 곧, 죽음을 초월하여 순수하게 살아가려는 시적 화자의 소망 때문이다. 이런 시적 화자에게 눈[眼]은 자유로운 정신이 무엇인가를 보여 주기 위해 새벽이 지나도록 살아 있는 것이다. 따라서 4연에서 눈을 보며 가래를 뱉는 행위는 눈[眼]의 순수한 생명력을 통해 부정한 것들을 극복하고자 하는 시적 화자의 반성적인 행위라고 할 수 있다. 이러한 눈[雪]은 바로 민중이며, 민중의 눈[眼]이라고 할 수 있다.

시어는 필연적으로 개성적이 될 수밖에 없다. 그리고 시에 있어서 말의 뜻은 거의 언제나 말의 리듬, 이미지, 어조와 유기적으로 관련됨으로써만 시에 이바지하는 것이다. 따라서 애매성이 시인의 자기도취나 절제 없는 연상 작용, 혹은 의미에 대한 수많은 독단을 허용하는 것은 아니다. 복합된 다의적 의미란 오히려 시적 창조의 정당한 어법인 것이다. 때문에 절제 없이 새로운 의미를 추가시켜도 안 되며 하나의 의미만을 제외하고 나머지 모든 의미를 배제해서도 안 된다. 다만 의미 간에 서로 재치 있게 영향력을 미치는 그러한 의미를 추구하는 것일 뿐이다. 그것은 언어 본래의 특성이며, 다만 시에 있어서 이러한 현상이 더욱 두드러지고 심화될 따름이다.

4. 낯설음의 시어

시가 일상어나 과학어와 다른 것은 언어를 보다 정서적인 측면에서 사용하거나, 상상적인 세계를 추구하거나, 함축적이고 내포적인 의미의 확대를 꾀하거나, 독특한 애매성의 용법을 사용하는 데 있다. 그런데 러시아에서 언어와 시를 연구하던 일련의 학자들은 언어의 근본적인 형식인 운율과 구조를 연구하면서 문학의 문학스러움이나 시의 시다운 근본적 특징이 바로 언어의 특이한 용법에 있음을 설명하게 된다.

1915년 모스크바 대학의 젊은 학생들 한 그룹이 '모스크바 언어학회(The Moscow Linguistic Circle)'를 결성하고 야콥슨(R. Jakobson)이 회장을 맡는다. 다음해에는 페트로그라드(현재 페테르부르크) 젊은 학생들이 '시어연구회(The Society for the Study of Poetic Language)'를 결성한다. 이 '시어연구회'는 그 러시아 명칭의 머리글자를 따서 '오포야즈(Opojaz)'라고 불린다. 모스크바 언어학회 회원들은 페테르부르크의 오포야즈 회원들과 자주 회합과 토론, 그리고 논문을 발표함으로써 문학 연구 및 비평에 관한 활발한 운동을 하게 된다. 특히 모스크바 언어학회 회원들은 언어학의 영역을 시학에까지 확대하여, 시학을 언어학의 한 분야로 간주한다. 한편 오포야즈 구성원들은 기존의 연구 태도를 지양하여 특히 러시아 미래파 시에 대한 적극적인 관심을 표명한다.

　문학의 문학스러움을 달리 말하여 문학성(literariness)이라고 한다. 문학성은 무엇이 문학을 만드는가, 문학과 비문학의 차이는 무엇인가라는 문제와 관계한다. 그리고 문학과 비문학과의 차이점을, 작가가 다룬 현실의 영역에서가 아니라 표현 양식에서 찾으려 한다. 말하자면, 문학의 변별적 특징을 찾으려 했던 것이다. 또한 그들은 문학이란 언어를 수단으로 하는 예술 형식이라는 점에서, 언어를 대상으로 문학의 특성을 밝힐 수 있다고 믿었다. 따라서 시의 재료는 이미지도 감정도 아니고 언어이며, 시는 언어로 된 예술이라는 점에 근거하여 시적 화법의 문제에 집착했다. 그리하여 러시아 형식주의자들은 시적 언어와 일상적 언어의 차이에 관심을 두고, 이런 차이를 통하여 문학성을 해명하려 했다.

　정보 전달적 산문에서 은유가 대상을 독자들에게 가깝게 가져다주거나 또는 적절하게 이해시키는 것이라고 한다면, 시에서의 그것은 의도한 미학적 효과를 강화하는 수단으로 사용된다. 러시아 형식주의에서 문학의 정의는 변별적(differential) 혹은 대조적(oppositional)이다. 즉, 문학을 성립시키는 것은 문학과 다른 사실 세계 사이의 차이점이라는 것이다. 이 변별 방식에서 작용하는 주된 개념은 생소화(生疎化, defamiliarization) 또는 낯설게 하기(ostranenie)이다. 쉬클로프스키(V. Shklovsky)는 이 문제에 관한 초기 논문들에서 매우 다양한 용어를 사용하여 이 개념을 정의하였는데, 그것은 한 마디로 예술은 인생과 경험에 대한 우리의 감각을 새롭게 해준다는 견해이다. 쉬클로프스키의 견해에 의하면, 예술은 이미 습관화되었거나 자동적인 것이 되어버린 사물을 낯선 것으로 만드는 것이다. 가령, '걷는다'는 행동은 사람들에게는 이미 의식조차 하지 않을 정도로 습관화되고 자동화된 행동이다. 그러나 '춤을 춘다'는 행동은 사람들로 하여금 새롭게 걸음걸이를 지각하게 만든다. 이처럼 문학언어는 대상을 낯선 것으로 만들어 완곡하게, 난해하게, 모호하게, 당혹스럽게 만들어 습관화되고 자동화된 것으로부터 대상을 일탈시켜야 한다는 것이다. 그리하여 형식주의자들은 언어를 특수화하여 언어의 음향적 효과를 의도하거나, 일상적 통사 규칙을 일탈하는 메타포 등을 사용하여 낯설게 표현하였다.

① 나비야 나비야
  이리 날아 오너라
  노랑나비 흰나비
  춤을 추며 오너라

② 아무도 그에게 수심(水深)을 일러 준 일이 없기에
  흰 나비는 도무지 바다가 무섭지 않다.

  청(靑)무밭인가 해서 내려갔다가는
  어린 날개가 물결에 절어서
  공주(公主)처럼 지쳐서 돌아온다.

> 삼월(三月)달 바다가 꽃이 피지 않아서 서글픈
> 나비 허리에 새파란 초생달이 시리다.
>
> — 김기림, 「바다와 나비」 전문

①의 동요에서 '노랑나비', '흰나비'는 우리 주위에서 흔히 볼 수 있고 들을 수 있는 너무 익숙한 말이며 아예 복합어로 굳어버린 일상적인 말이다. 또한 '나비가 날다', '나비가 춤추다'라는 말도 너무나 평범하게 사용되기 때문에 무의식중에 나오는 자동화의 언어다. 그러나 ②의 시에 나오는 '흰나비'는 깊은 메타포를 지니고 있다. 그리고 "어린 날개가 물결에 절어서", "공주처럼 지쳐서", "삼월달 바다가 꽃이 피지 않아서", "나비 허리에 새파란 초생달이 시리다" 등은 전혀 일상적이고 습관적인 어법이 아니다. 이 시는 그 일상적인 통념의 '나비'를 벗어나 전혀 낯선 어법으로 '나비'를 표현하고 있는 것이다.

이 시에서 흰나비는 깊이도 모른 채 바다에 뛰어든다. 동경에만 빠져 모험을 감행한 것이다. 하지만 꿈을 이루지 못하고 어린 날개가 바다의 소금에 절여지는 시련을 맞는다. 그리고 그러한 시련은 '나비'에게 '서글픈' 좌절로 남을 뿐이다. '흰나비'는 바로 새로운 세계를 열망하는 낭만적인 꿈을 지닌 순수하고 연약한 존재로 그려진다. 또한 이 시는 색채 대비를 통해 시적 주제를 형상화한다. 흰색의 나비는 순수·낭만을 가진 시적 화자로, '청색의 바다', '청무밭', '새파란 초생달'은 냉혹한 현실과 거대한 근대 문명의 이미지로 형상화되며 주제를 부각시키고 있다.

> 아마존 수족관 열대어들이
> 유리벽에 끼어 헤엄치는 여름밤
> 세검정 길,
> 장어구이집 창문에서 연기가 나고

아스팔트에서 고무 탄내가 난다.
열난 기계들이 길을 끓이면서
질주하는 여름밤
상품들은 덩굴져 자라나며 색색이 종이꽃을 피우고 있고
철근은 밀림, 간판은 열대지만
아마존 강은 여기서 아득히 멀어
열대어들은 수족관 속에서 목이 마르다.
변기 같은 귓바퀴에 소음 부엉거리는
여름밤
열대어들에게 시를 선물하니

노란 달이 아마존 강물 속에 향기롭게 출렁이고
아마존 강변에 후리지아 꽃들이 만발하였다.
— 최승호, 「아마존 수족관」 전문

이 시는 우리가 일상생활에서 마주치는 평범한 풍경들을 낯설게 하고 있다. 우리가 거리에서 흔히 대면할 수 있는 것이 수족관이다. 시인은 어느 여름날 대도시 서울의 한 거리, 세검정 길을 지나다가 우연히 열대어를 기르는 어조원(魚鳥園)의 수족관을 만난다. 옆집 식당에서는 장어구이 요리를 하느라고 창문에 연기가 수북이 피어오르고 뜨거운 태양열로 달아오른 아스팔트 비탈길에서는 달리는 자동차 타이어의 마찰열과 탄내가 코를 찌른다. 길 양쪽 상가에는 각양각색의 상품들이 화려한 포장지와 아름다운 색상의 상표에 싸인 채 자태를 뽐내고 있다. 그러한 모습들을 본 순간 시인은 돌연 이 도시의 철근 콘크리트 빌딩들이 하나의 거대한 정글로 다가온다. 숲과 나무들의 정글이 아니라 철근과 기계와 콘크리트로 우거진 정글을 본 것이다.

시인은 자연의 정글에 약육강식의 동물적 생존이 있듯이, 이 철근과 기계의 정글인 문명 도시에도 똑같은 야만적 삶이 펼쳐지고 있음을 인식한다. '수족관'에 갇혀서 상품으로 팔리는 열대어나 요리를 위해 목숨을 유예당하는 장어의 생존은 바로 우리 현대 산업사회의 인간의 삶 그것이라 할 수 있다. 시인은 이렇듯 일상인이라면 횟감용의 생선이나 관상용의 아름다운 열대어 정도만을 상상하게 되는 거리의 평범한 수족관에서 현대 삶의 방식을 발견하고 있는 것이다.

시인은 우리의 일상적인 삶을 소재로 하여 우화적인 기법으로 우리 시대의 문명사를 비판한다. 무엇보다도 시인은 시의 소재를 고답적이거나 예외적인 데서 구하지 않고 우리가 일상생활에서 마주치는 평범하고 친숙하면서도 사소한 국면에서 구한다. 문학의 본질이 '낯설게 하기'에 있고, 독자들이 항상 신기성에 몰두하는 것이 사실이라면, 무엇보다도 예외적이고 극적이고 특수한 사물에 그와 같은 욕구가 잘 충족될 수 있으리라는 것은 짐작할 수 있는 일이다. 달리 말하여 평범하고 친숙한 사물 속에서 '낯설고', '신기한' 의미를 추출해 낼 수 있다는 것은 그만큼 어렵다. 따라서 시인이 누구나 예삿일로 지나칠 수 있는 사건에서 시적 의미를, 평범 속에서 극적인 것을 발견해 냈다는 것은 그의 날카로운 '낯설게 하기'의 기법이라고 할 수 있다.[9]

이러한 쉬클로프스키의 낯설게 하기의 개념은 러시아 형식주의자인 유리 티니아노프(Yury Tynyanov)를 거쳐 얀 무카로프스키(Jan Mukarovsky)의 이론으로 연결된다. 즉 티니아노프의 '전경화(foregrounding)' 이론, 무카로프스키의 '전경화/자동화'의 이론은 사실상 쉬클로프스키의 개념을 받아들인 것이다.

문학작품은 음운적 · 주지적 · 사회적인 여러 가지 요소들로 구성되며 그것들이 계층(hierachy)을 이루면서 상호 관계를 갖는다. 이러한 요소들

---

[9] 오세영, 「최승호의 「아마존의 수족관」」, 『20세기 한국 시의 표정』, 새미, 2001, 196~197쪽 참조.

중에서 일군의 지배소(dominant)는 전경화되고, 나머지 요소들은 후경(後景)으로 격하된다. 한 편의 작품이란 여러 가지 요소들의 갈등 관계에서 지배소가 우위를 차지하고, 나머지 요소들은 지배소 아래로 종속되어 전체적 체계로 조직된다는 것이다. 그리고 한 시대에 어떤 요소가 지배소가 되어 다른 요소들을 종속시키지만, 시대가 바뀌면 또 다른 요소가 지배소가 되고 앞 시대의 지배소는 종속적인 요소로 후퇴하기도 한다. 이렇게 하여 문학이 진화하는 것이다.

이처럼 지배소의 개념은 예술작품을 구성하는 요소의 초점으로 정의할 수 있다. 그것은 다른 요소들을 지배하고 결정하고 변형시킨다. 말하자면 구조의 완전성을 보증하는 것이 지배소이다. 한 작품, 한 장르, 그리고 한 시대의 예술 등에는 각각 다른 지배소가 있을 수 있다. 시나 운문에서는 리듬, 율격, 운율 등이 지배소가 될 수 있는 것이다.

종래의 운율론이 음절 또는 낱말 단위의 분석에 그치던 것에 반해 형식주의자들은 세밀하게 음운론에서 크게는 구문-구문 단위(rhythmico-syntactic unit)로 재래의 음보격(foot-iambic foot 따위)의 개념을 대치시키려고 한다. 리듬-구문 단위의 개념을 살리기 전에는 리듬과 의미 사이의 연관성을 파악하기 힘들다. 산문의 구문과 시의 구문은 외형상 동일하다 할지라도 의미상으로는 매우 달라진다. 이 달라짐을 가져오는 요소가 리듬이라는 것은 쉽게 판별할 수 있다. 가령,

> 놀이터나
> 교정(校庭)에 서 있는
> 미끄럼대보다
> 더 높은 것이
> 아이들에게는 없다.
>
> ― 전봉건, 「미끄럼대」 부분

와, '놀이터나 교정에 서 있는 미끄럼대보다 더 높은 것이 아이들에게는 없다'의 사이에는 단순히 인쇄공의 식자 방법의 차이가 있는 것이 아니다. 단적으로 말해서 시와 산문의 장르 차이가 있다. 앞의 것은 확실히 리듬 구문 단위에 의한 읽음을 요청하고, 뒤의 것은 일상 언어의 억양을 따르기를 요청한다. 그러나 둘은 문법적·구문상으로는 꼭 같다. 시는 리듬의 형성적 요청으로 말미암아 의미 구조까지 강한 수정이나 재조정을 받지 않을 수 없다. 일상적 산문으로 읽으면 위의 문장은 '더 높은 곳'의 '더 높' 두 음정에 강세가 오게 된다. 그러나 그 문장을 다섯 줄의 시행으로 구분해 놓을 경우, 시적 리듬이 작용하기 시작하여 강세는 각 행에 분산된다. 즉 각 행마다 강세가 있는 부분이 생기고 각 행마다 리듬의 단위를 이룬다.

　이 리듬으로 말미암아 산문적 의미에도 변화 또는 확대, 그리고 재조정이 발생한다. 위 문장의 산문적 의미는 아동 심리의 어떤 면에 대한 정보를 제공한다. 그러나 그것이 리듬 있는 언어 조직, 곧 다섯 줄의 시로 되었을 때에는 그런 아동 심리가 하나의 상징적 의미의 차원으로 확대를 겪는다. 뿐만 아니라 '놀이터', '학교 운동장', '미끄럼대', '아이들' 모두가 어떤 상징적 형상을 이룩한다. 그것은 다시 말하면 사물의 일상성의 초월이다. 일상성이 일상성을 벗어나는 것이다. 즉 '낯설게' 되어 그러한 사소한 듯한 사실에 우리의 주의력을 환기시키는 것이다. 이는 일상 언어에 대한 리듬의 충격인 것이다.

　그러므로 시의 행, 특히 이른바 자유시의 행이란 산문을 우연히 갈라놓은 꼴이 아니다. 시를 산문 읽듯 읽어서도 안 된다. 그렇게 하면 시의 리듬과 아울러 의미 구조까지 다 버리는 셈이고 아주 다른 종류의 글을 읽는 셈이 된다. 시 낭독은 그것대로 하나의 중요한 예술 및 비평이 될 수 있는 것이다. 시의 한 행은 리듬·구문 법칙으로 인하여 생성된 '시적 구문'이다. 그것은 산문에 있어 한 개의 문장만큼이나 필연성을 띤다. 이와 같이 시 「미끄럼대」의 지배소는 리듬이다. 리듬은 시의 소리와 뜻의 복합적 조직을 주도한다. 여기서 우리는 형식주의의 근본 관심사인 '낯설게 하기'의 한 가닥을 엿볼 수 있다. 리듬은 일상어에 대한 자동적 습관을 파괴하는 힘이 있는 것이다.

시가 시로 되는 것은 그렇게 만드는 주도자가 있기 때문이다. 그리고 많은 형식주의자들은 그것이 리듬이라고 믿고 있다. 시로 하여금 시로 되게 하는 주도적 요소가 설사 리듬이 아니라 할지라도 그것이 어떤 미학적·예술적 요소임은 자명하다. 그리고 작품에 따라 주도자를 선두로 한 각 요소들의 계층적 배열은 다르다. 그러나 이러한 요소들 상호 간의 조직적 종속 관계는 어느 작품에서도 없을 수 없다. 크게 나누어 주도자와 종속자가 있다고 볼 수 있는데 주도자가 주도자 노릇을 하기 위하여 반드시 종속자가 있어야 하고 종속자 또한 주도자가 없는 한 종속자가 될 수 없다. 시에 있어서 주·종의 교차가 또한 리듬임에 틀림없다.

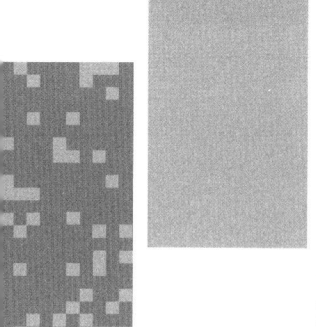

제4장
시와 리듬

1. 리듬의 시적 개념
2. 율격의 개념과 종류
3. 한국 현대시의 전통적 리듬
4. 음성 상징어와 리듬

1. 리듬의 시적 개념

　우주 자체를 거대한 리듬의 현상으로 보면, 자연 현상과 인간 현상은 모두 하나의 리듬이 된다. 계절의 순환, 밀물과 썰물, 인체의 혈액 순환, 사람이 걸을 때 앞과 뒤로 흔드는 규칙적인 움직임 등과 같이 리듬이란 모든 자연 현상, 나아가 우주의 운행에 이르기까지 그 질서를 유지하는 원리로 작용하는 것이다. 따라서 리듬은 인간의 문화적 행위에도 예외 없이 작용하는 것으로서 음악·미술·무용은 물론 문학 및 언어 행위 일반에도 작용한다. 그래서 리듬은 청각적·시각적 리듬으로 나타나기도 한다. 이렇게 볼 때 리듬은 거의 모든 현상에 해당되는 개념으로서, 서로 다른 요소들 사이에서 빚어지는 어떤 반복적인 변화나 운동감을 의미한다.
　이러한 리듬은 율격(meter)과 구분할 필요가 있다. 앞에서도 말한 바 있듯이, 서로 다른 요소들 사이에서 빚어지는 반복적인 변화나 운동감에는 계절의 리듬이나 생의 리듬 전반이 포함된다. 그러므로 리듬의 개념에는 소리 현상만 포함되는 것이 아니며 시에만 국한되는 개념도 아니다. 그리고 리듬에서 느껴지는 반복성은 반드시 규칙성을 전제로 하는 것도 아니다. 반면 율격은 운문(verse)을 이루고 있는 소리의 반복적이고 규칙적인 양식을 말한다. 곧, 율격에는 반드시 '소리', '반복성', '규칙성'이라는 세 요소가 어우러져야 하는 것이다. 운문 특히 시의 경우, 가장 중요한 특성 가운데 하나가 소리의 반복성이기 때문에 이 반복성을 유형화하고 규칙화하는 데서 율격론이 성립되는 것이다.

김대행은 리듬과 율격의 관계를 논의하는 가운데 다음과 같이 그 차이점을 언급하고 있다. 첫째, 율격은 산문과 운문을 가려주는 변별적 자질이다. 따라서 산문의 리듬이라고는 하되 산문의 율격이라고는 할 수 없다. 둘째, 율격은 언어 체계 안에서 규칙적이고 체계적이어서 불변성을 갖지만, 리듬은 형상화되는 언어 현상에 따라 가변성을 갖는다. 따라서 같은 율격을 채용한 작품이라도 율격은 같으나 리듬은 다를 수밖에 없다.[10] 곧, 율격이란 순수하게 규칙화된 추상 관념이며, 리듬이란 이러한 율격과 각개의 시 작품에 관여하는 다양한 요인들이 상호 작용하여 긴장 관계를 유지하면서 조성된 현상이라는 말이다. 리듬의 긴장성은 이러한 다양한 요소들이 율격적 규범성의 기대에 따르기도 하고, 그 이상적 규칙성에서 일탈하여 그 기대를 좌절시키기도 함으로써 조성된다.[11] 그러나 우리나라에서는 이 운율이란 언어는 아직 다소 모호한 개념으로 사용되고 있기도 하다.[12] 가장 넓은 의미로 사용하는 경우는, 언어 표현에서 나타나는 리듬 전반을 두루 일컫는 개념으로 사용된다. 아무튼 율격은 리듬 형성의 가장 기본적인 틀이며, 리듬에 포괄된다고 할 수 있다.

그런데 리듬이라고 하면 보통 심리적 기대를 충족시키는 규칙적 반복 작용만을 생각하기 쉽다. 그러나 그 기대를 깨뜨리는 작용도 포함하는 것

---

10 김대행, 『운율』, 문학과지성사, 1984, 12쪽.
11 장도준, 『한국 현대시 교육론』, 국학자료원, 2003, 152~153쪽.
12 리듬에 관한 용어들은 리듬, 율격, 운율 등 다양하며 이 용어들은 논자에 따라 개념 구분 없이 혼용되거나 잘못 쓰이기도 한다.

이어서, 한마디로 언어의 리듬이라 하더라도 실제로 그것은 대단히 다양한 양태로 나타난다. 그리고 우리의 경우 운율은 일반적으로 시의 문제로 인식한다. 시는 문학의 여러 장르 가운데서도 리듬을 본질적 요소로 하는 장르이기 때문이다. 그래서 운율을 시의 리듬으로 한정하는 개념으로 사용하는 것이 보다 일반적이다. 시에서는 다양성과 자유스러움 속에서도 일정한 패턴, 곧 어떤 질서와 균형을 느낄 수 있는 데 반하여, 산문의 리듬에서는 그런 것이 전혀 결여된 불규칙적이고 무질서한 리듬을 보여준다. 이것이 리듬 문제에 있어서 시와 산문의 차이이기도 하다. 시의 리듬이 가지는 질서화와 균형은 시를 통일된 형식으로 조직화 시켜 주는 데 있어서 중요한 내재적 원리가 되는 것이다.

그러나 운율을 시의 리듬으로 한정시킨다 하더라도 문제는 남는다. 옛날 같으면 시는 다 운문이었기 때문에 시의 리듬은 운문의 리듬, 곧 운문율이 되어 운율은 산문율과 대립적인 개념이 된다. 그러나 현대시는 자유시가 주종을 이루고 있고, 또 산문시도 있다. 자유시도 그렇지만 특히 산문시는 운문과는 거리가 멀다. 실제로 자유시나 산문시의 리듬은 산문의 리듬과 구별할 수 없는 경우가 얼마든지 있다.

그러므로 운율이라는 용어가 나름대로의 분명한 개념을 지니기 위하여서는 시적 리듬 특유의 어떤 범주로 그 영역을 한정할 필요가 있다. 우리가 특별히 시적이라고 인식하는 리듬은 가령, 율격(律格, metre)이나 압운(押韻, rhyme)과 같은 특별한 음성 조직에 의하여 형성되는 그런 유의 것이다. 그것은 음성 조직이 체계적이라는 특징과 함께 그 조직을 이루는 자질들이 음소(音素)건 음절(音節)이건 또는 고저 · 강약 · 장단이건 간에 모두 음운적 자질이라는 특징을 가지고 있다.

언어 표현의 리듬은 언어의 음성학적 층위의 자질과 음운론적 층위의 자질은 물론, 의미론적 · 통사론적 성격, 심리적 · 정서적 요인들이 모두 함께 관여하는 총체적 현상으로 실현된다. 그런데 율격이나 압운 등의 장치는 그 중 음운적 자질만이 관여하는 체계인 것이다. 이렇게 볼 때 운율은 언어의 음운적 자질의 체계적 조직에 의하여 형성되는 체계적 양태의 리듬이라고 할 수 있다. 그리고 운율은 단순히 장식적인 것이 아니라 시의 형식, 또한 의미와 정서의 효과적 표현을 위한 수사적 및 미학적 효과를 창출하는 기능을 가진 것이라고 그 개념을 규정할 수 있을 것이다.

운율을 이처럼 음운적 자질의 체계적 조직에 의한 체계적 양태의 리듬으로 한정시킬 때, 운율만으로 실현되지 않는다. 그것은 여타의 자질 및 요인들과 함께 작용하여 총체적 형상의 리듬으로 실현된다. 그러나 그러한 리듬 속에서 운율은 그것대로 분명히 감지되는 것이다. 예컨대, 우리가 정형시인 단형시조(短形時調(平時調))를 낭송하면 모든 작품마다 독특한 리듬이 나타나지만, 그와 더불어 우리는 모든 작품에서 같은 양태의 운율을 느낄 수 있는 것이다.

2. 율격의 개념과 종류

일반적으로 운율의 종류는 크게 율격과 압운으로 나뉜다. 또 다시 율격은 음수율과 음보율로 나뉜다. 음수율은 음절의 수를 규칙적으로 반복했을 때 생기는 가락으로 3·4조, 7·5조 등이 대표적이다. 음보율은 우리나라 시에서 발음 간의 길이와 같은 말의 단위가 반복됨으로써 이루어지는 음의 질서로, 숨을 크게 한 번 들이쉴 때 몇 번 띄어 읽으면서 한 구절을 낭송할 수 있는가를 나타낸 것이다. 일반적으로 평시조는 4음보, 민요는 3음보 율격으로 본다. 이러한 음보율은 강약율·고저율·장단율로 나뉘어진다. 그리고 압운은 각각 두운(頭韻)·요운(腰韻)·각운(脚韻) 등으로 나뉜다. 두운은 어떤 시행의 첫머리에 같은 음을 규칙적으로 배열한 것이고, 요운은 어떤 시행들의 가운데에 음을 규칙적으로 배열한 것이며, 각 운은 어떤 시행들의 끝에 같은 음을 규칙적으로 배열한 것이다. 이러한 운율을 바탕으로 하고 이외에 시의 소리와 의미를 포함하는 다양한 요소들의 유기적인 참여를 통한 변조(variation)에 의해 리듬이 발생한다.13) 이를 도표로 나타내면 다음과 같다.

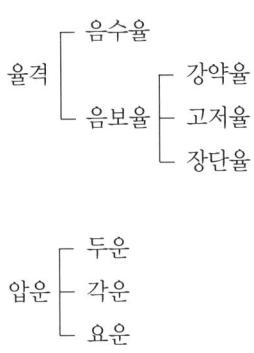

(1) 율격

• **음수율**

율격의 대표적인 장치는 음수율(音數律)과 음보율(音步律)이다. 율격은 운율을 형성하는 일종의 음성 조직체계인데, 음수율은 시의 한 행을 구성하는 말의 일정한 음절수에 의한 율격 방식이다. 따라서 음수율은 반복의 단위를 행에다 둔다. 우리시의 율격은 대부분 이 음수율에 의존하기도 한다. 가령 평시조의 경우, 초장은 3·4·3·4, 중장은 3·4·4·4, 종장은 3·5·4·3의 3장으로 설명하고, 가사의 기본 형식을 4·4조로 설명하는

---

13 일부 시론에서는 아직도 율격을 음위율·음성율·음수율 등으로 삼분하는 경우가 있는데, 이는 압운(음위율)과 율격(음성율·음수율)을 같은 기준에 놓는 일종의 범주 오류라고 할 수 있다.

것이다.

그런데 우리나라 말은 첨가어이기 때문에 체언과 용언에 조사나 어미가 붙어서 한 어절이 대개 3음절 내지 4음절로 이루어진다. 그래서 우리의 음수율은 2·3조, 3·3조, 3·4조, 4·4조, 3·3·2조, 3·3·3조, 3·3·4조로 가른다. 또한 개화기 이후 일본에서 도입되었다는 7·5조도 역시 7은 3·4조, 5는 2·3조 등으로 가를 수 있기 때문에 결과적으로 전통 음수율의 변형에 지나지 않아 한국에 정착할 수 있었다.

① 돌하 노피곰 도ᄃ샤　　　　　　2 3 3
　머리곰 비취 오시라　　　　　　3 2 3

② 살어리 살어리 랏다　　　　　　3 3 2
　청산에 살어리 랏다　　　　　　3 3 2

③ 오백년 도읍지를 필마로 도라드니　3 4 3 4
　산천은 의구ᄒ되 인걸은 간듸없다　3 4 3 4
　어즈버 태평연월이 꿈이런가 ᄒ노라 3 5 4 3

위에 예시한 작품들은, 백제 시대로 추정되며 어느 행상인의 아내가 노래했다는 고대 가요 「정읍사」, 고려 시대의 속요 「청산별곡」, 조선 전기 길재의 시조 「오백 년 도읍지」이다. 이 작품들은 장르와 시대상의 차이에도 불구하고 각각 어절이 3음절과 4음절로 분할되고 또한 이것이 교체 반복되면서 리듬감을 전달하고 있다. 우리시의 율격을 음수율로 파악할 경우 3·4조나 4·4조로 규정할 수 있었던 것은 이처럼 어절 단위에서 감득되는 리듬감을 쉽게 파악할 수 있었기 때문이다. 우리 언어의 특징이 2음절과 3음절을 압도적으로 많이 사용하며, 체언이나 용언에 조사나 어미가 붙으면 자연스럽게 3음절과 4음절의 음절수를 형성했던 것은, 우리의 음수율을 정당화하는 데 한몫하고 있다. 정병욱은 우리 국어의 어휘를 형성하는 음절의 수를 통계내고, 국어의 특질과 운율의 특성과의 관계를 검토한 바 있다. 그 결과 그는 우리의 언어는 3음절과 4음절이 한 어절을 구성하는 것이 압도적인 현상임을 구체적으로 밝혀 놓기도 했다.14)

• 음보율

음보율은 음절수가 아니라, 반복의 단위가 되는 음보(foot)의 특성에 의한 율격 원리를 말한다. 곧, 음보율에서는 음수율과는 달리 반복의 단위가 행에 있는 것이 아니라, 음보가 반복의 단위가 된다. 음보율은 다시 강약율(强弱律) · 고저율(高低律) · 장단율(長短律) 등으로 나뉜다. 여기서 음보란 음절의 서로 다른 대립적인 소리 자질들이 모인 것을 말한다. 강약율은 강음과 약음이라는 대립적 음절들로 구성되는 것이다. 음보율은 이러한 강약 · 고저 · 장단의 특정한 조직을 바탕으로 규칙적인 반복 형태로 이루어진다. 이때 그 규칙적 반복의 바탕이 되는 단위가 바로 음보(音步, foot)인 것이다. 그리고 음보가 모여 시행(詩行)을 이루고, 시행이 모여 연(聯)을 이룬다.

한국 시가의 율격체계는 앞에서 보인 그 어느 것에도 해당되지 않는 특이한 체계를 보인다. 음보에 관한 정의는 논자에 따라 약간씩 그 규정을 달리하고 있다. 조동일은 '토막'으로15), 성기옥은 '율격휴지(律格休止)'로16), 김대행은 '모라(mora)'17)로 그 개념을 채택하고 있다.18) 그리고 오세영은

---

14 정병욱(김대행 편), 「고시가 운율론 서설」, 『운율』, 문학과지성사, 1984, 46~48쪽
15 조동일, 『한국시가의 전통과 율격』, 한길사, 1984, 50쪽.
16 성기옥, 『한국시가 율격의 이론』, 새문사, 1986, 14쪽.
17 모라(mora)는 음운론에서 장단의 단위이다. 일반적으로 모라의 가치는 단음을 1, 장음을 2로, 1½ · 2½ 등을 포함해서 대략 4등급으로 나뉜다. 기본 기저로서는 대립적으로 장과 단의 둘만이 유효하므로 단음과 장음의 가치로 측정되어야 한다(L. Pike, 『Phonetics』, ELMA, 1965, p.128).
18 김대행, 『한국시가구조연구』, 삼영사, 1982, 34쪽.

'마디'[19]라는 개념으로 율격체계에 관한 이론을 전개하고 있다. 이처럼 음보에 대한 정의는 논자마다 조금씩 차이를 보이지만, 음보를 율격에서 일정한 음성적 혹은 음운적 자극이 반복 또는 회귀되는 최소 단위로 이해한다는 데는 공통적이다. 다시 말해서 논자들은 음보를 통해서 한국시의 율격을 파악해야 한다는 점에서는 견해의 일치를 보인다고 할 수 있다.

일반적으로 음절이 모여서 낱말이 되고, 낱말이 모여서 어절이 되고, 어절이 모여서 문절이 된다. 또한 문절이 모여서 문장(sentence)이 된다. 이것을 시의 형태 면에서 말하자면 음절이 모여서 음보가 되고, 음보가 모여서 행이 된다. 그리고 행이 모여서 연이 되고, 연이 모여서 한 편의 시가 된다. 이것으로 미루어 음보라는 것은 음절이 모인 것, 혹은 행을 이루는 단위라고 정의할 수 있다. 따라서 음보율이란 이 음보의 수에 의해서 결정되는 율격이다. 곧, 음보의 규칙적 반복이 음보율이다. 그러나 우리 시가의 음보는 앞에서 살펴본 바처럼 영시의 음보 개념과는 전혀 다르며 음보율 역시 영시의 강약율과는 그 경우가 다르다.

우리나라말의 어휘는 일반적으로 2음절과 3음절로 된 것이 대부분이다. 이 어휘에 조사나 어미가 붙어 실제로 운용되는 것은 3·4음절이 기본 단위이며, 이것이 하나의 어절을 형성한다. 또 하나의 어절 다음에 대체로 3·4음절로 이루어진 또 다른 어절이 뒤따르는 것이 보통이다. 말하자면 우리 언어는 3·4음절을 한 어절로 하는 어절 간의 연계가 일정한 통사 구조를 형성하고 있는 것이다. 이때 어절과 어절 사이에는 휴지가 오게 된다. 이러한 휴지에 의해 구분되는 각각의 어절 단위를 음보라고 한다. 결국 음보는 음절이 모여서 어절을 구성하고 어절 사이의 휴지가 하나의 단위를 형성한 것이라고 이해할 수 있다. 나아가 음보가 모여서

---

[19] 오세영, 「한국시가율격 재론」, 『한국 근대문학론과 근대시』, 민음사, 1996, 63~65쪽.

행이 되고 행이 모여서 연이 된다. 음보율은 바로 음보의 규칙적인 반복에 의한 율격으로 파악할 수 있다.

① 대동강 너븐디 몰라셔　　　　3 3 3
　비내여 노혼다 샤공아　　　　　3 3 3
　네가시 럼난디 몰라셔　　　　　3 3 3
　녈비에 연즌다 샤공아　　　　　3 3 3

② 이런들 엇더ᄒ며 뎌런들 엇더ᄒ료　3 4 3 4
　초야 우생이 이러타 엇더ᄒ료　　2 3 3 4
　ᄒ믈며 천석 고황을 고뎌 므슴ᄒ료　3 5 2 4

①은 고려속요 「서경별곡」이며, ②는 조선 시대 이황이 지은 「도산십이곡」 중 한 수이다. 물론 ①은 3음절이 한 음보를 이루고 있으며, 이 음보가 한 시행에서 세 번 되풀이 되고 있다. 다시 말하여 3음보의 정형시라고 할 수 있다. 그러나 ②의 시조는 3·4조의 기본 음수율을 보이고 있다. 3음절 또는 4음절을 휴지의 일주기로 한 시간적 등시성을 보여주고 있는 것이다. 가령, '초야'의 2음절은 3음절보다 길게 읽으며, '우생이'는 4음절보다 길게 읽고, 또한 '천석 고황을'의 5음절은 4음절보다 빨리, '고뎌'는 2음절보다 느리게 읽음으로써 결국 동일한 시간양마다 휴지가 나타난다. 즉 3음절이나 4음절의 율독 시간양은 다 같은 것이다. 이처럼 한 행에 있어서 음절수는 비록 가변적이지만 음보수는 고정적인 것이 우리 시가의 전통성이라고 할 수 있다.

이와 같이 음보율은 음수율과는 달라서 음절이 모여 음보를 이룰 때 음절의 수에 의존하는 것이 아니라, 그 음절들을 발화할 때의 음지 속량(音持續量)에 의존한다. 다시 말하면, 한국 시가 율격의 음보는 발화상 시간적으로 등장(等長)한 단위가 되는 것이다. 이것은 한국 시가의 율격이 박자 관념에 입각한 등시적 기식율(等詩的 氣息律)에 기본하고 있음을 뜻한다.

음보가 등시성을 유지하기 위해서는 음절수가 꼭 같을 필요는 없지만 그러나 음절수에 제한을 받지 않을 수 없음은 자명한 일이다. 우리말의 단음절(斷音節) 한 음절의 길이를 편의상 1모라(mora)로 칠 때, 한국 시가 율격의 음보 유형은 2모라·3모라·4모라 세 가지 유형으로 나타난다. 그 가운데 3모라 유형은 이론상 가능하지만 실제로는 4모라 길이로 실현되는 것이 보통이어서 결국 2모라와 4모라 두 가지가 된다. 그 중 2모라 유형은 주로 동요에 한정되고 일반 시가에서는 4모라 음보가 지배적이다. 각 유형의 음보가 수용할 수 있는 음절수의 한계는, 2모라 음보는 2음절까지이고 4모라 음보는 4음절까지이다. 그래서 2모라 음보는 1, 2음절로 이루어지고, 4모라 음보는 2~4음절로 이루어지는 것이 보편적이다. 한국 시가 율격의 음보체계가 이와 같이 되는 까닭은 물론 우리 국어의 언어적 특성과 그에 연계된 우리 민족의 율격의식 및 율격 관습 때문이다.

김대행의 모라 개념을 도입하면 다음과 같이 율독된다.

```
2 2    / 1 1 1 1   / 1 1 1 1  / 1 1 1 1
어— 져— / 내일이야   / 그릴 줄을 / 모로ᄃ냐
1 1 2  / 1 1 1 1   / 1 1 1 1  / 1 1 1 1
이시라— / ᄒ더면∨   / 가랴마는  / 제 구ᄐ여
1 1 1 1 / 1 1 1  1 1 / 1 1 1 1 / 1 1 1 1
보내고— / 그리는 정은 / 나도 몰라 / ᄒ노라—
```

— 황진이, 「어져 내일이야」 전문

국어의 구체적 음성 요소의 성립은 발화할 때에 있어서의 잠재적 단락, 곧 꼭 끊어 발음한다는 것이 아니고 끊어 발음하여도 발화의 자연성을 해치지 않는 단락을 단위로 한다. 이런 단락을 '음운론적 단어' 또는 '기식(氣息, breath group)', '신태그머(syntagma)'라 부르기도 한다. 이 말은 일반적으로 '어절(語節)'이라는 말로 바꾸더라도 큰 무리는 없는 성질의 것이다. 이 어절은 보통 긴밀 연접(緊密連接, close juncture)에 의하여 하나의 기식으로 발화되고, 인접 어절과는 개방 연접(開放連接, open juncture)에 의하여 구분된다.

이와 같은 우리 국어의 어절은 2~4음절로 되는 것이 절대 다수인데, 이것은 곧 4모라 음보가 자연스럽게 수용할 수 있는 적절한 음절수이다. 동시에 그 어절은, 어절 내부에서는 긴밀 연접되고 인접 어절과 개방 연접으로 구분되기 때문에 그 구분되는 자리가 자연스럽게 음보 분할의 자리가 되는 것이다. 한국 시가 율격의 음보가 대체로 어절 단위가 되는 까닭이 여기 있다. 다만 드물게 5음절 이상의 어절이 섞여 나올 때는 율격 관습에 의한 조작으로 어절 내부에서 음보 분할이 일어나며, 2모라 음보의 동요에서는 3음절 이상의 어절은 아동들의 특수한 율격 관습에 따라 두 음보로 분할하는 율격적 조작을 가하게 된다.

한국 시가의 율격체계는 이와 같은 체계의 음보가 규칙적으로 반복되어 그 상위 단위인 시행을 이루고, 시행의 체계는 2음보·3음보·4음보격이 보편적인 것이며, 5음보 이상의 시행은 전통 시가에서는 극히 드문 일이다. 개화기의 시가와 1920년대 일부 시가 음수율 체계로 되어 있는 것은 사실이다. 그러나 그것은 당시 외국 시가의 영향으로 한때 성행한 것일 뿐 그것이 우리 고유의 율격체계는 아니다.

강약율은 강세(stress)가 있는 강한 음절과 강세가 없는 약한 음절이 대립되어 음보를 구성하고, 이러한 음보들이 반복되는 율격 형식이다. 이 경우 음절의 수는 문제가 되지 않으며 강세의 수만 일정하면 된다. 따라서 이 율격체계는 언어 자체가 음운적 자질의 강약을 지닌 언어라야 가능한 것이다. 영시·독일시 등 게르만 계통의 율격체계가 이에 속한다.

This Í	그처럼 나는
Pass bý	세월을 보내고
And díe,	그리고 죽으리
As óne	어느 한 사람도
Un knówn	아는 이 없이
And góne	가버린 사람과도 같이

— Herrick, 「Upon His Departure Hence」 부분

영시의 경우, 행과 연의 규칙이 분명하며 행은 라인(line)이라 하고 연은 스탠자(stanza)라고 한다. 영시의 행은 먼저 음보라는 기본적인 음절 마디가 모여서 형성된다. 그런 다음 강세(stress)가 있는 강음절의 수와 위치에 따라 결정된다. 가령 강세가 없는 약음절과 강세가 있는 강음절이 반복되는 약강격이면 이를 아이엠버스(iambus)라 하고, 강약격이면 트로우키(touchee), 약약강격이면 애너피스트(anapeast), 강약약격이면 댁틸(dactyl)이라고 한다. 또한 이러한 몇 개의 규칙적인 음보들이 행을 이룰 때 만일 약강격 음보가 하나로 된 경우는 약강일보격(iambic monometer), 약강격 음보가 셋이 되면 약강삼보격(iambic trimeter)이라 한다. 영시의 행은 이처럼 음보의 종류와 행을 구성하고 있는 음보의 수에 의해서 시의 형식적 명칭이 결정되는데, 가장 긴 것은 한 행에 여덟 개의 음보를 사용할 수 있다. 연의 경우도 일정한 규칙이 있어 2행만으로 된 2행연(two line stanza, couplet), 3행만으로 된 3행연(three line stanza, triplet) 등이 있고, 특히 14행의 규칙적인 시를 소네트(sonnet)라고 하여 많이 제작되기도 하였다.

인용한 시를 보면 한 행이 두 단어 또는 한 단어로 되어 있어 단어 수의 규칙이 있는 것은 아니다. 그러나 각 행은 반드시 강세가 없는 음절이 처음에 있고 다음에는 강세가 있는 음절로 되어 있어 약강격한 음보로만 규

칙적으로 반복되는 약강일보격의 시라는 것을 알 수 있다.[20] 따라서 영시에서는 시행을 이루는 음보의 수에 따라 1음보, 2음보, 3음보, 4음보, 5음보, 6음보(알렉산드리아 시행), 7음보(14음절행), 8음보 등으로 나뉜다.

고저율은 음성률·성조율격·평측률격이라고도 불린다. 이것은 음절과 그 음절들이 지닌 음운적 자질의 고저(pitch accent) 또는 대립적인 성조(聲調)가 어떤 체계에 따라 배열되는 음보 또는 시행을 이루는 체계이다. 다시 말하여, 소리의 고저가 규칙적으로 반복되거나 교체되는 현상을 말한다. 따라서 이 율격체계는 성조를 지닌 언어일 때 가능한 것이다. 한시의 율격이 그 예가 되는데, 한시는 중국어의 사성(四聲, 平·上·去·入聲)을 평성(平聲)과 측성(仄聲, 上·去·入聲)으로 양분, 대립시켜 평측법(平仄法)이라고 하는 율격을 이룬다. 이 율격은 주로 한시에서 사용되어 왔다. 중국어는 고정된 성조를 유지하고 있으므로 고저율에 의한 율격 파악이 마땅했던 것이다. 중세기 문헌에 의하면, 우리나라에는 이른바 방점을 찍어 성조 기호를 사용한 적이 있다. 따라서 고저율은 중세기의 시가, 가령 「용비어천가」에서 사용된 리듬이다.

> 불휘 기픈 남ᄀᆞᆫ ᄇᆞᄅᆞ매 아니 뮐씨
> 곶 됴코 여름 하ᄂᆞ니,
> ᄉᆡ미 기픈 므른 ᄀᆞ무래 아니 그츨씨,
> 내히 이러 바ᄅᆞ래 가ᄂᆞ니
>
> ─「용비어천가」 제2장

정광은 「용비어천가」를 예로 들면서 우리 시에서의 고저율의 타당성을 강조하고 있다.[21] 즉 단어(어절)의 말음절이 항상 고조(거성)이며, 저고가

---

20 홍문표, 「행과 연 가르기」, 『시창작 강의』, 문원각, 1991, 119쪽 참조.
21 정광, 「한국시가의 운율연구시론」, 『응용언어학』, 서울대어학연구소, 제7권 2호, 1975, 참조.

교체되는 비음율의 음절(—)과 고조의 말음절(·)이 대립적으로 배열되어 '—·', '—·'의 정형을 보인다고 주장한 것이다. 그런데 한편으로 김용직은 '—·'의 음운 교체는 비록 시가에만 국한되는 것이 아니라 일상 언어가 갖는 보편적 현상이며, 이를 통해 중세의 시가 율격을 추정하는 것은 타당하지 않다고 지적하고 있기도 하다.[22] 이러한 반론의 제기는 그만큼 우리 언어에서 음절의 '고저' 현상을 구별하기가 어렵기 때문일 것이다. 따라서 우리말의 경우, 고저가 변별적 자질을 갖지 못하기 때문에 우리 시가에 적용되지 않은 실정이다.

장단율은 음절과 그 음절들이 지닌 음운적 자질의 장단이 체계적으로 배열되어 음보 또는 시행을 이루는 체계이다. 곧 장·단의 소리가 규칙적으로 교체·반복되는 리듬으로, 소리의 지속 시간의 양에 의하여 결정되는 리듬이다. 고대 라틴어 시의 율격이 그 예가 된다. 음수율처럼 율격을 형성하는 자질이 단일한 것을 단순 율격체계라 하고, 고저·강약·장단 율격처럼 복합적인 것을 복합 율격체계라고 한다.

(2) 압운

율격은 소리의 일정한 길이가 규칙적으로 반복되는 것임에 반하여, 압운은 시행의 어떤 자리에 일정한 소리를 배분하여 그것을 체계적으로 대응 반복하게 함으로써 운율을 형성하는 장치이다. 압운은 다시 각운·두운·요운으로 나뉜다. 압운은 주로 한시와 영시 등에서 많이 찾아볼 수 있는데, 각운은 그 대표적인 예가 된다. 그러나 우리의 고전 시가나 현대시의 경우, 한시나 영시에서처럼 엄격한 규칙성의 압운은 찾아볼 수 없다. 각운은 단어의 후미가 같은 소리(음운 조직)로 되어 있는 말들을 시행

---

22 김대행, 『한국시가구조연구』, 삼영사, 1982, 51~52쪽 참조.

의 끝에 체계적으로 배분하여 같은 소리가 규칙적으로 대응·반복되게 하는 압운 양식이다. 압운의 다른 양식으로는 행간에 압운하는 중각운, 단어의 머릿소리를 같은 소리로 하는 두운, 모음을 같은 소리로 하는 모음운(母音韻) 등이 있다.

① Thou still unravish'd bride of quietness,
  Thou foster-child of Silence and slow Time,
 Sylvan historian, who canst thus express
  A flowery tale more sweetly than our rhyme.
      — J. Keats, 「Ode on a Grecian Urn」 부분

너 아직 더럽혀지지 않은 정적의 신부여,
너 침묵과 느린 시간의 양자(養子)여,
우리들의 시보다 더 감미롭게 꽃다운 이야기를
이처럼 표현할 수 있는 삼림(森林)의 역사가여.
      — 키이츠, 「그리스 항아리에 부치는 송가」 부분

② 國破山河在 나라가 망하니 산과 강물만 있고
 城春草木深 성 안의 봄에는 풀과 나무만 깊어 있구나
 感時花濺淚 시절을 애상히 여기니 꽃까지 눈물을 흘리게 하고
 恨別鳥驚心 이별하였음을 슬퍼하니 새 소리도 마음 놀라네
 烽火年三月 전쟁이 석 달을 이었으니
 家書抵萬金 집의 소식은 만금보다 값지도다
 白頭搔更短 흰머리를 긁으니 또 짧아져서
 渾欲不勝簪 다 모아도 비녀를 이기지 못할 것 같구나
      — 두보(杜甫), 「춘망」 전문

③ 꽃가루와 같이 보드러운 고양이 털**에**
 고운 봄의 향기(香氣)가 어리우도**다**.

금방울과 같이 호동그란 고양이의 눈**에**
미친 봄의 불길이 흐르도**다**.

고요히 다물은 고양이의 입술**에**
포근한 봄 졸음이 떠돌아**라**.

날카롭게 쭉 뻗은 고양이의 수염**에**
푸른 봄의 생기(生氣)가 뛰놀아**라**.
— 이장희, 「봄은 고양이로다」 전문

위의 시 ①은 각운을 드러낸다. 'ess'는 1행과 3행의 소리가 동일하고, 'ime'는 2행과 4행의 소리가 동일하다. 이 경우, 압운체계는 abab의 형이 된다. 그러나 'ess'의 경우는 자음의 소리만 같기 때문에 반운(半韻) 혹은 근운(近韻)이라고 할 수 있다. 또한 'ess'의 경우는 자음과 모음의 소리가 다 같이 동일하기 때문에 완전운(完全韻)이라고 할 수 있다. 이처럼 2행과 4행에서 각운이 강세음절로 끝나면 남성운(masculine rhyme)이라 한다. 그리고 1행과 3행에서처럼 무강세 음절에서 끝나면 여성운(feminine rhyme)이라고 한다.

②의 압운은 평성 '침(侵)'의 운통(韻統)을 따른 '심(深)' '심(心)' '금(金)' '잠(簪)'으로 드러난다. 한시에서는 압운을 할 경우, 정해진 운자(韻字)로 해야 하는 엄격한 원칙이 있는 것이다. 따라서 2·4·6·8구의 진한 글자는 침운자(侵韻字)로 압운한 각운에 해당하는 것이다.

③의 시에서 각각 1·2연에서 보여주는 두운 '꽃~', '금~', 2·3연에서 보여주는 '포~', '푸~', 그리고 각각 1·2연에서 보여주는 각운 '~에'와 '~다', 3·4연에서 보여주는 '~라'는 영시나 한시에서처럼 압운과 유사한 형태를 보인다. 그러나 이 작품에 나타나 있는 리듬은 압운체계로 보기보다 자유시에 흔히 나타나는 유사 어구와 종결 어미일 뿐이다.

즉, 음절 강조가 아닌 단순한 소리의 반복일 뿐인 것이다. 그러므로 진정한 의미의 압운이라고는 볼 수 없다. 우리나라의 경우, 압운이 효과적으로 발휘되는 작품은 거의 없다.

한국 시가에서 진정한 압운은 발달되지 못하였다. 특히 압운을 요건으로 하는 시가 양식은 발견되지 않는다. 이처럼 압운이 발달되지 못한 주된 이유는 역시 우리 국어의 언어적 특성 때문이다. 한국 시가는 국어의 언어 특성으로 대부분의 어절과 시행이 조사나 어미로 끝나기 때문에 압운이 용이하지 못한 것이다. 이 점은 개화기에 한시 절구를 흉내 낸 소위 언문풍월(諺文風月)이라는 것의 각운과, 1920년대에 각운을 시험해 본 몇몇 시편들이 하나같이 어색하고 수준에 미치지 못한 시가 된 것에서도 드러난다. 또 압운이라는 것이 결과적으로 동어 반복(同語反覆)이 되고 만 사실들이 잘 증명해 주고 있다. 한국 시가는 압운이 발달되지 못한 대신 동어 반복・의성어와 의태어・호음조(好音調, euphony)[23] 등의 구사와 여음(餘音)이 발달하였다. 그 가운데 여음은 운율을 위한 시적 요구 때문이기보다 가창(歌唱)을 위한 음악적 요구에 의한 것으로 보아야 할 것이다.

3. 한국 현대시의 전통적 리듬

운율은 소리의 규칙적인 패턴으로 시인의 체험을 질서화하여 읽는 이에게 정서적 울림을 전달할 뿐만 아니라 시의 주제를 부각시키는 데 중요

---

23 호음조(好音調) : 음이 가지고 있는 고유의 요소에 의해 조성되는 리듬감이라고 할 수 있는데, 글자 그대로 호감을 느낄 수 있는 음을 가진 시어들에 의해 조성되는 리듬감이다. 국어의 자음에서 유동감이 있는 유음(流音, liquid) 가운데 전설음(顫舌音, trilled)이나 마찰음(摩擦音, fricative) 'ㅅ・ㅈ'이 모음과 어울려 발생한다. 악음조(惡音調, cacophony)와 반대 개념으로 우리나라 말로 다르게 협화음(協和音)이라 할 수 있다. 악음조는 파열음(破裂音, explosive) 'ㄱ・ㄷ・ㅂ', 경음(硬音) 'ㄲ・ㄸ・ㅃ・ㅉ', 격음(激音) 'ㅋ・ㅌ・ㅍ・ㅎ' 등이 이에 속한다.

한 기능을 담당한다. 그리고 시의 율격은 문화적 관습이나 사회적 배경에 따라 다양한 편차를 나타낸다. 때문에 운율 연구는 시의 형식적 측면에 대한 규명만이 아니라, 각 나라의 미적 체험과 문화적 감수성을 파악하는 데도 유용하게 사용된다.

 현대시의 특징은 자유시와 산문시로서 과거의 정형 시가에서 볼 수 있는 외형률을 깨뜨리고 있다는 데 있다. 다시 말하여 현대시는 시인의 창조적 개성과 심미적 체험을 자유롭게 독창적으로 노래하고 있는 것이다. 그래서 리듬을 '내재율'이라고 간단하게 처리하고 있기도 하다. 그러나 음보율은 폭넓은 변형 가능성을 지니고 있기 때문에 우리의 전통 음보율인 3음보와 4음보가 현대시에서 어떻게 변형되고 있는가 하는 것을 살펴볼 수 있다.

 ① 산에는 꽃피네
  꽃이 피네
  갈 봄 여름 없이
  꽃이 피네.

  산에
  산에
  피는 꽃은
  저만치 혼자서 피어있네.
          — 김소월, 「산유화」 부분

 ② 나 보기가 역겨워
  가실 때에는
  말없이 고이 보내 드리우리다
          — 김소월, 「진달래꽃」 부분

③ 송화가루/날리는/
외딴/ 봉우리//
윤사월/해길다/
꾀꼬리/울면//
산직이/외딴집
눈먼/처녀사//
문설주에/귀 대이고/
엿듣고/있다//

— 박목월, 「윤사월」 전문

 김소월의 시를 감상할 때에는 형식적인 측면에서 민요풍의 율조를 사용하고 있다는 점에 주목해야 한다. 민요풍의 율조란 전통 민요의 가락에서 빌려온 것을 말하는데, 가장 일반적인 특징은 3음보를 규칙적으로 사용한다는 것이다. ①은 다음처럼 음보를 파악할 수 있다. 1연 1행의 6음절(2음보)+2행 4음절(1음보)은 3음보, 3행의 6음절(2음보)+4행 4음절(1음보)은 3음보를 이룬다. 또한 2연 1행의 2음절(1음보)+2행 2음절(1음보)+3행 4음절(1음보)은 3음보를, 4행 10음보(2음보+1음보)는 3음보를 이룬다. 곧, 「산유화」는 지나칠 정도로 3음보 가락의 규칙성이 감지된다. 그럼에도 불구하고 「산유화」를 정형시로 파악하지 않은 것은, 김소월이 7·5조, 3음보 형식을 행과 연의 개성적 분할을 통해 새롭게 리듬을 창조하고 있기 때문이다.

 성기옥에 의하면 7·5조는 다음과 같이 재배분되면서 율격 기능을 수행한다.[24] 그리고 7·5조는 3음보와 4음보의 두 가지 율성을 구비하고 있다.

---

24 성기옥, 「소월시의 율격적 위상」, 『관악어문연구』 2집, 1977, 참조.

7·5조	1차 대립 1행	7음절	5음절	= 2음보
	↓	↓	↓	
	2차 대립	3(4)·4	5	= 3음보
	↓	↓	↓	
	3차 대립	3(4)·4	2(3)·3(2)	= 4음보

 이와 같은 7·5조의 재분배에 ②의 시를 대입해 보면 1차적 대립으로는 2음보 율격을 지닌다. 곧 1, 2행은 7음절과 5음절이 각기 행으로 배열되어 변화를 부린 것이다. 그러나 2차 대립에서 보면 3음보가 된다. 곧 "나 보기가/역겨워/가실/때에는//말없이/고이 보내/드리우리다//"로 배열될 수 있다. 또한 여기서 2행은 "말없이/고이 보내 드리우리다//"로 재분할 될 수도 있는 것이다. 그리고 3차 대립에서 보면 4음보로도 볼 수 있다. 곧 "나 보기가/역겨워/가실/때에는//말없이/고이 보내/드리/우리다"로 배열할 수 있는 것이다. 그러나 2행에서의 "드리/우리다"는 통사적 관점에서 보면 재분할될 수 없는 것이기도 하다.

 ③의 「윤사월」은 외형상으로는 2음보의 반복으로 보인다. 그리고 2, 4, 6, 8행은 2음보라기보다 해석에 따라서는 1음보라고 할 수 있다. 다시 말하여 3음보를 2음보와 1음보로 변형시킨 것에 불과하다. 그리고 이러한 3음보의 시행은 우리의 대표적인 민요인 「아리랑」의 경우, "아리랑/아리랑/아라리요//아리랑/고개를/넘어간다//"와 일치하는 것으로 우리나라의 전통적 가락이 3음보라는 사실과 관계가 있는 것이다.

 이처럼 현대시는 정형율을 바탕으로 하면서도 어절이나 통사 등의 형식적 측면에 변화를 주어 새로운 운율감을 느끼도록 하는 데 특징이 있다. 물론 김소월의 경우에는 이것을 확연하게 감지할 수 있지만 기타 여러 자유시에서도 규칙성을 기저로 한 변형 율조로 시가 구성되고 있음이 발견된다. 그러나 오늘날 현대시에 나타나는 수많은 형태 실험시들은 이러한 규칙적인 패턴을 형성하여 시의 운율을 구성하는 것 자체를 파괴하고 와해시키고 있음도 사실이다.

4. 음성 상징어와 리듬

우리나라 시의 리듬을 결정하는 요인으로 가장 기본적인 것은 앞에서 살펴 본 음보격이라고 할 수 있다. 그러나 그것을 바탕으로 세부적으로는 우리말의 아름다움을 살리는 음성 상징어들에 영향을 받는다. 그리고 호음조(好音調), 악음조(惡音調), 반복, 구두점, 휴지 등에도 영향을 받는다. 이것들에 의해서 의성·의태어, 유음이나 장음의 효과적 배치, 파열음에 의한 중압감, 운맞춤의 배열, 격동적 감정, 숨가쁨의 반복, 숨가쁨의 완화 등의 효과를 얻을 수 있다. 그리하여 이미지를 감각화하고 의미를 확대하면서 리듬을 보다 생생하게 구성하는 것이다.

① 내 **가슴 속**에 가늘한 내음
애끈히 떠도는 내음
저녁해 고요히 지는데
머언 **산 허리**에 **슬리는** 보랏빛

(…중략…)

아 후끈한 내음 내키다 마아는
서언한 가슴에 그늘이 도오나니
수심 띠고 애끈하고 고요하기
산허리에 **슬리는** 저녁 보랏빛

— 김영랑, 「가늘한 내음」 부분

② 매운 계절(季節)의 **채찍**에 갈겨
　마침내 북방으로 **휩쓸려 오다.**

　하늘도 그만 **지쳐** 끝난 고원(高原)
　서릿발 **칼날진** 그 우에 서다.

　어데다 **무릎**을 **꿇어야** 하나
　한 발 재겨 디딜 **곳조차** 없다.

— 이육사,「절정」부분

①은 호음조의 사용에 의해 미감의 리듬을 형성하고 있다. 호음조란 음이 가지고 있는 고유의 요소에 의해 조성되는 리듬감이라고 할 수 있으며, 호감을 느끼는 음을 가진 시어들에 의해 조성된다. 국어의 경우 그 특질로 볼 때 특히 발달된 의성어와 의태어에서 이 요인을 찾을 수 있다. 뿐만 아니라 국어의 자음에서 유동감이 있는 유음 가운데 전설음(顚舌音)이나 마찰음 'ㅅ', 'ㅈ'이 모음과 어울려 발생한다.

김영랑의「가늘한 내음」은 'ㅅ'계열의 음이 변이되면서 지속적으로 사용되어 심원함을 형성하며 양성모음과 유음에 의해 맑고 따뜻하고 애련한 리듬감을 형성한다. 가을 저녁 보랏빛의 이미지가 '나'의 내면적인 마음에 동화되는 과정은 '가슴 속', '가늘한', '저녁해', '산 허리', '슬리는', '서언한', '수심', '산 허리' 등의 심원한 음성 상징어가 자음 계열에서 'ㄴ', 'ㄹ', 'ㅁ', 'ㅇ'의 유음으로 변해가면서 내 가슴으로 내면화된다. 김영랑 시의 두드러진 특성은 'ㄴ', 'ㄹ', 'ㅁ' 등의 유음들을 많이 사용함으로써 부드럽고 지속적이며 흘러가는 느낌과 함께 화자가 느끼는 상실감과 수심을 살리는 데 큰 몫을 한다. 부드럽게 이어질 듯 끊겨지고, 단조롭게 넘어가는 듯 부딪치는 여러 리듬의 요소를 이용하여 화자의 수심을 후끈한 내음 속에서 서언한 가슴이 되게도 하고, 다시 산허리에 슬리는 저녁 보랏빛 속에 대조와 반복을 보임으로써 내적 갈등을 효과적으로 표출하는 것이다.

②의 시는 이육사의 남성적 세계관이 잘 나타난 작품이며 악음조에 의한 리듬감을 드러내 주고 있다. 악음조는 호음조와 상대적 개념에 있다. 호음조와 마찬가지로 역시 국어의 경우 의성·의태어에서 이 요인을 많이 찾아볼 수 있다. 악음조의 파열음 'ㄱ', 'ㄷ', 'ㅂ'은 폐쇄·파괴·중압감을 느끼게 하고, 경음(硬音) 'ㄲ', 'ㄸ', 'ㅃ', 'ㅆ', 'ㅉ'은 단단하고 딱딱한 느낌을 주며, 격음(激音) 'ㅋ', 'ㅌ', 'ㅍ', 'ㅎ'은 탁하고 둔한 느낌을 주는 음성의 기능을 한다.

「절정」은 2행씩 단락이 되어 1연을 형성하고 있으면서, 비록 불규칙하지만 3음보격을 드러내고 있다는 점에서 리듬감을 발견할 수 있다. 그러나 '채찍', '마침내', '휩쓸려오다', '지쳐', '칼날진', '무릎', '꿇어야', '곳조차' 등의 음성 상징어에서 나타나는 'ㅊ', 'ㅉ', 'ㅆ', 'ㅋ', 'ㅍ', 'ㄲ' 등과 같은 격음과 경음에서 발생하는 악음조, 곧 불협화음 상징어의 효과는 이 시의 리듬감을 더욱더 생생하게 표출한다.

   ③ 해야 솟아라. 해야 솟아라. 말갛게 씻은 얼굴 고운 해야 솟아라. 산 넘어 산 넘어서 어둠을 살라먹고, 산 넘어서 밤새도록 어둠을 살라 먹고, 이글이글 애띤 얼굴 고운 해야 솟아라.

   달밤이 싫여, 달밤이 싫여, 눈물 같은 골짜기에 달밤이 싫여, 아무도 없는 뜰에 달밤이 나는 싫여….

   해야, 고운 해야. 네가 오면 네가사 오면, 나는 나는 청산(靑山)이 좋아라. 훨훨훨 깃을 치는 청산이 좋아라. 청산이 있으면 홀로라도 좋아라.
                                        — 박두진,「해」부분

④ 오·오·오·오·오· 소리치며 달려 가니
　 오·오·오·오·오· 연달아서 몰아 온다.

간밤에 잠 살포시
머언 뇌성이 울더니,

오늘 아침 바다는
포도빛으로 부풀어졌다.

철석, 처얼석, 철석, 처얼석, 철석,
제비 날어 들듯 물결 새이새이로 춤을 추어
　　　　　　　　　　　― 정지용, 「바다·1」 전문

　③의 시「해」의 표현상의 특징은 2연을 제외하면 모두 aaba형의 운율을 형성한다. "해야 솟아라(a). 해야 솟아라(a). 말갛게 씻은 얼굴(b) 고운 해야 솟아라(a)" 등의 반복과 변형을 통해 '해'를 기다리는 시적 화자의 소망을 강조한다. 또한 '솟아라', '보리라' 등의 명령형 어미와 '해야' 등의 호격 조사와 생략 부호(…)의 빈번한 사용으로, 해방을 맞은 시적 화자의 감격과 간절함을 표출한다.
　이 시는 행의 구분이 없는 산문시 형태를 취하고 있다. 그럼에도 불구하고 격동적이면서 숨가쁘게 반복되는 리듬감을 표출한다. 이러한 리듬감은 무엇보다도 시어의 반복에 의해 발생한다. "해야 솟아라. 해야 솟아라.", "달밤이 싫여, 달밤이 싫여," 등의 반복이 이 시의 첫 연부터 마지막 연까지 지속되고 있는 것이다.
　또한 이 시는 구두점의 효과에 의해서도 리듬감을 표출하고 있다. "해야/솟아라.//해야/솟아라.//말갛게/씻은 얼굴/고운 해야/솟아라.//산 넘어/산 넘어서/어둠을/살라먹고,//산 넘어서/밤새도록/어둠을/살라먹고,//이글이글/애띤 얼굴/고운 해야/솟아라.//"에서 1연의 첫 부분의 구두점은 2

음보로 휴지가 된다. 그러나 그 다음부터는 쉼표(,)나 마침표(.)에 긴 휴지를 두고, 음절과 의미를 고려하여 짧은 휴지를 둔다면 전체적인 음보는 4음보로 볼 수 있다. 그러나 행 구분을 한 4음보와는 다른 즉, 짧은 휴지 상태로 읽히게 될 것이다. 1연의 이러한 양상은 3연에서 다시 반복된다. 그러나 2연은 1연에 비해서 길이가 짧지만 4음보로 일관되고 있다.

④의 「바다·1」은 구두점이 리듬을 결정하는 중요한 요인으로 등장한다. '오'가 다섯 번 반복되면서 가운뎃점(·) 역시 다섯 번 반복된다는 점이 이 시에 리듬감을 발생케 하는 중요한 요인이 된다. 일반적으로는 '오'가 다섯 번 반복되더라도 가운뎃점은 네 번 사용된다. 따라서 이 시에서 가운뎃점은 단순한 가운뎃점으로서의 구실만 하고 있는 것이 아니라 리듬감을 형상화시키는 기능을 하고 있는 것이다.

'오'라는 의성어는 파도소리는 아니다. 파도치는 소리는 마지막 연에서 '철석', '처얼석'으로 번갈아 나타난다. '오'의 반복은 양성 모음이면서 받침이 없기 때문에 호음조의 효과가 살아나고 있다고도 볼 수 있다. 이것은 마지막 연의 파도소리처럼 거칠고 격렬한 모양을 보여주는 역할을 담당하고 있지 않다. 대신 '오'의 반복은 멀리서 다가오는 파도 모양이라고 할 수 있다. 곧, 멀리서 소리가 들릴 듯 말 듯 하면서 다가오는 파도의 모양과 그 소리의 정체를 밝힐 수 없음으로 인한 광활한 바다에 대한 공간의식의 표출이라고 볼 수 있는 것이다. 이러한 공간의식과 분명하지 않은 파도의 다가오는 소리를 율동적으로 만든 것이 바로 가운데점이다. 가운데점이 없었더라면 단조로운 소리일 뿐이겠지만, 이 가운뎃점으로 인하여 멀리서 들릴 듯 말 듯 다가와 가까이에서는 '철석', '처얼석'으로 반복되는 파도소리가 실감나게 살아나고 있다.[25]

---

25 양왕용, 「리듬과 음악성」, 『현대시교육론』, 삼지원, 2000, 94~97쪽 참조.

⑤ 산아, 우뚝 솟은 푸른 산아. **철철철** 흐르듯 짙푸른 산아. 숱한 나무들, 무성히 무성히 우거진 산마루에 금빛 기름진 햇살은 내려오고, **둥둥** 산을 넘어, 흰구름 건넌 자리 씻기는 하늘, 사슴도 안 오고, 바람도 안 불고, 너멋 골 골짜기서 울어 오는 뻐꾸기…

 산아, 푸른 산아. 네 가슴 향기로운 풀밭에 엎드리면, 나는 가슴이 울어라. 흐르는 골짜기 스며드는 물소리에 내사 **줄줄줄** 가슴이 울어라. 아득히 가 버린 것 잊어버린 하늘과 아른아른 오지 않는 보고 싶은 하늘에 어쩌면 만나도질 볼이 고운 사람이 난 혼자 그리워라. 가슴으로 그리워라.

 티끌 부는 세상에도, 벌레 같은 세상에도, 눈 맑은 가슴 맑은 보고지운 나의 사람. 달밤이나 새벽녘, 홀로 서서 눈물 어린 볼이 고운 나의 사람. 달 가고, 밤 가고, 눈물도 가고, 틔어 올 밝은 하늘 빛난 아침 이르면, 향기로운 이슬밭 푸른 언덕을, **총총총** 달려도 와줄 볼이 고운 나의 사람.

— 박두진,「청산도」부분

 시 「청산도」는 행 구분이 없고 연 구분만 있는 산문시로, 수많은 반복적 어법과 숨가쁜 호흡을 반복적으로 사용하여 밝고 건강한 세계가 도래하기를 바라고 있다. 또한 '철철철', '둥둥', '줄줄줄', '총총총' 등의 다양한 의성어와 의태어를 통해 생명력 넘치는 '청산' 의 모습을 선명하게 리듬감 속에 형상화한다.
 능동적 상상력이 구사된 상징어 '철철철', '줄줄줄' 은 모든 대상을 액체화하는 기능을 한다. 예컨대 '산→흐른다', '햇살→기름', '구름→움직인다', '나→울다' 로 변용함으로써, 자연과 그 속의 인간이 물의 정화하는 속성에 의해 세상의 티끌과 벌레같은 보잘것없음이 씻겨 맑음으로 연결된다. '철철철' 이라는 의태어는 몇 개의 어휘를 똑같은 울림 가운데 서로 이어주는 기능을 한다. 그것은 표면적으로는 청산의 푸르름을 형용하나 나무의 무성함, 금빛 햇살의 인위적인 때가 하나도 없는 흐름의 상태까지 나타내는 이중 삼중의 다의성을 지님으로써 복합적인 기능을 한다. '둥둥'은 구름의 움직임이자 산과 화자를 연계시키는 느낌을 들게 하면서 정중동(靜中動)의 술렁임을 나타낸다. '줄줄줄'이라는 의태어도 표면상으로는 가슴이 우는 상태의 묘사이지만, 골짜기에 스며드는 물소리와 눈물을 같이 포용하는 이중성을 보여 준다. 또한 반복되는 '줄'에 의해 드러나는 동일 행위의 계속은 마음에 맺혀 있는 것을 후련하게 씻어주는 효과를 준다.

또한 '아른아른'은 'ㅏ/ㅡ'의 음상이 각기 맑음과 어두움을 갖고, 이런 양면성의 교체에 의해 꿈과 현실, 그리움의 대상인 볼이 고운 사람, 산과 시정의 물결, 화자의 울음과 나의 사람과의 만남을 상징화한다. 그런 면에서 '아른아른'은 꿈과 그리움의 아득함과 연결되는 불안정한 흔들림인 것이다. '총총총'이라는 표현도 현실적인 소리가 아닌 경쾌하고 명랑한 음향으로 바뀌고 있다. '총'이라는 음의 또렷하고 맑음이 급히 달려올 듯한 걸음의 발랄하고 신선한 몸짓을 적절히 표현하고 있는 것이다.

이처럼 자연의 소리나 사물의 태도를 묘사하기 위한 의성·의태어들은 대상에 대한 화자의 애정을 나타내는 음성 묘사와 함께 일반적으로 첩어의 형태를 지닌다. 때문에 음이 가지고 있는 고유의 요소와 더불어 음률을 형성하는 데 큰 영향을 미치고 있다.[26]

---

26 김현자 외, 「리듬과 음성 상징」, 『문학의 이해』, 학연사, 1994, 61~62쪽 참조.

제5장
시와 이미지

1. 이미지의 개념과 시적 기능
2. 이미지의 종류

1. 이미지의 개념과 시적 기능

이미지(imege) 혹은 심상(心象)은 리듬과 함께 시의 중요한 요소이다. 따라서 그만큼 시에 있어서 이미지가 차지하는 기능 또한 매우 중요하다. 운율이 시의 외면적 표현력을 위한 요소라면, 시의 내면적 표현력을 위해 동원되는 요소가 바로 심상이다. 시는 추상적인 의미를 구체적이고 특수한 이미지를 통하여 전달한다. 때문에 추상적 관념들을 어떻게 감각화하고 구체화하여 표현하는가에 따라 시의 평가가 달라진다. 관념과 사물이 만나는 곳에서 이미지가 형성되는 것이다.

에이브람스(M. H. Abrams)에 의하면 이미지는 다음 세 가지로 정의된다.[27]

첫째, 이미지란 축어적 묘사에 의해서건 인유에 의해서건 혹은 비유에 사용된 유추에 의해서건 간에, 시나 기타 문학작품 속에서 언급되는 감각적이고 지각적인 모든 대상과 특질을 의미한다. 이러한 정의에 대해서는 브룩스와 워렌도 견해를 같이 하고 있다. 즉, 그들은 어떤 감각 체험의 재

---

27 M. H. Abrams, 『A Glossary of Literary Terms』, Holt, Rinehart & Winston, Inc., 1971, pp.76~77 참조.

현을 시의 이미지라고 정의하고 있는 것이다.[28]

둘째, 좀 더 좁은 의미의 정의로, 이미지란 시각적 대상과 장면의 묘사만을 가리킨다. 이러한 견해는 플라톤과 아리스토텔레스 이후 서구에서 가장 오래된 시관의 하나로 모방론에 입각한 정의이다. 이러한 정의에 대해서는 필립 시드니(P. Sidney)의 "시는 말하는 그림"[29]이라는 정의와 루이스(C. D. Lewis)의 "말로 만들어진 그림"[30]이라는 정의와 견해를 같이한다. 그러나 루이스는, 이미지란 표면상으로는 순전히 묘사적이지만 우리의 상상에 외적 현실의 정확한 반영 이상의 어떤 것을 전달하는 어구나 구절로 제시될 수 있다고 말한다. 이는 직유나 은유는 물론 형용사나 묘사적 어구나 구절로 이미지를 만들어 낼 수 있다는 것이기도 하다. 다시 말하여 이미지는 '말로 만들어진 그림' 즉, 독자가 시를 읽으며 음미하는 것이 아니라 마음에 어떤 영상을 떠올려 한 폭의 그림을 감상하는 경지에 이르게 하는 참신하고 대담하고 풍부한 시적 요소라는 것이다. 여기서 '마음의 그림'이란 웰렉과 워렌도 지적하듯이, 반드시 시각적인 것만이 아니라 '과거의 감각상의 혹은 지각상의 체험을 지적으로 재생한 것'[31], 곧 기억까지를 포함하고 있는 것이다.

셋째, 오늘날 가장 널리 사용되는 정의로, 비유적 언어(Figurative Language), 특히 은유나 직유의 보조 관념을 말한다. 신비평을 비롯한 최근 비평은, 이러한 의미에서 이미지를 시의 본질적 구성 요소로서, 그리고 시의 의미와 구조와 효과를 분석하는 중요한 단서로서 강조한다. 이러

---

28 C. Brooks & R. P. Warren, 『Understanding Poetry』, Holt, Rinehart & Winston, 1963, p.555.
29 P. Sidney, 「An Apology for Poerty」, G. G. Smith(ed), 『Elizabethan Critical Essays』, Voume I, Oxford Univ. Press, 1971, p.158.
30 C. D. Lewis, 『The Poetic Image』, A.W. Bain & CO. Ltd., London, 1958, p.18.
31 R. Wellek & A. Warren, 『Theory of Literature』, Penguin Books Ltd., 1970, p.176.

한 정의에 대해서는 스퍼젼(C. F. E. Spurgeon)이 견해를 같이 하고 있다. 그는 이미지에 대해서 "감각을 통해서 뿐만 아니라, 넓은 의미에서는 직유와 은유를 사용하는 정신과 감정을 통해서 시인에게 와 닿는 모든 종류의 방식으로 추출된 어떤 것, 그리고 모든 상상의 그림이나 그 밖의 경험을 함축하는 것"[32)]이라고 정의하고 있다.

> 순이, 벌레 우는 고풍한 뜰에
> 달빛이 밀물처럼 밀려 왔구나.
>
> 달은 나의 뜰에 고요히 앉아 있다.
> 달은 과일보다 향그럽다.
>
> 동해바다 물처럼
> 푸른
> 가을
> 밤.
>
> 포도는 달빛이 스며 고웁다
> 포도는 달빛을 머금고 익는다.
>
> 순이, 포도넝쿨 밑에 어린 잎새들이
> 달빛에 젖어 호젓하구나.
>
> ─ 장만영, 「달 · 포도 · 잎사귀」 전문

이 시는 가을 밤 달빛이 비치는 뜰의 풍경을 시각적 심상과 감각적인 표현을 통해 구현하여, 한 폭의 아름다운 풍경화를 보는 듯한 느낌을 자

---

32 Caroline F. E. Spurgeon, 『Shakespeare's Imagery』, Cambridge Univ. press, 1958, p.5.

아내고 있다. 이 시에서는 두 가지 종류의 감각적 이미지를 보여주고 있다. 그 가운데 하나는 직접 사물에서 경험되는 직감적 지각의 이미지이고, 다른 하나는 기억이나 연상을 통해 상상적으로 경험하는 이미지이다. 1연의 '뜰', '벌레', '달빛', 2연의 '달', 3연의 '가을/밤' 4연의 '포도', '달빛', 5연의 '포도넝쿨', '어린 잎새' 등은 직감적 지각, 곧 직접적인 감각의 대상들이다. 반면 1연의 '순이' 2연의 '나의 뜰', '과일', 3연의 '동해바다 물' 등은 상상적 이미지이다. 그리고 "밀물처럼 밀려 왔구나", "고요히 앉아 있다", "과일보다 향그럽다", "달빛이 스며 고웁다", "달빛을 머금고 익는다", "달빛에 젖어 호젓하구나" 등의 서술도 감각적 특질을 상상적으로 서술한 이미지들이다.

　이와 같이 한 편의 시는, 시인이 직접적으로 경험하고 있는 직감적 이미지와 과거에 경험했던 상상적 이미지를 결합하고 이들의 이미지에서 체험되는 독특한 감각을 서술하여 정서적인 환기를 표출하는 것이다. 다시 말하자면, 시는 예술의 기능을 수행하기 위해서 청각·시각·촉각 등 감각적인 체험의 매개물인 이미지를 통해서 독자에게 정서적·환기적·감동적 기능을 수행하고 있는 것이다. 이미지는 정서를 환기시킬 때 직접성을 획득한다. 따라서 이미지는 정서적 반응을 극대화하는 매개적 수단이기 때문에 시의 필수적 요소가 된다.

　　양철로 만든 달이 하나 수면(水面) 위에 떨어지고,
　　부서지는 얼음 소리가
　　날카로운 호적(胡笛)같이 옷소매에 스며든다.

　　(…중략…)

　　호수(湖水)는 한 포기 화려한 꽃밭이 되고,
　　여윈 추억(追憶)의 가지가지엔

조각난 빙설(氷雪)이 눈부신 빛을 발하다.

— 김광균, 「성호 부근」 부분

이 시에서 시적 화자는 달빛이 비치는 겨울 호수를 산책하고 있다. 시인의 상상력 속에 '달'은 '양철로 만든 달'로 보인다. 금속성의 시각적 이미지에 '달'을 대비시켜 차가운 달이 겨울 호수에 비추는 모습의 이미지를 매우 효과적으로 부각시키고 있는 것이다. 그리고 부서지는 얼음소리를 '날카로운 호적', 곧 휘파람 소리의 청각적 이미지에 대비시킨 참신한 결합은 한층 더 '겨울 호수'의 이미지를 차갑게 전달한다. 또한 '호수'가 달빛을 받아 화려하게 반짝이는 모습을 '꽃밭'에 비유한다. 화려한 달빛을 받고 있으려니 어느덧 젊은 시절의 추억이 되살아난다는 의미로, 눈에 보이지 않는 의식의 세계인 관념적이고 추상적인 추억마저도 시각화한 것이다. 즉, "조각난 빙설이 눈부신 빛을 발하다"는 가슴 속에 추억의 조각들이 되살아나는 장면을 감각적으로 이미지화한 뛰어난 표현이다. 이렇게 이 시는 회화적 이미지를 구사하여 달빛이 비치는 겨울 호수의 모습을 감각적인 시어들을 통해 구체적으로 담아내고 있다.

이와 같이, 이미지는 시의 의미를 전달하는 수단이다. 이미지는 무엇보다도 시를 해석하는 데 도움이 되는 중요한 장치이기도 하다. 따라서 독자는 개개의 독립된 형태로서의 이미지나 혹은 유기적으로 상호 관계를 맺고 있는 형태로서의 이미지군(imagery)을 이해함으로써 시의 주제를 해독할 수 있다. 이미지와 이미저리라는 용어는 혼용되는 경우가 있다. 이미저리는 이러한 감각 체험이 종합되고 집중되면서 형성되는 이미지의 복합군이다. 결국 이미저리는 넓게는 단순한 비유적 언어를 의미할 수도 있으나, 정확히는 언어로 전달된 감각 체험의 복합적 작용을 가리킨다. 따라서 추상적인 것은 이미저리에 의해 통합·조정되어 구체화된다고 할 수 있다. 그런데 이미저리는 개개의 이미지로의 분석이 가능하고, 이미지는 한 편의 시에서 유기적으로 구조화되어 이미저리 차원으로 확대된다고 할 수 있다. 이미지는 본래 한 편의 시에서 따로 독립적으로 기능하는 것이 아니라, 다른 이미지들과 밀접히 관련되어 하나의 맥락을 형성하기 때문이다. 이러한 이미지의 세 가지 기능을 수켈튼(R. Skelton)은 직유·은유·상징으로 설명하고 있기도 하다.

2. 이미지의 종류

시에 있어서 이미지의 종류는 논자의 관점에 따라 여러 가지 유형으로 분류된다. 리처즈(I. A. Richards)는 이미지를 묶인 이미지(tied image)와 자유 이미지(free image)로 구분한다.[33] 이는 이미지란 하나의 자극이 주어지면 충동이라는 흐름으로 전화되고, 이러한 흐름이 특정한 태도를 결정한다고 본 것에 기인한 분류이다. 웰즈(H. W. Wells)는 장식적 이미지(decorative image), 침몰된 이미지(sunken image), 돌발적 이미지(violent image), 급진적 이미지(radical image), 강화된 이미지(intensive image), 확장된 이미지(expansive image), 풍부한 이미지(exuberant image) 등으로 나눈다.[34] 이는 감각에 의존하여 이미지를 세분화하는 분류법을 지양하고, 감각적인 것을 인식의 차원으로 심화시키려 하는 분류법이기도 하다.

또한 프리드먼(N. Friedmann)은 정신적 이미지(mental image), 비유적 이미지(figurative image), 상징적 이미지(symbolic image) 등으로 구분한다.[35] 정

---

33 I. A. Richards, 『Principles of Criticism』, London, Routledge & Kegan Paul, 1976, pp.89~90 참조.
34 R. Wellek & A. Warren, 『Theory of Literature』, Penguin Books Ltd., 1970, pp.200~204(Henry Wells의 『Poetic Image』의 「seven types of Imagery」를 소개하고 있다).
35 Alex Preminger ed., 『Princeton encyclopedia of Poetry and Poetics』, Princeton University Press, 1965, p.364 참조.

신적 이미지는 작품을 감상하는 과정에서 독자의 정신 속에 발생하는 감각적 경험의 이미지군이다. 비유적 이미지는 형상으로서의 이미지를 말하는데, 이미지 형성에 대부분 은유가 주도적으로 기능한다. 그리고 상징적 이미지는 시의 전체적인 맥락에 이미지가 상징성을 띠고 사용되어지는 경우를 말한다. 또한 프레밍거(A. Preminger) 역시 이미지를 지각적 이미지(mental image), 비유적 이미지(figurative image), 상징적 이미지(symbolic image)로 나누고 있다.36) 이는 프레밍거(Alex Preminger) 외 2인이 집필 편집한 『Princeton Encyclopedia of Poetry and Poetics』의 이미저리 항목에서 찾아볼 수 있다. 이 이론은 이승훈의 『시론』, 김준오의 『시론』, 김용직의 『현대시원론』 등에 수용되어 이미지 분류의 이론으로 소개되고 있기도 하다.

이 밖에도 이미지의 종류는 관점에 따라 다양하게 설명될 수 있다. 이러한 이미지 이론을 우리나라에 본격적이고 구체적으로 전개한 이론가는 김춘수이다. 그는 이미지를 서술적 심상(descriptive image)과 비유적 심상(metaphorical image)으로 나눈다.37) 서술적 심상은 배후에 관념이 없는 그 자체만을 일컫는 것이고, 비유적 심상은 관념에 봉사하는 도구적 이미지를 일컫는다. 이러한 김춘수의 이원적 분류는 적절한 용어가 아니라는 지적도 있지만, 우리나라에서 처음 시도된 독창적 분류라는 점에서 그 의의를 논할 수 있다.

(1) 감각적 이미지

정신적 혹은 지각적 이미지는 작품을 감상할 때 오직 독자의 정신에 야기되는 감각적 경험을 강조하는 것이다. 말하자면 시 속의 진술과 그 진

---

36 Norman Freidman, 『Image, Princeton Encyclopedia of Poetry and Poetics』, Alex Freminger edited, Princeton unibersity press, 1965, pp.363~370.
37 김춘수, 『시론』, 송원문화사, 1973, 29쪽 참조.

술이 정신 속에 작용하는 감각과의 관계만을 강조하는 것이다. 따라서 정신적 이미지는 바로 감각적 이미지와 동일한 개념으로 사용되고 있다. 이러한 감각적 이미지는 구체적으로 시각적 이미지 · 청각적 이미지 · 미각적 이미지 · 후각적 이미지 · 촉각적 이미지 · 감관적 이미지 · 공감각적 이미지 등으로 나뉜다.

시각적 이미지는 색채 · 명암 · 모양 · 움직임 등을 나타내는 시각적인 시어나 시구에서, 청각적 이미지는 구체적인 소리를 나타내는 시어나 시구에서, 미각적 이미지는 맛을 나타내는 시어나 시구에서, 후각적 이미지는 냄새를 나타내는 시어나 시구에서, 촉각적 이미지는 촉감을 나타내는 시어나 시구에서, 감관적 이미지는 신체적인 기관들을 나타내는 시어나 시구에서 떠오르는 상 또는 느낌을 말한다. 그리고 공감각적 이미지는 함께 아우러져 쓰인 둘 이상의 감각적인 표현에서 떠오르는 상 또는 느낌을 말한다. 이는 감각의 전이 형상으로 파악된다.

① 차단-한 등불이 하나 비인 하늘에 걸려 있다. (김광균, 「와사등」)
② 손톱으로 툭 튀기면/ 쨍 하고 금이 갈듯 (이희승 「벽공」)
③ 메밀묵이 먹고 싶다./그 싱겁고 구수하고 (박목월 「적막한 식욕」)
④ 어마씨 그리운 솜씨에 향그러운 꽃지짐 (김상옥 「사향」)
⑤ 불현듯 아버지의 서느런 옷자락을 느끼는 것은 (김종길 「성탄제」)
⑥ 병든 숫캐마냥 헐떡거리며 나는 왔다 (서정주 「자화상」)
⑦ 금으로 타는 태양의 즐거운 울림 (박남수 「아침 이미지」)
⑧ 꽃처럼 붉은 울음을 밤새도록 울었다. (한하운 「문둥이」)

시 ①은 풍경 묘사가 보다 잘 시각화되어 있다. 곧, 차디찬 등불 하나가 텅 빈 하늘에 걸려 있는 모습을 시각화한다. 여기서 '차단-한'이라는 백색 계통의 찬 색채 이미지를 '등불'이라는 '붉은색' 이미지와 대비시킴으로써 눈에 보이는 대상을 보다 강렬하게 형상화하고 있는 것이다. ②는 맑고 깨끗한 가을 하늘을 유리에 빗대어 표현한 구절이다. '툭', '쨍'과 같은 의태어·의성어를 사용한 청각적 이미지는, 청신한 가을 하늘의 아름다움을 감각적으로 묘사해준다. ③은 싱겁고 구수한 메밀묵의 맛을 미각화한 표현이다. ④는 진달래꽃으로 부친 '꽃지짐'의 향기로움에서 '어머니'를 연상하고 있다. '향그러운'이라는 감각어를 효과적으로 구사하여 꽃지짐을 후각적으로 묘사한다. 미각과 후각의 두 이미지는 세분되어 표현되기보다는 맛과 냄새라는 친화성으로 말미암아 함께 표현되는 경우가 대부분이다.

> 눈을 가만 감으면 굽이 잦은 풀밭길이,
> 개울물 돌돌돌 길섶으로 흘러가고,
> 백양 숲 사립을 가린 초집들도 보이구요.
>
> 송아지 몰고 오며 바라보던 진달래도
> 저녁 노을처럼 산을 둘러 퍼질 것을
> 어마씨 그리운 솜씨에 향그러운 꽃지짐
>
> 어질고 고운 그들 멧냄새도 캐어 오리.
> 집집 끼니마다 봄을 씹고 사는 마을,
> 감았던 그 눈을 뜨면 마음 도로 애젓하오.
>
> — 김상옥, 「사향」 전문

위의 시 「사향」은 감각적 묘사를 위해 다양한 이미지를 사용하고 있다. "굽이 잦은 풀밭길이"에서는 이리저리 휘어지는 풀밭길의 광경을 시각적인 심상으로 묘사하고, "개울물 돌돌돌 길섶으로 흘러가고"에서는 '돌돌돌'이라는 의성어로 개울물이 흐르는 소리를 청각적 이미지로 제시한다. "저녁 노을처럼 산을 둘러 퍼질 것을"에서는 진달래가 무리지어 피는 봄의 정경과 정취를 시각적으로 묘사한다. 또한 "집집 끼니마다 봄을 씹고 사는 마을"에서는 사람들이 정겹게 살아가는 모습을 계절적 배경과 함께 미각적으로 표현하고 있다. 그리고 "어마씨 그리운 솜씨에 향그러운 꽃지짐"의 후각적 심상은 미각적 심상과 함께 사용되고 있다.

⑤의 시는 어른이 된 시적 화자가 아버지의 절실한 사랑을 느꼈던 과거 자신의 경험을 성탄제의 참뜻과 연결시킴으로써 아버지의 순수한 사랑을 보편적이고 숭고한 의미로 승화시키고 있는 작품이다. 시적 화자는 성탄제 가까운 어느 날 서른 살의 이마에 와 닿은 눈발의 '서느런' 감촉에서 아버지의 '서느런 옷자락'을 연상하고 있다. 이것은 촉각적 이미지를 구사한 화자의 어린 시절을 회상하고 있는 뛰어난 표현이다.

⑥의 시는 감관적 이미지가 잘 표출되어 있다. 감관적 이미지는 기관적 이미지(organic image)라고도 한다. 곧 호흡기·소화기·순환기와 관계되는 신체적 감관이 시에 활용되어 정신적인 정서에 큰 울림을 하는 것이다. "병든 숫캐마냥 헐떡거리며"에서는 호흡기와 순환기의 기관들을 동원하여, 시적 화자의 고통스럽고 처절한 삶을 보여줌과 동시에 삶에 대한 강렬한 요구를 드러내준다. ⑦과 ⑧은 모두 시각과 청각이 결합한 공감각을 보여준다. 그런데 ⑦은 시각에서 청각으로 전이되고 ⑧은 "꽃처럼 붉은 울음", 곧 청각에서 시각으로 전이된다. 감각의 전이는 원관념에서 보조관념으로 전이된다. 그 이유는 보조관념의 감각은 시인의 실제의 감각 체험에서 상상적으로 촉발된 것이기 때문이다.

물론 감각의 복합만이 공감각은 아니다. 감각이 관념과 결합하는 것도 공감각에 해당한다. 그리고 이러한 감각적 이미지의 분석은 시를 감상하고 이해하는 데 많은 도움을 주지만, 그 한계점도 동시에 내포하고 있기도 하다. 왜냐하면 사물에 대한 사람들의 감각적 반응은 개인마다 다양하기 때문이다. 따라서 우리의 시적 체험에서 감각적인 것에만 국한하여 감상한다면 자칫 편협한 시 감상에 그칠 수도 있다. 시는 감각적 이미지로만 구성되어 있지 않으며, 시가 독자에게 환기하고자 하는 체험은 복잡하고 오묘하다. 그러므로 우리가 한 편의 시 속에서 감각적 이미지뿐만 아니라 비유적 이미지와 상징적 이미지에도 세심한 주의를 기울려 감상할 필요가 있는 것이다.

(2) 비유적 이미지

이미지는 시어를 보다 분명하고 정확하게 사용하려는 시인의 행위이다. 사전적 언어는 추상적이고 관념적이기 때문에 의미의 미세한 부분이나 감정의 섬세한 부분을 놓치고 마는 경향이 있다. 따라서 막연하고 실감이 나지 않은 상태를 보다 분명하게 실감할 수 있게 하기 위해서는, 우리가 이미 잘 알고 있고 경험하고 있는 어떤 사물을 예로 들어 설명해야 한다.

① 한 아이가 걸어가고 있다
② 한 아이가 굼벵이처럼 걸어가고 있다

인용한 두 문장은 한 어린아이가 걸어가고 있다는 사실의 설명이지만 내용을 보면 차이가 난다. ①의 문장은 일상적인 산문 문장이다. 단어들의 연결이 정상적인 일상의 발상인 것이다. 그러나 ②의 문장은 아이가 걸어가고 있다는 사실을 변형하여 '굼벵이처럼'이라는 단서를 붙이고 있다. 이는 한 아이가 걸어가고 있다는 본래의 의미를 보다 미시적으로 구체화하거나 의미를 확대하거나 내면화하는 방식이다. 즉 '굼벵이처럼'이라는 비유에는 '몹시 느리게'라는 걸음걸이의 속도감이 내포되어 있는 것이다. 이처럼 시에서 둘 이상의 사물을 비교하거나 대조하거나 예를 들어 설명하는 것은 필수적인 기법으로 통용된다.

그런데 '딜 달 무슨 달/쟁반같이 둥근달', '태양처럼 뜨거운 여름 날', '놀란 토끼처럼 눈을 크게 뜨고 있다', '그의 키는 전봇대처럼 크다' 등의 비유 방식은 일상의 언어에서 널리 알려져 있는 상투어이기도 하다. 다시 말하자면 이미 진부해진 죽은 비유(dead metaphor)들이다. 따라서 시의 비유법은 그러한 관용적 어법이 아니라 전혀 새롭게 주관적으로 창조한다는 데 있다. 시인은 일상의 언어나 산문의 언어가 사용할 수 없는 신비한 세계를 창조적으로 사용해야 한다.

> 말아, 다락같은 말아,
> 너는 즘잔도 하다마는
> 너는 웨그리 슬퍼 뵈니?
>
> — 정지용, 「말1」 부분

이 시는 "말아, 다락같은 말아,"의 직유로부터 그 첫 행을 시작하고 있다. 여기의 '다락'은 '다락집'을 일컫는 것으로서 사방을 전망하기 위해 높이 지은 누각을 의미하는 말이다. 빌딩이 들어선 오늘날에는 죽은 말이 되어 버렸지만 옛날에는 무엇인가 높은 것을 표현하려고 할 때에는 곧잘 '다락같다'는 비유를 많이 써 왔다. 그래서 물건값이 비싼 것을 보고도 사람들은 '다락같다'고 말했던 것이다. 시인은 이 진부하고 죽은 직유를 말馬에다 씀으로써 새롭고 독특한 은유적 의미를 소생시킨다. 다락은 인간이 거주하는 보통 집들보다 더 높다. 그것처럼 말은 보통 짐승들보다 그 키가 높다는 뜻을 내포한다. 그러므로 '다락같은 말'이라고 하면 말의 높은 키를 수식하는 비유가 되는 것이다. 그러나 물가를 수식하는 경우와는 달리 '다락같은 말'이라는 비유 속에는 높다는 의미소 하나만이 있는 것은 아니다. 말하자면 이 직유는 그것으로 완결된 닫혀진 비유가 아니라

앞을 향해 열려져 있는 비유이기 때문에, 그것이 무엇을 의미하는 것인지 시 전체의 언술을 참조해야 하는 것이다.

이처럼 비유는 표현하기 어려운 개념이나 감정을 보다 구체적으로 확실하게 서술하는 방법이다. 그리고 비유는 새로운 개념을 적절히 명명하는 언어의 창조적 행위가 되는 것이나. 그러나 무엇보다도 중요한 것은 개개인의 특수한 주관적인 세계, 보다 미묘한 리얼리티를 표현하는 방식이 시에 있어서 비유의 존재성이라는 것이다. 일상의 언어가 개념이나 사물의 의미를 전달하려는 목적으로 사용되는 것에 대하여, 시는 존재를 설명하는 것이 아니라 존재를 드러내는 창조적 작업이다. 때문에 필연적으로 언어의 감각화나 형상화가 요구된다. 이러한 시적 창조를 위하여 시는 비유적 이미지를 선택하게 되는 것이다.

이러한 비유적 이미지에는 직접적으로 대상과 대상을 끌어들이는 직유, 유추나 암시에 따라 대치하는 은유, 인간을 다른 대상에 빗대는 의인, 부분으로 전체를 나타내는 대유 등이 있다. 그 가운데 비유적 이미지의 대표적인 양식은 은유이다. 은유는 수사적으로는 원관념과 보조 관념의 결합으로 구성된다. 원관념은 '비유되는' 이미지나 의미재이고, 보조관념은 '비유하는' 의미나 의미재이다.

(3) 상징적 이미지

상징은 근본적으로 두 개의 이미지가 결합되어 생성된다. 상징(symbol)의 어원은 원래 '짜맞추다', '비교하다', '한 데 던지다' 등의 그리스어 동사 'symballein'의 어원을 지니고 있으며, 이것의 명사형인 'symbolon'은 '표시', '증표', '기호' 등의 뜻을 지닌다. 따라서 상징이란 나타난 어떤 진술이나 이미지가 한쪽만으로는 의미가 없고, 나타나지 않은 또 한쪽과의 결합을 통하여 완성되는 표현 방식이다. 가령 시 속에서 나타난

'십자가'는 그것 자체만으로는 완전한 의미를 지니지 못하고, 그것이 시사하는 '기독교'라는 나타나지 않은 또 한쪽과의 결합을 통해서만이 완전한 의미를 획득할 수 있다는 것이다. 마찬가지로 '태극기'는 대한민국을, '비둘기'는 평화를, '소나무'는 절개를 각각 의미하는 것도 같은 맥락이다.

이처럼 상징적 이미지는 상징을 바탕으로 한 관념적 이미지를 판독하는 데 있다. 상징이 암시적이고 다의적인 것도 이런 까닭이다. 따라서 상징적 이미지의 특성은 이미지의 반복과 회귀에 있다. 그리고 반복과 회귀가 소급될 때 신화나 원형의 차원까지 이어지게 된다. 이는 상징적 이미지가 무의식적이며 반복적으로 우리의 기억 속에 축적 계승된다는 증거이다. 말하자면, 하나의 사물이 상징적 의미를 부여받기 위해서는 그 사물에 부여된 추상적 관념이 사람들의 무의식 속에 오랜 세월을 거치면서 지속적으로 작용함과 동시에, 그러한 의미로 그 사물을 반복적으로 지칭하는 과정을 필요로 하는 것이다. 때문에 상징은 관습화되거나 일반화되는 경향을 갖는다. 이러한 상징적 이미지는 그 뿌리가 깊고 집단적이며 원형적이라고 할 수 있다. 그리고 좋은 문학작품에 나타나는 상징은 이미 일반화된 상징이 아니라 시인의 독자성에 의해 창조된 보다 참신한 형태의 상징이라고 할 수 있다.

비유적 이미지에서 원관념과 보조관념은 서로 이질적이면서도 유사성을 근거로 하여 결합된다. 곧, 유사성으로 하여 차이를 표현한다. 그러나 상징적 이미지는 그 본질상 원관념과 보조관념이 하나의 완전한 결합체가 된다.

　　나는 새장을 하나 샀다
　　그것은 가죽으로 만든 것이다

　　　　날뛰는 내 발을 집어넣기 위해 만든 작은 감옥이었던 것

　　　　처음 그것은 발에 너무 컸다
　　　　한동안 덜그럭거리는 감옥을 끌고 다녀야 했으니
　　　　감옥은 작아져야 한다
　　　　새가 날 때 구두를 감추듯

　　　　새장에 모자나 구름을 집어넣어 본다
　　　　그러나 그들은 언덕을 잊고 보리 이랑을 세지 않으며 날지 않는다
　　　　새장에는 조그만 먹이통과 구멍이 있다
　　　　그것이 새장을 아름답게 하는 것인지도 모른다

　　　　나는 오늘 새 구두를 샀다
　　　　그것은 구름 위에 올려져 있다
　　　　내 구두는 아직 물에 젖지 않은 한 척의 배,

　　　　한때는 속박이었고 또 한때는 제멋대로였던 삶의 한켠에서
　　　　나는 가끔씩 늙고 고집센 내 발을 위로하는 것이다
　　　　오래 쓰다 버린 낡은 목욕통 같은 구두를 벗고
　　　　새의 육체 속에 발을 집어넣어 보는 것이다
　　　　　　　　　　　　　　　　— 송찬호, 「구두」 전문

　시 「구두」는 관념적·비유적·상징적 성격을 지닌다. '구두'와 '새장'의 연관성에 착안하여 현실에 구속되어 있으면서 비상을 꿈꾸는 현대인의 마음을 효과적으로 드러내고 있다. 현실에 구속되어 있기에 현대인은 자유를 갈망한다. 그러한 갈망을, 새 구두를 구름 위에 올려놓는 행위와 새의 육체 속에 발을 집어넣는다는 참신한 비유로 표현하고 있는 것이다.
　1연에서 시적 화자는 '구두'를 '새장'에 비유한다. 곧, 새가 새장에 갇

혀 있듯이 자신을 지탱하는 발은 구두에 갇혀 있음을 발견한 것이다. 그리고 '새장'이 새를 가두는 감옥이듯이 '구두'도 자신을 가두는 감옥으로 여겨 벗어나기를 바란다. 시적 화자는 새로 산 구두를 구름 위에 올려놓는다. 이것은 지상을 벗어나 자유롭게 비상하고 싶은 시적 화자의 내적 갈망을 보여준다. 그리고 이러한 행위는 새의 육체 속에 발을 집어넣는 것으로 이어지는데, 이것은 지상과 대비되는 자유로운 공간으로 비상하려는 시적 화자의 소망을 표출한 것이다.

현대시에 등장하는 '새'는 주로 '자유', '순수', '희망', '평화' 등의 관념적이면서도 긍정적인 상징적 의미를 갖는다. 이 작품에서의 새 역시 지상적인 삶의 구속에서 벗어나려는 시적 화자의 '갈망', '소망'을 상징하는 역할을 한다. 황지우의 「새들도 세상을 뜨는구나」에 등장하는 새들 역시 이러한 상징적 의미를 지니고 있다. 또 박남수의 「새」에서 새는 순수의 결정체로 등장하는데 비정한 인간 세계와 대비되는 순수의 세계 그 자체를 상징한다. 그리고 김광섭의 「성북동 비둘기」의 비둘기는 평화롭고 아름다운 자연의 세계를 뜻하면서 물질문명의 파괴적 속성을 경고하는 소재로 사용되고 있다.

송찬호의 시 「구두」에서의 '구두'는 우리의 삶을 제약하고 구속하는 존재를 상징한다. 그리고 '새 구두'를 사는 행위는 자유를 갈망하는 꿈을 독특한 발상법으로 표현한 것이다. 또한 "새장에 모자나 구름을 집어넣어 본다"에서의 '모자'는 인간의 신체 부위의 제일 위에 위치한 것으로 제일 아래에 위치한 '구두'와 대비된다. 곧 '구두'가 '구속', '육체적', '물질적'인 것을 상징한다면 '모자'는 '자유'와 '정신적', '이상적'인 것을 상징하는 것으로 해석할 수 있다. 따라서 마지막 연에서 시적 화자는 이제 오래된 구두, 구속되어 육체적·물질적 생활에 얽매어 살아온 삶을 버리고, 비상을 위해 '새 구두'를 신고 "새의 육체 속에 발을 집어넣어 보는 것이다". 이는 시적 화자의 비상하고자 하는 욕구, 곧 육체적·물질적 삶에서 벗어나 자유롭고 정신적·이상적인 삶을 살아가고자 갈망하는 독특한 표현이라고 할 수 있다.

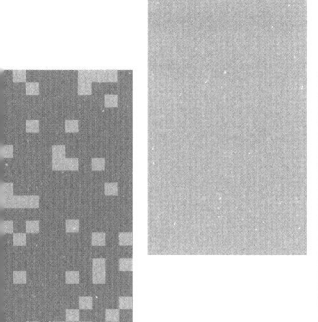

제6장
시와 비유

1. 비유의 개념
2. 직유의 종류
3. 은유의 개념과 구분
4. 치환은유와 병치은유

1. 비유의 개념

시에서 이미지를 구사하는 것은 언어를 보다 분명하고 확실하게 사용하려는 행위이다. 시는 개인의 복잡하고 주관적인 정서를 함축적으로 드러내는 장르이기 때문에 언어의 지시적 차원이나 일상어의 상투적 용법만으로는 그 의미를 적절하게 표현하기 어려운 것이다. 비유의 방식 역시 이미 고정화되어 있는 언어를 통해 보다 새로운 진실을 드러내고자 할 때 사용된다. 비유는 언어의 일상적이고 관습적인 의미를 깨뜨리고 전의(轉意)하여 새로운 의미를 창조하는 것이다.

① 하늘을 쳐다본다
② 호수**같은** 하늘을 쳐다본다

위의 두 문장은 하늘을 바라본다는 사실의 설명이지만 내용을 보면 ①과 ②에는 차이가 있다. ①의 문장은 일상적인 산문 문장이다. 단어들의 의미나 연결이 정상적인 일상의 방식인 것이다. 이런 것을 축어적 표현(literal expression)이라고 한다. 그러나 ②의 문장을 하늘을 바라본다는 사실을 변형하여 '호수같은'이라는 비유(직유)에 의해 일상적이거나 보편적인 의미로부터 벗어나 있다. 이는 하늘을 바라본다는 본래의 의미를 보다 미시적으로 구체화하거나 의미를 확대하거나 내면화하는 방식이다. 그리하여 그 단서가 되는 '호수같은'에서 우리는 구체적으로 맑고, 잔잔하고, 푸른 하늘을 연상하게 되는 것이다. 다시 말하여 우리가 '잘 파악하지 못하는 무엇(A)'을 '마치 무엇 같다(B)'고 함으로써 그 파악하지 못하는 것에 대한 이해의 기반을 마련해 주고 있는 것이다. 곧, 'A는 B와 같다'는 직유법이 비유의 기본 형식이다. 이처럼 '~같이', '~처럼', '~듯이' 등의 매개어로 결합되는 것을 직유라 하고, 매개가 없이 'A는 B이다'의 형태로 결합되는 것을 은유라고 한다.

① 인제는 돌아와 거울 앞에 선
내 누님**같이** 생긴 꽃이여 (서정주, 「국화 옆에서」)

② 흐르는 물**처럼**
네게로 가리 (최승자, 「네게로」)

③ 구름에 달 가**듯이**
가는 나그네 (박목월 「나그네」)

④ 내 **마음**은 **호수**요
그대 노 저어 오오 (김동명, 「내 마음」)

시 예문을 보면 시적 화자가 두 사물을 등장시켜 서로가 유사하거나 동일한 것으로 동일시하고 있다. ①의 시는 국화꽃을 누님에, ②의 시는 네게로 가는 양태를 물처럼으로, ③의 시는 구름 위로 달이 가듯이 땅 위로 나그네가 가는 모습을 각각 비유하고 있는 직유법이다. 그리고 ④의 시는 'A는 B이다'에 대입되는 은유이다. 따라서 원관념은 개념이고 보조관념은 이미지이다.

그런데 상상력은 추상적인 것과 구체적인 것, 보편적인 것과 특수한 것, 자아와 세계, 사상과 감정 등 이 모든 대립되는 짝들을 포괄하고 융합하는 종합의 능력이다. 물론 비유는 이러한 융합의 산물이다. 그러므로 비유의 문법적 단위인 원관념과 보조관념은 반드시 어느 일방이 추상적인 관념이 되어야 하거나 구체적인 감각이 되어야 하는 법은 없다.

  내용 없는 **아름다움처럼**

  가난한 아희에게 온
  서양나라에서 온
  아름다운 **크리스마스카드처럼**

  어린 양들의 등성이에 반짝이는
  진눈개비처럼

          — 김종삼, 「북치는 소년」 전문

위의 시에서는 '북치는 소년'을 "아름다움처럼", "크리스마스카드처럼", "진눈개비처럼"으로 비유하고 있는데, 크리스마스카드나 진눈개비는 사물이지만 아름다움은 추상적인 언어이다. 비유어는 기본적으로 사물이어야 보다 구체성을 드러내는 것이지만 때로는 아름다움처럼, 사랑처럼, 미움처럼, 그리움처럼 등의 관념적 언어를 등장시키는 경우가 있다. 관념어는 감각적·사물적 이미지가 주는 형상성보다는 의미의 한정이나 정서의 긴장성을 제고하는 기능을 한다.

비유적 이미지에서 이미 살펴보았지만, 비유란 사물의 현상·상태·마음의 움직임 등을 다른 사물에 빗대어 구체적인 연상을 일으키게 하는 표현기법을 말한다. 이 때 표현하려는 대상을 '원관념', 비교되는 매개물을

'보조관념'이라고 한다. 이는 표현대상이 되는 정서나 관념의 표현 효과를 높이기 위해서 주로 사용한다. 비유에는 직접적으로 대상과 대상을 끌어들이는 '직유'와 유추나 암시에 따라 대치하는 '은유', 인간을 다른 대상에 빗대는 '의인', 부분으로 전체는 나타내는 '대유' 등이 있다.

비유 전체를 총칭하는 광의의 개념으로서 은유(metaphor)는 그리스어에서 나온 말인데, 그것의 동사인 metaphorein에서 'meta'는 '~을 넘어서'라는 뜻이며 '~을 옮겨놓다'라는 의미를 지닌다. 은유는 이 두 낱말이 결합되어 이루어진 용어로서, 한 대상의 양상이 다른 대상으로 옮겨져 원래의 대상이 가지고 있는 의미의 폭을 확장하거나 보다 구체화하는 것을 가리킨다. 그것은 일상적으로는 불가능한 세계를 가능한 세계로, 보이지 않은 것을 보이는 것으로, 추상적인 대상을 구체적인 것으로 만든다. 즉, 모든 이질적인 것들을 조화시키고 대립적인 요소들을 합일시키는 시 구조의 본질적인 요소라고 할 수 있다. 이러한 비유의 성립 관계를 아리스토텔레스는 '전이(轉移)'의 개념으로 설명했다.

그 이후 리처즈는 비유의 성립 요건을 '본체(tenor)'와 '매재(vehicle)'의 관계로 설명하고 있는데, 그에 의하면 상이한 두 대상 가운데 바탕이 되는 것, 곧 원관념을 이루는 것이 본체라면, 원관념의 의미를 확충시켜 주는 보조관념이 매재가 된다. 이를 본의(本義)와 유의(喩義)로, 혹은 취의(趣義)와 매체(媒體)로 일컫기도 하고, 기본 의미(primary meaning)와 2차적 의미(secondary meaning)로 설명되기도 한다. 다시 말하여, 비유는 차이성 속에서 유사성을 필요 충분의 조건으로 삼고 있는 것이다.

2. 직유의 종류

비유의 대표적인 양식으로 직유와 은유가 있다. 과거에는 시를 수사나 장식, 곧 언어의 전달 미학으로 생각하여 비유를 수식의 기교로 생각하였으나, 현대시에서는 직유보다는 은유를 더 많이 사용하고 있는 경향이다. 현대는 비유를 수식의 기교가 아니라 일상적 어법의 벗어남, 낯설음의 어법으로 인정하면서 시의 근본 구조로 파악한다. 그리하여 의미나 정서의 벗어남을 극대화하는 것이 비유의 근본이라면, 차라리 유사성의 형식인 직유보다는 비유사성의 형식인 은유가 바람직하다는 논리에 이르고 있는 것이다. 그러나 현대시에 있어서도 직유는 시의 중요한 어법임에는 틀림없다.

(1) 단순직유

단순직유는 시에 등장한 서로 유사하거나 동일한 두 사물을 독자가 비교적 쉽게 이해할 수 있는 기법이다. 그만큼 원관념과 보조관념의 관계가 간결하여 그 의미가 쉽게 드러난다. 그래서 일반적으로 단순한 형식을 갖추고 있다. 그러나 전적으로 즉각적이고 단편적인 것만은 아니다.

> 돌담에 속삭이는 **햇발같이**
> 풀 아래 웃음짓는 **샘물같이**
> 내 마음 고요히 고운 봄 길 위에
> 오늘 하루 하늘을 우러르고 싶다.
>
> 새악시 볼에 떠오는 **부끄럼같이**
> 시(詩)의 가슴에 살포시 젖는 **물결같이**
> 보드레한 에메랄드 얇게 흐르는
> 실비단 하늘을 바라보고 싶다.
> — 김영랑, 「돌담에 속삭이는 햇발같이」 전문

직유는 이미 언급했듯이 두 개의 다른 사물 사이의 비교가 '~처럼',

'~같이', '~듯이'라는 낱말로 드러난다. 원관념과 보조관념을 직접 드러내어 빗대는 표현방법이다. 다시 말하면 인접성(contiguity)과 유사성(similarity)을 바탕으로 두 사물을 비교하는 표현방법인 것이다. 인접성은 환유(換喩)와 제유(提喩)에서 가장 극명하게 드러나며, 유사성은 직유・은유・상징 등에서 폭넓게 나타난다.

위의 시는 시적 화자가 하늘을 동경한다는 단순한 내용을 2연 4행의 단조로운 형식에 담은 작품이다. 따라서 이 시는 '하늘을 우러르며 살고 싶다'라는 것을 중심으로 전개되고 있는데, '~햇발같이', '~샘물같이', '~부끄럼같이', '~물결같이' 등 직유의 구절들을 반복하면서 종결문을 제시한다. 그리고 그 하늘은 "보드레한 에메랄드 얇게 흐르는/실비단" 같은 것이다. 이는 푸른 하늘을 녹색의 에메랄드로 시각화하여 아름답게 비유한 것이다. 시적 화자는 1연과 2연에서 공통적으로 '하늘'을 동경하고 있다. 그리고 '하늘'을 동경하는 시적 화자의 마음은 '햇발', '샘물', '부끄럼', '물결'로 비유하여 표현된다. 이는 밝고 평화로운, 순수하고 청순한 시적 화자의 마음을 표현한 것이다. 곧, '햇발', '샘물'은 시적 화자의 마음을 비유한 표현으로 마음이 평화롭고 따뜻하다는 것을 의미한다. 그리고 "새악시 볼에 떠오르는 부끄럼같이"는 새악시의 부끄러움처럼 순수한, 시를 쓰는 사람의 마음처럼 서정이 가득한 마음을 의미한다. 이와 같이 이 시는 대립되거나 엉킴이 없는 비유를 통해 '한없이 푸르고 청순한 하늘을', '햇발', '샘물', '부끄럼', '물결'처럼 우러르고 싶다는 시적 화자의 동경을 간단명료하게 보여주고 있는 것이다.

(2) 확장직유

확장직유는 원관념과 보조관념이 선명한 단순 비유체계로 마무리되지 않고, 보다 입체성을 띠고 다양한 복합체계를 지닌다. 따라서 시의 유추

관계를 파악하는 것 또한 쉽지 않다. 비유의 심리적 구조인 유추란, 한 대상이 다른 대상과 유사하거나 어떤 점에서 공통점이 있다거나 관계가 있을 것이라는 심리적 추리를 말한다. 사고의 논리성이나 시인의 상상력이란 바로 이러한 아날로지에 의해서 가능하게 되는 것이다. 그리하여 시를 이해함에 있어서 보다 여러 가지 상상력을 동원하게 된다.

이 절도 다 됐구나

뒷산에는 물오른 동백이 **백댄서처럼** 몸을 흔들고
절마당 아래까지 술집이 들어앉았으니
한때는 힘깨나 썼을 부처가 **오빠처럼** 보이는구나

내 오늘 늙은 **기러기처럼** 이 땅을 지나가며
절집만 봐도 생이 **헌 옷 같고**
나라가 다 측은하다만
혹 다시 못 오더라도
월경처럼 붉은 꽃들아
해마다 국토의 아랫도리를 적시고
또 적시거라

— 이상국, 「겨울 남해에서」 전문

위의 시는 직유를 중심으로 전개된다. 그리고 시의 내용으로 미루어, 시적 화자가 겨울 남해 바다에서 어떤 무너져 간 절을 바라보면서 나라의 앞날을 걱정하는 마음을 노래한 것임을 알 수 있다. 이 시는 원관념과 보조관념을 직접 드러내어 두 사물을 비교하는 표현방법을 사용하고 있다. 그러나 그 원관념과 보조관념이 이질적인 성격을 띤 것이 있어 작품의 이해를 어렵게 하는 것도 있다. 곧, 이 시에서의 원관념과 보조관념의 두 사물은 '동백/백댄서', '부처/오빠', '나/기러기', '생/헌 옷', '붉은 꽃/월경' 등이다. 이 가운데 '동백/백댄서', '부처/오빠' 등은 상호 이질적이어서 서로 쉽게 연결되지 않은 것이다. 그럼에도 불구하고 이 표현을 은유라고는 할 수 없다. 이 시는 직유의 표현방법인 상사성과 유사성의 틀에서 벗어난 확장 직유체계라고 할 수 있으며 다양한 해석을 유추할 수 있다. 따라서 이러한 모호함 때문에 독자의 호기심은 증폭되고 상상력은 끊임없이 자극을 받는다고 할 수 있다. 곧, 독자가 생각의 날개를 펼치도록 끊임없이 유도하는 것이다. 이처럼 확장 직유는 원관념에 여러 보조관념이 결합되거나 혹은 원관념 없이도 보조관념만 나열되어 독자의 상상력을 자극하여 새로운 미적 체험을 향유하게 하는 것이다.

3. 은유의 개념과 구분

은유는 직유와는 달리 연결어가 없는 비유이다. 말하자면 원관념을 A라 하고 보조관념을 B라고 할 때, 'B같은 A'에서 '같은'이라는 연결어가 없는 형태이다. 따라서 은유의 문법은 'A=B', 'A의 B'라는 형태를 띤다. 이런 형태상의 차이 때문에 직유를 명유(明喩), 은유를 암유(暗喩)라고 부르기도 한다. 은유에는 연결어가 없기 때문에 원관념과 보조관념의 결합상태가 직접적이다. 그리고 직접적인 만큼 원관념과 보조관념 사이에 강한 탄력이 생긴다. 그 탄력은 두 개의 관념이 가지고 있는 차이성과 유사성이 서로 부딪치며 생성해내는 새로운 의미론적 전이와 의미 발생의 자장(磁場)이다.

은유는 고대로부터 수사학(rethoric)의 한 종류로써 폭넓게 사용되어 왔기 때문에, 전통적으로 비유 언어의 가장 기본적인 형태라고 할 수 있다. 고대에서 수사학은 상대방을 제압하기 위한 수단인 웅변술 또는 화술을 연마하는 방법으로 이해되었다. 그런데 아리스토텔레스에 이르러 수사학은 웅변술이나 장식술로부터 새로운 가치를 창출하는 차원으로 확대되었다. 곧, 아리스토텔레스는 그의 『시학』에서 은유란 '한 사물의 명칭이 다른 사물에 적용되는 명칭으로 전이될 때 나타난다'고 하는 소위 '전이의 개념'을 주장하기에 이른다. 이는 그가 수사학을 시학의 한 부분으로 규정하여 학문적인 자율성과 독립성을 부여한 것이다. 나아가 아리스토텔레스는 언어를 산문적인 용법과 시적인 용법으로 구분하고, 은유를 후자에 종속시킴으로써 의미의 전이와 확장, 그리고 변화에 관심을 쏟게 하였다. 문학에서 은유를 후자에 귀속시키는 것은 이러한 까닭이다.

이후 비유법에 대한 논의는 지속되었는데, 특히 리처즈를 중심으로 하는 신비평가들은 고전적 수사학의 수사적 가치를 재발견하고 현대시에서의 은유의 중요성을 강조한다. 그리하여 오늘날 수사학은 신비평·구조주의·기호학의 경계에서 핵심적인 학문으로 성장하기에 이른다.

이미지와 함께 은유는 시의 가장 중요한 요소에 속한다. 그리고 은유는 단순히 직유와 대조되는 개념만은 아니다. 은유(metaphor)는 고대 희랍어 '메타포라(metaphora)'에 어원을 둔, 의미의 '자리바꿈' 혹은 '옮김'이라는 뜻을 지닌다. 이러한 은유는 직유처럼 표면적인 유사성을 발견하는 것이 아니다. 은유는 직감적으로는 유사성을 찾기 어려우나 의미상 또는 내면적 정서들에서 일부의 유사성을 인정하고, 아예 본래의 의미를 비유적 의미로 바꾸어버리는 어법이다. 따라서 은유란 어떤 사물·의미·감정이 다른 사물·의미로 옮겨져, 전자의 사물이 후자의 사물로 전이되는 것을 말한다. 그리고 극단적인 경우, 결코 유사성이 없더라도 시인의 직관에 의해서 폭력적으로 전이될 수도 있다. 이때 비유는 유사성의 발견이 아니라 의미나 감정의 새로운 창조가 된다. 결국 은유는 의미의 전환과 변화는 물론이고 의미의 상승 작용까지도 내포하는 개념이라고 할 수 있다. 이는 은유가 단순히 문장을 장식하거나 미화하는 것이라기보다는 새로운 의미를 창조하는 차원으로까지 확대되는 것을 뜻한다.

문학상으로 은유는 그 분류가 다양하게 논의되고 있다. 그런데 은유는 그 지향하는 의미의 변용이나 전환의 언어 형식이 언어를 통해 달성되므로 두 가지 측면에서 고려되어야 한다. 다시 말하면, 전환되는 의미와 내용에 주목하여 이것의 변환을 문제 삼을 때는 철학적 영역에서 논의될 수 있고, 의미의 전용을 창출하는 형식이 언어의 통사론적 측면에 관계된다는 점에서는 언어학적 접근에서 논의될 수 있는 것이다. 이렇듯 은유는 일반적으로 크게 철학적 측면과 언어학적 측면으로 구분할 수 있다.[38]

(1) 철학적 측면에 따른 구분

철학적 측면의 분류는 전용되는 의미 및 내용이라는 관점에서 철학적인 영역에 내포되는 분류이다.

① **종류에 의한 구분**이다. 이는 아리스토텔레스가 구분한 내용상의 구분에 해당하는 은유인데 대략 네 가지로 구분할 수 있다.

- 유(類)를 통해 종(種)을 지시하는 은유
  '배가 서 있다.' 라는 문장에서 '서 있다'(유개념)라는 언어는 정박했다(종개념)는 말의 상위 개념이 된다.
- 종을 통해 유를 지시하는 은유
  '천년의 사랑'에서 천년이라는 말은 천년의 시간을 의미하기보다는 무한일 수 있는 유개념의 종개념이 된다.

---

38 오세영, 『문학연구방법론』, 이우출판사, 1988, 209~212쪽 참조.

- 종에서 종을 지시하는 은유

  '그는 청동으로 그의 생명을 퍼내었다'에서 '퍼내었다'의 등가적 의미는 '칼로 베어냈다' 혹은 '제거해 버렸다'의 내용이다.
- A와 B의 관계가 C와 D의 관계를 유추시키는 은유(유추와 배분의 관계)

  디오니소스의 방패 = 아레스의 창

  사계절의 겨울 = 인생과 노년

② **생명체·비생명체에 의한 구분**이다. 이는 생명체를 통해 비생명체를 지시하거나 반대로 비생명체를 통해 생명체를 지시하는 경우이다.
- 생명체를 통해 비생명체를 지시하는 것

  '산의 이마'

  산(생명체), 이마(비생명체) = 벼랑 의미
- 비생명체로부터 생명체를 지시하는 것

  '그를 품는 자는 칼이 된다.' 그(미움)를 '칼'이라고 할 때, 미움을 품은 인간은 모두 비생명체인 광물로 은유된다.
- 비생명체를 비생명체로 전이시키는 것

  '돌들이 들어앉았다.' 돌(비생명체)이 집(비생명체)을 지시하고 있다.
- 생명체를 생명체로 전이시키는 것

  '뱀이 개구리 몸통을 삼켰다.' 뱀(강자)이 개구리(약자)를 전이시키고 있다.

③ **사고의 영역에 의한 구분**이다. 이는 원관념과 보조관념의 관계에 기반을 두고 본관념과 보조관념이 같은 의미의 영역에 있을 경우와 서로 다른 영역에 있을 경우의 차이를 두고 구분하거나, 감각성으로 파악된 추상 혹은 추상으로 파악된 감각성 등을 논할 때의 방법을 나타

낸다.
- 보조관념과 원관념이 모두 같은 의미의 영역에 있는 경우
  '대지는 등불을 밝힌 방이었다.', '등불'은 '달'을 의미한다.
- 보조관념과 원관념이 서로 다른 영역에 있는 경우
  '대지는 눈을 뜨고'에서 '대지'는 물질세계, '눈을 뜬다'는 것은 생명 체계에 속하는 서로 다른 영역에 존재한다.
- 감각성으로 파악된 추상의 경우
  '놀람의 승부', '굳어버린 언어'
- 추상으로 파악된 구성의 경우
  '내 발을 가로막는 그리움'에서 '그리움'은 사랑, 연인을 뜻한다.

(2) 언어학적 측면에 따른 구분

은유는 의미의 전용을 창조해 내는 언어 형식이다. 이러한 관점에서 언어학적 측면에 따른 구분은 아홉 가지로 나뉜다.

① '이다'(est, is)라는 계사(copula)로 만들어진 은유
   '인생이란 한바탕 꿈이다.'
② 사역동사(faire)의 형태로 만들어진 은유
   '장미가 된 그 여자', '독사가 된 너'
③ 동격 혹은 관계절로 이루어진 은유
   '나의 동반자', '들국화 그녀'
④ 돈호법 혹은 발언으로서의 은유
   '오오, 그대여 나의 여왕이여', '조국이여, 어찌하여 그렇게 힘이 없는가'
⑤ 다른 구문 속의 소유격으로 만들어진 은유

'부분적인 것은 악마들이며, 질적인 것은 불꽃의 언어들이었다.'
⑥ 소유격형 동격으로서의 은유
  '사랑의 불꽃', '슬픔의 샘'
⑦ 동사를 포함한 은유
  '나르는 새', '꿈꾸는 인형'
⑧ 형용사를 포함한 은유
  '더러운 양심', '행복한 꿈'
⑨ 부사를 포함한 은유
  '삐그덕거리며 열리는 문', '헐떡거리며 뛰어오는 사람'

4. 치환은유와 병치은유

(1) 치환은유와 병치은유의 개념

은유의 전통적인 유형은 'A는 B이다'와 같은 동일성을 바탕으로 한다. 이 경우 A는 주지(主旨) 혹은 원관념이고, B는 매체 혹은 보조관념이다. 그러나 이러한 유형 이외에 휠라이트(Philip Wheelwright)는 다른 유형을 설정하고 있기도 하다. 그의 경우, 직유와 은유를 구별하는 것에 대하여 반대하고 있는 입장이다.[39] 그는 은유에 개재하는 변환 과정을 '의미의 동작'이라고 주장하면서, 이러한 개념은 '은유'라는 어휘 자체가 가지고 있다고 말한다. 즉 'Phora'라는 것은 의미 동작(semantic motion)이며, 이것은 의미의 탐색 작용(outreaching)과 결합 작용(combining)의 이중적 상상 행위를 뜻한다는 것이다.[40] 탐색 작용의 경우, 그 이중적 개념을 outreach

---

39 Philip Weelwright, 『Metaphor and Reality』, Indiana University Press, 1962, p.71.
40 위의 책, p.72.

의 영한사전적 뜻으로 살펴보면 '~의 앞까지 미치다', '~을 연합시키다'라고 두 가지로 설명하고 있는데, 여기서 충분히 유추할 수 있다. 이 두 상상 행위는 서로 연합 과정에서 효과적으로 나타나지만, 두 작용의 차이는 인정하여야 한다는 것이 휠라이트의 입장이며, 이 차이에 따라 그는 은유의 유형을 두 가지로 나눈다. 즉 의미의 탐색과 확대 작용에 의한 은유를 치환은유(置換隱喩 : epiphor), 결합 작용인 병치(juxtapositon)와 합성(synthesis)에 의한 은유를 병치은유(竝置隱喩 : diaphor)라 이름하고 있다. 'epiphor'의 경우 'epi', 곧 '새로운 것을 향해서 이동하는 동작(phora)'이라는 뜻이고, 'diaphor'의 경우 'dia', 곧 '통과'라는 동작(phora)의 뜻이다. 따라서 'epiphor'는 지금까지 우리가 은유라고 정의한 전통적인 은유이고, 'diaphor'는 우리의 입장으로서는 다른 개념의 수사법 내지 기법에 포함시키고 있는 휠라이트의 독창적인 개념 설정이다.

전통적인 은유의 개념인 'A는 B이다'라는 것은 아리스토텔레스『시학』에서부터 비롯된 것이며, 이것이 바로 치환은유이다. 미지의 세계인 원관념을 이미 알려진 세계인 보조관념과 동일하다고 보고, 결국 원관념을 보조관념으로 치환하는 과정을 통하여 의미 탐색 작용이 가능하다는 것이다.

이와 같이 'A는 B이다'라는 관계, 곧 A와 B의 관계가 어떠한가에 따라 치환은유와 병치은유가 구분된다. 그 두 양상을 보면 치환은유는 '전이'이고 전이는 '유추'이며, 곧 두 사물의 유사성에 의존하는 반면, 병치은유는 서로 다른 사물들의 새로운 결합이며 조합적인 성격을 지닌다고 할 수 있다.

(2) 치환은유의 종류와 양상

치환은유는 다시 세분화할 수 있다. 직유처럼 하나의 원관념에 하나의 보조관념이 연결되어 있는 **단순은유**와 하나의 원관념에 두 개 이상의 보조관념이 연결되어 있는 **확장은유**, 그리고 은유 속에 또 하나의 은유가 들어가 이중 삼중으로 의미가 중첩되는 **액자은유**가 있다.

① 내 마음은 호수(湖水)요,
그대 노 저어 오오.
나는 그대의 흰 그림자를 안고 옥(玉)같이
그대의 뱃전에 부서지리다.

내 마음은 촛불이요,
그대 저 문(門)을 닫아 주오.
나는 그대의 비단 옷자락에 떨며, 고요히
최후(最後)의 한 방울도 남김 없이 타오리다.

내 마음은 나그네요,
그대 피리를 불어 주오.
나는 달 아래 귀를 귀울이며, 호젓이
나의 밤을 새이오리다.

내 마음은 낙엽(落葉)이요,
잠깐 그대의 뜰에 머무르게 하오.
이제 바람이 일면 나는 또 나그네같이 외로이
그대를 떠나오리다.
— 김동명, 「내 마음은」 전문

② 사랑하는 나의 하나님, 당신은
늙은 비애(悲哀)다
푸줏간에 걸린 커다란 살점이다
시인(詩人) 릴케가 만난
슬라브 여인(女人)의 마음 속에 갈앉은
놋쇠 항아리다.

손바닥에 못을 박아 죽일 수도 없고 또 죽지도 않는
　　사랑하는 나의 하나님, 당신은 또
　　대낮에도 옷을 벗는 어리디어린
　　순결(純潔)이다
　　삼월(三月)에
　　젊은 느릅나무 잎새에서 이는
　　연둣빛 바람이다.
　　　　　　　　　　　　　　　　── 김춘수, 「나의 하나님」 전문

③ 이것은 소리 없는 아우성.
　　저 푸른 해원(海原)을 향하여 흔드는
　　영원한 노스탤지어의 손수건.
　　순정은 물결같이 바람에 나부끼고
　　오로지 맑고 곧은 이념(理念)의 푯대 끝에
　　애수(哀愁)는 백로처럼 날개를 펴다.
　　아! 누구던가
　　이렇게 슬프고도 애닯은 마음을
　　맨 처음 공중에 달 줄을 안 그는.
　　　　　　　　　　　　　　　　── 유치환, 「깃발」 전문

④ 황금(黃金)의 꽃같이 굳고 빛나던 옛 맹세(盟誓)는 차디찬 티끌이 되어서 한숨의 미풍에 날아갔습니다. (…중략…)
　　날카로운 첫 키스의 추억(追憶)은 나의 운명의 지침(指針)을 돌려놓고, 뒷걸음쳐서 사라졌습니다.
　　　　　　　　　　　　　　　　── 한용운, 「님의 침묵」, 부분

　①은 'A=B'의 형태를 띤 동일성의 단순은유의 시라고 할 수 있다. 널리 알려진 작품이며 가곡으로도 작곡되어 애창되고 있다. 시적 화자의 임을 향한 사랑의 열정과 그리움을 노래하고 있는 것이다. 그리고 시적 화자의

임을 향한 '내 마음'을 각각 '호수', '촛불', '나그네', '낙엽'으로 비유하여 표현한다. 곧, 원관념 '내 마음'이 네 개의 보조관념인 '호수', '촛불', '나그네', '낙엽'으로 치환되고 있음이 선명하게 드러나고 있는 것이다. 그리고 이 시의 네 개의 보조관념은 각각 한 연씩 독립되어 있기 때문에 단순은유라고 할 수 있다. 그러나 이 시는 너무나 쉽게 동일성을 인식할 수 있는 유사한 사물끼리 비유되고 있기 때문에 진부한 죽은 비유(dead metaphor)라고 이야기할 수도 있다. 그러나 비유가 단일하고 단순하다고 해서 진부한 시라고는 할 수 없다. 이 시는 임에 대한 사랑의 진실함을 표현하고 있으며, 임에게 다가가는 적극적인 행동보다는 임이 내 마음에 오기를 헌신적으로 기다리고, 또 잠시나마 임의 곁에 머물기를 바라는 시적 화자의 모습에서 전통적인 한국 여인의 모습을 찾을 수 있는 감동적인 작품인 것이다.

②는 역시 'A=B' 형태를 띠고 있지만 비동일성의 단순은유의 시이다. 원관념이 '하나님'이며 이를 구체화하는 보조관념은 각각 '늙은 비애', '푸줏간에 걸린 살점', '놋쇠항아리', '어린 순결', '연두빛 바람' 등이다. 우리는 이 보조관념에서 원관념의 '하나님'을 비유한 이미지의 어떤 유사성도 쉽게 발견할 수 없다. 이 시에서의 '하나님'은 우리의 일상적 의미 차원과는 다른 매우 모호하고 다양한 문제들을 제기하고 있는 기이한 것으로 변용 치환되어 있다. 원관념과 보조관념의 결합이 생경하고 돌발적으로 이루진 것이다. 이렇듯 시 「내 마음」처럼 원관념과 보조관념이 동일성이나 유사성에 의해 결합된 것뿐만 아니라, 「나의 하나님」처럼 비동일성의 원리에 의해 결합되기도 한다. 이러한 이질성에 의해 시인은 독자에게 큰 충격적인 효과를 안겨주고 시 자체에 집중하게 한다. 독자는 놀람의 시적 긴장을 느끼지 않을 수 없는 것이다. 따라서 원관념과 보조관념 사이에는 일종의 '힘의 긴장'이 흘러야 하는데, 이 긴장은 두 사물

사이의 거리가 멀수록 고조된다.

　은유는 단지 단순한 의미 전달을 하는 데 그 의미가 있는 것이 아니다. 원관념과 보조관념의 다양한 결합에 따라 새로운 미적 체험은 물론이고 새로운 의미를 창조하는 것으로 확장될 때 훨씬 의미의 함축과 울림의 진폭이 큰 것이다. 왜냐하면 비유의 형식이 단순한 비교를 넘어 A가 B가 되는 전이의 형태로 나타나기 때문이다. ③의 시에서 원관념은 '깃발'이다. 그리고 보조관념은 '소리없는 아우성', '영원한 노스탤지어의 손수건', '순정', '애수', '애달픈 마음' 등으로 비유 치환된다. 이것은 '깃발'이라는 원관념에 두 개 이상의 보조관념이 연결되어 있기 때문에 확장은유이다. 그러나 단순히 확장은유의 효과만으로는 역동적인 상상력을 불러일으킬 수는 없다. '소리없는 아우성'이라는 표현은 모순어법이면서 이로 인한 역설적 효과를 자아낸다. 뿐만 아니라, '손수건'은 단순한 손수건이 아니라, 영원한 노스탤지어를 느끼게 하는 손수건이다. '노스탤지어의 손수건'을 하나의 은유로 본다면 이 부분은 다시 액자은유로도 볼 수 있을 것이다.

　④의 시는 액자식 은유, 말하자면 비유가 다른 비유를 빌어, 비유 속에 비유가 들어 있는 형태를 띤다. 주체적 원관념은 '옛 맹세'다. 여기에 '황금의 꽃같이'라는 직유와 은유, 곧 '황금의 꽃'(은유), '꽃같이'(직유)의 혼합 형식인 보조관념이 앞에서 수식하고 있다. 또한 '차디찬 티끌'이라는 은유의 보조관념이 뒤에 있다. 그리고 '한숨의 미풍'이라는 은유의 형식이 첨가되어 있다. '황금의 꽃같이'는 '굳고 빛나던 옛 맹세는' 속에, 또 '굳고 빛나던 옛 맹세는'은 '차디찬 티끌' 속에 내포되어 있고, '한숨의 미풍'은 독립되어 있는 것이다. 이렇게 이 시구에는 네 개의 비유가 들어 있는 것이다. 이를 도표화하면 다음과 같다.

         황금의   꽃   ⇒   옛 맹세

         황금의 꽃같이 굳고 빛나던
             (보조관념)

(3) 병치은유의 종류와 양상

휠라이트는 전통적인 은유라고 볼 수 없는 병치은유(diaphor)를 개념화하여 은유의 한 갈래로 설정하고 있다. 그는 병치은유를 설명하기 위해 조합(組合, combining)이라는 용어를 사용한다. 이 의미는 서로 유사하거나 동일한 성질을 갖지 않는 대상들이 무관하게 독립된 채 당돌하게 부딪혀서 새로운 의미를 발생시키는 결합의 형태를 뜻한다. 또한 휠라이트는 자연계의 현상인 물의 생성 과정을 예로 하여 병치은유를 만들어내는 '의미론적 변용 작용'을 설명한다. 즉, 수소와 산소의 결합으로 '물'이라는 새로운 대상이 만들어진 것처럼, 서로 모방적 인자나 동일성을 갖지 않는 대상들이 그것을 선택하고 종합하는 시인의 독특한 심리 과정이나 체험을 바탕으로 새로운 의미를 탄생시킨다는 것이다.[41]

병치은유에서 'dia'라는 개념은 '통과(through)'라는 뜻이며, 'phor'는 'phora' 곧 '동작'이라는 뜻이다. 즉 열거된 사물이나 의미가 서로 통과하여 새로운 의미를 생성시킨다는 뜻으로, 전통적인 수사법의 개념에서는 '열거법'에 속한다고 할 수 있다. 따라서 병치은유는 치환은유와는 달리 'A는 B이다', 'A의 B'라는 식의 구조를 가지고 있지 않다. 이는 시구와 시구를 병치함으로써 그 시구와 시구가 창출하는 독특한 의미론적 전이의 형태를 말하는 것이다.

---

41 P. Wheelwright, 『*Metaphor and Reality*』, Indiana University Press, 1962, pp.85~86 참조.

① 순례(巡禮)를 마친 나무들이
　　가만히 지층(地層)으로 뿌리를 뻗는다.
　　바람은 서(西)쪽에서 불어오고
　　산막(山幕)에 잠든 목신(木神)이 기침을 한다.
　　관목(灌木)은 숲에서 확대경을 끼고
　　밤의 배경을 뒤지는 달빛.
　　마을은
　　자물쇠를 튼튼하게 채우고
　　후방의 스산한 가장무도회(假裝舞蹈會)에 떠났다.
　　단수(單數)로 남은 가복(家僕)들을
　　흔드는, 흔드는 등피(燈皮)
　　태아(胎兒)들은 혼례가(婚禮歌)를 부르며 밤마다 숲으로 간다.
　　　　　　　　　　— 오규원, 「서쪽 숲의 나무들」 부분

② 모래밭에서
　　수화기(受話器)
　　여인(女人)의 허벅지
　　낙지 까아만 그림자

　　비둘기와 소녀들의 〈랑데부우〉
　　그 위에
　　손을 흔드는 파아란 기폭들
　　나비는
　　기중기(起重機)의
　　허리에 붙어서
　　푸른 바다의 층계를 헤아린다.
　　　　　　　　　　— 조향, 「바다의 층계」 부분

③ 돌이끼 푸른 성(城) 터를 끼고 돌아
　　호랑거미 거미줄 타고 내려오고

달빛에 주둥이 흐늘히 젖어
부흥이 우는 밤이 있었다.

개들이 짖어 대면 별이 떨어졌다.
개의 귀에 대고 무슨 소리가 들려 올까
들어보면 나의 귓속엔 푸른 별들이
가득 찼다.
아랫녘 마을의 불빛들은 도토리열매처럼 열려,
깨물면 떫은 맛이 들었다.
기다림은,

나는 우물속을 들여다보았다.
우물은 늙은 노새처럼 슬픈 눈을 가졌다.
기다림에 지친
성(城)터의 돌들을 주워
손에 손을 쥐면 그대로 소리 없이 바스라져 버렸다.

꽃 속에 숨은 두근거리는 천둥의 심장
죄 지은 듯 그 꽃잎 따먹고
나는 그리움을 지녔다.
서러운 해오라기의 긴 모가지를—

— 이준관, 「부흥이 우는 밤」 전문

①의 시는 우리의 주변에서 볼 수 있는 숲의 배경과는 동떨어져 있다. 물론 '나무들은', '뿌리를 내리고', '바람'은 '서쪽에서 불어오고'의 시구에서는 일상성·인접성·유사성을 발견할 수 있다. 그러나 '목신'은 '기침을 하고', '달빛'은 '밤을 뒤지고', '마을'은 '가장무도회를 떠나고', '등피'는 '가복들을 흔드는', '태아들은', '혼례가를 부르며 밤마다 숲으로 간다' 등에서는 우리의 일상적인 경험을 뒤집어엎는 생소한 체험

에 부딪치게 된다. 바로 작품 속에 등장하는 장면과 장면의 연계가 현실을 뛰어넘는 생경한 이미지들로 서로 병치되고 종합됨으로써 전혀 낯선 세계로 우리는 인도하고 있는 것이다. 이러한 비유는 서로가 아무런 관계도 없이 병렬됨으로써 우리가 일상생활에서는 체험하지 못한 역동적이면서 새로운 의미를 만들어낸다. 그리하여 우리는 날카로운 시적 긴장감을 느끼게 된다. 치환은유가 대상을 묘사하는 데 원관념과 보조관념의 인접성·유사성을 보이고 있는 데 반해, 병치은유는 강제적인 힘을 행사한 것처럼 원관념과 보조관념의 인접성·유사성을 발견하기 어려운 가운데 자신의 존재를 지키고 있는 것이다.

②의 시는 초현실주의 혹은 다다이즘(Dadaism)의 경향이 두드러진 난해한 작품으로 병치은유로 해석할 수밖에 없다. 시인의 상상 세계 속에만 존재하는 이미지들로 연결되어 있는 것이다. 바다에 누워 있는 여인의 '허벅지'를 보면서 '수화기', '낙지' 등을 연상한다. 그리고 비둘기와 소녀들이 서로 교우하고 있고, 파아란 깃발이 나부끼고 있는 정경은 매우 서정적이다. 그러나 나비가 기중기 허리에 붙어 있다는 발상은 매우 이질적이다. 이런 점에서 바다의 층계를 헤아리는 것은 현대인의 분열된 자아 혹은 자연과 문명의 갈등을 의미한다고 할 수 있다. 이처럼 두 사물들이 비록 이질적이지만 유사하다고 볼 수 있는 데서 병치은유가 발생한다고 할 수 있다.

③의 시는 기본적으로는 자연을 소재로 하여 자연의 의미를 탐구하고 있지만, 잘 짜인 병치 구문과 탁월한 감각적 이미저리를 구사하고 있는 작품이다. 전체 4연으로 된 이 시는 또한 각 연이 일종의 대구(對句) 형식의 구성을 갖추고 있다. 각각 1연의 '거미줄을 타고 내려오는 호랑거미' / '달빛에 우는 부흥이'의 병치, 2연의 '개의 짖음' / '마을의 불빛'의 병치, 3연의 '슬픈 눈을 가진 우물' / '손에 쥐면 바스라지는 돌'의 병치, 4연의

'두근거리는 심장' / '해오라기의 긴 모가지'의 병치가 그것이다. 그리고 이들의 병치된 의미는, 1연 '호랑거미(침묵)' / '부흥이의 울음(절규)', 2연 '소란' / '적막', 3연 '액체' / '고체', 4연 '동적'인 상태/ '정적'인 상태의 대립된 은유의 의미를 드러내고 있다. 나아가 이들 대립항의 의미들은 크게 동적인 것(절규·소란·액체)/정적인 것(침묵·적막·고체) 등으로 이분된 의미의 은유체계를 이룬다.

그런데 이 시는 다양한 감각적 이미지와 공감각적인 이미지의 사용이 돋보인다.

· 푸른성터를 끼고 돌아(시각적)
· 호랑거미 거미줄 타고 내려오고(청각적)
· 개들이 짖어 대면 별이 떨어졌다(청각적)
· (불빛은) 깨물면 떫은 맛이 들었다(미각적)
· (돌들은) 손에 쥐면 그대로 소리없이 바스라져 버렸다(촉각적)
· 꽃 속에 숨은 두근거리는 천둥의 심장(촉각적)
· ~ 흐늘히 젖어/부흥이 우는(촉각+청각)
· ~ 짖어 대면/~푸른별(청각+시각)
· ~불빛들은 도토리 열매처럼/깨물면 떫은 맛(시각+미각)
· ~두근거리는 심장/죄 지은 듯 꽃잎 따먹고(촉각+미각)

이상과 같이 이 시는 각 연에 다양한 감각적 이미저리와 공감각적 이미지를 제시한다. 이미지가 두 가지 이상의 감각을 서로 교환하거나 혹은 병렬해서 언어의 시적 표현을 아름답게 구사하고 있는 것이다. 또한 이 시에 제시된 은유적 심상들에 의해서, 시인의 내면에 간직하고 있는 어떤 '기다림' 혹은 '그리움'을 암시적으로 잘 표출되어 있기도 한다.

(4) 치환은유와 병치은유의 혼합

일반적으로 치환은유와 병치은유는 시 속에서 독립적인 별개의 기법으로 존재하지 않는다. 대개의 경우 이들은 서로 공존하면서 독자에게 보다 특별한 시적 감동을 안겨준다.

① 님이여! 당신은 백 번(百番)이나 단련한 금(金)결입니다.
  뽕나무 뿌리가 산호(珊瑚)가 되어 천국(天國)의 사랑을 받으옵소서.
  님이여, 사랑이여, 아침 볕의 첫걸음이여
  　　　　　　　　　　　　　　　　— 한용운, 「찬송」 부분.

② 언어(言語)는, 의식의
  먼 강변(江邊)에서
  출렁이는 물결소리로
  차츰 확대되는
  공간(空間)이다.
  출렁이는 만큼 설레는,
  설레는 강(江)물이다.
  신(神)의
  안방 문고리를
  쥐고 흔드는
  건방진 나의 폭력이다.
  광장(廣場)에는 나무들이
  외롭기 알맞게 떨어져
  서 있다.
  　　　　　　　　　　　　— 오규원, 「현상실험」 부분

①의 시에서 첫 연의 첫 행은 치환은유가 등장한다. 곧 "님은 백 번이나 단련한 금결"이라는 부분이다. 여기서 '님'은 백 번이나 불 속에서 달구

어진 금결로 치환되고 있는 것이다. 금은 그 자체만으로도 불변의 속성을 지니고 있는데, 백 번이나 달구어진 것은 더욱 더 불변하는 존재인 것이다. 이는 형용할 수 없을 정도로 가치를 지닌 존재라는 의미이기도 하다. 그런데 첫 연의 마지막 행 "님이여, 사랑이여, 아침볕의 첫걸음이여"에서는 열거법 혹은 돈호법이 등장한다. 이것을 어떻게 해석하느냐에 따라 '님'의 정체가 중의성을 가지고 다의적인 의미를 지닌다. 이는 '님'은 '사랑'이며, '아침볕의 첫 걸음'과 같은 어두운 밤을 이겨낸 뒤에 시작되는 새벽빛, 곧 새로운 세계의 시작이라고 은유될 수밖에 없는 것이다. 이처럼 '님'의 다층적인 속성으로 이러한 사물들을 파악하는 원리를 열거법이나 돈호법만으로는 설명할 수 없다. 따라서 이것이 바로 병치은유인 것이다. 이러한 병치은유의 속성을 가지고 다시 첫 연의 첫 행 "님은 백 번이나 단련한 금결"라는 치환은유를 해석할 때 시의 상징성이나 감각적 심상의 미묘함과 각 연의 문맥적 의미는 더욱 효과적이고 감동적으로 독자에게 다가오는 것이다.

②의 시를 살펴보면, 기본 문맥은 '언어는 무엇'이다라는, 곧 'A=B'의 동일한 구조로 형성되어 있다. 다시 말하여, '언어'는 '공간', '강물', '폭력'이라는 치환은유의 기본 구조를 지닌다. 그러나 그 기본적인 치환은유의 구조는 전혀 낯설고 유사하지 않은 이미지들과 난폭하게 묶여 있기 때문에 독자는 이질적인 체험을 하게 된다. 이러한 낯선 시어의 결합은 기존 언어가 지니는 인식의 차원을 뛰어 넘어 새로운 이미지를 형성한다. 또한 보조관념들의 언어도 서로 유사성이 없는 생경하고 이질적인 관념어로 비유되어 있으면서 원관념화되고 또한 이것이 새롭게 보조관념화되고 있다. 말하자면 '언어'는 '공간'이고 '공간'은 '강물'일 때 '공간'은 언어의 보조관념이기도 하고 한편으로는 '강물'의 원관념이기도 하다. 이렇게 새롭게 연쇄고리를 만들어 의미를 다채롭게 변용시키고 있는

것이다. 따라서 '언어'는 '출렁이는 물결소리로 확대되는 공간'이며, 이 '공간'은 '출렁이는 만큼 설레는 강물'로 비유될 수도 있다. 그리하여 이미지들은 서로가 서로에게 간섭하고 교유하며 새로운 의미망으로 확산된다. 이러한 치환은유와 병치은유의 연관은 시에 새로운 긴장과 탄력성을 부여하여 독자로 하여금 역동적인 체험을 하게 한다. 이것이 바로 치환은유와 병치은유가 혼합하여 생성해낸 효과인 것이다.

(5) 환유와 제유

시 속에 등장하는 비유는 직유나 은유만으로 제한되지 않는다. 직유나 은유는 서로 조화롭게 연계함으로써 시적 긴장감과 탄력성을 고조시켜 독자에게 시적 체험을 증폭시킨다. 그런데 은유는 제유(synedoche)나 환유(metonomy)와 배타적이지 않다. 아리스토텔레스에 의하면, 환유는 종과 속의 대치 이론에서 종에 적합한 것을 속으로 사용할 때 발생한다고 말한다. 환유는 대유의 일종으로서, 어떤 사물을 나타내는 데 그것과 관계가 깊고 가까운 다른 낱말을 빌려 표현하는 비유이다. 가령 "오늘 KBS에서 금배지가 비둘기에 대해 말했어"라는 표현 속에는 KBS는 방송국을, 금배지는 국회의원을, 비둘기는 평화를 각각 대신해서 말하고 있는 환유라고 할 수 있다. 그리고 "요람에서 무덤까지"라는 표현은 태어나서 죽을 때까지를 말하는 환유이다. '별'이 장군을, '왕관'이 왕을, '백의'가 우리 민족을 의미하는 것 등이 모두 환유에 속한다.

> 흰 수건이 검은 머리를 두르고
> 흰 고무신이 거친 발에 걸리우다
> ─ 윤동주, 「슬픈 족속」 부분

이 시에서 우리는 특별한 유추 과정이나 상상력을 발휘하지 않더라도

'흰 수건', '흰 고무신'이 우리 민족을 의미하는 것임을 금방 알아낼 수 있다. 왜냐하면 '흰 옷'은 우리 민족의 고유한 전통 의상과 밀접한 관계를 맺고 있기 때문이다.

제유 역시 은유의 한 종류라고 할 수 있다. 그것은 겉으로 드러나 있는 한 부분인 보조관념이 안으로 숨어 있는 전체인 원관념을 비유하고 있다. 이처럼 드러나 있지 않은 전체를 그 사물의 일부분으로써 대신 표현하는 방법이 곧 제유이다. 그리고 제유는 대유의 일종이기도 하다. 가령, "인간은 빵만으로는 살 수 없다"는 표현에서 '빵'은 빵 그 자체만을 의미하는 것이 아니라 음식물 혹은 먹을 것 전체를 대신 가리키는 제유이다.

> 노래하리라 비 오는 밤마다
> 우리들 서울의 빵과 사랑
> 우리들 서울의 전쟁과 평화
>
> 인간을 위하여
> 인간의 꿈조차 지우는 밤이 와서
> 우리들 함께 자는 여관잠이
> 밤비에 젖고
> ― 정호승, 「우리들 서울의 빵과 사랑」 부분

이 시에 등장하는 '빵'은 음식물이나 먹을 것 전체를 대신 표현하는 제유이다. 나아가 여기에서 '빵'은 단순한 의미가 아닌 인간의 생존과 가장 밀접한 관계에 있는 모든 음식물을 의미하고 있는 것이다. 이 밖에 '푸른 눈', '노랑머리'가 서양 사람을 의미하는 것, '약주'가 모든 술을 의미하는 것, '돛'이 배를 의미하는 것 등이 모두 제유의 본보기들이다.

환유는 사물의 한 부분이 그 사물과 관계가 깊은 다른 어떠한 것을 나타내는 반면 제유는 사물의 부분과 전체의 관계에서 발생한다. 따라서 비유가 유사성에 근거하여 발생하는 것이라면, 환유와 제유는 인접성에 의한 비유인 것이다. 즉 직유와 은유가 원관념과 보조관념이라는 서로 다른 두 개의 사물 사이에 있는 유사성을 바탕으로 하여 만들어지는 비유인데 반하여, 환유와 제유는 그 유사성보다는 두 사물 사이에 있는 관련성 내지 인접성을 바탕으로 만들어진다는 것이다.

그런데 환유와 제유의 차이점은 본관념과 보조관념이 연계되는 관계의 차이에서 비롯된다. 환유의 경우, 본관념과 보조관념이 상대적으로 독립적이면서 인접성을 나타내는 것이라면, 제유는 본관념과 보조관념이 종속 관계, 곧 부분과 전체에 있다고 할 수 있다. 제유는 두 개의 의미가 필연적인 관계를 띠고 있기 때문에 그 가운데 하나를 제거하면 다른 것도 없어진다. 그러나 환유는 오직 인접 관계를 갖기 때문에 하나가 없어진다고 해서 다른 것도 같이 없어지는 것은 아니다. 가령, '흰 옷'은 '한민족'에게 종속되는 것이 아니라 인과적으로 연계되는 것이다. 그럼에도 불구하고 환유와 제유가 명확하게 구분되지 않는다는 견해가 일반적이다. 때문에 제유를 환유의 특수한 경우로 이해하는, 곧 제유를 환유에 포함시켜 이해하는 경우도 있다.

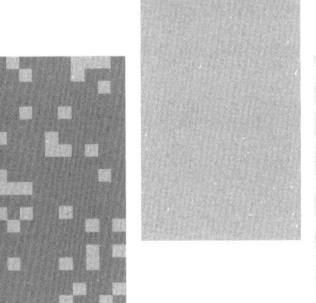

제7장
시와 상징

1. 상징의 개념
2. 상징의 성격
3. 상징의 종류

1. 상징의 개념

　상징(symbol)은 그리스어 심발레인(symballein)에서 유래한 말로 '조립하다', '짜맞추다'를 의미하며, 명사형 심볼론(symbolon)은 부호(mark)・증표(token)・기호(sign)라는 뜻을 지닌다. 이러한 어원적 의미로 보면 상징은 기호로서 다른 어떤 것을 대신하는 기능을 수행하는 것이다. 이것이 상징의 보편적인 의미이다. 그러나 문학적 용법으로서의 상징은 이러한 일반적인 의미의 기호가 아니다. 그리고 태극기가 한국을, 교통 신호가 교통법규를 지시하는 것과 같은 제도적 상징도 아니다. 문학적 용법으로서의 상징은 내적 상태의 외적 기호이다.[42] 또한 웰렉과 워렌이 "상징은 다른 어떤 대상에 관련된 어떤 대상"이라고 언급한 것도 같은 의미를 지닌다.[43] 곧, 불명확하거나 추상적인 사물 혹은 사물의 내포적 성질을 가시적이거나 명확한 대상으로 치환하는 행위이다. 여기서 불가시적인 것은 원관념이고, 가시적인 것이 보조관념이 된다. 다시 말하여, 상징은 직유나

---

[42] W. Y. Tindal, 『The Literay Symbol』, Indiana University Press, 1955, p.5.
[43] R. Wellek & A. Warren, 『Theory of Literature』, Penguin Books Ltd., 1970, p.189.

은유에서 원관념이 숨고 보조관념만 나타나 있는 형태라고 할 수 있다.

그런데 상징은 비유법 가운데 은유와 혼동되거나 유사한 개념으로 이해되기도 한다. 그 이유는 추상적인 관념과 감각의 연계는 필수적으로 유추와 연상 작용을 전제로 하기 때문이다. 다시 말하면, 불가시적인 어떤 원관념을 가시적인 구체적 보조관념으로 표상할 때 그 표현 방식이 은유의 원리와 동일하다는 것이다. 은유와 상징의 표면적 차이는, 상징의 경우 본관념이 생략되어 나타난다는 것이다. 이는 형식적으로는 원관념이 생략된 은유라고 할 수 있다. 본관념이 생략된 채 보조관념만으로 유추해야 하기 때문에 상징은 모호하고 암시적일 수밖에 없다. 상징이 계시와 은폐의 이중성을 그 속성으로 한다고 한 것은 이 때문이다. 또한 상징은 유추와 해석 능력, 그리고 이를 가능하게 하는 연상 능력이 종합되어 하나의 사물이나 관념의 속성을 심화하고 확대한다. 휠라이트가 병치은유를 은유의 새로운 차원으로 규정하면서도 긴장의 극대화를 꾀하기 위해 상징의 형태로 나가지 않으면 안 된다고 주장한 것도 이러한 맥락에서 이해할 수 있다.

그러나 상징은 하나의 사회적 약정으로 수용되는 경우도 있다. 상징은 극단적인 암시와 관계되지만 사회의 구성원들 사이에 인정되고 이를 통해서 공동체적 결성을 가능하게 하는 관습적이고 배타적인 기호로 기능할 수도 있는 것이다. 이런 까닭에 계시와 은폐를 속성으로 하는 상징의 성격을 동일성·암시성·다의성·입체성·문맥성 등으로 설명하여 상징의 이중성과 양면성을 지적하기도 한다.

이렇듯 상징에 대해서는 여러 논자의 다양한 정의가 지속되어 오고 있다. 그리고 그 다양한 정의 속에서의 공통점은, 상징이란 축어적인 것인 '상징적 대상'과 상징적인 것인 '상징적 의미'의 이중적 관계를 그 속성으로 하고 있다는 것이다.

2. 상징의 성격

(1) 동일성

비유는 유사성으로써 차이를 표현한다. 비유에서 원관념과 보조관념은 서로 이질적이면서도 유사성을 근거로 하여 결합된다. 직유나 은유의 방법은 두 개의 이질적인 사물을 짝을 지어 나타낸다. 이에 비해 상징은 원관념이 보조관념 속에 감추어져 있어서 개념과 이미지가 일체화한 형태이다. 곧, 상징은 그 본질상 원관념과 보조관념이 하나의 완전한 결합체가 되는 것이다. 상징은 개념인 원관념과 이미지인 보조관념이 동시적이고 공존적이기 때문에 두 요소는 분리될 수 없이 일체가 되는 것이다. 이것이 바로 상징의 본질적 성격으로서의 동일성 혹은 일체성이다.

> 나는 이제 너에게도 슬픔을 주겠다.
> 사랑보다 소중한 슬픔을 주겠다.
> 겨울 밤 거리에서 귤 몇 개 놓고
> 살아온 추위와 떨고 있는 할머니에게
> 귤값을 깎으면서 기뻐하던 너를 위하여
> 나는 슬픔의 평등한 얼굴을 보여 주겠다.
> 내가 어둠 속에서 너를 부를 때
> 단 한 번 평등하게 웃어 주질 않은
> 가마니에 덮인 동사자가 다시 얼어 죽을 때
> 가마니 한 장조차
> 덮어 주지 않은
> 무관심한 너의 사랑을 위해
> 흘릴 줄 모르는 너의 눈물을 위해
> 나는 이제 너에게도 기다림을 주겠다.
> 이 세상에 내리던 함박눈을 멈추겠다.
> 보리밭에 내리던 봄눈들을 데리고

추워 떠는 사람들의 슬픔에게 다녀와서
눈 그친 눈길을 너와 함께 걷겠다.
슬픔의 힘에 대한 이야기를 하며
기다림의 슬픔까지 걸어가겠다.

— 정호승, 「슬픔이 기쁨에게」 전문

이 시는 슬픔에 대한 성찰을 통해 이기적인 삶의 자세를 반성하고, 진정한 사랑은 슬픔을 바탕으로 한다는 것을 말하고 있는 작품이다. 자신의 행복에 취해서 자신만의 안일을 위해 남의 아픔에 무관심하거나 그 아픔을 돌볼 줄 모르는 이기적인 세태를 비판한다. 따라서 슬픔과 기쁨의 일상적인 의미를 벗어나 새로운 의미를 부여한다.

이 시는 겉으로는 시적 화자(슬픔)가 청자인 기쁨에게 말을 건네는 독백체의 형식을 취한다. 실제로 '~겠다'라는 단호한 어조는 시적 화자인 슬픔이 기쁨에게 삶의 깨달음을 전하는 굳은 결심을 드러낸다. 이 시에서 '기쁨'은 겨울밤 거리에서 추위에 떨며 귤 몇 개를 팔고 있는 할머니에게 귤값을 깎으며 기쁨을 느끼는 존재를 상징한다. 그리고 어둠 속에서 자신을 부르는 것을 무시하고 평등하게 웃어 주지도 않으며, 동사자가 다시 얼어죽을 때에도 가마니 한 장조차 덮어주지 않는 무관심의 사랑을 지니고 있는 존재이다. 이런 '기쁨'에게 '슬픔'은 질책을 한다. '슬픔'은 사랑보다 소중한 것을 지니고 있고, 누구에게나 평등한 얼굴을 하고 있는 존재라는 것이다.

이 시의 '슬픔'은 나, 곧 시적 화자와 동일화된다. 시적 화자가 '슬픔'을 사랑보다 더 소중하다고 말한 이유는 개인적인 사랑보다는 약자를 향한 슬픔이 더 값어치가 있다고 생각하기 때문이다. 곧, '슬픔'은 '모든 약자와 이웃을 향한 따뜻한 마음'을 상징하고, '기쁨'은 '무관심한 사랑'과 '위선'을 상징한다. 이러한 '기쁨'이 다른 사람을 진정으로 대하는 '슬품'이 되기 위해서는 매우 긴 시간이 필요하다. 그래서 '기다림'을 주는 것이다. 이처럼 상징은 직유나 은유처럼 두 개의 이미지나 개념이 이원화되어 있는 것이 아니라, 기호화된 시어의 개념 속에 원관념이 암시적으로 감추어져 있어서 두 개의 개념이 일체화된 형태인 것이다. 따라서 관념과 이미지가 일체화되어 있는 상징의 동일성은 암시성·다의성·입체성·문맥성 등을 하위 속성으로 지닌다.

(2) 암시성

상징은 본질적으로 원관념이 숨고 보조관념만 제시되어 있기 때문에 감춤과 드러냄이라는 양면성을 지닌다. 상징은 은유와는 달리 고도의 암시성을 그 특징으로 하기 때문에 다양한 의미를 내포하며, 이러한 의미의 다양성은 복합적 상징 구조의 틀을 형성하게 된다. 그 복합적 의미 구조는 불분명하고 모호한 층으로부터 확연하게 떠오르는 개념들의 의미층으로까지 다의적이기 때문에 감춤과 드러냄의 반투명성(translucence)으로 정의될 수 있는 것이다. 상징은 이러한 감춤과 드러냄의 양면성 때문에 신비한 여운이 항상 남아 있게 된다. 이처럼 암시성은 될 수 있는 한 무엇인가를 감추려 하는 시의 특성이며, 이것은 상징의 이 양면성에 처음부터 내재하여 있다.

나는 시방 위험(危險)한 짐승이다.
나의 손이 닿으면 너는
미지(未知)의 까마득한 어둠이 된다.

존재의 흔들리는 가지 끝에서
너는 이름도 없이 피었다 진다.

> 눈시울에 젖어드는 이 무명(無名)의 어둠에
> 추억(追憶)의 한 접시 불을 밝히고
> 나는 한밤내 운다.
>
> 나의 울음은 차츰 아닌밤 돌개바람이 되어
> 탑(塔)을 흔들다가
> 돌에까지 스미면 금(金)이 될 것이다.
>
> …얼굴을 가리운 나의 신부(新婦)여.
> ― 김춘수, 「꽃을 위한 서시」 전문

이 시는 '꽃'이라는 상징을 통해 암시성을 극대화시키고 있다. 이 시에서 '꽃'이라는 의미는 현상적이거나 표면적으로는 이해될 수 없는 사물에 내재된 본질적인 의미를 지닌다. 즉, 인식의 주체인 시적 화자가 사물에 내재해 있는 본질을 인식하고자 노력하지만 그것에 도달하지 못해 느끼는 좌절감과 슬픔을 노래하고 있는 것이다. 사물의 본질적 의미를 파악하지 못해 '위험한 짐승'으로 비유되고 있는 시적 화자는, 자신이 갖고 있는 모든 체험과 지적 능력을 동원하여 존재의 본질을 밝히기 위해 '한밤내 우는' 사람이다. 그러나 이러한 노력에도 불구하고 화자는 존재의 본질적 의미를 간파하지 못한다. 따라서 '꽃'이라는 상징적 이미지를 마주하고 그것이 암시하는 의미를 파악하려는 시적 화자의 몸짓은 시적 화자와 독자와의 상호 관계를 형성한다. 다시 말하여, 이 시에서 상징의 계시와 은폐의 속성을 작품 속에 상징화한 '꽃'과 그것에 내재해 있는 본질적 의미를 파악하려는 시적 화자의 노력과 좌절, 그리고 지속되는 탐구 자세 등은 독자들에게까지 큰 영향력을 행사하고 있는 것이다.

시적 화자인 '나', 곧 '위험한 짐승'이 '너', 곧 '존재의 본질'을 파악했다고 느끼는 순간(드러냄) '나의 손이 닿으면', '너'는 또 다른 '미지의 까마득한 어둠'(감춤)이 된다. 사물의 본질을 파악하려는 시적 화자의 노력이 무위로 돌아간다는 것이다. '무명의 어둠'은 존재의 의미와 본질이 드러나지 않은 상황을 의미하며 '추억의 한 접시 불을 밝히고 한밤내 우는 행위'는 존재의 본질을 파악하기 위하여 시적 화자가 경험과 지식을 모두 동원하여 노력하는 것을 의미한다. 본질을 파악하려는 '나'의 역동적인 노력이 언젠가는 '돌개바람'처럼 떠돌다가 마침내는 석탑 속 '돌'의 본질적 의미인 '금'을 깨닫게 될 것이라고 말한다. 이는 지금 그 목적에 도달하지 못해도 노력 그 자체가 아름다운 것이 될 수 있다는 역설적 깨달음을 보여 준다. '얼굴을 가리운 나의 신부'는 베일에 싸여 영원히 잡을 수 없는 '꽃'이라는 존재의 본질을 의미하는 것이다.

이처럼 상징이란 독자의 내면 깊숙이 설렘과 호기심을 불어넣어 주지만, 그 확고한 의미를 한 마디로 규정할 수 없는 성질의 어떤 것이라고 할 수 있다. '얼굴을 가리운 신부'처럼 상징은 그 규명 자체가 감춤과 드러냄을 속성으로 하고 있는 것이다. 이 시와 주제 면에서 유사성을 띤 시로는 신동집의 「오렌지」가 있다. 김춘수가 '꽃'을 소재로 하여 인간과 사물의 관계 맺음에 대한 인식론적 깨달음을 형상화하고 있다면, 신동집은 '오렌지'를 대상으로 하여 그와 같은 내용을 형상화하고 있다.

(3) 다의성과 알레고리

관념과 이미지가 하나로 결합되어 있는 상징은 감춤과 드러냄의 양면성을 필연적으로 지닐 수밖에 없고, 이것은 또한 다의성을 띨 수밖에 없다. 그런데 상징은 여러 가지 의미를 내포하고 있다는 점에서 알레고리(allegory)와 구별된다. 알레고리와 상징이 함께 거론되는 것은 알레고리의 특성이나 형태가 상징과 유사하기 때문이다. 알레고리의 어원인 'allegorein'은 상징과 마찬가지로 '다른 것을 말한다'라는 뜻을 내포하고 있는 것이다. 알레고리 역시 형식적 차원에서는 보조관념만으로 본관념을 드러낸다는 점에서 상징과 유사하다. 가령, '매화'를 절개와 매운 정신으로 해석하는 것이 그것이다. 그러나 알레고리는 상징에 비해서 의미의 진폭이 단조롭다. 말하자면 알레고리는 의미하는 것이 대체로 지시적이고 더 이상의 의미 확대를 가져오지 못하는, 곧 우의적 수준에 머문다.

 다시 말하면, 알레고리는 본관념과 보조관념의 관계가 다의적이지 못하고 일의적인 것이다. 그 까닭은 알레고리가 지시적 맥락을 형성하며 교훈성이나 목적성을 강조하기 때문이다. 상징이 관습화되면 죽은 상징이라고 하듯이, 알레고리는 바로 이와 가까운 것이라고 할 수 있다. 따라서 상징의 원관념과 보조관념의 관계가 '다의적 : 1'이라면, 알레고리는 '1 : 1'이 된다.

> 풀이 눕는다.
> 비를 몰아 오는 동풍에 나부껴
> 풀은 눕고
> 드디어 울었다.
> 날이 흐려서 더 울다가
> 다시 누웠다.
>
> 풀이 눕는다.
> 바람보다도 더 빨리 눕는다.
> 바람보다도 더 빨리 울고
> 바람보다 먼저 일어난다.
>
> — 김수영, 「풀」 부분

 이 시는 '바람'에 따라 이리저리 움직이지만 결국은 다시 일어서는 '풀'의 모습을 그리고 있다. 이는 권력의 횡포에도 불구하고 다시 일어서는 '민중'의 끈질긴 생명을 노래하고 있는 것이다. 따라서 이 시에서 '풀'은 억압적인 권력으로부터 고통을 받는 우리의 민중들을 상징하며, '바람'은 민중들을 핍박하는 현실 또는 민중들의 삶을 위협하는 정치권력을 상징한다. 결국, 이 시는 풀과 바람 사이에서 나타나는 자연 형상을 제재로 하여 민중들의 생명력과 저항의식이라는 정치·사회적 의미를 시화한 것이다. 따라서 '풀=민중', '바람=정치권력'이라는 1:1의 상징 관계를 형성하고 있다. 그리고 시제상의 대립 이외에도 이 시는 '풀 : 바람', '눕다 : 일어서다', '울다 : 웃다' 등의 어휘의 대립 관계를 통해 작품의 주제를 선명하게 형상화하고 있다.

껍데기는 가라.
사월도 알맹이만 남고
껍데기는 가라.

껍데기는 가라.
동학년(同學年) 곰나루의, 그 아우성만 살고
껍데기는 가라.

그리하여, 다시
껍데기는 가라.
이 곳에선, 두 가슴과 그 곳까지 내논
아사달 아사녀가
중립(中立)의 초례청 앞에 서서
부끄럼 빛내며
맞절할지니

껍데기는 가라.
한라에서 백두까지

> 향그러운 흙가슴만 남고
> 그 모오든 쇠붙이는 가라.
>
> — 신동엽, 「껍데기는 가라」 전문

　이 시는 상징의 가장 대표적인 특징인 암시성을 '껍데기'와 '알맹이'를 통해 표출하고 있다. 우리 사회의 현대사 중에서 4월 혁명과 동학 혁명은 민중의 생명력과 민주의 열망이 극대화되어 나타난 역사의 한 장면이다. 시인은 이 역사 중에서도 가장 본질적인 순수한 마음만으로 분단된 현실을 넘어 조국의 통일을 이루어야 할 때라고 말하며, 조국 통일을 가로막는 '껍데기'는 가라고 반복해서 말한다. 어떤 존재의 본질을 감추고 억누르고 있는 '껍데기'를 벗어버리고 순수한 정신인 '알맹이'만 간직한 채 현실의 문제를 해결하기를 간절히 바라고 있는 것이다.

　그러면 '껍데기'와 '알맹이'의 상징성을 무엇인가. 그 상징성은 다의적이어서 한 마디로 해독할 수가 없다. 이 시에서 '껍데기'의 의미는 마지막에서 '쇠붙이'로 다시 표현되고 있지만, 구체적인 의미는 드러나 있지 않다. 다만 '알맹이'의 의미로 표현된 '사월의 알맹이', '동학년 곰나루의 아우성', '향그러운 흙가슴'의 의미에 반하는 내용으로 유추해야 한다. 이는 독재 정권에 항거한 4월 민주주의 정신과 봉건적 사회에 항거한 동학 혁명의 민중의 힘, 그리고 우리 국토의 향그럽고 부드러운 흙을 사랑하는 애국심 등을 말하는 것으로 해독할 수 있다. 그렇다면 '껍데기'는 이를 가로막는 그 '모오든' 것을 가리키는 것이다. 즉, 우리 사회의 민주와 통일을 가로막고 있는 일체의 부정한 것들이다. 그것은 군사 독재의 총칼일 수도 있고, 외세일 수도 있고, 순수하지 못한 허위와 가식일 수도 있는 것이다. 이처럼 이 시는 원관념과 보조관념의 관계가 '다의적 : 1'로 형성되고 있다.

(4) 입체성

상징에 있어서 입체성은 관념이나 정서와 같은 추상적인 것과 감각적인 이미지의 구체적인 것의 일체에서 발생한다. 상징의 입체성은 상과 하, 혹은 수평과 수직이 조응하여 시의 세계를 구축하는 것이다. 다시 말하여 동일성으로서의 입체성이다.

> 수평(水平)으로 양팔을 벌리고
> 혼신(渾身)의 집중(執中)으로 밸런스를 잡는다.
> 수평대(水平臺) 위에서
> 라는 것은
> 그것으로 나는 수직적(垂直的)
> 자세를 가다듬는다.
> 너와의 관계를 유지하면서
> 그것은
> 결코 독선도 자아도취(自我陶醉)도 하물며
> 중용적(中庸的)인 체조연습(體操練習)이 아니다.
> 사회는 시궁창의 범람하는
> 수렁이 아니며, 우리는 이른바
> 고독의 불모지(不毛地)에 팽개쳐진
> 말뼈다귀가 아니다.
> 어린 날의 수평대(水平臺)에서
> 그 연한 모발(毛髮)을 태운 빛나는
> 태양을 상기한다.
> 라는 것은
> 인력(人力)의, 화친력(和親力)의, 지상(地上)에서
> 모든 인간(人間)은 양팔을 벌리고
> 수평대(水平臺)에서
> 밸런스를 잡는다.
> 라는 것은 그것으로

인간(人間)은 인간(人間)으로서의
수직적(垂直的)인 자세를 바로 잡는다.

— 박목월, 「밸런스」 전반부

위의 시 「밸런스」에서는 지상으로부터 높이 올라간 수평대 위에 인간이 양팔을 벌리고 서서 혼신의 집중으로 밸런스를 잡는 모습을 상상할 수 있다. 이때의 신체의 포즈를 상상해 보면, 수직적으로는 몸통을 중심으로 하여 '머리'와 '다리'가 각각 조응 관계를 이루고 있고, 수평적으로는 수평대 위에 몸을 세우고 양팔을 벌린 자세, 곧 '오른쪽 팔'과 '왼쪽 팔'이 각각 조응 관계를 이루고 있음을 그려볼 수 있다. 또한 시구 "자세를 가다듬는다" 그리고 "수직적인 자세를 바로잡는다"는 수직적인 자세와 수평적 자세의 '밸런스를 잡는다'와 조응되고 있다. 여기서 '수평대'는 바로 불안하고 위험한 인생의 삶의 장소를 상징하고 있고, '밸런스를 잡는다'는 것은, 수직과 수평적 자세를 가다듬고 바로잡는, 곧 생의 균형을 잡는다는 것을 상징한다.

수평과 수직이 교차되는 입체적 공간에서의 수평과 수직의 중심잡기란, 생의 중심잡기와 연계되고 나아가 세계론적, 우주론적 중심잡기의 의미를 생성한다. 이는 시적 화자의 정신과 감각이 통일된 상태, 자아를 총체화한 상태에서 세계와 조응함으로써 '밸런스'가 상징하는 의미를 황홀한 가운데서 느끼고 인식할 수 있는 경지이기도 하다. 이처럼 수직과 수평의 조응의 깊이와 다양성은 상징의 입체성을 잘 드러낸다.

(5) 문맥성

상징은 대부분 한 사물, 한 행위, 한 상황, 한 언어의 형식으로 표출되지만, 또한 전후 문맥에 의해서 표출되기도 한다. 상징이 앞뒤 문맥의 어느 이미지들보다 민감하게 반응하면서 작품 전체에 작용하는 기능을 상징의 문맥성이라고 한다.

 ① 만물은 흔들리면서 흔들리는 만큼
  튼튼한 줄기를 얻고
  잎을 흔들려서 스스로
  살아있는 잎인 것을 증명한다

  바람은 오늘도 분다
  수만(數萬)의 잎은 제각기
  잎을 엮는 하루를 가누고
  들판의 슬픔 들판의 고독 들판의 고통
  그리고 들판의 말똥도
  다른 곳에서
  각각 자기와 만나고 있다.
       — 오규원, 「만물은 흔들리면서」 부분

 ② 연필을 깎는다.
  꼭두새벽을 가셔 주는
  마른 향나무의 깎이는 것은
  그것으로 족하다.
  오늘의 거품 안에서
  나의 맹목적(盲目的)인 집중(執中)
  연필을 깎는 면도(面刀)날에
  어리는 운무(雲霧)
  연필을 깎는다.
  깎이는 것은 나의 마른 지팡이
  오늘의 장님 안에서
  그것은
  무한으로 뻗어

은하계(銀河系)를 더듬는다.
지팡이 끝에서 빚어지는 찬란한 별자리.
오늘의 스크린에서
깨끗하게 스러진다.

― 박목월, 「무위」 부분

③ 똥을 눌 때엔
　무릎을 꺾는다.

　하늘에 절할 때엔
　무릎을 꺾는다.

　돌 하나를 품 속 가득히
　그렇게 안을 때에도 무릎을 꺾는다.

　샘물을 마실 때에도
　무릎을 꺾는다.

― 전봉건, 「돌 6」 전문

　시에 있어서 이미지가 환기하는 의미가 작품 전체에 확산되어 있을 때 상징성을 띤다. 상징은 작품의 여러 구성 요소로 결합된 구조를 띠고 있는 것이다. 시 ①에서 "만물은 흔들리면서"는 상징이다. 이 시구는 "잎을 흔들려서", "바람은 오늘도 분다" 등 여러 장면으로 구체화되면서 역동적으로 작품 전체를 지배한다. 그리하여 생의 여러 감각을 독자에게 일깨워주는 배경을 형성한다. 따라서 "만물은 흔들리면서"는 시간의 변화와 만물의 생성이라는 시간의식을 상징하면서, 인간의 삶이란 고정적이거나 불변하지 않는 것이 아니라 항상 역동적으로 변화한다는 것을 드러내준다.
　②의 시에서 "연필을 깎는다"는 시구는 상징성을 띤다. 그리고 이 시구

역시 작품 전체에 역동적인 영향력을 행사하면서 작품 전체에 확산되고 있다. 연필을 깎는다는 것은 글을 쓰는 것과의 관계를 암시한 것으로, 이는 시적 화자의 정신적인 행위와 연계된다. 연필을 깎으면 '마른 향나무' 냄새가 난다. 그리고 연필을 깎는 면도날에는 '성운'이 어린다. 곧, '오늘의 장님'이라는 것은 정신적인 어두움의 상태를 일컬음이며, 시적 화자는 그 정신적 어두움으로부터 벗어나기 위해 연필을 깎는 것이다. 연필 부스러기는 시적 화자가 벗어놓은 속세의 허물이며 잡다한 흔적들이다. 연필을 깎는 행위의 궁극적 추구는 밝음을 찾는 데 있고, 그 밝음은 별이 존재하는 곳에 있다. 이렇듯 이 시는 지상의 모든 세속적인 것을 털어내고 천상의 정신적인 것을 획득하려는 시인의식을 보여준다. 따라서 시인의식의 궁극적 도달점은 무위(無爲)에 있는 것이다.

시어는 따로 있는 것이 아니라 시의 구조와 문맥 속에서 힘을 발휘하는 언어이다. 시인은 사전적인 뜻을 지닌 단어를 사용하여 상징성을 드러내기도 하지만, 한 시의 구조 안에서 하나의 단어를 둘러싸고 변용시켜서 사전에 있는 표층적 의미와는 전혀 다른 뜻으로 바꿀 수도 있다. 시 ③은 각 연의 공통적인 서술어인 "무릎을 꺾는다"는 행위를 중심으로 시 전체가 통합된다. 곧, 똥을 누는 일이나 하늘에 절하는 행위가 동일성을 이룩하고 있으며, 마찬가지로 돌 하나를 품 속 가득히 껴안는 것이나 샘물을 마시는 일이 일체감을 형성하고 있다. 말하자면, 똥을 누는 일과 기도하는 일은 똑같이 인간에게 중요한 일이라는 것을 일깨워준다. 이처럼 공통항에 의하여 네 가지 행위가 상호 조응함으로써, 일상에서는 서로 상관없었던 언어들이 시어로서 새롭게 재창조되고 있다. 이 시에서 보여주고자 하는 것은, 인간의 육체와 정신을 분리할 수 없듯이, 본능적인 것과 거룩한 것, 자연스러운 것과 인위적인 것 역시 분리할 수 없다는 삶의 이치인 것이다. 이러한 이치는 작품 전체의 문맥 속에서만 비로소 호소력을 발휘하며, 따라서 상징 역시 전후 문맥에 의존해서 탄생된다.

3. 상징의 종류

앞에서 살펴보았듯이, 상징이란 어느 감각적 대상이 다른 대상을 표시하거나 본래의 고유한 의미에서 다른 의미를 제시할 때 쓰는 기법을 말한다. 상징은 원관념 파악이 원칙적으로 불가능하다. 즉, 어떤 사물이 자체의 의미를 유지하면서 보다 포괄적인 의미를 표현하는 방법이므로, 원관념이 배제된 은유의 형태라고 볼 수 있다. 상징의 본질은 의미의 암시성과 다의성으로, 비유에서 원관념과 보조관념이 1 : 1의 대응 관계를 보이는 반면, 상징에서는 '많음 : 1'의 관계를 보인다.

이러한 상징의 종류는 각 논자마다 다양하게 논의되어진다. 랭거(S. K. Langer)는 추리적 상징·비추리적 상징으로, 휠러(P. Wheeler)는 언어적 상징·문학적 상징으로, 에이브람즈(M. H. Abrams)는 개인적 상징·대중적 상징·원형적 상징으로, 휠라이트는 약속 상징(steno symbol)·긴장 상징(tensive symbol) 등으로 각각 구분하고 있다. 이 가운데 모든 언어를 대상으로 하는 언어적 상징, 논리적 문장에서 사용되는 추리적 상징, 기호들의 집합체인 약속 상징은 과학적 정확성과 명료성을 바탕으로 사용되기 때문에 문학적 상징이 될 수 없다. 그러므로 문학적 상징에는 문학적 상징·비추리적 상징·긴장 상징 등이 해당된다.

문학적 상징은 관점에 따라 여러 유형으로 나눌 수 있다. 휠라이트는 긴장 상징을 다시 다섯 가지로 나눈다. 첫째, 특정시의 주도적 이미지로서의 상징(the presiding image of a particular poem)은 어느 특정 작품 밖에서는 작용력이 없는 상징 유형을 말한다. 둘째, 특정 시인의 여러 작품에 반복되는 개인 상징(the personal symbol)은 한 시인의 작품 속에서 다양한 형태를 취하며 수시로 반복해서 나타나는 상징을 말한다. 셋째, 여러 시인에게 통용되는 조상 전래의 활력 상징(symbols of ancestral vitality)은 한 시인이 어떤 고전 문헌에서 찾아내어 개인적으로 창작 활동에 차용하는 상징이다. 넷째, 한 특정 문화권 혹은 특정 종교권적 상징(symbols of cultural range)은 어떤 공동체나 비교적 큰 종교 단체에 속하는 사람들에게 중요한 생명력이 되는 상징들이다. 다섯째, 인류 전체가 동일한 의미를 가지는 원형 상징(the archetypal symbol)은 인류의 전체나 그 대부분의 사람들에게 동일하거나 유사한 의미로 통하는 상징이다.[44]

이것을 다시 유형화하면 대략 개인 상징·집단 상징·원형 상징 등으로 나눌 수 있다. 개인 상징은 한 시인의 개인적 체험 내에서 특정시의 이미지를 주도하거나 여러 작품 속에서 반복적으로 쓰여 상징적 체계를 획득한 경우의 상징이다. 집단 상징은 조상 전래의 민족 전통 속에서 형성된 종교적 혹은 비종교적 집단 구조 속에서 형성된 상징이다. 원형 상징은 인류에게 동일한 심리적 반응을 이끌어 내거나 문화적 기능을 갖는 상징을 말한다.

(1) 개인적 상징

개인 상징(personal symbol)은 창조적 상징이라고도 하며, 어떤 특정한 작품 속에서 단일하게 나타나는 상징 또는 어떤 시인이 자신의 여러 작품 속에서 반복적으로 자주 사용하여 독특한 상징체계를 획득하고 있는 경우를 말한다. 이것은 시 작품 속에서 발견할 수 있는 상징의 가장 일반화되어 있는 유형이기도 하다. 휠라이트에 의하면 개인적 상징의 특성은 긴

---

[44] P. Wheelwright, Chapter Five, 「*From Metaphor to Symbol*」, 『*Metaphor and Reality*』, Indiana University Press, 1962, pp.98~99 참조.

장성에 있다.

> 나는 바퀴를 보면 굴리고 싶어진다
> 자전거 유모차 리어카의 바퀴
> 마차의 바퀴
> 굴러가는 바퀴도 굴리고 싶어진다
> 가쁜 언덕 길을 오를 때
> 자동차 바퀴도 굴리고 싶어진다
> ― 황동규, 「나는 바퀴를 보면 굴리고 싶어진다」 부분

> 별을 노래하는 마음으로
> 모든 죽어가는 것을 사랑해야지
> 그리고 나한테 주어진 길을
> 걸어가야 겠다.
>
> 오늘 밤도 별이 바람에 스치운다.
> ― 윤동주, 「서시」 부분

 황동규의 「나는 바퀴를 보면 굴리고 싶어진다」라는 시에서 보여지는 '바퀴'라는 상징 시어는, 황동규 시인의 「나는 바퀴를 보면 굴리고 싶어진다」라는 하나의 작품 속에만 나타나는 단일한 상징이다. 그리고 '바퀴'라는 상징 시어는 인습이나 제도에 의해서 굳어진 것이 아니라, 그러한 것과는 전혀 상관없이 시인이 자신의 상상력을 통하여 창조한 상징 시어이다.
 이 시에서 시적 화자는 '바퀴'만 보면 굴리고 싶다고 말한다. 시적 화자의 그러한 욕망은 자전거·유모차·리어카·마차·자동차 바퀴에까지 연장된다. 이처럼 굴릴 수 있고, 또 굴러가야 할 것을 굴리고 싶어 할 때, 그것들은 단순한 바퀴일 수만은 없다. 그러므로 이 시에서 '바퀴'는 상징적 시어이고, 시인 특유의 개인적 상징이 된다. 그러한 '바퀴'의 숨은 의

미는 하나가 아니다. 그 '바퀴'는 굴릴 수 있고, 굴러갈 수 있는 모든 것을 바퀴로 표현하고 있기 때문이다. 따라서 '바퀴'의 숨겨진 의미는 역사일 수도 있고, 생명일 수도 있고, 사랑일 수도 있다. 나아가 이 모든 것이 종합된 것이라고 할 수도 있다. 말하자면 숨은 의미가 하나가 아니고 다의성을 띠고 있는 것이다. 이러한 특징이 바로 상징의 속성이며, '바퀴'는 그러한 모든 것을 암시하고 있는 것이다.

윤동주의 「서시」에서 보이는 '별'이라는 상징 시어는, 윤동주 시인의 텍스트에서 특수하고 다양한 의미를 지니며 반복되어 나타나는 독창적인 상징어이다. 윤동주 시에서 지속적으로 반복되어 나타나는 '별'의 상징은 끝없는 시인의 정신을 고양시키고 초월적 의미를 함축하고 있다.

이 시는 암울한 현실을 살아가고 있는 시적 화자의 삶의 자세가 드러나 있다. '별'은 영원한 가치를 지닌 것으로 무한하며, 순간적인 가치를 지닌 현실적 유한함과는 반대의 의미를 지닌다. 즉 '별'에 의해 죽어가는 존재들이 살아가는 부정적 현실이 역전되어 시적으로 변환된다. '별'은 천상의 높이로 독자의 시선을 끌어올림으로써 괴로움 속에서도 빛나는 꿈을 자각하게 하는 존재인 것이다. "오늘 밤에도 별이 바람에 스치운다"에서 '밤'이 시인에게 주어진 부정적 현실의 세계라면, 고통스러운 삶의 '바람'을 이겨내는 것이 '별'의 세계이다. 그러므로 별을 노래하는 것은 바로 삶을 사랑하는 것이며, 고난에 찬 현실을 이상적 공간으로 전이시키는 행위가 된다.

(2) 집단적 상징

인간은 넓게는 그가 살고 있는 세계와 밀접한 관계를 맺으며 살아간다. 그리고 좁게는 한 집단의 문화적 약속이나 오랜 인습과 관계를 맺으며 살아간다. 인간은 사회적 배경·역사적 배경·문화적 배경·자연적 배경과 분리될 수 없는 삶을 향유하고 있다. 인간들은 타인과의 삶을 공유하고 있는 것이다. 따라서 시인은 작품 창작에 개인적으로 특수한 개인적 상징을 창조하기도 하고 타인과 공유할 수 있는 보편적 상징을 등장시키기도 한다. 이 보편적 상징이 바로 인간 모두에게 공감대를 형성해 주는 집단적 상징이 된다. 다시 말하여 집단적 상징이란, 한 개인의 개체적 삶 속에서 상징화되어진 것이 아니라, 한 집단 혹은 한 민족의 사회·문화적 체험 속에서 반복 작용을 통하여 체계화되어진 상징 개념이다. 여기에는 인간들의 공동체적 생활 가운데서 경험의 축적을 거쳐 이루어진 양식화된 관념이 핵심의 주를 이룬다. 이러한 집단적 상징은 인습적 상징·제도적 상징·자연적 상징·문화적 상징·문학적 전통의 상징·종교적 상징 등을 모두 포함한다.

> 나 하늘로 돌아가리라.
> 새벽빛 와 닿으면 스러지는
> 이슬 더불어 손에 손을 잡고,
>
> 나 하늘로 돌아가리라.
> 노을빛 함께 단 둘이서
> 기슭에서 놀다가 구름 손짓하면은,
> ― 천상병, 「귀천」 부분

> 흥부 부부가 박덩이를 사이하고
> 가르기 전에 건넨 웃음살을 헤아려 보라.
> 금(金)이 문제리,
> 황금(黃金) 벼이삭이 문제리,
> 웃음의 물상이 반짝이며 정갈하던
> 그것이 확실히 문제다.
> ― 박재삼, 「흥부 부부상」 부분

천상병의 「귀천」은 인류가 보편적으로 당면한 삶과 죽음의 문제를 다룬 작품이다. 시구 "나 하늘로 돌아가리라"는 '죽음'을 상징하며, "새벽빛 와 닿으면 스러지는/이슬 더불어 손에 손을 잡고"는 인간의 삶은 새벽 햇살이 비치면 사라지는 '이슬'처럼 깨끗하지만 순간적인 것임을 노래하고 있다. 이것은 삶에 대한 긍정적인 시선과 함께 죽음에 대한 달관적인 시적 화자의 자세를 표현한 부분이다. 따라서 삶과 죽음을 하나의 연장선상에서 파악하고 있는 시적 화자의 세계관이 드러난다. 이러한 태도는 인간을 우주의 일부로 파악하는 데서 비롯된 것이라고 할 수 있다.

박재삼의 「흥부 부부상」은 널리 알려진 고전소설 『흥부전』중에서 가난하게 살아가는 흥부 부부의 삶을 소재로 하고 있다. 흥부 부부는 과거의 문학적 유산인 고전소설 『흥부전』에서 채용한 인유이다. 이러한 상징은 작품에 익숙한 독자들의 이해를 빠르게 하고 공감을 형성하는 데 도움을 준다. 그러나 이러한 상징은 과거 문학작품의 차용과 인용에 의해서 이루어진다고 하더라도, 새로운 의미가 교유적으로 융합되어야 한다. 이것을 상징의 재문맥화라고 한다. 박재삼의 경우 『흥부전』에 대한 시인의 새롭고 독창적인 의미 부여는, '권선징악(勸善懲惡)'이라는 단순한 주제를 '행복'의 의미로 바꾸어 놓은 데 있다.

시인의 상상력의 바탕에는, '행복'이란 흥부가 보답을 받아 부자가 되기 이전의 가난 속에서도 부부간의 진정한 사랑을 간직한 바로 그 때 존재한다는 의미가 깔려 있다. 이 시는 '황금'보다도 '벼이삭'보다도 더욱 소중한 것이 부부간의 진정한 사랑이며, 물욕 이전의 인간의 순수함이 진실된 것이라는 가치관을 보여준다. '흥부 부부'의 모습이 진정한 사랑의 모습이라는 것이다. 이처럼 시인은 흥부 부부가 박 타는 모습을 안분지족(安分知足)하는 태도로 표현함으로써 서민들의 애환과 그 속에서도 서로를 사랑으로 감싸는 아름다운 인간상을 그리고 있다.

(3) 원형적 상징

인류의 모든 민족은 각각 다른 전설·민속·일정한 관념 형태를 반영하는 신화를 지녔을지라도, 그리고 신화가 자라난 문화적 환경에 따라서 독특한 모습을 지녔다 하더라도 상당 부분 공통점을 지닌다. 따라서 신화라는 것은 일반적인 의미에서 보편적인 것이다. 이것은 유사한 모티프(motif)나 테마가 상이한 신화들 가운데서 발견될 수 있으며, 시공상으로 아주 멀리 떨어진 사람들의 신화에서도 공통된 의미를 지니는 경향이 있다. 말하자면 유사한 심리적 반응을 나타내고 유사한 문화적 기능을 하게 된다는 말이다. 이러한 모티프와 이미지가 이른바 원형이다. 그러므로 원형은 보편적인 상징 형식이 된다.

현대의 신화학자들에 의하면, 원형은 핵심적인 인간 경험의 기본적이고도 오래된 유형이고, 그것은 특수한 정서적 의미를 가지는 어떤 시 또는 다른 예술의 근저에 존재한다고 정의된다. 또한 브룩스(C. Brooks)가 정의한 것처럼, 원형이란 근본적 이미지·집단적 무의식의 한 부분·같은 종류의 무수한 경험의 심리적 잉여를 의미하며, 그리하여 인류의 상속받은 반응 유형의 한 부분을 의미한다. 또는 융(C. G. Jung)은, 우리 조상들이 수 만 년 동안 살아오면서 반복하여 겪은 원천적인 경험들이 인간 정신의 구조적 요소로 고착되어 집단적 혹은 민족적 무의식을 통하여 유전되어 나타나는 것을 원형이라고 말한다.[45] 따라서 시인이 시를 쓰면서 이미지를 상상할 때 그러한 원형적 의미를 가진 상징물들, 즉 원형적 이미지를 자신도 모르게 무의식적으로 사용하게 되는데, 이를 분석해 보면 결국 원형적 의미로 환원될 수 있다.

---

45 김혜니, 「신화·원형 비평」, 『외재적 비평문학의 이론과 실제』, 푸른사상, 2005, 232쪽, 257~260쪽 참조.

어둠은 새를 낳고, 돌을
낳고, 꽃을 낳는다.
아침이면,
어둠은 온갖 물상을 돌려 주지만
스스로는 땅 위에 굴복(屈服)한다.
무거운 어깨를 털고
물상(物像)들은 몸을 움직이어
노동(勞動)의 시간(時間)을 즐기고 있다.
즐거운 지상(地上)의 잔치에
금(金)으로 타는 태양(太陽)의 즐거운 울림.
아침이면,
세상은 개벽(開闢)을 한다.

― 박남수, 「아침 이미지」 전문

우리가 물이 되어 만난다면
가문 어느 집에선들 좋아하지 않으랴.
우리가 키 큰 나무와 함께 서서
우르르 우르르 비 오는 소리로 흐른다면.

흐르고 흘러서 저물녘엔
저 혼자 깊어지는 강물에 누워
죽은 나무 뿌리를 적시기도 한다면.
아아, 아직 처녀(處女)인
부끄러운 바다에 닿는다면.

그러나 지금 우리는
불로 만나려 한다.
벌써 숯이 된 뼈 하나가
세상에 불타는 것들을 쓰다듬고 있나니.

만 리(萬里) 밖에서 기다리는 그대여
저 불 지난 뒤에
흐르는 물로 만나자.
푸시시 푸시시 불 꺼지는 소리로 말하면서
올 때는 인적(人跡) 그친
넓고 깨끗한 하늘로 오라.

— 강은교, 「우리가 물이 되어」 전문

박남수의 「아침 이미지」는 생동감 넘치는 아침의 모습을 시각적 이미지와 청각적 이미지를 사용하여 그리고 있다. 어둠이 사라지고 아침이 오는 모습을 시간의 흐름에 따라 섬세하게 전개하고 있는 것이다. 따라서 이 시에서는, 프라이(N. Frye)의 하루와 인생의 주기인 '아침=탄생(어린아이)' → '낮=성장(청년)' → '저녁=늙음(장년)' → '밤=죽음과 재생' 이라는 원형적 이미지를 드러낸다. 이것은 또한 네 계절의 주기인 '봄=탄생(새벽)' → '여름=성장(정오)' → '가을=조락과 결실(석양 혹은 일몰)' → '겨울=죽음과 재생(밤)' 이라는 원형적 이미지에도 대입시킬 수 있다.[46] 또한 시구 "금으로 타는 태양의 즐거운 울림"에서 '태양' 역시 '힘', '자연의 이치', '의식', '부성의 원리' 등의 원형적 이미지를 읽을 수 있다.

이 시의 1, 2행에서는 '어둠' 의 모습을 그린다. "어둠은 새를 낳고, 돌을/낳고, 꽃을 낳는다"에서 드러나듯이, 어둠은 아침을 맞이하는 온갖 물상들이 태어나는 시간이다. 즉, 어둠은 만물을 품고 있다가 아침에 그 모습을 하나씩 드러내게 하고 소리 없이 사라지는 모태의 공간인 것이다. 말하자면 '어둠' 은 모든 사물이 죽어 있는 시간이 아니라 모든 사물이 태어나는 '재생' 의 시간인 것이다. 이어서 3~12행에서는 '아침' 이 모습을

---

46 N. Frye, 『The Archetypes of Literature, Fables of Identity』, Harcourt Brace & World, 1963, p.16 참조.

드러낸다. 모태의 공간인 어둠에서 탄생한 온갖 물상들이 아침을 맞아 움직이기 시작한다. 그 움직임은 자유롭고, 그렇기 때문에 즐거운 것이다. 시적 화자는 그들의 모습을 '즐거운 지상의 잔치'라고 표현하여 생동감 있고 흥겨운 모습으로 그린다. 그러한 그들의 탄생을 축하하기 위해 태양은 환하게 비춘다. 이러한 아침의 이미지를 시적 화자는 12행에서 '개벽'이라는 시어를 통해 단적으로 표현한다.

강은교의 「우리가 물이 되어」는 생명을 낳는 만남, 순수한 만남을 독특한 시상 전개를 통해 그리고 있다. '나'와 '너'를 아우르는 '우리'의 만남을, 만물을 생성하는 원형적 의미를 간직한 '물'을 통해 이루고자 한다. 궤린(W. L. Guerin)의 자연물의 원형에 의하면, '물'은 '창조의 신비', '탄생-죽음-부활', '정화와 구원', '풍요와 성장' 등을 상징한다.[47] 따라서 이 시에서 '물'은 '생명', '정화와 재생', '포용과 수용' 등을 의미하는 원형적인 이미지인 것이다. 그리고 그와는 반대로 '불'은 죽음이나 파괴와 같은 부정적 의미를 담고 있는 원형적 이미지이다. 다시 말해, '불'은 단순한 소멸의 의미가 아니라 비정한 현실을 모조리 불태우는 파괴와 소멸의 원형적 이미지로 '물'을 가물게 하는 것이다. 시적 화자는 그 '물'을 통해 메말라 가고 있는 사회를 적시고자 한다. 현실과 연결시켜 볼 때 가뭄은 우리의 메마른 현실, 무관심과 이기적인 인간 관계 등을 의미한다.

1연에서 '물'은 가뭄이 든 곳에 내리는 '비'로 등장한다. 그리고 2연에서 '비'는 강물로 흘러들고, 그 강물은 다시 바다로 흘러가 하나가 된다. '물'은 '불'이라는 장애를 넘어서야만 완전할 수 있다. '불'은 물을 가물

---

47 W. L. Guerin, etc., 「mythological and archetypal appoaches」, 『A Handbook of critical approahes to literature』, Harper & Row, 1966 참조.

게 하고, 나무의 뿌리를 죽음에 이르게 한다. 현대 사회에 비한다면 삭막하고 메마른 모습이다. 그리고 대결과 죽음, 파괴와 소멸을 상징하는 '불'은 현대인을 '숯이 된 뼈'로 만들어 버린다. 이러한 '불'을 넘어서야만 시적 화자가 바라는 세계가 오는 것이다. 시적 화자가 소망하는 완전한 합일과 생명력으로 충만한 바다, '넓고 깨끗한 하늘'이다.

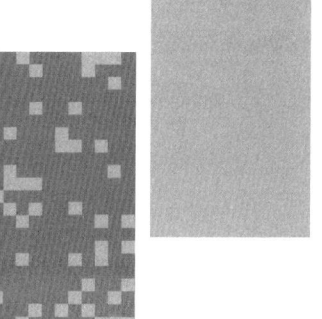

제8장
아이러니와 파라독스

1. 아이러니의 개념과 정의
2. 아이러니의 기능
3. 아이러니의 종류
4. 파라독스

1. 아이러니의 개념과 정의

아이러니(irony) 혹은 반어(反語)는 수사법 중 강조법의 일종이다. 의미를 강조하거나 특정한 효과를 유발하기 위해서 자기가 생각하고 있는 것과는 반대되는 말을 하여 그 이면에 숨겨진 의도를 은연중 나타내는 표현법을 말한다. 또한 인생에 있어서 가끔 사건이나 그 연속이 기대하고 있던 것과는 정반대로 전개될 때 이를 아이러니컬(ironical)하다고 한다. 그리고 흔히 '운명의 장난(the irony of fate)'이라는 말은 이러한 의미를 더욱 간결히 표현해 주는 것이 된다. 이러한 아이러니라는 문학용어는 파라독스(paradox) 혹은 역설과 함께 20세기 문학 비평에서 가장 빈번하게 사용된 용어 가운데 하나로 관심을 집중시키고 있다. 또한 연극·회화 등 모든 예술 장르의 미학적 원리를 규명하는 데 그 의미를 넓혀가고 있기도 하다.

아이러니의 어원은 그리스어 '에이로네이아(eironeia)'에서 파생했으며, 이 단어는 '은폐', '시치미 떼기'의 뜻을 지닌다. 이러한 '에이로네이아'의 어원은 'eiron(에이론)'이라는 연극배우 이름에서 발생했다. 에이론은 원래 그리스 희극의 주인공인 알라존(alazon)의 상대역을 맡고 있는 인물이었다. 이 인물 가운데 알라존은 강자로서 자만에 가득 차 있고 허세를 부리고 뽐내지만 어리석은 인물인 반면, 에이론은 약자로서 겸손하고 현명하며 항상 양보의 미덕을 보이는 인물이다. 즉, 그들의 인물은 '강자/약자', '자만/겸손', '어리석음/현명함'으로 각각 대별된다. 이들이 무대 위에서 대결할 때 관객들은 약자인 에이론이 패배할 것이라고 예상을 하지만, 그 예상을 뒤엎고 항상 약자인 에이론이 강자인 알라존을 물리치고 승리한다. 결과적으로 이 두 인물의 성격은 겉과 속이 서로 다른 것을 뜻하게 된다. 이처럼 관객의 예상을 뒤엎고 에이론이 강자인 알라존을 물리친 것은, 표면에 드러난 형상과 실제적인 의미는 언제든지 상반되게 나타날 수 있음을 보여주는 것이다. 이것을 빗대어, 아이러니는 '말해진 것(what is said)'과 '의미된 것(what is meant)' 사이가 서로 다른 진술 방식을 뜻하는 말로 자리매김되기 시작한 것이다.

에이로네이아란 단어는 처음 플라톤의 『대화』편에 등장한다. 플라톤에 의하면, 소크라테스의 대화술에 말려 자신의 무지가 폭로된 사람들이 이 용어를 사용했다고 한다. 당시 그리스 제일의 현자였던 소크라테스는, 상대방과 어떤 문제에 대하여 토론하면서 언제나 소박하고 어리석은 듯한 이야기로 시작하지만 끝판에 가서는 그 상대를 꼼짝 못하게 만든다. 즉, 겉보기에는 '모르는 척' 가장하지만 실제로는 누구보다도 잘 알고 있어서 상대방을 꼼짝 못하게 제압했던 것이다. 이처럼 표면적으로는 잘 모르는 척하면서도 속으로는 훤히 잘 알고 이야기하는 것을 소크라테스적 아이러니라고 한다. 그런데 그리스 수사학에서는 아이러니의 변형으로 냉소·허풍·대조·조소 등이 거론되며, 이는 그리스 로마 시대의 아이러니는 말의 아이러니, 곧 언어적 현상에 국한되어 사용되었음을 알 수 있다.

아이러니라는 말이 오늘날과 같은 의미로 사용된 것은 18세기 초엽 영미에서부터이다. '놀림', '빈정댐', '희롱', '야유' 등의 빈번한 사용은 아이러니라는 말을 문학에 사용하는 데 큰 역할을 담당한다. 따라서 영미에서는 주로 수사법의 차원에서 '의미하고자 하는 것과 반대의 표현을 하는 것', '비난하기 위해서 칭찬하고 칭찬하기 위해서 비난하는 것', '비웃고 조롱하는 것'으로 정의된다. 또한 경우에 따라서는 '시치미 떼는 것'을 뜻하기도 했다. 그러다가 19세기에 비로소 극적 아이러니 개념이 부상하게 된다.

19세기에 들어서면서 아이러니란 말은 문학과 철학에서 광범위하게 사용되는 계기를 마련하게 된다. 19세기 초 독일의 낭만주의자들은 낭만적 아이러니의 개념을 만든다. 독일의 쉴레겔 형제(A. W. Schlegel & F. Schlegel)와 하이네(H. Heine) 등은 낭만적 아이러니에 대해 논의하면서 '세계란 본질적으로 역설적인 것이며 상반된 감정과 태도를 지닌 사람만이 그 모순된 전체를 이해할 수 있다. 이와 같은 사실을 인식하는 것이 그 아이러니의 기초이며 시작이다'라고 주장했던 것이다. 이로부터 아이러니는 단순한 수사학의 차원을 넘어서 세계와 인간의 근원적인 존재 조건을 인식하는 방법으로 확대되기 시작한다.

현대에 와서 아이러니는 신비평가들에 의해 문학작품, 특히 시의 핵심적인 개념으로 논의된다. 그 가운데 리처즈(L. A. Richard)는 종래의 시에 대한 이해로부터 탈피하여 시를 과학의 대상으로 삼고 이것을 체계화하고자 한다. 그것이 바로 '포괄의 시(inclusive poetry)'와 '배제의 시(exclusive poetry)'의 논의이다. 그는 이 논의를 통하여, 시는 상대적으로 특수하고 제한된 두 가지 경험들에 의해 조직된다고 말한다. 여기서 포괄의 시는 안정된 체계, 곧 두 가지 모순되는 감정의 대립 구조를 기반으로 하여 아이러니 구조가 성립된 시이다. 반면, 배제의 시는 불안정한 체계, 곧, 이질적인 경험이 하나의 경험으로 일관됨으로써 아이러니적 태도를 유지하지 못한 시이다.

또한 신비평가들인 브룩스(C. Brooks)는 역설(paradox), 테이트(A. Tate)는 긴장(tension), 워렌(R. P. Warren)은 역설적 구조 등에서 시의 본질을 찾고자 하였다. 비록 아이러니와 명칭의 차이는 있지만, 모순된 의미나 정서의 충돌과 이의 조화라는 점에서 시의 본질을 발견한 것은 아이러니의 이론과 일치한다고 할 수 있다. 아이러니는 이처럼 상호 모순되는 복합적인 요소들이 구조화되는 가운데 드러나는 것이다. 다시 말하여, 작품의 대상이나 주제가 한 가지 면만을 나타내는 것이 아니라 다양한 여러 국면을 드러내도록 하는 형식 자체에 아이러니가 존재하는 것이다.

2. 아이러니의 기능

아이러니는 앞에서 언급한 에이론과 알라존의 대립적 속성, 곧 진술된 것과 그 이면에 숨은 참뜻 사이의 서로 상충하고 대조되는 이중성을 띤다. 여기서 에이론은 이러한 모순된 불균형을 인식하고 있으며, 사물의 모든 것을 완전하게 이해하고 있다. 반면 알라존은 사물의 부분만을 인식하고 있기 때문에, 그의 사물에 대한 지각은 불완전하게 제한되어 있는 것이다. 이러한 아이러니의 기능에 대해 파킨(R. P. Parkin)은 형이상학적 기능과 심리적 기능으로 구분한다.[48] 그에 따르면, 아이러니는 사물 그 자체와 그 사물의 제한된 지각 사이에서 빚어지는 데서 파생되며 인간에게 있어서 어떤 의미를 주는 불균형이라고 할 수 있다.

형이상학적 기능이란 세계와 삶에 근본적으로 내재된 모순이나 상반된 속성 등을 인식하는 것을 가리킨다. 아이러니의 본질적 특질은 세계와 삶의 틀 속에 나타나 있는 근본적 모순에서 비롯되는 것이다. 따라서 아이

---

48 Rebecca Price Parkin, 『The Poetic Workmanship of Alexander Pope』, Octagon Books, 1974, pp.31~33 참조.

러니의 형이상학적 기능은 우주와 인생에 내재하는 근본적인 모순을 인식하고 통찰하는 능력을 뜻하는 것이다.

　인간은 세계와 직면하여 살아가면서 점차로 모든 것을 터득하게 된다. 그러면서 세계나 인생에 서로 다른 여러 국면이 있게 마련이라는 것을 깨닫게 된다. 인간은 이러한 오묘한 우주의 섭리나 세상의 이치를 인식할 때마다 서로 상충하는 모순을 느끼고 아이러니를 발견하게 된다. 이런 점에서 아이러니의 복합성은 인생의 폭넓은 인식이라고 할 수 있다. 따라서 아이러니의 형이상학적 기능은, 인간이 세계와 삶에 직면하면서 발생하는 정신적 인식이며 그 인식이 예리할수록 세계관과 인생관을 다양하게 수용할 수 있는 데 있다.

　아이러니의 심리학적 기능은 시인과 독자 사이의 관계에서 발생한다. 시인은 한 편의 작품을 통하여 날카롭게 아이러니를 표출하면서 우쭐한 '우월감'을 갖게 되며, 한편 독자는 상황 밖에서 심리적으로 '통쾌함', '즐거움' 등을 느끼게 된다. 여기서 시인과 독자는 다같이 세련된 문명감을 공유하게 된다. 독자로 하여금 민감하게 지각하도록 하는 것이 아이러니가 지닌 가장 가치 있는 특징 중 하나인 것이다.

　그러나 독자는 아이러니의 시를 감상할 때 이면에 숨겨진 뜻과 표면에 나타나 있는 뜻의 이중적 의미를 끊임없이 탐색하는 능력을 지녀야 한다. 그리하여 독자는 작품 속에 숨겨진 아이러니를 발견하고 그 참뜻을 새길 수 있어야 한다. 이러한 아이러니에 의해서 시인과 독자 사이에는 긴장감이 조성된다. 말하자면 시인은 아이러니의 모든 국면을 깨닫고 자신의 작품 속에 이중적 장치를 사용하여 그 아이러니를 숨겨 놓았을 때 심리적 만족감을 느끼게 된다. 그리고 독자가 '기지'를 동원하여 아이러니의 참뜻을 해독해낼 때 발견의 기쁨을 누리게 된다. 이와 같은 만족감에서 시인과 독자는 각각 심리적 기쁨을 맛보게 되며, 따라서 아이러니의 심리적 기능이 달성되는 것이다.

3. 아이러니의 종류

(1) 언어적 아이러니

아이러니의 종류를 논할 때 가장 일반적인 것이 언어적 아이러니(verbal irony)이다. 그 이유는 언어적 아이러니가 바로 표면에 말해진 것과 이면에 의미하는 것 사이의 갈등을 다루고 있기 때문이다. 곧 '표현된 것'과 '의미된 것'의 모순과 상충에서 발생하는 시적 긴장을 언어적 아이러니라고 한다. 이러한 언어적 아이러니는 대개 화자나 표현 주체가 아이러니를 기획하고 의도한 형태를 띤다. 따라서 언어적 아이러니는 갈등과 긴장 사이에서 은폐된 모순을 폭로하는 효과를 지닌다.

언어적 아이러니에는 일찍이 고전 수사학에서부터 사용되어 오던 풍자(satire)·패러디(parody)·말놀음(pun)·농담(joke)·야유(sarcasm)·조롱(mockery)·역설(paradox)·축소법(litotes)·과장법(hyperbole) 등이 포함된다. 이 가운데 풍자는, 그 시대의 한 사회를 지배하고 있는 모순과 불합리성을 조롱·멸시·증오 등의 여러 정서 상태를 통해서 독자에게 공감대를 불러일으켜 이를 비판하고 고발하는 사회적 문학양식이다. 패러디는 특정 작품이나 특정 작가의 특징적인 문체를 흉내 내어 그것을 전혀 맞지 않는 상황에 적용시킴으로써 아이러니컬한 효과를 창출하는 어법이다. 말놀음은 동음유의어를 사용하여 대상을 비판하는 어법이며, 농담은 예의를 지키면서 교묘하게 웃음을 유발하는 어법이고, 야유나 조롱은 비웃거나 깔보는 어법이다. 축소법은 곡언법(曲言法)이라고도 한다. 이는 반의어의 부정을 통하여 강한 긍정을 유도한다. 가령 '많지 않다'가 '적음'을, '나쁘지 않다'가 '좋음'을 나타내는 경우이다. 과장법은 말 그대로 언어의 과장을 통해서 의미를 강조하는 어법이다.

>한 아이는 꽃처럼
>밤에 피어 있다
>무척 두려울 것이고
>처음으로 꽃으로 밤에
>피고 있다.
>
>장례식(葬禮式) 날엔 비가 내렸다
>멜빵끈을 잡은 환도도 서 있다.
>그 옆에 죽은 리스도 서 있다.
>개 한 마리가 앞발을 들고 서 있다.
>솔 담배를 거꾸로 물고
>불을 붙이는 사람도 있다.
>대여섯명
>
>— 김영태, 「결혼식과 장례식」 전문

풍자는 그 어원인 라틴어 Satura가 뜻하는 것처럼 다양한 요소와 내용을 지니고 있는 문학양식이며, 그 의미가 매우 확장적이다. 풍자는 로마 시대에는 정격 운문 풍자(formal verse satire)의 양식을 구체적으로 표현하는 특정 장르를 일컬었지만, 그 후 모든 장르에 나타나는 특유한 태도나 어조를 뜻하게 된다. 그러나 전통적으로 풍자는 다양한 장르와 형식들을 무제한으로 이용해 왔기 때문에 문학적 분류화는 매우 어렵다. 그만큼 풍자는 문학의 기교나 어조, 혹은 희극미의 하위 유형이나 특정 장르로서 다양하게 논의되었던 것이다.

풍자는 인간의 선한 행동과 사회악의 개선, 즉 개인적 가치와 사회적 가치라는 이중적 가치의 문학적인 실현이다. 그리고 풍자의 주제는 인간이 하는 일, 인간이 지향하는 모든 것이다. 시 「결혼식과 장례식」은 '결혼'과 '장례'라는 인간의 가장 큰 일을 대조시키고 있다. 이 상반된 인생의 사건과 의미를 작품의 공간에 병치시키고 있는 것이다. 그리하여 독자로 하여금 아이러니한 삶의 의미를 되새기게 한다. 풍자문학은 도덕적·사회적으로 유용한 임무를 수행하면서 풍자 대상에 대해서는 '공격'을, 독자에 대해서는 '폭로'와 '정서적 공감'에 초점을 둔다. 풍자 문학의 공격이 아무리 잔인할지라도, 악을 교정하고자 하는 확고한 가치관을 바탕으로 한 그 분노에 대해서는 정당성이 부여된다. 따라서 이 시는 유한한 인생을 보여줌으로써, 독자들에게 자신의 삶을 반성하고 교정과 개선이라는 풍자의 목적을 실현하고 있는 것이다.

> 내가 단추를 눌러 주기 전에는
> 그는 다만
> 하나의 라디오에 지나지 않았다.
>
> 내가 그의 단추를 눌러 주었을 때
> 그는 나에게로 와서
> 전파가 되었다.
>
> 내가 그의 단추를 눌러 준 것처럼
> 누가 와서 나의
> 굳어 버린 핏줄기와 황량한 가슴 속 버튼을 눌러 다오.
> 그에게로 가서 나도
> 그의 전파가 되고 싶다.
>
> 우리들은 모두
> 사랑이 되고 싶다.
> 끄고 싶을 때 끄고 켜고 싶을 때 켤 수 있는
> 라디오가 되고 싶다.
> ― 장정일, 「라디오와 같이 사랑을 끄고 켤 수 있다면」 전문

전통적으로 풍자는 풍자적 목적을 달성하기 위해 다른 문학형식들을 부분적으로 이용하거나 아이러니컬한 도치를 즐겨 사용한다. 그러므로 많은 논자들은 공공연하게 패러디를 풍자의 한 수단으로 주장해 왔다. 그러나 실제로 풍자와 패러디는 그 경계가 뚜렷하지 않다. 패러디를 풍자의 한 형식으로 보든, 풍자를 패러디의 한 범주로 이해하든 간에 문학적 분류화가 곤란한 것은 마찬가지이다. 따라서 풍자와 패러디가 혼동되는 명백한 이유는 이 두 개의 장르가 함께 사용된다는 데 있다. 즉, 풍자는 텍스트상의 상이성을 매개물로 사용하고자 할 때에는 자주 패러디적 형식을 설명적이거나 공격적인 목적에 사용하고 있는 것이다.

일반적으로 패러디는 원전의 모방과 변형, 희극성이라는 세 가지 요소로 구성되며 풍자적 목적을 실현하는 주요한 방법이다. 시에 있어서 패러디는 어떤 유명 작가의 시의 문체나 운율을 모방하여 그것을 풍자 또는 조롱삼아 꾸민 익살스러운 성격을 지닌다. 어떤 인기작품의 자구를 변경시키거나 과장하여 익살 또는 풍자의 효과를 노린 경우가 많다. 그래서 창조성이 없으며 때로는 악의가 개입된다고 하지만, 패러디의 웃음 정신은 문학의 본질인 것이다. 장정일의「라디오와 같이 사랑을 끄고 켤 수 있다면」은 김춘수의 시「꽃」을 패러디한 작품이다. 김춘수의「꽃」은 사물로서의 '꽃'의 이름과 그 의미에 대한 관계의 고찰을 바탕으로, 사물 현상과 인간 사이에서 형성되는 참되고도 절실한 의미에 대해 말한다. 그리고 이 시는 '이름 불러 주기'를 사물의 존재 의미를 부여하고 이해하는 행위로 보고, 인간과 사물 간의 관계를 고찰하고 있는 것이다.

김춘수의「꽃」을 패러디한 장정일의「라디오와 같이 사랑을 끄고 켤 수 있다면」은 '꽃'의 기본적인 이해와 감상을 바탕으로 이해할 수 있다. 앞의 두 연에서는 무의미한 존재(라디오)에 지나지 않았던 대상(그)이 그 '단추(버튼)'를 누르는 '나'의 행위에 의해 참되고도 절실한 의미를 띤 존재(전파)로 변화되는 과정이 형상화된다. 그리고 뒤의 두 연에서는 '나' 또한 다른 누구(너)로부터 자기의 본질(빛깔과 향기)에 맞는 이름이 불림으로써 '나'와 '너' 사이에 의미 있는 관계(전파·사랑·라디오)를 이루고 싶다는 소망을 형상화하고 있다.

결국 이 두 시는 이러한 쌍방향의 상호적 관계를 통한 의미 부여 행위(이름 불러 주기)로 이루어진 진실한 인간 관계를 소망하고 있다. 그러한 관계가 이루어질 때 '나' 혹은 '너'만이 중심이 되지 않고 우리 모두가 같이 세상의 중심이 될 수 있으며, 아름다운 세상이 이루어질 것임을 말하고 있는 것이다.

> 야간,
> 여상 1학년, 1학년 6반,
> 약간 도전적인 아이 ; 그러나
> 마음 속으로는 나를 사랑하는 아이,
> 그러나 약간 못생긴…
>
> 「선생님 수수께끼 하나 낼까요?」
>
> (…중략…)
>
> 「선생님, 밤에 해 보셨어요?」
> 어떤 아이들은 까르르 웃고, 어떤 아이들은 약간
> 낮게 〈아니! 감히 선생님 앞에서!〉 하고…
>
> 약간 도전적인 여자 아이, 내가 아플 때 집에 전화
> 까지 준 아이 ― 나의 묵살에 약간 토라져 있는 아이.
>
> 「사랑하는 나의 아가, 네 뒤에 깨진 마음의 거울이 있구나!」

(…중략…)

「그래, 그 답은 뭐지?」 모른 체 물으니,
「밤에 해가 있긴 어딨어요!」였지.
　그렇구나. 밤에 해가 있긴 없구나… 나는 〈나〉1 너무 좋아, 어쩔 줄을 모르고 있는 아이들을 향해, 실로 오래간만에 정말 오래간만에 겁없이 활짝 웃어줄 수 있었지.

— 박남철, 「수수께끼」 부분

　전통적으로 말놀음이란 표기는 같지만 두 가지 이상의 뜻을 가진 낱말의 사용, 혹은 표기는 다르지만 발음이 같은 낱말을 사용하여 독특한 낱말 구사로 독자의 의표를 찌르는 표현방법이다. 말하자면 동음이의어를 해학적으로 사용하는 반어적 수법이다.
　박남철의「수수께끼」는 말의 전달 과정에서 생기는 오해를 단적으로 보여주고 있는 말놀음의 시이다. 참뜻을 오판해버리는 데서 오는 참담한 실상을 보여 주고 있는 것이다. 이 시에서 선생님에게 수수께끼를 낸 학생은 사회적 · 경제적으로 소외받고 있는 야간 여상 여학생이다. "선생님, 밤에 해 보셨어요?"의 수수께끼는 노골적인 성의 문제와 관련된 것으로, 작품 속에 등장하는 학생들뿐만 아니라 독자들의 얼굴까지도 부끄럽게 만든다. 더구나 여학생과 남자 선생님 사이에 주고받은 말인 것이다. 그러나 "밤에 해가 있긴 어딨어요!"를 통해 그 긴장은 일시에 무너진다. 그리고 우리들이 가진 속된 상상력이 얼마나 무모했던 것인가를 깨닫게 한다. 말하자면 방금 성적인 장면을 연상하고 얼굴을 붉혔던 독자들이 얼마나 두꺼운 문화의 옷을 입고 사는가에 대한 반성이 뒤따른 것이다. 이것은 시인의 날카로운 기지(wit)가 엿보이는 말놀음이라고 할 수 있다.
　이 작품은 사실 야간 여상 여학생의 고통과 슬픔을 저변에 깔고 있다. 그러나 이러한 현상을 잘 정리해서 시로 표현해 낸다고 하더라도 독자들에게 절실한 울림으로 전달될지는 의문이다. 따라서 시인은 이 주제를 효과적으로 전달하기 위해 해학적인 말놀음이라는 수법과 노골적인 성의 내용을 차용한 것으로 해석할 수 있다. 그것은 시인이 "사랑하는 나의 아가, 네 뒤에 깨진 마음의 거울이 있구나!"라고 표현한 대목에서 잘 드러난다. 시인이 차용한 이러한 말놀음의 기교는, 독자로 하여금 우리 인간들을 각질화시킨 문화의 덫을 성찰하게 하는 효용을 창출하게 한다. 나아가 독자들은 소외받는 야간 여상 여학생들의 현실적인 고통과 슬픔의 무게를 더욱 절실하게 심금 속으로 받아들이게 될 것이다.

> 솨람들은 당쉰이 육일만에
> 우주를 만들었다고 하지만
> 그건 틀리는 말입니다요.
> 그렇습니다요.
> 당쉰은 일곱째 날
> 끔찍한 것을 만드셨습니다요.
>
> 그렇습니다요
> 휴쉮의 칠일 째 저녁,
> 당쉰은 당쉰이 만든
> 땅덩이를 바라보셨습니다요.
> 마치 된장국같이
> 천천히 끓고 있는 쇄계
> 하늘은 구슈한 기포를 뿜어올리며
> 붉게 타올랐습지요.
>
> (…중략…)
>
> 계획에는 없었지만 나는
> 최후로 만들어지고

공들여 만들어졌습니다요.
그러자 쇄계는 곧바로
슈라장이 되었습니다요.
제멋대로 펜대를 움직이는
거지같은 자쇡들이
지랄떨기 시작했을 때!

그런데 내가 누구냐구요?
아아 무 묻지 마쉽쉬요.
으 은유와 푸 풍자를 내뱉으며
처 처 천년을 장슈한 나 나 나는
쉬 쉬 쉬인입니다요.

— 장정일, 「쉬인」 부분

시 「쉬인」은 제목부터가 시인이 주는 창조성이나 순수함과 맑음 등의 이미지와 동떨어진 마치 쉰내 나는 음식의 분위기로 바꿔주고 있다. '쇠람', '었습니다', '휴쉭', '구슈', '슈라장', '쇄계', '자쇡' 등 의도적으로 'ㅅ' 음을 사용하여 전반적인 어조를 빈정거리는 말투로 만들어준다. 즉, 계속적으로 발음이 새어나가는 듯한 느낌을 줌으로써 진지함보다는 가벼운 비아냥거리는 말투로 일관하고 있는 것이다. 또한 말끝마다 '~습니다요'라는 존칭형의 종결어미를 사용하여 더욱 의도적으로 비꼬는 듯한 분위기를 첨가시킨다.

그러나 이런 언어유희와는 달리 이 시의 내용은 매우 진지한 비판의식을 지닌다. 즉, 표면적으로는 신이 만든 시인이라는 것들이 세상을 수라장으로 만드는 존재라고 다그치고 있지만, 그 이면에는 시를 창조하는 것을 신이 시인을 창조하는 것과 동일한 맥락으로 놓고 있는 것이다. 시인은 그 혼란한 현실에도 불구하고 순수한 영혼으로 인간들을 깨우치는 정신적인 기둥인 것이다. 그러므로 마지막 연에서 자신이 시인임을 더듬더듬 새는 발음으로 고백하는 것은 시인인 자신에게 보내는 조소가 아니라, 타락한 세상을 반어적으로 조롱하고 있다고 할 수 있다. 이처럼 이 시는 언어적 아이러니의 속성인 말놀음·농담·야유·조롱 등을 두루 포함하고 있다.

(2) 구조적 아이러니

시의 전체적 구조와 관계를 맺는 것이 구조적 아이러니(structural irony)이다. 이 아이러니는 작품의 전체 구조와 맞물려 독자들이 전혀 예상하지 못했던 상황으로 이끌고 나가는 시적 기교에서 드러난다. 구조적 아이러니의 중요한 하나의 유형은 플롯의 역전 또는 반전, 주인공의 행위가 그가 의도한 것과는 정반대의 결과를 낳는 경우, 주인공은 모르고 있으나 독자는 알고 있는 경우 등이다. 말하자면 구조적 아이러니는 상황 밖에 위치하는 관찰자에 의해서만 느껴지고 인식된다는 점에 그 주요한 특징이 있다. 그러므로 상황 속에 참여한 인물들의 의도와는 크게 관련이 없는 아이러니이기도 하다. 그리고 독자들이 일정한 상황 속에 내재하는 부조화나 상반된 국면들을 관찰함으로서 아이러니를 느끼게 된다는 것에서 구조적 아이러니를 상황적 아이러니라고도 말한다.

이러한 구조적 아이러니는 신비평에서 논의되는 아이러니로서 현대시의 미적 기준이 되는 복합성을 지닌다. 작품에서 상충되거나 대조되는 요소들의 종합과 조화의 상태가 구조적 현상을 띠고 있는 것이다. 아이러니의 시에서는 서로 상충·대조되는 두 시점이나 태도가 공존하고 있는데, 현대시에서는 이러한 요소들이 포괄의 원리·긴장·앰비규어티(ambiguity)·비순수 등의 복합성을 미적 가치로 내세우며 아이러니를 유발한다. 가령, 아리스토텔레스가 비극의 목적을 연민과 공포의 상반된 감정을 결합한 형식이라고 정의한 것을 비롯하여, 갈등을 포함한 모든 문학에 아이러니의 요소가 내포되어 있다고 할 수 있다. 이러한 구조적 아이러니는 극적 아이러니 혹은 상황적 아이러니·낭만적 아이러니와 깊은 관련을 맺고 있다.

① 극적 아이러니

극적 아이러니(dramatic irony)는 플롯의 역전 또는 반전, 주인공의 행위가 그의 의도한 것과는 정반대의 결과를 낳는 경우, 주인공은 모르고 있으나 독자는 알고 있는 경우 등이 이에 해당한다. 곧, 기대와 충족 사이에 대조되는 효과를 보여주고 있는 것이다. 그 대표적인 예가 『오이디푸스 왕』의 '오이디푸스'와 호머의 「오디세이아」의 '오디세우스'이다. 오이디푸스 왕은 테베시의 기근을 불러온 장본인이 바로 자신인줄 모르고 그 사람을 찾고 있다. 아버지를 죽이고 어머니와 결혼한 죄인을 끝까지 추적하고 있는 것이다. 이러한 사실을 다른 등장인물과 모든 관객들은 다 알고 있는데 정작 오이디푸스 왕만이 모르고 있다. 결국 범인을 잡고 나서야 그 범인이 자신임을 알고 스스로 눈을 찌른다. 범인을 추적하고 잡는 비극적 과정은 극적인 아이러니가 아닐 수 없다. 또한 오디세우스는 이타카로 돌아와 걸인으로 변장하고 자신의 궁전에 앉아서 그의 아내인 페넬로페의 구혼자들 가운데 섞여 있다. 이런 사실을 구혼자들과 오디세우스의 부인인 페넬로페는 전혀 모르고 있다. 이와 흡사한 우리의 작품으로는 『춘향전』과 현진건의 『운수 좋은 날』 등을 꼽을 수 있다. 그리고 계용묵의 수필 「구두 소리」에서도 역전의 극적 결말을 찾아볼 수 있다.

봄바람이 끌어당기듯
수녀 둘이
지하철 계단을 올라가고 있다.

여자라는 이름을 붙이기엔
너무나도 절망스러운
검은 치마와 살색 스타킹

손에는 하나님의 말씀보다
더 예쁜
꽃다발이 쥐어져 있다.

— 강우식, 「소묘(素描) 1」 전문

김종수 80년 5월 이후 가출
소식 두절 11월 3일 입대 영장 나왔음
귀가 요 아는 분 연락 바람 누나
829 - 1551

이광필 광필아 모든 것을 묻지 않겠다
돌아와서 이야기하자
어머니가 위독하시다

조순혜 21세 아버지가
기다리니 집으로 속히 돌아오라
내가 잘못했다

나는 쭈그리고 앉아
똥을 눈다

— 황지우, 「심인(尋人)」 전문

　강우식의 「소묘 1」에서는 수녀들이 등장한다. 수녀들을 대하는 독자들의 고정적 관념은 신비하고 순수하며 경건한 모습을 떠올리게 될 것이다. 그러나 시인의 시선은 그와는 반대로 수녀들의 모습을 표현한다. 이것이 시인과 독자의 첫 번째 충돌이다. 모든 것이 화사하게 치장을 하고 있는 봄날의 도시 속에서 "검은 치마와 살색 스타킹"의 수녀는 봄날과는 정반대로 칙칙하게 퇴색한 모습이다. 독자들의 고정관념에서는 이러한 수녀의 모습은 으레 일상적인 복색이다. 그러나 시인은 독자들과는 반대로 '너무나도 절망스러'움을 느낀다. 여기서 독자들은 또 한 번 시인과 충돌하면서 긴장과 동시에 반전의 아이러니를 느끼게 된다. 이러한 반전은 마지막 연에서 또 한 번 더 빛을 발한다. 수녀의 "손에는 하나님의 말씀보다/더 예쁜/꽃다발이 쥐어져 있다"가 바로 그것이다. 모든 것의 가장 위에 자리한다고 생각되는 '하나님'이 꺾어진 꽃다발보다 더 못한 것으로 희화되어 나타나기 때문이다. 여기서 시인과 독자 사이에 극적 아이러니가 발생한다.

황지우의 「심인」은 신문 광고란에 실린 사람 찾는 광고를 시화하고 있다. 「심인」 광고의 내용은 첫 번째가 광주 민주화운동의 시점과 공통되는 숫자를 보여 준다. 그래서 독자에게 광주 민주화운동을 상기시키면서 매우 고통스러움을 안겨준다. 그리고 계속해서 가출한 아들과 딸을 찾는 애타는 광고가 등장한다. 이 모두는 독자들 가슴에 안타까움을 느끼게 한다. 그런데 독자들이 이러한 심각하고 고통스러운 현실에 직면하고 있을 때, 마지막 연의 시적 화자는 "나는 쭈그리고 앉아/똥을 눈다"고 말함으로써 급작스러운 종결에 부딪힌다. 현실의 심각성과 시적 화자의 무기력함이 충돌하는 극적 아이러니를 연출하고 있는 것이다. 현실의 심각성과 이 희화적 종결 사이의 어울리지 않는 결합은 인유된 현실에 대한 화자의 무기력함을 강조하고 있는 것이다. 곧, 시대적 상황과 고통들은 시 속에 들어와서도 여전히 광고체의 틀에서 벗어나지 못한 것이다. 물론 이 시는 시인의 현실에 대한 무력감, 왜소함이라는 자기 반영적 반성을 야기하는 원인으로 작용할 수 있다. 이것이 바로 시인 스스로 두 가지의 서로 모순되고 대조되는 세계를 날카롭게 표면화시키는 위선자가 되는 경우의 극적 아이러니이다.

② 낭만적 아이러니

낭만적 아이러니(romantic irony)는 독일의 낭만주의 철학에서 활발히 논의된 개념으로, 특히 독일의 쉴레겔 형제(A. W. Schlegel & F. Schlegel)에 의하여 제시된 아이러니이다. 그들은 예술가의 창조 활동은 절대자의 세계 창조를 본뜬 행위라고 생각한다. 그러므로 예술가가 아무리 천재성을 지니고 있다 하더라도 절대자의 창조물인 우주 만물을 완벽하게 재현할 수는 없다는 논지이다. 곧, 절대자의 입장에서 보면 모든 예술작품은 한낱 절대자의 모방작에 불과할 뿐이라는 것이다. 따라서 예술가는 모방작에 불과한 예술작품을 버리고 새로운 창조 활동을 끊임없이 계속해야 한다는 결론이 주어진다. 예술 창조 과정에는 파괴와 창조 행위가 끊임없이 반복 내재하며, 이런 이유에서 예술가는 이와 같은 창조 과정을 초월적인 입장에서 모두 살필 수 있어야 한다는 것이 낭만적 아이러니의 시관이다.

이와 같이 초월적 경지에 오른 예술가는 창조와 파괴, 유한과 무한, 절대와 이상 등 무수한 이원론적 대립의식에서 세계 속의 양상을 살펴야 한다. 낭만적 아이러니는 끝없는 세계 속의 대립 양상을 파악하고 이 대립적인 존재를 지양해서 고차원적인 종합을 추구하는 것이라고 할 수 있다. 무한이나 절대에 대한 낭만적 동경 역시 이와 같은 아이러니의 소산이다. 따라서 시에 있어서 낭만적 아이러니는, 꿈과 기대 그리고 그것이 강렬하면 강렬할수록 이에 대한 좌절과 허망 역시 돌발적인 반전을 연출한다. 이러한 반전을 통해서 인간 존대에 대한 자기 연민은 물론이고 어쩔 수 없이 숙명적으로 삶의 굴레를 짊어지고 살 수밖에 없는 인간에 대한 근원적인 질문을 던진다. 나아가 이를 통해 인간 존재의 본질에 대한 철학적 탐구를 가능케 한다.

1

발돋음하는 발돋음하는 너의 자세(姿勢)는
왜 이렇게
두 쪽으로 갈라져서 떨어져야 하는가,
그리움으로 하여
왜 너는 이렇게
산산이 부서져서 흩어져야 하는가,

2

모든 것을 바치고도
왜 나중에는
이 찢어지는 아픔만을
가져야 하는가,
네가 네 스스로에 보내는
이별(離別)의
이 안타까운 눈짓만을 가져야 하는가.

3

왜 너는
다른 것이 되어서는 안 되는가,
떨어져서 부서진 무수한 네가
왜 이런
선연한 무지개로
다시 솟아야만 하는가,

— 김춘수, 「분수」 전문

    이 시는 현실 세계에서 벗어나 이상의 세계 또는 초월의 세계를 향한 인간의 보편적 욕망과 그 욕망의 좌절, 그리고 거기에서 비롯되는 비애를 '분수'의 존재론적 조건과 상황을 통해 노래하고 있다. 이 시의 중심 소재인 '분수'의 모습은 다름 아닌 우리 인간의 모습이다. '분수'는 하늘에

닿고자 솟구치지만 하늘에 이르지 못하고 안타깝게도 두 쪽으로 갈라져 땅으로 떨어져 부서지고 만다. 그러나 땅에 떨어져 부서지지만 그 '분수'는 다시 '선연한 무지개'로 솟아오른다. 이는 영원히 실현될 수 없고 도달할 수 없는 이상향인줄 알면서도 끝내 포기하지 못한 채 이상향에 대한 끊임없는 동경을 간직한 인간의 몸부림인 것이다.

'분수'의 용기는 땅에 고정되어 있기 때문에 일정한 수직 상승 이상은 솟아오르지 못한다. '분수'의 솟구침은 바로 이러한 상승의 극점, 자유와 구속, 무한과 유한, 영혼과 육체의 모순과 긴장을 나타내는 행위이다. 때문에 '그리움', '안타까운 눈짓' 역시 희망과 절망, 초월과 좌절 등 모든 이항 대립인 감정의 복합성을 내포하고 있는 시어가 된다.

이것은 말라르메(S. Mallarmé)가 분수의 공간적 위상에 대해 말하고 있는 것과 같다. 분수는 하늘로 솟아오르는 수직의 물이다. 그것은 수평적 존재를 거부하고 있는 물, 수동적인 물, 하강하는 물, 지상적인 동력에 굴복하고 있는 온갖 지상적인 물에서 벗어나려는 초월의 물이다. 그러나 이렇게 수직으로 뻗쳐오르던 물은 결국 어느 정점에서 다시 땅으로 떨어지지 않으면 안 된다. 그 경계점은 더 이상 오를 수 없는 허공 속에 존재하고 있다.[49] 김춘수의 '분수' 역시 하늘과 땅 사이의 허공 속에 그 정점의 경계를 만들고 있는 것이다. 그곳은 이념이자 동시에 '그리움', '안타까움'이 공존하고 있는 다의성을 띤 중간 공간이다.

이처럼 이 시는 지상적인 공간에 속해 있는 인간들이 천상적인 공간을 향해 발돋움치는 행위를 보여주고 있다. 인간 존재의 모순과 고뇌를 하늘을 향하여 쉼 없이 솟구치는 '분수'를 통해 제시하고 있는 것이다. 그리고 그러한 염원은 이루어질 수 없는 좌절과 허무가 될 수밖에 없는 인간의 근

---

[49] Georges Poulet, 『Espace et Temps Mallarmems』, Etre et Pes'ee, No. 30,10, 1950(Édition Baconniere). 참조.

원적인 한계를 깨닫게 해준다. 따라서 이상과 꿈이 강렬하면 할수록 이에 대한 좌절과 허망 역시 돌발적인 반전으로 마감하는 것에서 낭만적 아이러니의 본질을 찾을 수 있다. 인간 존재에 대한 자기 연민은 물론, 어쩔 수 없이 숙명적으로 삶의 굴레를 짊어지고 살 수밖에 없는 인간에 대한 근원적인 질문을 통해 인간 존재에 대한 철학적인 탐구를 가능케 하는 것이다.

(3) 순진성의 아이러니

시적 화자가 순진무구(純眞無垢)한 어린이의 탈을 쓰고 등장하여 그렇지 못한 현실을 극명하게 대조하여 보여줌으로써 독자들에게 긴장감을 고조시킬 때 순진성의 아이러니(maive irony)가 발생한다. 일반적으로 순진성의 아이러니는 순진함을 동반하면서 날카로운 현실 비판적인 성격을 띤다. 이러한 아이러니의 기능은 처해진 현실을 정확하게 진단하여 보다 바람직한 세계를 건설하는 데 그 목적을 둔다고 할 수 있다.

> 아빠, 나도 진짜 총 갖고 싶어
> 아빠 허리에 걸려있는,
>
> 이 골목에서
> 한 눔만 죽일테야
>
> 늘 술래만 되려 하는
> 도망도 잘 못 치는
> 아빠 없는 돌이를 죽일테야
>
> 그 눔 흠씬 패기만 해도
> 다들 설설 기는데,
> 아빠.
>
> — 황동규, 「아이들 놀이」 전문

이 시에서는 우선 어린아이 입에서 '죽일테야'라는 말이 거침없이 쏟아져 나오고 있는데, 그것도 "도망도 잘 못 치는/아빠 없는 돌이"를 죽이겠다고 하는 데서, 독자들을 잔뜩 긴장시키고 경악케 한다. 그리고 허리에 '진짜총'을 휴대하고 다니는 그 아이의 아버지는 어떤 인물인가를 생각하게 한다. 그러면서 그 아버지와 아들을 통해 공포와 폭력의 광기를 실감하게 된다. 폭력이 일상적으로 자행되고 있는 현실, 그 폭력은 하찮은 동네 아이들의 힘겨루기에서까지도 자행될 수 있는 현실과 직면해 있음을 극명하게 보여주고 있는 것이다. 이들 부자간에 있어서, 아들은 자신의 목적 달성을 위해서는 어떠한 수단과 방법을 가리지 않고 상대를 죽이기까지 할 수 있다는 것이고, 또한 그것을 아무렇지도 않게 내뱉고 있다. 이런 아들을 통해, 그의 아버지가 자신의 권력을 유지하기 위해서 수단과 방법을 가리지 않았음을 유추하게 한다.

아들의 목적은 골목대장이 되고 싶다는 것이다. 그 순박한 소망이 총과 권위로 대변되는 아빠의 폭력성을 동경하게 하고, 아들도 폭력 행사를 통해 그 목적을 달성하려는 것이다. 이러한 섬뜩한 폭력이 아이들에게 자행될 수 있다는 심각성이 날카롭게 현실을 비판하고 있는 것이다. 곧, 이 시는 아이들의 힘겨루기에서 빚어지는 갈등과 이의 해결이 어른들의 실상과 비유적인 관계로 유추되어 현실을 폭로하고 있는 것이다.

아이러니는 독자로 하여금 일상생활 속에서 무심하게 지나치던 현상이나 사건들을 직시하면서, 그리고 긴장하고 충돌하면서 조종하는 힘을 발산하는 것이다. 독자는 한 편의 시를 통하여 어떤 사건의 이면에 숨어 있는 실체를 비판적으로 응시하게 된다. 그리하여 우리를 둘러싼 현실의 실체를 정확하게 규명하는 가운데 아이러니를 느낀다. 따라서 순진성의 아이러니는, 순진한 어린아이의 발언을 통해 표면에 드러난 진술과 그 진술이 의미하는 것 사이에서 발생한다. 그리고 그 진술에 의한 비판적 거리가 최대한 증폭될수록 현상에 의해 은폐된 이면의 진실을 꿰뚫어 보게 되는 것이다.

4. 파라독스

(1) 파라독스의 개념과 정의

파라독스 혹은 역설은 그리스어 'paradoxos'에서 나온 말이다. '넘어서'를 뜻하는 'para'와 생각하다의 명사형인 '의견'을 뜻하는 'doxos'가 결합되어 생긴 말이다. 또한 영어에서의 역설은 'paradox'인데, 이 말 역시 'para'(초월, over)와 'doxa'(견해, dogma)가 결합된 것이다. 일반적으로 역설은 겉으로 보기에는 모순되고 불합리한 것 같지만 실제로는 '참' 혹은 '진리'를 내포한 진술을 의미한다. 다시 말하면, 역설이란 겉으로 보기에는 명백히 모순되고 부조리한 듯하지만 표면적 진술을 떠나 곰곰이 생각하면 근거가 확실하고 진실된 진술, 또는 정황을 말한다. 가령, '펜은 칼보다 강하다'는 논리적인 모순을 드러내고 있지만 곰곰 그 뜻을 파헤쳐 보면 '칼'로 대변되는 폭력적인 힘보다는 '펜'으로 대변되는 정의를 동반한 지성의 힘이 결국에는 무력을 제압하고 이성적인 질서를 회복할 수 있다는 깨달음을 얻게 되는 것이다.

역설은 고대로부터 수사학자들에 의해 비유의 기본 양식 가운데 하나로 인식되어 왔다. 당시에는 주로 종교나 철학에서 논리적 차원을 벗어난 모순 속에 내포된 진리를 제시하는 형식으로 사용했으며, 주로 청중의 주의력을 환기시키는 방법으로 채택되었다. 중세에서는 민중적 문학에서 활발하게 사용되었고, 독일의 바로크 시대에는 역설이 시적 비유의 핵심적 위치를 차지하기도 하였다. 이후 17, 8세기에 와서 역설에 대한 인기가 두드러져 포우(Poe) 등이 그의 영웅시 창작에 광범위하게 활용하기도 하였다.

그런데 20세기에 들어오면서 역설은 문학의 방법과 비평론에서 본격적으로 주목을 받기 시작한다. 20세기는 19세기의 합리적 정신이나 논리적인 연속의 개념이 부정되는 불연속의 개념으로 특징지어진 시대이다. 그리하여 문학계에서도 브룩스(C. Brooks)는 역설을 시의 가장 중요한 시적 원리로 강조하기에 이른다. 그는 『잘 빚어진 항아리(*The well wrought urn*)』의 첫 장에 「역설로서의 언어(*Language of paradox*)」를 제시하면서, 워즈워드(W. Wordsworth)의 소네트 「웨스트민스터 다리 위에서(*Composed upon Westminster Bridge*)」를 분석하여 역설의 특징을 제시하기도 하였다.

대체로 역설과 아이러니는 분명하게 구별하기 어려운 점들을 지니고 있다. 고대 수사학에서도 이 두 용어는 종종 혼동되어 사용하기도 한다. 어느 시대에는 아이러니가 역설의 하위 개념으로 인식되어 왔고, 또 어느 시대에는 역설이 아이러니의 종속 변용으로 논의되고 인식되어 온 것이다. 이와 같은 역설과 아이러니의 혼란된 양상은 현대에 이르기까지 지속되고 있기도 하다.

아이러니와 역설은 상호 모순되는 이질적인 가치들을 추구한다는 점에서는 동일한 개념이라고 할 수 있다. 즉, 세계와 삶에 근본적으로 내재해 있는 모순이나 부조리를 발견하고 인식한다는 점에서는 서로 같은 것이다. 따라서 아이러니 종류 가운데 상황적 아이러니와 역설의 종류 가운데 존재론적 역설은 동일한 세계 해석의 태도와 원리에 근거한다.

이러한 아이러니와 역설이, 세계를 해석하고 제시하는 방식에 있어서는 서로 다른 입장을 취한다는 점에서 구별된다. 아이러니가 세계를 해석함에 있어서는 논리적으로 모순된 진술 형식을 취하지 않는 반면, 역설은 모순된 진술 형식을 취한다. 따라서 역설의 모순된 진술 형식은 진술 자체에 그 모순이 반영된다는 점에서 보다 직접적이고 명료한 것이라고 할 수 있다. 왜냐하면 이 진술 형식을 이해하고 관찰하기 위해서는 전체 상황이나 문화적·사회적 배경 문맥 등의 도움을 많이 받아야 하기 때문이다. 이러한 점에서 아이러니는 역설에 비해 보다 광범위한 수사와 의미의 영역을 지니고 있는 셈이다. 특히 말의 아이러니와 표층적 역설에서 이같은 차이점이 뚜렷하게 드러난다.

(2) 파라독스의 종류

휠라이트는 역설의 종류에 대하여 크게 표층적 역설(the paradox of surface)과 심층적 역설(the paradox of depth)로 나누고, 다시 심층적 역설을 존재론적 역설(the ontological paradox)과 시적 역설(the poetic paradox)로 구분하고 있다.

① 표층적 파라독스

표층적 역설은 표면적으로 무엇인가 모순되는 것처럼 보이게 하는 언술 형식을 취한다. 화자의 진술 속에 모순의 양상을 직접적으로 표출시키는 형식인 것이다. 이러한 역설 가운데 가장 널리 사용되는 것이 모순어법(oxymoron)이다. 다음은 표층적 역설의 예이다.

> 나는 아직 기다리고 있을테요
> **찬란한 슬픔의 봄**을
>   ― 김영랑, 「모란이 피기까지는」

> **차― 단한 등불**이 하나 비인 하늘에 걸려 있다
> 내 호올로 어딜 가라는 슬픈 신호(信號)냐.
>   ― 김광균, 「와사등」

이것은 **소리없는 아우성**.
저 푸른 해원(海原)을 향하여 흔드는
영원한 노스탤지어의 손수건

— 유치환, 「깃발」

밤에 홀로 유리(琉璃)를 닦는 것은
외로운 황홀한 심사이어니,

— 정지용 「유리창 1」

위의 시에서 '찬란한 슬픔의 봄', '차-단한 등불', '소리없는 아우성', '외로운 황홀한 심사' 등의 표현은 표층적 역설을 드러내고 있다. 이처럼 표층적 역설은 수식어와 피수식어 사이의 모순이 일어날 때 생긴다. 또한 표층적 역설은 역설적 의미가 시의 구조로서 존재하지 않고 시행에 국한되어 있으며, 또한 논리적 유추로 충분히 해석할 수 있다. 이를 통해서 독자들에게 지금까지 관습적으로 당연히 생각했던 사물이나 관념들로부터 일탈시켜 충격을 준다는 장점을 지닌다.

② **심층적 파라독스**

심층적 역설은 삶이나 세계의 초월적 진리를 내포하고 있는 역설로서, 존재론적 역설이라고도 한다. 즉 삶이나 세계가 근본적으로 내함하고 있는 모순이나 부조리를 구체적 보편성으로 인식하는 역설이다. 따라서 형이상학적 깨달음을 담고 있으며, 주로 종교적 진리를 드러낼 때 많이 사용되는 방법이다. 이를테면 한용운의 시들에서는 불교의 인식론에 바탕을 둔 심층적 역설이 잘 구사되고 있음을 본다. 가령, 한용운의 「님의 침묵」에서 "나는 향기로운 님의 말소리에 귀먹고 꽃다운 님의 얼굴에 눈멀었습니다", "우리는 만날 때에 떠날 것을 염려하는 것과 같이, 떠날 때에 다시 만날 것을 믿습니다", "아아, 님은 갔지마는 나는 님을 보내지 아니하였습니다" 등의 시구가 그것이다. 이 시구들은 분명 우리가 일반적으로 이해하고 수용했던 사고에 대한 새로운 인식을 요구하고 있다. 이러한 역설적 표현은 기존의 '사랑과 이별'에 대해 품고 있던 우리의 관습적 사고방식을 뒤엎고 대상을 새롭게 통찰할 것을 권유하고 있는 것이다.

>지우심으로
>지우심으로
>그 얼굴 아로새겨 놓으실 줄이야…
>
>흩으심으로
>꽃잎처럼 우릴 흩으심으로
>열매 맺게 하실 줄이야…
>
>비우심으로
>비우심으로
>비인 도가니 나의 마음을 울리실 줄이야…
>
>사라져
>오오,
>영원(永遠)을 세우실 줄이야…
>
>어둠 속에
>어둠 속에
>보석(寶石)들의 광채(光彩)를 길이 담아 두시는
>밤과 같은 당신은, 오오, 누구이오니까!
>　　　　　　　　　　　— 김현승, 「이별에게」 전문

이 시는 표면적으로 '이별'을 말하고 있다. 그러나 이 시의 근본 의도는 소멸 자체에 있는 것이 아니라 그것의 배후 또는 깊이 속에 자리 잡고 있는 삶의 감춰진 진실에 대한 탐구에 있다. 따라서 이 시는 심층적 혹은 존재론적 역설을 주된 방법으로 사용하였다고 할 수 있다. 겉으로는 모순이 나타나지만, 그 속으로는 진실을 담고 있는 표현방법인 것이다. 이처럼 심층적 역설이란 일상적으로는 잘 드러나지 않는 삶의 진실을 포착하는 데 있어 유효한 시의 방법으로 활용된다. 이 시에서 역설은 여러 겹의 중층 구조를 형성하고 있다.

먼저 1연 "지우심으로/지우심으로/그 얼굴 아로새겨 놓으실 줄이야…" 2연 "흩으심으로/꽃잎처럼 우릴 흩으심으로/열매 맺게 하실 줄이야…" 3연 "비우심으로/비우심으로/비인 도가니 나의 마음을 울리실 줄이야…"와 같이 이 시는 소멸로부터 시작되지만, 그것은 소멸 그 자체로 끝나는 것이 아니라 새로운 생성(아로새김·열매 맺게 함·마음을 울림)의 실마리가 된다. 곧, 소멸을 통한 생성을 보여주고 있는 것이다. 그리고 이 시에서의 말줄임표(…)는 역설을 통해서 비로소 존재의 실상 또는 본질에 도달할 수 있다는 사실에 대한 외경감 또는 깨달음을 반영한 것으로 이해할 수 있다. 이러한 앞 세 연의 역설적 비유는 4연으로 집중된다. "사라져/오오/영원을 세우실 줄이야…"라는 짤막한 구절 속에는, 소멸(사라짐)이 진정한 생성(영원을 세우심)에 이르는 전제 원리가 됨을 확신하게 되는 데 대한 영탄이 담겨져 있는 것이다.

이 시는 무수한 회의와 좌절, 주정과 절망 끝에 비로소 도달하게 되는 크고 높은 깨달음의 길, 즉 신앙의 길을 의미하는지도 모른다. 아울러 온갖 금욕과 극기의 노력을 통해서 비로소 성취하게 되는 진정한 인간 발견 과정을 비유한 것일 수도 있다. 참된 삶의 모습은 현실의 갖가지 위선과 부조리, 모순과 타락에 대한 절망과 극기의 노력 속에서 발견되는 것이며, 참된 신앙의 길 역시 신과 믿음 자체에 대한 끊임없는 회의와 절망을 넘어서서 비로소 획득할 수 있는 것이기 때문이다. 이 점에서 이 시는 인간 발견에의 길 또는 신앙에의 길이라는 삶의 변증법적 과정을 제시한 것으로 이해된다.[50]

③ 시적 파라독스

표층적 역설이 한 편의 시에서 시행에 국한되어 있는 부분적 성격을 띤 것이라면, 시적 역설은 시의 구조 전체에 나타난다. 그리고 표층적 역설은 진술 자체가 앞뒤 모순되는 것(모순 어법)이지만, 시적 역설은 진술과 이것이 가리키는 상황 사이에 명백한 모순이 나타난다. 말하자면, 표면적 진술과 이면적 의미 사이에 구조적 모순이 반영된 것이다. 물론 이 모순도 모순으로 끝나는 것이 아니라 진리를 함축한다고 할 수 있다. 시인은 표면에 드러난 것과는 달리, 그것이 암시하는 내적 의미를 작품 속에 은폐시켜 모순 관계를 만들고, 그것을 통하여 의미론적 긴장을 첨예화하는 수법으로 새로운 의미를 만들어 낸다. 그리하여 시적 역설은 이미지 속에 잠재되어 있는 암시에 의해 새로운 시적 가치를 창조한다.

먼 훗날 당신이 찾으시면
그 때에 내 말이「잊었노라」

당신이 속으로 나무라면
「무척 그리다가 잊었노라」

그래도 당신이 나무라면
「믿기지 않아서 잊었노라」

---

50 김재홍, 『한국현대시인연구』, 일지사, 1986, 293쪽 참조.

> 오늘도 어제도 아니 잊고
> 먼 훗날 그때에 「잊었노라」
>
> ─ 김소월, 「먼 후일」 전문

 이 시의 묘미는 '잊었다'는 시적 화자의 과거 시제 '잊음'이 미래를 향해 있다는 것이다. 현재의 비극에 대해 시적 화자는 가정법으로 응수한다. 먼 후일에 당신이 찾으시면 그 때에 화자는 '잊었노라' 대답하겠다고 한다. 임이 마음으로라도 나무라면 시적 화자는 고쳐서 '무척 그리다 잊었다' 말하겠다고 한다. 그냥 잊었다는 표현보다는 훨씬 완곡한 표현이며 사랑의 완곡 어법이다. 그래도 임이 원망한다면 사실 당신이 되돌아올지 당신을 믿을 수가 없어서 잊었다 말하겠다고 한다. 그리고 마지막 연에서 오늘도 어제도 아니 잊고 먼 후일 그 때에 '잊었노라'라고 말하겠다고 한다. '먼 후일 잊었다'는 것은 어법상 불가능한 일이다. 따라서 오늘도 어제도 아니 잊고 먼 후일 잊었다는 것은, 결코 잊지 못함의 역설적 표현이며, 이것은 1~3연에서 계속된 '잊었노라'에도 그대로 적용된다. 곧 잊었다는 사실의 확인이 아니라, 오히려 잊지 못하겠다는 생각을 강조한 것이다.

 이처럼 이 시는 구조화된 모순적 상황을 지니고 있다. 먼 훗날의 상황을 '잊었노라'라는 과거 시제로 표현하는 것 같은 부분적 역설보다도 이 작품 전체에 깔려 있는 역설적 상황이 주목의 대상이다. 임이 부재하는 '어제'와 '오늘'에는 임을 잊지 않고 있다가, 임이 돌아오면 임을 잊어버리겠다는 것이다. 이런 모순은, 모순된 상황으로 그치는 것이 아니라 이것을 통해서 화자의 간절한 그리움의 내적 진실을 더욱 실감나게 하는 역설의 효과를 거두고 있다. 또한 겉으로 보기에는 단순한 표현 같지만, 시 구조 전체에 깔려 있는 역설이 시의 단순성을 극복하고 있는 것이다.

제9장
화자와 어조

1. 시의 화자와 기능
2. 화자와 청자의 유형
3. 시와 어조

1. 시의 화자와 기능

시는 인간의 사상과 감정을 운율적 · 내포적 언어로 표현한 언어 예술이며 창작문학이다. 따라서, 시는 자연과 인간과 사회와 역사 등 어떤 사물에 대하여 시인이 어떻게 보고 느끼고 생각하고 있는가를 언어로 현실화하여 의사 표현을 하는 세계이다. 이런 점에서 시는 등장인물을 설정하여 줄거리를 이끌고 나가는 소설과 다르고, 무대 위에 연기자가 등장하여 대사와 행동으로 이야기를 재현하는 희곡과도 양식이 다르다. 또한 소설에서는 지문을 통하여 작가가 논평과 해설을 할 수 있지만, 시는 고도로 압축된 제한성을 지니고 있기 때문에 소설과는 다르다. 이와 같이 문학적 양식에 있어서 소설과 시는 큰 차이를 보여주고 있지만, 이 두 장르 모두가 사물을 언술을 한다는 점에 있어서는 상통한다.

시는 언술의 한 양식이다. 그러므로 소설에서 화자 혹은 서술자가 등장하고 시점이 중요한 위치를 차지하는 것처럼, 시에서도 화자의 문제가 제기된다. 누가(화자) 누구에게(청자) 무엇을(주제와 소재) 전달하느냐 하는 문제가 바로 이것이다. 다시 말해서 시가 담화적인 성격을 지니고 있는 것이라면, 역시 화자 · 청자의 상황이 중요할 수밖에 없다. 그리고 이러한 화자와 청자의 상황은 작자와 독자라는 총체적인 틀 내에서 이루어져야 한다.

시에 있어서 화자를 흔히 '시적 자아' 혹은 '서정적 자아', '서정적 주체' 등으로 불리기도 하며, 화자를 시인과 구별하기 위해 '페르소나(persona)'라고도 한다. 페르소나는 라틴어로 고전극에서 배우들이 사용하는 '가면'을 가리킨다. 이후 영어 작품에서 특정의 개인을 가리키는 '퍼슨(person)'이라는 말이 유래하게 되었다. 최근 문학 논의에서 '페르소나'는 흔히 실화체 시나 1인칭 서술자, 곧 '나'에 적용되거나 혹은 서정시에서 우리들의 그의 목소리를 두고 존재하며, 특정한 상황에서 역할을 수행하고 특정의 효과를 가져오기 위해 창조되는 것으로 받아들여지고 있다.

시를 하나의 담화 양식으로 볼 때 시 속에 화자가 있고 이를 듣는 청자가 있기 마련인데, 화자는 청자와의 관계를 진술하여 시를 구성하는 중요한 요소이다. 따라서 시를 담화의 양식으로 볼 때 시인과 시 속에 등장하는 화자는 분리된다. 야콥슨(R. Jakobson)의 이론을 바탕으로 시적 화자와 청자 간의 관계를 도식화하면 다음과 같다.

또한 채트먼(Seymour Chatman)은 소설에서 실제 작가와 실제 독자 간의 관계를 도식화하고 있는데, 이는 야콥슨의 시인과 독자의 관계와 밀접한 관련을 맺고 있다.[51]

---

51 S. Chatman, 『Story and Discourse-Narrative: Sturcture in Fiction and Film』, Cornell University Press, 1980, p.151.

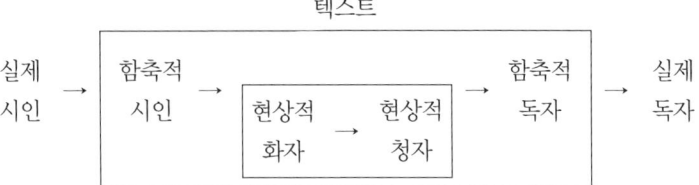

　이상 도식으로 볼 때 시 속에는 시인과 독자는 존재하지 않는다. 다만 함축된 시인과 독자가 존재할 뿐이다. 따라서 실제 작품 속에 나타나는 화자와 청자는 현상적 화자와 청자인 것이다. 이러한 도표와 이론을 바탕으로 시 속의 화자와 청자의 관계는, 각각 화자만 등장하는 경우, 화자와 청자가 등장하는 경우, 청자만 등장하는 경우, 화자와 청자가 등장하지 않는 경우 등으로 세분할 수 있다. 그러나 시 속에서 청자만 등장하고 있다 하더라도 말을 건네는 사람인 화자는 반드시 함축되어 있다고 할 수 있다. 또한 화자만 등장하고 있다고 하더라도 청자가 함축되어 있는 경우가 있다. 그리고 화자와 청자가 모두 배제되어 있다고 하더라도 화자와 청자가 함축되어 있다. 곧, 함축적 화자가 함축적 청자에게 그 어떤 화제에 대하여 자기의 태도를 표현한 것이다.

　화자는 시의 중요한 구성 원리이다. 화자는 모든 시에 나타나며 모든 시에 작용하는 필수 조건이다. 그러나 현대 몰개성론의 시관은 시적 화자를 실제 시인과 엄격히 구분한다. 화자를 시인과 동일시하면 개성론이 되고, 별개로 보면 몰개성론이 된다. 그러므로 개성론의 시는 고백적이며 자전적인 반면, 몰개성론의 시는 허구적이고 극적이다. 그러나 몰개성론의 시도 실제 시인과 허구적 화자와 관계에서 많은 것을 공유하게 된다.

2. 화자와 청자의 유형

(1) 화자만 등장하는 유형

  화자는 시인에게서 표출된 감정의 타당성이나 강렬함 등을 객관화시키는 얼굴이며 시인의 내면적 지향점과 외부적 상황을 조절하는 의도적 장치라고 할 수 있다. 일반적인 담화 속에서는 화자가 겉으로 드러나지 않는 경우가 많은데, 시 속에서는 더욱 겉으로 드러나지 않는 화자가 많다. 그리하여 화자만 등장하는 경우의 시도, 다시 표면적으로 등장하는 경우와 표면적으로는 드러나지 않고 숨어 있는 경우로 구분할 수 있다.

  ① 저렇게 많은 중에서
    별 하나가 나를 내려다 본다.
    이렇게 많은 사람 중에서
    그 별 하나를 쳐다 본다.

    밤이 깊을수록
    별은 밝음 속에 사라지고
    나는 어둠 속에 사라진다.

    이렇게 정다운
    너 하나 나 하나는
    어디서 무엇이 되어
    다시 만나랴.

                   ― 김광섭, 「저녁에」 전문

  ② 더러는 비워놓고 살일이다.
    하루에 한번씩
    저 뻘밭이 갯물을 비우듯이
    더러는 그리워하며 살 일이다.

하루에 한번씩
저 뻘밭이 밀물을 쳐 보내듯이
갈밭머리 물꼬를 치려는지 돌아갈 줄 모르는
한 마리 해오라기처럼
먼 산 아래 서서
아, 우리들의 적막한 마음도
그리움으로 빛날 때까지는
또는 바삐 바삐 서녘 하늘을 깨워가는
갈바람 소리에
우리 으스러지도록 온몸을 태우며
마지막 바닷가에서
캄캄하게 저물 일이다.

— 송수권, 「적막한 바닷가」 전문

  ①의 시 「저녁에」는 시적 화자인 '나'만 표면적으로 드러나 있으며 청자는 드러나 있지 않은 경우이다. 시적 화자는 밤하늘의 별을 쳐다보고 있다. 시적 화자가 쳐다보는 '별'은 '나'의 청자가 아니다. 다만 시적 화자인 '나'는 '별'을 쳐다보며 명상에 잠겨있을 뿐이다. 화자는 하루의 일상을 마치고 하늘의 별을 바라보며 사람과 사람 사이의 관계를 생각하면서 '별'과 '나'의 관계를 중심으로 시상을 펼친다. 그리하여 천상에 존재하는 많은 별 중에서 '별' 하나와 지상에 존재하는 많은 사람들 중에서 '나'가 서로 만나 교감을 나눈다. 시적 화자는 어둠 속에서 빛나다가 새벽이 되면 밝음 속에 사라지는 '별'을 통하여, 세월의 흐름에 따라 늙고 죽는(어둠 속으로 사라지는) '나(인간)'의 숙명적 존재를 사색한다. 즉, 이 시는 한 번 인연을 맺은 존재들은 헤어지게 마련이고, 또 정다움이 존재하는 한 그 인연은 다시 만나게 마련이라는 불교의 윤회 사상을 바탕으로 하고 있는 것이다. 그래서 모든 만남은 소중하고, 인간은 홀로 존재하

는 것이 아니라는 깨달음에 도달하고 있음을 보여주고 있다.

②의 시 「적막한 바닷가」는 시적 화자인 '나'가 표면에 등장하지 않고 숨어 있는 경우이다. 시적 화자는 가을 저물녘 바닷가에 서 있다. 해가 뉘엿뉘엿 지면서 밤이 찾아든다. 조금 전까지도 밀물로 차오르던 갯물은 어느새 썰물로 바뀌어 나가기 시작한다. 시적 화자는 텅 비어가는 갯가에 서서 밀려드는 밤의 어둠을 가슴으로 받는다. 그의 가슴에는 고독과 허무와 적막이 깃든다. 그 순간 그는 자신이 살아온 인생을 되돌아본다. 그리고 자신의 삶의 의미를 되새기면서 회환에 젖는다. 즉, 시적 화자는 자연과의 특별한 교감을 통해서 일상적인 자아로부터 벗어나 비로소 본래의 자아와 만나고 있는 것이다. 그리고 인생무상과 일상적 삶의 허무성을 발견한다. 따라서 인생은 밀물과 썰물이 교차되는 바다와 같아서 자신을 비울 수 있는 삶이야말로 진실한 삶이 될 수 있음을 깨닫는다.

(2) 화자와 청자가 등장하는 유형

이 유형은 시 속에 화자와 청자가 모두 등장하여 말을 건네는 것으로 주로 대화체가 되는 경향을 띠기도 한다. 이러한 경우는 다시 화자와 청자가 모두 표면으로 나타난 경우, 화자는 나타나고 청자는 함축된 경우로 나눌 수 있다. 또는 화자는 함축되고 청자만 나타나는 경우와 화자와 청자 모두 함축된 경우도 있을 수 있으나, 이 경우는 극히 드문 편에 속한다. 그리고 화자는 함축되고 청자만 나타나는 경우는 결과적으로 청자만 등장하는 경우와 구별하기 힘들기도 하다. 또한 화자와 청자가 모두 함축된 경우도 화자와 청자가 나타나지 않는 유형과 구별하기가 힘들기도 하다.

① 이 저녁 시간에 나는
　　길가에 앉아 있습니다.

아침부터 해질 무렵까지
내 곁엔 아무도 없습니다.

이 삶의 고된 길을
당신은 다른 이들보다 아주 늦게,
혼자서 초라하게 지나갑니다.
나는 그걸 보며 눈물을 글썽입니다.

저 들판에서 노을진 하늘가로
길잃은 바람이 불어가고
산그늘 속에서 무명(無名)의 새들이
재빨리 날아갑니다.

노방의 앉은뱅이 나는
이젠 정욕도 애욕도 별로 없습니다.
그러니 당신은 내 곁에 와서
이 밤을 쉬어 가십시오.

우리에게 지금 필요한 것은
사랑보다 더 작은 위안입니다.
나는 여기서 날마다
얼마나 당신을 기다렸습니까.

— 이정우, 「앉은뱅이꽃의 노래」 전문

② 신새벽 뒷골목에
　네 이름을 쓴다 민주주의여
　내 머리는 너를 잊은 지 오래
　내 발길은 너를 잊은지 너무도 너무도 오래
　오직 한가닥 있어
　타는 가슴 속 목마름의 기억이

네 이름을 남 몰래 쓴다 민주주의여

　　　아직 동 트지 않은 뒷골목의 어딘가
　　　발자국 소리 호르락 소리 문 두드리는 소리
　　　외마디 길고 긴 누군가의 비명소리
　　　신음소리 통곡소리 탄식소리 그 속에 내 가슴팍 속에
　　　깊이깊이 새겨지는 네 이름 위에
　　　네 이름의 외로운 눈부심 위에
　　　살아오는 삶의 아픔
　　　살아오는 저 푸르른 자유의 추억
　　　되살아오는 끌려가던 벗들의 피묻은 얼굴
　　　떨리는 손 떨리는 가슴
　　　떨리는 치떨리는 노여움으로 나무판자에
　　　백묵으로 서툰 솜씨로
　　　쓴다.
　　　　　　　　　　— 김지하, 「타는 목마름으로」 부분

　①의 시 「앉은뱅이꽃의 노래」에서는 화자와 청자가 표면에 등장하고 있다. 화자는 노방의 앉은뱅이꽃으로 주저앉은 '나'이고 청자는 삶의 고된 길을 초라하게 걸어가는 '당신'이다. 이 시에서는 고독한 공간이 펼쳐진다. 하루 종일 내 곁에는 아무도 없으며 내가 기다리는 당신 또한 혼자서 초라하게 걸어갈 뿐이다. 들판에는 길 잃은 바람과 무명의 새들이 있을 뿐 주위의 정경도 쓸쓸하다. 이 쓸쓸한 공간에서 나는 당신을 기다리며 당신의 초라한 모습에 눈물을 글썽인다. 그리고 당신이 나의 곁에서 밤을 쉬어가기를 청한다. 삶의 고된 길을 걷는 당신에게 무언가를 해 주고 싶지만 내가 할 수 있는 것이라고는 연민의 감정으로 당신을 바라보고 당신을 내 곁에 쉬게 하는 일뿐이다. 이러한 사랑의 감정이 세속의 정욕이나 애욕과는 근본적으로 다른 것이다. 시적 화자는 이것을 '사랑보다

작은 위안'이라고 표현한다.

다시 말해 이 시는 현실에서 고통 받는 모든 사람들이 서로에게 연민을 느끼며 상대를 따스하게 감싸 안는 자세가 필요하다는 것을 말하고 있다. 결국 이 시는, 삶의 고된 길을 초라하게 걸어가는 당신이나 노방의 앉은뱅이로 주저앉은 나나 우리들은 모두 위안을 필요로 하는 고통 받는 존재라는 사실을 깨닫게 해준다.

②의 시도 역시 시 표면에 화자와 청자가 드러나 있다. 시적 화자는 '나'이고 청자는 '너'(민주주의)이다. 이 시는 군사 독재 체제의 숨 막히는 억압 속에서 '민주주의'에 대한 간절한 염원을 상징적인 의미의 시어와 청각적인 심상으로 표현한다. 이 시의 화자는 권력의 폭압에 의해 많은 사람들이 굴종하는 암울한 시대에도 꿈과 희망을 포기하지 않고 민주주의를 간절히 열망하는 뜨거운 피를 지닌 사람이다. 비록 벗들처럼 열망을 직접적인 행동으로 드러내 보이고 있진 못하지만, "내 발길도 너를 잊은지 너무도 너무도 오래"에서 나타나 있듯이 지워지지 않는 기억의 민주주의를 발견한다. '머리'와 '발길'은 독재 정권의 폭압으로 인해 '민주주의'를 잊어버렸지만, 가슴팍 속에 깊이 새겨진 '민주주의', '푸르른 자유의 추억', '벗들의 피 묻은 얼굴'은 시적 화자로 하여금 '치 떨리는 노여움'을 느끼게 하고, 시적 화자는 '민주주의'를 향한 순수한 열망을 드러낸다. 민주주의를 향한 비장한 의지를 품고 있기에 분노와 비통함을 느끼면서 남몰래 '민주주의'를 쓰고 있는 것이다.

(3) 청자만 등장하는 유형

시 속에서 청자만 등장하는 경우는 일반적으로 2인칭지향적인 시에서 나타나며 시적 화자는 작품 밖에 존재한다.

① 눈은 살아 있다.
　떨어진 눈은 살아 있다.
　마당 위에 떨어진 눈은 살아 있다.

　기침을 하자.
　젊은 시인(詩人)이여 기침을 하자.
　눈 위에 대고 기침을 하자.
　눈더러 보라고 마음 놓고 마음 놓고
　기침을 하자.
　　　　　　　　　　　　　― 김수영, 「눈」 부분

② 누가 하늘을 보았다 하는가.
　누가 구름 한 송이 없이 맑은
　하늘을 보았다 하는가.

　네가 본 건, 먹구름
　그걸 하늘로 알고
　일생(一生)을 살아갔다.

　네가 본 건, 지붕 덮은
　쇠 항아리
　그걸 하늘로 알고
　일생을 살아갔다.

　닦아라, 사람들아
　네 마음 속 구름
　찢어라, 사람들아,
　네 머리 덮은 쇠 항아리.
　　　　　　　― 신동엽, 「누가 하늘을 보았다 하는가」 부분

시 ①은 시적 화자는 숨어 있고 시적 청자만 등장하고 있다. 시적 화자는 '젊은 시인'이다. 그러나 숨어 있는 화자는 '나'라고 설정할 수 있다. 숨어 있는 시적 화자는 강인한 어조로 자신의 심경을 표출하고 있는데, 이러한 어조는 시적 화자의 내면 의지와 꿋꿋한 삶의 태도를 효과적으로 전달하는 데 기여한다. 또한 시적 화자는 청유형의 표현을 사용하며 젊은 시인에게 기침을 하고 가래를 뱉자고 권유한다. 즉, 시적 화자는 눈처럼 순수하고 정의로운 삶을 추구하고 있는 것이다.

　시 ② 역시 시적 화자는 숨어 있고 시적 청자만 등장한다. 시적 청자는 '너'이다. 그러나 이 시에서도 김수영의 시「눈」에서처럼 시적 화자를 가늠할 수 있는데, 곧 '나'이다. '누가 하늘을 보았다 하는가'라는 물음 속에는 이 땅의 민중들은 아직 한 번도 맑은 하늘 아래서 마음껏 자유와 평화를 누리며 살지 못했다는 뜻이 담겨 있다. 이것은 우리 민중이 예로부터 구속과 억압을 당해 왔음을 드러내는 것이다. 이 시에서 시적 화자를 비롯한 '너'는 '먹구름'과 '지붕 덮은 쇠 항아리'를 하늘로 알고 일생을 살아왔다. 즉 구속과 억압, 부정이 휩쓴 세상과 타협한 채 그저 그것이 삶이려니 하고 살아가고 있었던 것이다. 그러나 이제 시적 화자는 그런 현실에서 벗어나야 한다고 말한다. 마음속의 '구름'을 닦아내고, 자신의 머리를 덮고 있는 '쇠항아리'를 찢어 버리고 '티없이 맑은 영원의 하늘'을 봐야 한다는 것이다. 그것은 자유와 민주의 삶을 외경하는 자세에서 나오고, 어두운 현실 속에서 묵묵히 살아가는 민주에 대한 연민을 가져야 얻을 수 있는 '하늘'이다.

(4) 화자와 청자가 등장하지 않은 유형

　일반적으로 시 속에 화자가 전혀 등장하지 않는 작품이란 있을 수 없다. 따라서 여기서 화자와 청자가 등장하지 않는다는 것은 시 속에 등장하는 사물에 감정이 이입되지 않고 묘사에만 충실한 작품을 말한다. 이처럼 숨겨진 화자와 청자를 설정하고 있는 시는 특수한 화자와 청자를 배제한다는 의미를 갖기 때문에 개성적 화자의 관점으로부터 야기되는 특별한 시적 상황이나 제약으로부터 벗어나 있다. 뿐만 아니라 화자의 심정을 적극적으로 이해할 수 있도록 장치되어 있는 청자가 드러나 있지 않기 때문에 독자의 활발한 상상력을 더욱 요구한다고 할 수 있다.

그러나 이러한 함축적 화자나 청자를 설정하고 있다고 해서 시의 개성이 소멸되는 것은 아니다. 이러한 설정은 시인이 의도하는 시적 효과를 위해 기여하고 있는 것이다. 따라서 화자와 청자가 등장하지 않는 시는 대부분 철저한 사물시 혹은 물상시에서 보인다. 그리고 3인칭지향적인 성격을 띤다.

① 머언 산 청운사(靑雲寺)
　낡은 기와집

　산은 자하산(紫霞山)
　봄눈 녹으면

　느릅나무
　속잎 피어나는 열두 굽이를

　청노루
　맑은 눈에

　도는
　구름

— 박목월, 「청노루」 전문

② 밤이 자기의 심정(心情)처럼
　켜고 있는 가등(街燈)

붉고 따뜻한 가등(街燈)의 정감(情感)을
흐르게 하는 안개

젖은 안개의 혀와
가등(街燈)의 하염없는 혀가
서로의 가장 작은 소리까지도
빨아들이고 있는
눈물겨운 욕정의 친화(親和)

— 정현종, 「교감」 전문

①의 「청노루」는 시적 화자와 청자가 배제되어 있다. 그러면서 한 폭의 산수화처럼 이른 봄의 정경과 정취를 보여 준다. 숨겨진 시적 화자는 풍경화를 감상하듯이 객관적이고 관조적인 태도로 자연을 바라볼 뿐이다. 이러한 숨겨진 화자가 시선을 이동함에 따라 시상이 전개된다. 시적 화자의 시선은 원경에서 근경으로 옮겨가고 있는데, 화자는 멀리 있는 '청운사의 낡은 기와집'과 '자하산'을 바라보다가 가까운 자하산 골짜기마다 '느릅나무에 속잎'이 피어나는 모습으로 시선을 이동한다. 이어 '청노루'의 눈에 비친 '구름'으로 시선을 집중시키는데, 이는 청노루의 '눈'을 통해 맑은 내면의 세계로 시선을 옮기고 있음을 알 수 있다. 또한 이 시의 두드러진 특징은 조사를 생략하고 체언으로 마감하고 있다는 점이다. 이러한 표현은 운율적 리듬감을 형성할 뿐만 아니라 신비감을 더해주기도 한다.

사물을 예리하게 바라보고 있는 ②의 시 「교감」 역시 시적 화자와 청자가 배제되어 있다. 이 시는 밤에 켜 있는 '가등', 그리고 그것을 둘러싸고 있는 뿌연 '안개'가 서로 어우러져 있는 풍경을 통해서 사물들 사이에 이루어지는 친화력을 형상화한다. 시인은 밤거리에서 흔히 접할 수 있는 풍경을 자신의 독자적인 상상력을 통해서 보다 관능적 아름다움의 형태로 변용시킨다. 특정 화자의 목소리를 배제하고 함축적인 화자를 사용하고 있음은, 이 시가 가지고 있는 독특한 정서를 보다 효과적으로 드러내기 위함이다. 사물 간의 친화, "젖은 안개의 혀와/가등의 하염없는 혀가/서로의 가장 작은 소리까지도/빨아들이고 있는" 고요하고도 비밀스러운 행위를 서술하는 화자는 이러한 고요와 은밀함을 방해하지 않기 위해서 그의 존재를 감추어야 하는 것이다. 그리고 이러한 풍경을 관조하는 시점에 서 있는 것이다.

3. 시와 어조

(1) 어조의 개념

시는 언어 전달의 한 형식이기 때문에 특정의 사물에 대하여 특정의 인물에게 특정의 태도로 하는 말이다. 또한 특정의 태도는 말하는 사람이 스스로 하고자 하는 말의 내용, 주제에 대한 태도, 듣는 상대에 대한 태도로 나눌 수 있다. 이처럼 한 편의 작품에 드러나는 말하는 사람을 시적 화자라고 하며 특정한 태도를 어조(tone)라고 한다. 그러므로 어조 혹은 톤(tone)이란 작품 속에 드러나는 시인의 개성적 특징을 말하며 목소리(voice)라는 개념으로 설명할 수 있다.

시에는 그 시의 주제나 분위기에 어울리는 말투가 있다. 그 목소리는 시인이 시를 창작하는 가운데 자신의 생각을 어떤 상황에서 어떤 방식으로 이야기하여 표현할 것인가를 생각하면서 결정된다. 시인은 자신이 하고자 하는 이야기를 그 시에 가장 알맞은 말투로 담아내야 한다. 따라서 **시적 자아의 태도**에 따라 낭만적 · 교훈적 · 비판적 · 냉소적 · 철학적 · 예찬적 · 풍자적 등의 목소리가 생겨나고, **시적 자아의 감정 상태**에 따라 격정적이고 분노함 · 슬프고 처절함 · 기쁘고 명랑함 · 가라앉고 우울함 · 조용하고 침착함 등의 목소리가 생겨난다. 또한 여러 **화자와 청자의 관계**에 따라 독백조·회화조·권유조·명령조 등의 목소리가 생겨나고, **등장인물**에 따라서 아이와 어른의 목소리·남성과 여성의 목소리·지식인과 소박한 사람의 목소리 등을 상정할 수 있다. 그리고 **내용**에 따라 표준말이 어울리는 경우가 있고 지방 사투리가 어울리는 경우가 있다. 이러한 어조의 선택은 정서의 변화와 밀접한 관련을 맺으며 주제에도 영향을 미친다.

일반적으로 어조는 종결어미의 형태에 의해 결정된다. '~다', '~네', '~니다', '~요', '~는가', '~소서', '~어라', '~지요' 등에 따라 시 전체의 분위기나 정서가 달라진다. 시는 어떤 사람이 어떤 사물과 형상과 사실에 대하여 누군가에게 어떤 목소리로 이야기하는 방식의 예술이기 때문이다. 그런데 한 작품 안에서도 어조가 달라지는 경우도 있다. 이는 시적 화자의 정서에 변화가 생길 때이다. 가령 소망의 정서가 좌절의 정서로 바뀐다든지, 체념의 정서가 극복 의지의 정서로 나아갈 때 변화가 생기게 된다.

(2) 어조의 형태

어조가 시적 화자의 태도와 직결되는 문제이듯이, 이것은 시인의 개성과 태도를 반영한다. 같은 이야기나 동일한 주제를 표현한다고 하더라도 시인이 어떠한 목소리를 선택하느냐에 따라서 표현방법이 달라지게 된다. 그러므로 작품의 전체적 이미지나 리듬 또한 이 어조에 따라 영향을 받기 마련이다. 어조란 시인이 다루고자 하는 대상이나 세계를 가장 효과적이고 개성적으로 표현하기 위해 시인이 창조한 목소리인 것이다. 따라서 시인은 다른 시인과 달리 자신만의 목소리를 가져야만 한다. 왜냐하면 시인이 시를 창작하는 궁극적 목적의 하나는, 개성적 작가로서 독자에게 보여주고 싶은 강렬한 욕구 충동에 있기 때문이다.

새터 관전이네 머슴 대길이는
상머슴으로
누룩 도야지 한 마리 번쩍 들어
도야지 우리에 넘겼지요.
그야말로 도야지 멱 따는 소리까지도 후딱 넘겼지요.
밤 때 늦어도 투덜댈 줄 통 모르고
이른 아침 동네길 이슬도 털고 잘도 치워 훤히 가리마 났지요.
그러나 낮보다 어둠에 빛나는 먹눈이었지요.
머슴방 등잔불 아래
나는 대길이 아저씨한테 가갸거겨 배웠지요.
그리하여 장화홍련전을 주룩주룩 비오듯 읽었지요.
어린 아이 세상에 눈 떴지요.
일제 36년 지나간 뒤 가갸거겨 아는 놈은 나밖에 없었지요.

─ 고은, 「머슴 대길이」 부분

이 시의 시적 화자는 어린 아이이고, 시적 대상은 머슴 대길이다. 대길이는 머슴이지만 성실하고 지식도 갖추고 있고 또 인격적으로 성숙한 사람으로 그려지고 있다. 이 대길이가 실존인물인지는 밝혀지지 않았지만 시적 화자가 어릴 적 인생관을 세우는 시점에 많은 영향을 주었던 것 같다. 이 시는 이야기 형식으로 전개된다. 즉, 종결어미 '~지요'는 어린 아이의 목소리답게 순진하며, 토속적인 정감을 느낄 수 있는 시어와 잘 어우러지면서 향토적인 정서와 분위기를 형성해준다. 또한 시적 화자가 읽는 이에게 자신의 유년 시절 이야기를 들려주듯이 하여 대길이 아저씨의 존재에 사실성을 높이고 있다. 또한 "낮보다 어둠에 빛나는 먹눈이었지요", "어린 아이 세상에 눈 떴지요" 등과 같은 예찬적인 목소리를 통해 시적 대상인 인물의 행동과 생각을 긍정적으로 표현하고 있기도 한다.

가을에는
기도하게 하소서…
낙엽(落葉)들이 지는 때를 기다려 내게 주신
겸허(謙虛)한 모국어(母國語)로 나를 채우소서.

가을에는
사랑하게 하소서…
오직 한 사람을 택하게 하소서.
가장 아름다운 열매를 위하여 이 비옥(肥沃)한
시간(時間)을 가꾸게 하소서.
— 김현승, 「가을의 기도」 부분

'가을'은 고독한 계절이고 수확과 결실의 계절이다. 시적 화자는 이런 '가을'을 맞아 자신의 내면도 충실한 결실을 얻기를 원한다. 그리고 그런 바람을 절대자에게 기원하는 형식을 취한다. '낙엽들이 지는 때'는 현상적인 것들이 소멸하고 순수한 본질만 남은 때를 의미한다. 그리고 '겸허한 모국어'는 시적 화자가 기도드리고 있음을 고려할 때 '참되고 겸손한 마음의 기도'로 이해할 수 있다. 곧, 시적 화자는 순수한 가을을 맞아 내면에 참된 신앙심을 갖기를 간절히 바라고 있는 것이다. 따라서 이 시에서의 화자의 목소리인 '~소서'는 절대자인 신 앞에 겸허하게 기도하는 종교적이며 명상적인 목소리와 잘 조화를 이루고 있다.

함께 가자 우리 이 길을
셋이라면 더욱 좋고 둘이라도 함께 가자.
앞서 가며 나중에 오란 말일랑 하지 말자.
둘이면 둘 셋이면 셋 어깨동무하고 가자.
투쟁 속에 동지 모아 손을 맞잡고 가자.
열이면 열 천이면 천 생사를 같이 하자.

둘이라도 떨어져서 가지 말자.
가로질러 들판 산이라면 어기어차 넘어 주고
사나운 파도 바다라면 어기어차 건너 주자.
고개 너머 마을에서 목마르면 쉬었다 가자.
― 김남주, 「함께 가자 우리 이 길을」 부분

이 시에서 시적 화자는 일반 대중 모두에게 함께 '길'을 가자고 말하고 있다. 그리고 그 길을 먼저 가거나 나중에 따라오는 것이 아니라 어깨동무하고 손 맞잡고 함께 가자고 한다. '우리'라는 복수형 대명사를 사용함으로써 시적 화자가 지향하는 길로 다른 사람들의 참여를 촉구하고 있는 것이다. 그 길은 '해방의 길', '통일의 길'이다. 따라서 이 시는 비슷한 문장 구조와 시구들을 반복, 변형하면서 주제와 의미를 강조한다. 이 시의 어조는 시적 화자가 청자에게 권유 혹은 청유하는 목소리이다. '함께 가자', '하지 말자', '어깨동무하고 가자', '같이 하자', '가지 말자', '건너 주자', '쉬었다 가자' 등 청유형 어미를 사용하여 시적 화자의 길에 동참하기를 간절히 바라고 있다. 이러한 청유형 종결어미는 명령·권고·요청·갈망·호소의 어조를 띤다. 또한 서로 대구를 이루는 구절 '오란 말일랑/가란 말일랑', '넘어 주고/건너 주자' 등을 반복적으로 사용하면서 리듬감을 형성하고 있다.

① "얼씨구, 긍께 지금 봄바람 나부렀구만 잉!"
　일곱 자식 죄다 서울 보내고 홀로 사는 홍도나무집 남원 할매 그 반백 머리에 청명햇살 뒤집어쓴 채 나물 캐는 저 편을 향해, 봇도랑 치러 나오던 마흔두 살 노총각 석현이 흰 이빨을 드러내며 이죽거립니다.
　"저런 오사럴 놈. 묵은 김치에 하도 물려서 나왔등만 뭔 소리다냐. 늙은이 놀리면 그 가운뎃다리가 실버들 되야불 줄을 왜 몰러?"
　(…중략…)

"아따 동네 새암은 말라붙어도 여자들 마음 하나는 언제나 스무살 처녀 맘으로 산다는 것인디 뭘 그려. 아 저그 보리밭은 무단히 차오간디"
"오매 오매 저 떡을 칠 놈 말 본새 보소. 그려그려, 저그 남원장 노류장화라도 좋응께 요 꽃 피고 새 우는 날, 꽃나부춤 훨훨 춤서 몸 한번 후끈 풀었으면 나도 원이 없겄다. 헌디 요런 호시절 다 까묵고 니 놈은 언제 상투 틀 테여?"

— 고재종, 「저 혼자 가는 봄날의 이야기」 부분

② 뭐락카노, 저편 강기슭에서
　니 뭐락카노, 바람에 불려서

　이승 아니믄 저승으로 떠나는 뱃머리에서
　나의 목소리도 바람에 날려서

　뭐락카노 뭐락카노
　썩어서 동아밧줄은 삭아내리는데

　하직을 말자, 하직 말자
　인연은 갈밭을 건너는 바람

— 박목월, 「이별가」 부분

위 시 ①과 ②는 우선 각각 전라도와 경상도 방언을 사용하여 친근하고 소박한 정감을 주고 있으며 화자와 청자의 대화체로 시상을 전개하고 있다. ①은 일곱 자식 죄다 서울로 보내고 홀로 사는 홍도나무집 남원 할매와 마흔두 살 노총각 석현이를 등장시켜 이들의 대화를 객관적으로 그려내는 방법을 차용하고 있다. ②는 살아 있는 사람과 죽은 사람의 대화체로 전개되고 있다. 그런데 잘 살펴보면 살아 있는 사람의 독백체라고 할 수 있다. ①의 시적 화자들 태도는 농촌의 꾸밈없는 수수함이 그대로 묻어난다. 이 시는 '오사럴 놈', '떡을 칠 놈' 등의 비속어와 '가운뎃다리',

'남원장 노류장화' 등의 성적인 언어 사용에도 불구하고 천박하거나 전체적인 시의 품격이 손상되지 않는다. 이는 등장인물들의 친근하고 순수하고 명랑하기만 한 감정 상태에 기인한다. 그만큼 이 시는 로맨틱한 분위기를 조성하고 있는 것이다. 따라서 이 시의 어조는 낭만적이라고 할 수 있다.

②의 시에서 시적 자아는 이승과 저승의 갈림길인 '뱃머리'에 서 있다. 시적 자아는 저편 강기슭에 있는 '너'의 말을 들으려고 하지만 생사의 길이 너무 먼 까닭에 들리지 않음을 안타까워하고 있다. 이 안타까움은 '뭐라카노'를 되풀이하는 질문과 함께 '하직 말자'의 다짐으로 이어지면서 시적 화자 이별의 정한을 드러내고 있다. 따라서 시적 자아의 감정 상태로 미루어 슬프고 처절한 목소리라고 할 수 있다.

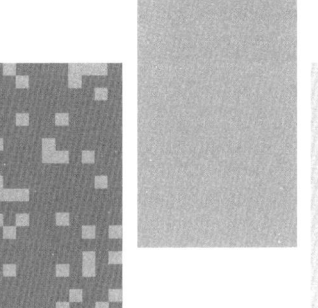

제10장
시의 시점과 거리

1. 시와 시점
2. 현상적 화자 시점
3. 함축적 화자 시점
4. 시와 거리

1. 시와 시점

시점은 작가의 눈이나 인물의 눈을 통해서 관찰의 각도를 다루는 것을 말한다. 시점은 이야기의 화자가 바로 누구인가 하는 문제인 것으로, 작가가 작품 주제의 재현적 진실을 객관화시키는 어떤 관계자를 자기 밖에다 내세워야 하기 때문에 발생한다.

시인은 작품을 창작하여 독자에게 전달해 주는 중개자로서 내용을 표현하는 허구적 존재이다. 따라서 시 속에 등장하는 인물은 시인 자신이 아니며, 시인이 만들어낸 피조물에 불과하다. 문학장르 가운데 수필에서의 '나'는 작가 자신이지만, 소설이나 시에서의 '나'는 작가의 의식이 투영된 이야기 전달자로서의 서술자인 것이다. 그러므로 시에 있어서 시점이란 이야기를 하는 등장인물의 시각(관점)으로 시의 내용이 어떤 인물의 눈을 통해 이야기되고 있는가 하는 관찰의 각도와 위치를 말한다. 소설에서 시점의 종류는 일반적으로 1인칭 주인공 시점·1인칭 관찰자 시점·전지적 작가 시점·작가 관찰자 시점 등으로 나뉜다. 그리고 소설에서 시점이 작품에 큰 영향을 미치고 있는 것과 마찬가지로 시에 있어서도 시점은 중요한 구성 원리로 작용한다.

일반적으로 우리 문법에서는 화자·청자·화제 등 세 가지 인물 유형을 설정한다. 이를 통해 말해지는 시점에 따라 1인칭 화자·2인칭 청자·3인칭 혹은 탈인칭 화제가 결정된다. 각각 1인칭은 화자 중심의 말하기, 2인칭은 청자 중심의 말하기, 3인칭은 화제 중심의 말하기가 된다. 이렇듯 화자와 시점은 밀접한 관계를 맺고 있으며, 시인이 화자를 선택하는 것은 곧 시점을 선택하는 것과 같다.

그런데 시에 있어서 화자는 실제 시인의 시점으로 나타날 수도 있고, 시인의 시점을 취한 상상적 자아로 드러날 수도 있으며, 완전히 허구적 인물로 제시될 수도 있다. 또한 화자가 작품 내부에 깊이 숨어 있는 경우도 있고, 객관적으로 제시되어 있어서 도저히 화자를 확인할 수 없는 경우도 있다. 이것은 결국 시의 표면에 화자가 나타나는 경우와 표면에 화자가 나타나지 않은 경우로 대별된다. 이에 따라 시에 있어서 시점은 크게 표면에 화자가 나타나는 시점, 곧 현상적 화자 시점과 표면에 화자가 나타나지 않은 시점, 곧 함축적 화자 시점으로 구분할 수 있다. 그리고 화자가 표면에 나타나는 현상적 화자 시점은 또다시 1인칭 시인 주체 시점·1인칭 허구적 주체 시점·3인칭 객체 시점으로 구분하여 살펴볼 수 있다.

2. 현상적 화자 시점

(1) 1인칭 시인 주체 시점

서정시의 가장 일반적인 형태는 1인칭 화자가 자신의 체험을 자신의 어조로 말하는 시점이다. 이 시점은 주관적인 정서를 표출하는 가장 흔하고 보편적으로 선택되는 시점이기도 하다. 화자가 시인 자신의 목소리로 말하고 있는 이러한 시점은 기본적으로 서정시의 장르적 특성에 충실하다. 그리고 주체적 자아로서의 화자는 개인적 정서를 그 자신의 독특한 어조를 통해 호소할 수 있기 때문에 그만큼 효과적이다. 곧, 시인 자신의 경험을 바탕으로 한 진실성을 통해 독자들과의 공감대를 형성할 수 있는 것이다. 따라서 1인칭 시인 주체의 시점은 시인 자신이 직접 발화하는 형식을 취하므로 불가피하게 자전적일 수밖에 없다. 또한 시인 자신이 중심이 되어 1인칭의 시점을 취하는 것이므로, 이는 결국 화자로서의 시인 자신이 작품 세계의 주인공이 되어 자신의 경험을 직접적으로 표출하는 형태라고 할 수 있다. 말하자면 시인 자신의 개성이 뚜렷이 나타나 있다.

> 애비는 종이었다. 밤이 깊어도 오지 않았다.
> 파뿌리같이 늙은 할머니와 대추꽃이 한 주 서 있을 뿐이었다.
> 어매는 달을 두고 풋살구가 꼭 하나만 먹고 싶다 하였으나….
> 흙으로 바람벽한 호롱불 밑에
> 손톱이 까만 에미의 아들.
> 갑오년(甲午年)이라든가 바다에 나가서는 돌아오지 않는다 하는 외할아버지의 숱 많은 머리털과
> 그 커다란 눈이 나는 닮았다 한다.
>
> 스물세 해 동안 나를 키운 건 팔 할(八割)이 바람이다.
> 세상은 가도가도 부끄럽기만 하더라.
> 어떤 이는 내 눈에서 죄인(罪人)을 읽고 가고
> 어떤 이는 내 입에서 천치(天痴)를 읽고 가나
> 나는 아무것도 뉘우치지 않을란다.
>
> 찬란히 틔워 오는 어느 아침에도
> 이마 위에 얹힌 시(詩)의 이슬에는
> 몇 방울의 피가 언제가 섞여 있어
> 볕이거나 그늘이거나 혓바닥 늘어뜨린
> 병든 수캐마냥 헐떡거리며 나는 왔다.
>
> — 서정주, 「자화상」 전문

이 시는 제목이 암시하고 있는 것처럼, 시적 화자가 시인으로서 23년 동안 살아오면서 자신의 존재에 대하여, 그리고 자신이 살아온 과거의 삶에 대하여 진솔하게 고백하고 있는 1인칭 시인 주체 시점의 작품이다. 시인은 종의 자식으로 동학 혁명이 일어난 때에 집을 나가서 돌아오지 않는 외할아버지의 피를 이어받았다고 말한다. 동학 혁명에서 내세운 반봉건 계급 혁명의 요구를 생각한다면, 이 시의 첫 행 '종이었다'라는 시구는 도전적·저항적인 시적 화자의 태도를 나타내고 있는 것으로 읽을 수 있다. '종'이라는 낮고 비천한 신분 때문에 온갖 차별과 모욕과 멸시와 천대를 받고 살아온 삶의 한(恨)이 배어 있는 것이다. 스물세 해 동안 모진 세상 풍파에 시달리며 살아온 시적 화자는 자신의 삶이 부끄러웠다고 고백한다. 그러나 남들의 눈에 죄인이나 천치의 모습으로 비춰지는 자신의 존재에 대해서 시적 화자는 결코 아무것도 후회하거나 뉘우치지 않겠다고 다짐한다. 왜냐하면 그러한 시련이 시적 화자를 더욱 강하고 당당하게 만들었기 때문이다.

　화자를 실제 시인과 동일시할 때 시는 곧바로 자전적인 것으로 간주된다. 이 시에서의 화자는 바로 실제 시인 자신이며, 자신의 자전적 삶의 체험을 응축하고 있는 것이다. 그리하여 이 시 속에 등장하는 1인칭 화자는 미당 서정주 자신의 개성을 물씬 풍기고 있으며 자전적인 것으로 실감된다. 이 시에는 시적 화자의 자신의 과거와 현대의 모습, 그리고 미래의 삶의 태도가 밝혀져 있다. 훌륭한 예술작품은 작가의 개인적 진실로부터 나오는 것이면서 동시에 그가 살고 있는 현실을 반영한다. 우리는 이 시를 통해 보편적이고 역사적인 진실에 이르고 있음을 느낄 수 있으며, 이 시의 화자 역시 역사를 초월한 개인이 아니라 바로 역사 속에 있는 개인임을 인식할 수 있다.

(2) 1인칭 허구적 서술자 시점

1인칭 주체 시점과는 달리, 1인칭 허구적 주체 시점은 시인이 '나'라는 페르소나를 등장시켜 이야기하는 형식을 띤다. 곧 '나'라고 하는 주체적 화자의 시점을 취하고 있지만, 그 '나'가 실제 시인 자신이 아닌 경우인 것이다. 작품 속의 '나'는 시인의 경험적 자아를 시적 자아로 변용시켜 창조한 인물이다. 따라서 시 속의 화자는 1인칭 화자로 등장하여 이야기하는 시점을 취하고 있지만, 시인과는 거리를 둔 남녀노소 특정인물의 탈 혹은 가면을 쓰고 등장한다. 이는 시의 분위기와 화제에 어울리는 목소리를 만들어냄으로써 시적 정황을 극적으로 주관화시키는 데 효과적이다. 물론 이때 화자는 일종의 배역을 담당하게 된다. 이러한 1인칭 허구적 서술자 시점의 시를 감상하는 독자는 화자의 뒤에 숨어 있는 실제 시인을 거의 인식하지 못한다. 이러한 시점의 사용은, 시의 화자를 실제의 시인과 구별되는 페르소나로 부름으로써 결국 시도 하나의 허구에 지나지 않는다는 예술성을 강조한다. 그만큼 허구적 주체의 '나'는 시의 내용과 어우러지면서 시를 형성하는 여러 요소에 기능하는 것이다.

> 남들은 자유를 사랑한다지마는, 나는 복종을 좋아해요.
> 자유를 모르는 것은 아니지만, 당신에게는 복종만 하고 싶어요.
> 복종하고 싶은데 복종하는 것은 아름다운 자유보다 더 달콤합니다. 그것이 나의 행복입니다.
>
> 그러나 당신이 나더러 다른 사람을 복종하라면, 그것만은 복종할 수가 없습니다.
> 다른 사람에게 복종하려면 당신에게 복종할 수가 없는 까닭입니다.
> ─ 한용운, 「복종」 전문

이 시에 등장하는 화자는 여성이다. 남성적 어초와는 달리 '~해요',

'~어요', '~입니다' 등 여성적 어조를 취하고 있다. 실제 시인인 한용운은 남성이지만, 시 속에는 여성 화자를 등장시키고 있는 것이다. 한용운은 여성 화자를 등장시켜 자유보다는 복종이 좋다는 역설적 발상을 통해 '당신'에 대한 사랑을 표현하고 있다. 이 시의 화자는 당신에게는 복종하고 싶다고 고백함으로써, 복종을 통해서 느끼게 되는 행복에 대해 말한다. 이처럼 허구적 주체의 시점은 시인이 의도하고 있는 특별한 정서나 상황을 효과적으로 드러내면서 독자들의 관심을 집중시킨다. 이처럼 1인칭 허구적 서술자 시점은 남의 목소리를 빌어 자신이 바라는 주제나 제재를 선택하고 표현하면서 창조적인 상상력을 펼치는 것이다.

(3) 3인칭 허구적 객체 시점

3인칭은 나와 너가 아닌 제3자를 지칭하는 경우를 말한다. 따라서 3인칭 허구적 객체 시점의 시에서는 화자와 청자는 숨고 객체인 3인칭의 특정한 인물이 등장하게 된다. 물론 시의 표면에는 허구적 화자가 등장하지만, 그는 1인칭 주체의 시점을 취하는 것이 아니라 3인칭 객체의 시점을 택해 특정인물의 탈을 쓰고 등장한다. 또한 허구적 객체로서의 화자는, 실제 시인과는 신분이나 의식 면에서 어떠한 비슷함도 보이지 않고 전혀 낯선 존재로 등장한다. 이런 시점을 택하게 되면 대상과의 관계에서 좀 더 많은 객관성이나 심리적 거리감을 확보할 수 있는 이점을 지닌다.

그리고 시인의 상상력에 의해 창조된 이러한 허구적 객체의 인물은 일종의 극(劇) 속의 인물처럼 제3의 목소리를 지닌다. 때문에 이러한 시점을 몰개성적 배역의 시점이라고도 한다. 말하자면 이러한 허구적 객체로서의 시점은 배역으로서의 인물을 시점으로 선택하게 되는데, 그렇게 되면 시의 장르는 서정적 한계를 벗어나게 된다. 그리하여 서정시 본연의 장르적 속성을 잃고 그 장르에 가까워지는 경향이 있다.[52] 그렇다고 해서 이러한 시가 극 장르 자체가 되는 것은 아니다. 다만 3인칭 객체 시점은 정보 전달에 적합한 사실적·객관적 어조를 띠기 마련이며, 김동환의 「국경의 밤」 등 서사시에서 이 같은 시점을 즐겨 사용하고 있다.

  사랑하는 우리 오빠 어저께 그만 그렇게 위하시던 오빠의 거북 무늬 질 화로가 깨어졌어요.
  언제나 오빠가 우리들의 '피오닐' 조그만 기수라 부르는 영남(永南)이가
  지구에 해가 비친 하루의 모 – 든 시간을 담배의 독기 속에다
  어린 몸을 잠그고 사온 그 거북 무늬 화로가 깨어졌어요.

  그리하여 지금은 화젓가락만이 불쌍한 우리 영남이하고 저하고처럼
  똑 우리 사랑하는 오빠를 잃은 남매와 같이 외롭게 벽에 가 나란히 걸렸어요.

  오빠…
  저는요 저는요 잘 알았어요.
  왜– 그날 오빠가 우리 두 동생을 떠나 그리로 들어가신 그날 밤에
  연거푸 말은 궐련(卷煙)을 세 개씩이나 피우시고 계셨는지
  저는요 잘 알았어요 오빠.

  언제나 철없는 제가 오빠가 공장에서 돌아와서 고단한 저녁을 잡수실 때
  오빠 몸에서 신문지 냄새가 난다고 하면
  오빠는 파란 얼굴에 피곤한 웃음을 웃으시며
  …네 몸에선 누에 똥내가 나지 않니 – 하시던 세상에 위대하고 용감한 우리 오빠가 왜 그날만
  말 한 마디 없이 담배 연기로 방 속을 메워 버리시는 우리 우리 용감한

---

52 볼프강 카이저, 김윤섭 역, 『언어예술작품론』, 대방출판사, 1984, 296쪽 참조.

오빠의 마음을 저는 잘 알았어요.

천정을 향하여 기어 올라가던 외줄기 담배 연기 속에서 ― 오빠의 강철 가
슴 속에 박힌 위대한 결정과 성스러운 각오를 저는 분명히 보았어요.
그리하여 제가 영남이의 버선 하나도 채 못 기웠을 동안에
문지방을 때리는 쇳소리 마루를 밟는 거칠은 구두 소리와 함께 ― 가 버리
지 않으셨어요.

― 임화, 「우리 오빠와 화로」 부분

  감옥에 있는 오빠에게 보내는 편지 형식의 이 시는, 영남이의 '누나'이면서 오빠의 '누이동생'인 '나'가 화자로 등장한다. 이 화자는 시인의 시점과는 전혀 다른 허구적 인물의 시점으로 작품 전체에 걸쳐 이야기를 전개한다. 이 시의 화자는 시인과는 전혀 다른 나이 어린 여성 노동자의 탈을 쓰고 등장하고 있는 것이다. 그리고 이러한 3인칭 허구적 객체라는 여성 화자를 등장시킴으로써 노동운동과 계급투쟁이라는 무거운 주제를 부드럽게 그리고 있기도 하다. 따라서 철저하게 페르소나로 작용하고 있는 이러한 인물이, 바로 몰개성적인 3인칭 인물 시점을 띤다고 할 수 있다.
  시의 등장인물은 제사 공장 여직공인 '나'와 동생 영남이, 인쇄소 노동자이면서 노동운동을 하는 오빠, 이렇게 세 식구이다. 영남이가 힘든 노동의 대가로 사온 거북 무늬 질화로에 오빠는 강한 애착을 갖는다. 그런데 어느 날 오빠는 담배를 피워 물고 아무 말 없이 앉아 있다. 그리고 오빠는 한밤중 들이닥친 사람들에게 붙잡혀 감옥으로 간다. 그 뒤 '나'와 영남이는 공장에서 쫓겨나고, 봉투 붙여 오빠의 솜옷을 만들고 옥바라지를 한다. 노동운동을 하다가 끌려간 오빠, 이로 인해 담배 공장, 제사 공장에서 쫓겨나 비참하게 살아가고 있는 남동생과 누이동생의 삶은 1920년대 민중들의 삶을 대표한다. 이러한 민중의 삶은 이 시에서 '깨어진 화로의 품을 벗어난 화젓가락'이라는 객관적 상관물로 제시되고 있다.

3. 함축적 화자 시점

시에는 작품 속에 화자의 모습이 드러나는 경우도 있고, 그 반대로 작품 속에 화자의 모습이 드러나지 않은 경우도 있다. 또한 화자는 작품 밖으로 숨고, 화자 대신 객관적 관찰자나 보고자를 등장시켜 시를 전개하고 있는 작품도 있다. 오늘날 현대시에서는 지적인 개입을 널리 활용하면서 제재 혹은 화제와 시인, 그리고 독자 사이의 거리를 유지하기 위해, 또한 그것을 바탕으로 객관성을 획득하기 위해 이러한 노력이 더욱 강화된다. 말하자면 현대시에서는 작품의 표면에서 현상적 화자를 배제하는 경향을 보이고 있는 것이다. 이는 시에서 주관적인 것을 배제하고 객관적인 사실감을 획득하고자 하는 현상이라고 할 수 있다. 현대시에서는 화자의 역할과 기능을 최대한도로 축소시키는 경우는 물론, 화자나 시인과는 전혀 무관한 채 이미지나 사물들만을 객관적으로 투사하는 시점의 시도 종종 선보이고 있기도 하다.

(1) 3인칭 관찰자 혹은 전지자 시점

작품의 표면에 화자가 등장하지 않는다고 해도, 조금은 화자를 짐작할 수 있는 경우와 전혀 그렇지 않은 경우가 있다. 물론 시 속에 화자가 등장하지 않더라도 잘 살펴보면 얼마간 함축적 시인의 흔적을 찾아낼 수 있는 작품이 많은 것은 사실이다. 이렇듯 작품을 서술하면서 화자의 개입을 배제하게 되면, 시인은 자연스럽게 3인칭 시점을 취하게 된다. 이 경우에, 화자는 보통 작품 밖에서 제3자의 시점으로 작품 내용을 진술하게 된다. 그리고 어조는 대부분 화자나 시인보다는 시적 대상이나 제재를 지향하게 된다. 또한 객관적 태도를 지니면서 작품을 진술하게 될 때, 함축적 시인의 시점은 보고 형식을 띠며 이야기를 전개하게 된다. 화자가 주로 3인칭 관찰자의 시점을 취하거나 전지적인 시점을 취하게 되는 것은 이러한 까닭이다.

> 육교 옆, 미도 백화점의 셔터가 올라가자
> 큰 유리창에 이내 김씨의 빈 얼굴이 비친다.
> 때로 밝게, 때로 어둡게 때로 앞모습만
> 그 숙인 얼굴이 하루종일 유리창에
> 비친다. 밤 11시 철제 셔터가 내려진 후에도
> 그의 얼굴이 철제 셔텨 위에 완강하게
> 비친다. 어둡게 또는 새하얗게. 헌 신문지 같은,
> 또는 은사시나뭇잎 같은, 또는 아무 것도 비추지 않는
> 철제 셔터 같은 얼굴이 거기에 있다.
> ― 이하석, 「김씨의 옆얼굴」 부분

이 시의 시점은, 시적 화자가 작품 밖에서 '김씨의 얼굴'을 관찰하고 있는 3인칭 관찰자 시점을 취하고 있다. 시인은 작품의 배후에 숨어 있고, 그 대신 3인칭 객관적 화자가 나서서 현실의 단면적 상황을 압축적으로 묘사한다. 이처럼 주체적 화자가 작품에 개입하지 않으면 시인 자신의 감정을 최대한 절제하여 표현할 수 있다. 물론 이 시 안에서 시적 화자가 전혀 느껴지지 않은 것은 아니다.

「김씨의 옆얼굴」은 사실적인 풍경 속에 쇠붙이가 되어버린 인간을 내세워, 기계 시대에 살아가는 인간들의 비정함과 소외감을 표현한다. 미도 백화점의 맑은 유리창은, 낮 동안에는 온갖 상품들이 비춘다. 그러나 밤 11시 이후에는 아무것도 비추지 않는 절제 셔터에 오직 김씨의 얼굴만이 비친다. 오로지 상품이나 신문지 같이 물화된 김씨의 얼굴은 기계 시대를 살아가는 우리 인간들의 공통된 얼굴이다. 곧, 자기 자신 이외의 어떤 것에도 무관심한, 비정한 얼굴인 것이다. 이렇듯 이 시는 철저하게 화자가

숨겨져 있고, 오로지 인간을 완벽하게 하나의 사물로 취급하고 있다. 이러한 3인칭 관찰자나 보고자를 응용하고 있는 경우, 시인 자신의 내면과 진실을 탐구하기보다는 객관적 사회 현실의 사실감을 증폭하는 데 효과를 준다.

(2) 객관적 사물 묘사 시점

어떤 시에서는 함축적 화자마저 찾아보기 힘든 경우가 있다. 이는 화자를 지나치게 배제하다 보면 시인의 주관적 요소가 완전히 사라지는 데서 연유한다. 이러한 경향은 대상을 묘사할 때 정서의 개입을 차단하고 사물이나 이미지만을 투사하는 묘사시나 회화시에서 보인다. 서술 내용의 주체는 없고 서술 행위의 주체인 함축적 화자는 존재하지만, 독자는 그러한 함축적 화자의 존재를 거의 의식하지 못하게 된다. 말하지만 확인할 수 없는 화자에 의해 객관적으로 던져지는 사물이나 이미지만 존재하게 되는 시점인 것이다.

> 노주인(老主人)의 장벽(腸壁)에
> 무시(無時)로 인동(忍冬) 삼긴 물이 나린다.
>
> 자작나무 덩그런 불이
> 도로 피여 붉고,
>
> 구석에 그늘 지어
> 무가 순돋아 파릇하고,
>
> 흙냄새 훈훈히 김도 사리다가
> 바깥 풍설(風雪) 소리에 잠착하다.

산중(山中)에 책력(册曆)도 없이
삼동(三冬)이 하이얗다.

— 정지용, 「인동차」 전문

　대상에 대해 거의 사상과 감정을 투영하지 않고 대상 자체의 인상을 그리는 시를 사물시(事物詩)라고 한다. 정지용의 「인동차」는 사물시로서의 성격을 지니는데, 바로 이런 점을 기묘하게 전통성에 접맥한다. 따라서 이 시에서 화자는 자신의 목소리를 감춘 채 사물화된 이미지만을 펼친다. 주관적인 감정을 철저하게 배제하는 가운데 대상의 묘사에 치중함으로써 응축된 한 폭의 신비한 동양의 세계를 제시하고 있는 것이다. 이와 관련하여 시 형태도 간결하며, 분위기 또한 고요하고 정갈하며 신비롭다.
　우선 각 연들의 세계를 보면 '인동차를 마시는 노주인 – 불타는 자작나무 – 무순의 파릇함 – 잦아드는 주전자의 김 – 산중의 고요함'의 단편적인 장면만 제시되며, 통사적으로 어떤 연결도 찾기 힘들다. 즉, 이 시는 그저 산중의 고요한 정경을 동양적 관조와 이미지를 통해 드러내고 있는 것이다.

흰 달빛
자하문(紫霞門)

달 안개
물 소리

대웅전
큰 보살

바람 소리
솔 소리

범영루(泛影樓)
뜬 그림자

흐는히
젖는데

흰 달빛
자하문

바람 소리
물 소리

— 박목월, 「불국사」 전문

　위의 시는 각 시행이 서술어가 생략되고 6연을 제외하고는 체언만으로 된 시이다. 따라서 함축적 화자를 전혀 찾아볼 수가 없다. 그것은 주관적인 정서의 노출을 극도로 배격하고 즉물적인 세계를 보여 주려는 노력에서 생겨난다. 그러나 그것이 무작위적인 나열이 아니라 특정한 분위기를 연출하려는 의도 하에 배열되어 있다. 나열된 심상들은 한결같이 고찰(古刹) 불국사의 신비롭고 고요한 정취를 자아낸다. 극도로 절제된 표현 가운데 그러한 분위기가 독자의 상상에 의해 촉발되어지도록 유도하고 있는 것이다. 따라서 이 시는, 어미의 완전 배제를 통해 시적 여운의 울림을 극대화하고, 이미지의 나열을 통해 이미지와 이미지가 결합하면서 자아내는 창조적이고 환상적인 새로운 이미지를 만드는 데 주력하는 작품이라고 할 수 있다. 이 점에서 이 시는 동양화가 추구한 여백의 미학과 같은 기반을 지닌다는 평가를 받을 만하다.

4. 시와 거리

(1) 거리의 개념

거리라는 용어는 심리적 거리 · 심미적 거리 · 미적 거리 · 상상적 거리 등 다양한 이름으로 불린다. 또한 그만큼 거리의 개념 역시 미학자 · 비평가 · 문학가들에 의해 다양하게 논의되어 왔다. 이러한 다양한 논의를 분류하여 설명하면 다음과 같이 정리할 수 있다.

첫째, 거리의 개념을 시점의 차이와 관련하여 논의한 입장이 있다. 오르테가(Jose Ortega Y. Gasset)는 사건을 바라보는 시점의 차이에 따라 그 의미가 달라진다는 현상을 설명하기 위하여 '저명인사의 죽음'이라는 다음과 같은 예를 들고 있다.

> 한 저명인사가 죽음에 임박해 있다. 베갯머리에는 그의 아내가 자리하고 있고, 의사와 신문기자 그리고 우연히 끼어들게 된 화가 등 네 사람이 임종을 지켜보고 있다. 이들은 동일한 사건을 목격하고 있지만 각각 사건을 보고 있는 정서적 거리는 다르다.
> 아내의 경우, 남편의 죽음이 그녀의 마음을 너무 아프게 하는 까닭에 그 사건 속에 끌려들어 가서 사건과 일체가 되어 있다. 의사의 경우, 아내의 경우처럼 진정한 슬픔은 아니지만 최소한 직업적 양심의 면에서 의무와 책임으로 그 임종을 지켜보고 있다. 신문기자의 경우, 직업상의 의무 때문에 죽음의 장소를 취재하려는 태도를 보인다. 그는 이 사건에 감정적으로 관여하지 않고 다만 방관하는 자세로 관찰할 뿐이다. 그의 관심은 독자들에게 감동을 줄 수 있을 만큼 명문을 써야겠다는 것에 있다. 화가의 경우, 죽음에는 무관심한 채 죽음의 '장면'만을 바라보고 있다. 그는 그곳에서 일어나는 '사건'에는 관심이 없고 단지 색상 · 명암 · 빛 등 시각적인 면에만 주목한다.[53]

---

53 호세 오르테가 이 가세트, 박상규 역, 『예술의 비인간화』, 미진사, 1988, 63~65쪽 참조.

이상 예문을 통해서 볼 때, 시점의 차이라는 것은 인간의 그 사건에 대한 감정적 개입의 정도에 따라 달리 나타난다. 죽음에 처한 저명인사와 아내의 정서적 거리는 거의 무(無)에 가깝다. 그리고 각각 저명인사와 의사의 거리는 가까운 편, 신문기자와의 거리는 먼 편, 화가와의 거리는 아주 먼 편이다. 오르테가에 있어서 거리란 하나의 현상, 곧 인물·사물·상황에 대한 심적 개입의 정도라고 할 수 있다.

둘째, 거리의 개념을 감상자의 태도와 관련하여 논의한 것으로, 예술작품의 미적 가치를 제대로 향수하기 위해서는 관조와 객관성의 태도를 지녀야 한다는 경우이다. 영국의 에드워드 블로흐(Edward Bullough)는 1912년 '심리적 거리(psychical distance)'라는 용어를 사용한다. 즉 그에 의하면 "심리적 거리란 미적 관조의 대상과 그 대상의 미적 호소로부터 감상자 자신을 분리시킴으로써, 다시 말해 실제적 욕구나 목적으로부터 그 대상을 분리시킴으로써 획득된다"[54]는 것이다. 블로흐는 일상적 경험과 미적 경험과의 차이를 지적하면서 이러한 미적 경험 양식을 '심리적 거리'의 효과로 설명한다. 이는 미학의 중요 개념이기도 하다. 즉 심리적 거리란 감상자가 작품을 감상함에 있어서, 작품에 표현된 행위·인물·정서들과 자신이 처한 실제 생활과는 아무런 관련이 없다는 감각 기관의 인식이라는 것이다. 이처럼 작품을 공리적 관심으로부터 분리시킴으로써 심리적 거리는 예술의 특수한 효과를 발휘하게 된다는 입장이다. 따라서 심리적 거리란 바로 대상과 감상자와의 분리·초연·자기 멸각이며, 미적 대상의 인식적 차원에 해당한다는 논지이다.

셋째, 시를 형상화하는 과정에서 나타나는 경험적 자아와 시적 자아를

---

54 E. Bullough, 『Psychical Distance as Factor in Art and Aesthetic Principle』, British Journal of Psychology 5, 1912, p.94 (Susanne K. Langer, 『Feeling and Form』, Charles Scribner's Sons, 1953, p.319 재인용).

분리하는 여러 가지 예술적 장치에 대한 논의에서 거리라는 용어를 사용하는 경우이다. 다이치(D. Daiches)에 의하면, "시 그 자체는 여러 가지 예술적 장치인 리듬·어조·이미지·형태·시어 등 암시적인 방향체계를 마련하고 있는데, 이는 독자 자신이 어떤 거리를 결정하여 그 시를 심미적으로 향수할 수 있도록 하는 장치"[55]라는 것이다. 이는 휠라이트(Philip Wheelwright)의 '양식적 상상력(stylistic imagination)'[56]의 기능과도 연결된다. 휠라이트가 말한 양식적 상상력이란 대상을 형식화하여 대상으로부터 심리적 거리를 두도록 하는 상상력이다. 시인이 자기 감정을 양식화하여 창작에 임하면 적절한 거리가 유지되지만, 반대로 시인이 자기 감정을 양식화하지 않고 직접 발화하여 창작에 임하면 부족한 거리의 문제가 발생한다. 엘리엇이 말하는 객관적 상관물(objective correlative)이나 러시아 형식주의자들의 낯설게 하기(ostranenie, defamiliarzation) 등의 수법도 작품에 대한 거리의 문제와 긴밀하게 연관된다. 객관적 상관물이란 시에서 화자의 어떤 특별한 정서를 환기시키는 일련의 사물·정황·사건들을 가리키며, 낯설게 하기란 이미 습관화되었거나 자동적인 것이 되어버린 사물을 낯선 것으로 만드는 시적 기법이다.

넷째, 거리의 개념은 작가·작품·독자와의 소통 구조상에 나타나는 것으로서 궁극적으로는 작가와 독자의 의미 소통에 귀결된다는 논의이다. 문학작품을 발화의 한 양식으로 생각할 때 발화자인 작자는 작품의 전달 대상인 청자, 곧 독자들에 대한 태도를 이끌어내기 위한 방법으로 어떤 특수한 기법을 바탕에 깔게 된다. 이러한 문학작품을 감상하고 이해하는 데 있어서 독자에 의한 독서 과정의 중요성은 현대 비평에서 주요한

---

55 Allex Preminger(ed.), 『Princeton Encyclopedia of Poetry and Poetics』, Princeton University Press, 1965, p.6 참조.
56 P. Wheelwright, 『The Burning Fountain』, Indiana University press, 1959, p.78.

관심거리로 부각하고 있다. 독자는 문학작품의 수동적인 향수자로서가 아닌 생산적 참여자로서 그리고 적극적인 창조자로서 작용하는 것이다. 그만큼 독자는 작품의 다양한 의미를 끌어내기 위하여 주어진 작품의 벌어진 틈을 자신의 상상력으로 메운다. 여기서, 미적 거리 혹은 심리적 거리의 이론은 수용미학과 긴밀한 연관을 지닌다.

수용이론은 문학현상 가운데 독자의 적극적이고 역동적인 역할을 중심으로 개발된 이론이다. 현대문학이론이 역사적으로 변모해 온 양상은 문학현상의 요소 중 어느 것에 관심을 두느냐 하는 데에 따라 크게 세 시기로 나누어 검토할 수 있다. 첫째는 낭만주의와 19세기를 지배했던 작가에 대한 관심이며, 둘째는 20세기 들어 신비평이나 구조주의로 대표되는 텍스트 구조 자체에 대한 관심이다. 그리고 셋째는 요즈음에 와서 점점 증가되고 있는 독자에 대한 관심이다. 그리고 이와는 별도로 현실 반영으로 문학을 조망하는 현대문학이론도 있다. 이처럼 네 가지 관심 영역은 많은 비평 분야를 열었지만 개괄하여 생산이론, 구조이론, 수용이론, 반영이론이라 이름할 수 있다. 이 가운데 수용이론은 우선 수용자, 즉 독자가 문학현상에 관여하는 문제에 관심을 기울인다.

이상에서 살펴 본 것처럼, 거리의 문제는 예술작품을 창작하거나 감상하는 데 있어서 중요한 개념의 하나이다. 칸트(I. Kant)는 그의 저서 『미적 판단력 비판(Critique of Aesthetic Judgment)』(1970)에서 '사심(私心) 없고' (disinterested) 그 현실성이나 도덕적 효과나 공리성을 전혀 고려하지 않는, 성찰의 행위를 통해서 미적 대상을 경험할 수 있다는 견해를 표명하였다. 이후 여러 예술철학자들은 이 생각을 발전시켜, 우리가 어떤 대상이나 예술작품을 성찰할 때 갖게 되는 공평무사한 태도에 의해 미적 경험과 다른 종류의 경험을 구별하고자 하였다.

미적 거리 혹은 심리적 거리란 18세기 이래로 자연과 예술에서 미의 경험을 위한 본질 규정적인 조건으로 간주되었다. 우선 내적인 '거리두기'라는 의미에서 아름다운 것을 볼 때 감각적인 욕망이나 격정적인 감정에 사로잡히지 않기 위해 관찰자는 자극적인 영향에 대해 내적으로 거리를 유지해야 한다. 그 내적 거리가 충분히 유지되어야만 전체에 대한 자유롭고 합리적인 조망이 가능해지고 동시에 대상의 개별적 특성과 그 감각적 혹은 감정적 영향력에 대해 충분히 집중된 지각이 가능해진다.

문학 비평에 있어서 미적 거리 혹은 단순히 거리는 우선 모든 문학적·미적 경험의 성질을 정의하기 위해서 사용된다. 그리고 문학작품에 나오는 어떤 작중 인물의 행동이나 운명과의 독자의 거리 또는 초월(detachment)의 정도, 다시 말하면 독자의 연루(involvement) 혹은 관심의 정도를 통어하기 위해서 작가가 사용하는 여러 가지 수법을 분석하는 데에도 흔히 사용된다. 가령, 독일의 극작가 브레히트(Bertolt Brecht)는 그의 『서사연극(*Epic Theatre*)』에서 현실의 친숙한 주변을 생소하게 보이게 하고, 그리하여 연극의 등장인물이나 제재와 관중과의 감정적 연루를 방지하기 위하여 '소외효과(疏外效果, alienation effects)'라는 용어를 사용한다. 그 목적은 관중에게 비판적 태도를 유발하여, 관중들로 하여금 무대에 재현된 사회적 현실을 그대로 받아들이는 것이 아니라, 거기에 반항하는 행동을 취하도록 자극하자는 것이다.

그런데 리처즈(I. A. Richards)는 이상과 같이 정리된 심리적 거리를 전혀 다른 각도에서 다시 정의한다. 리처즈에 의하면, 상반되는 충동의 균형은 가장 가치 있는 심미적 반응의 기반이다. 이 균형은 보다 뚜렷이 한정된 정서 경험의 경우에는 불가능한 정도로까지 우리의 퍼스낼리티(personality)의 매우 큰 부분을 활동시킨다. 그러면 마음의 많은 면이 민감하게 반응하려고 표면에 나타난다. 그리고 동일한 사실이지만 사물의 많은 면이 우리에게 효과를 줄 수 있게 된다. 하나의 좁은 수로를 통해서가 아니라 동시적이고 모순 없는 많은 수로를 통해서 반응하는 것, 이것이 여기서 문제로 하고 있는 유일한 의미에서의 자기 멸각의 상태가 되는 것이다.[57] 리처즈에게 거리 또는 분리란 단 하나의 양상 아래서 예술품을 보는 정신 상태가 아니라 보다 많은 면에 우리가 반응하는 것, 우리의 관심이 예술의 보다 많은 여러 가지 면에 쏠리는 정신 상태를 의미한다. 자기 개성에 맞지 않는 것을 배제하는 것이 아니라 포괄하는 확대된 마음의 상태가 초연이며 상반되는 충동의 균형이 가장 가치 있는 심미적 경험이 되는 것이다.

(2) 화자와 표현대상과의 거리

앞에서 살펴본 바와 같이, 시에 있어서 '거리'는 결국 시인과 독자와의 의사소통을 가능하게 하는 것이다. 시는 다른 어떤 문학장르보다도 압축과 함축을 본질적 속성으로 하고 있기 때문에 작가와 독자로 하여금 텍스트와 일정한 거리 혹은 적절한 거리를 지니고 있어야 하는 문제를 안고 있다. 따라서 거리의 문제는 작가·작품·독자의 의사소통에 있어 필연적으로 발생하게 되는 것이다. 그리고 시 표현상의 거리에 있어서는 실제 시인이 작품의 의미를 보다 효과적으로 전달하기 위해 필연적으로 화자의 선택에 신중을 가하게 되고, 그렇게 선택된 화자는 표현대상과 거리를 지니게 되는 것이다.

다른 문학장르도 마찬가지이지만, 시 역시 언어를 매개로 한다는 점에서 일종의 담화 구조 속에서 기능한다. 시인은 시인 자신에게 혹은 독자에게 끊임없이 발화하고 있는 것이다. 이처럼 시는 담화의 한 양식이지만, 일상적인 담화와는 근본적으로 구별된다. 일상적 담화는 의사소통의

---

57 I. A. Richards, 『Principles of Literary Criticism』, Routledge & Kegan Paul Ltd., 1964, p.337 참조.

정확성을 가장 중요시하는 데 반해, 시적 담화는 애매성 혹은 긴장성을 바탕으로 한다. 때문에 시에 있어서 결국 화자·어조·시점 등은 매우 중요한 기능으로 작용한다. 또한 화제, 곧 제재에 대한 태도는 시 밖에 설정된 화자가 사물과 어떠한 거리를 유지하고 있는가에 따라 그 특성이 달라진다. 이 경우, 사물과 어떠한 거리를 유지하고 있는가 하는 문제에 도달하게 된다.

시인에 의해 선택된 화자는 '무엇'에 대해 발화하게 된다. 그 무엇은 삶·죽음·사랑·자유 등과 같은 추상적이고 관념적인 대상일 수도 있고, 꽃·별·바위 등 구체적인 사물일 수도 있다. 그리고 시인은 화자로 하여금 이러한 대상과 그 감정적 개입 정도에 따라 거리를 좁힐 수도 있고 또는 멀리할 수도 있다. 따라서 한 편의 시에서 시인이 자신의 감정을 양식화하는 과정의 거리를 살펴보면, 부족한 거리(underdistancing)·지나친 거리(overdistancing)·적당한 거리(the proper aesthtic distance) 등의 조정 문제가 발생한다.

① **부족한 거리**

실제적 시인은 허구적 화자를 내세워 표현대상과 접촉함에 있어서 지적이고 객관적인 거리를 유지해야 한다. 부족한 거리는 시인이 자신의 감정을 양식화하는 과정에서 거리를 가깝게 혹은 짧게 조정한 경우이다. 시인이 작품을 창작할 때 지나치게 주관성이나 감상성에 빠져버리면 거리 조정에 실패할 수 있다. 가령, 1920년대 한국의 감상적 낭만시에서 흔히 찾아볼 수 있는 것들이다.

　　산산이 부서진 이름이여!
　　허공 중에 헤어진 이름이여!
　　불러도 주인 없는 이름이여!

부르다가 내가 죽을 이름이여!

심중에 남아 있는 말 한 마디는
끝끝내 마저 하지 못하였구나.
사랑하던 그 사람이여!
사랑하던 그 사람이여!

붉은 해는 서산마루에 걸리었다.
사슴의 무리도 슬피 운다.
떨어져 나가 앉은 산 위에서
나는 그대의 이름을 부르노라.

설움에 겹도록 부르노라.
설움에 겹도록 부르노라.
부르는 소리는 비껴가지만
하늘과 땅 사이가 너무 넓구나.

선 채로 이 자리에 돌이 되어도
부르다가 내가 죽을 이름이여!
사랑하던 그 사람이여!
사랑하던 그 사람이여!

― 김소월, 「초혼」 전문

이 시는 사랑하는 임의 죽음에서 오는 충격과 슬픔을 혼을 부르는 '초혼(招魂)'의 형식을 빌려 드러내고 있다. 또한 망부석 설화를 통해 임에 대한 그리움과 서러움을 노래하고 있다. '초혼'은 사람의 죽음을 혼이 육신의 몸을 떠나는 것이라 믿고 혼을 불러들여 죽은 사람을 다시 살려내려는 간절한 소망을 담은 장례의식으로 고복의식(皐復儀式)이라고도 한다. 고복의식이란 사람이 죽었을 때, 그 사람이 살았을 때 입던 저고리를 왼손에 들고 오른손은 허리에 대고 북쪽을 향해 죽은 이의 이름을 세 번 부르는 행위로, 일종의 '부름의식'이라고 할 수 있다. 이 시에서는 '사랑하던 그 사람'에 대한 시적 화자의 사무치는 그리움을 반복적인 부름의 형식을 통해 보여준다. 또한 이 시에 드러나는 망부석 설화는, 옛날 치술령 고갯마루에 서서 일본에 사신으로 가서 돌아오지 않는 남편을 기다리다 돌이 되었다는 신라 박제상의 아내에 얽힌 설화가 '치술령곡'이라는 노래와 함께 설화로 전한다. 이른바 임을 기다리다 돌이 되었으니, '돌'은 기다림의 돌, 한(恨)의 돌인 셈이다.

심리적 거리는 화자의 제재에 대한 태도, 곧 화자가 제재와 어떠한 양상의 거리를 유지하고 있는가 하는 데 있다. 그리고 부족한 거리 조정은 제재에 대한 시인의 심리적 거리가 아주 짧은 경우이다. 시인이 자기의 감정을 양식화하는 과정에서 지나친 주관성이나 감상성에 빠져버려 화자와 표현대상과의 접촉에 있어서 지적이고 객관적인 거리를 상실한 경우인 것이다. 시「초혼」에서의 시적 화자는 '나'이며 시적 상황은 저녁 무렵 산 위에서 임의 이름을 부르고 있다. 이 시는 '이름이여!', '못하였구나', '그 사람이여', '부르노라', '너무 넓구나' 등 반복적인 감탄형 종결어미로 끝을 장식한다. 임의 죽음을 겪는 시적 화자의 태도가 절규 형태로 직접 노출되어 있으며 매우 격정적이다. 화자는 임을 잃은 슬픈 감정을 온몸으로 울부짖고 있는 것이다. 이러한 시적 화자의 슬픔에 대한 탄식의 반복은 감정의 과잉 상태를 빚는다고 할 수 있다. 소월 시가 대부분 감정을 절제하고 슬픔을 인내하는 여성 화자의 모습을 보이는 데 반해, 이 시는 임을 잃은 비통한 슬픔을 절제하지 않고 있는 그대로 직설적으로 담아낸다. 그만큼 임의 죽음은 시적 화자에게 큰 충격이었음을 알 수 있다. 그러나 시적 화자의 과잉 감정 노출은 감정 조절에 실패하여 '부족한 거리'를 보여준다고 할 수 있다.

② 지나친 거리

지나친 거리는 시인이 자신의 감정을 극도로 배제한 나머지 화자와 표현대상과의 거리를 너무 멀게 한 경우이다. 이러한 시는 화자와 표현대상과의 거리를 지나치게 멀게 함으로써 독자에게 아무런 감흥도 주지 못하게 된다. 감정의 배제는 사물성만을 드러내는 사물시와 추상적 관념만을 드러내는 관념시에서 흔히 발견된다. 그런데 사물시의 경우 대상의 감각적인 면을 묘사한다는 면에서 이미지즘의 시적 특성을 지니게 된다. 이때 대상은 대상의 직관적 인식을 통한, 곧 주관화 과정을 통한 객관화의 방법으로 표현되기에 독자가 인식할 수 없을 정도의 불확정 부분을 가지고 있지는 않다. 따라서 지나친 거리의 시는 대상에 대한 화자의 냉담한 태도에 기인한 추상적 관념만으로 대상을 표현한 관념시나 분열적인 시가 해당된다고 할 수 있다. 특히 분열적인 시는 관찰자적 지위를 갖는 화자와 대상과의 거리가 최대로 팽창된 시이다. 이 경우 대상이 있는 실제의 현실로부터 화자의 인식이 가장 먼 거리에 있다. 때문에 현실이 배제된 상태에서의 대상의 묘사는 인간적 시점에서 벗어나 비인간적 시점을 지니게 된다.

이러한 시는 분열적인 작품에 해당하는 것으로 오르테가(Jose Ortega Y. Gasset)에 의하면, '비인간화의 시'로 불린다.[58] 비인간화의 시란 일체의 인간적 시점을 작품에서 배제한다. 살아 있는 인간과 현실을 갈기갈기 해체하는 것도 인간적 시점의 배제 방법이 된다. 오르테가는 심리적 거리를 유지하기 위하여 살아 있는 현실에서 분리하는 자세가 얼마나 필요한가를 역설한다. 그는 관찰자와 대상 사이의 '거리'가 최고로 팽창될 때 예술의 이상형이 가능하다고 한다. 최고의 팽창이란 예술이 실제의 현실로

---

[58] 호세 오르테가 이 가세트, 앞의 책, 68~70쪽 참조.

부터 가장 먼 거리에 있는 경우, 말하자면 현실이 아주 배제된 경우를 말한다. 다시 말하여, 시에서 실제의 현실과 실제의 인간을 해체시킬 때 예술적 효과에 가장 바람직한 거리가 된다.

비인간화의 한 가지 방법은 살아 있는 실제의 인간을 해체하고 살아 있는 실제의 세계를 해체하는 것이다. 실제의 현실과 인간이 갈기갈기 해체됨으로써 이 작품은 마치 기하곡선의 추상화를 보는 듯한 당혹감을 준다. 비인간화시에서 시인이 노린 것은 실제 생활 감정이나 인간적 감정과는 너무도 판이한, 말하자면 익명의 비인간적 정조다. 그래서 대부분의 독자들에게 혐오감을 일으키는 난해한 귀족 예술이 비인간화의 시에 해당한다. 난해한 추상시, 이것은 시와 독자의 수용력 사이에 놓인 거리를 무자비하게 파괴한다.

  13인의아해(兒孩)가도로로질주하오.
  (길은막다른골목이적당하오.)

  제1의아해가무섭다고그리오.
  제2의아해도무섭다고그리오.
  제3의아해도무섭다고그리오.
  제4의아해도무섭다고그리오.
  제5의아해도무섭다고그리오.
  제6의아해도무섭다고그리오.
  제7의아해도무섭다고그리오.
  제8의아해도무섭다고그리오.
  제9의아해도무섭다고그리오.
  제10의아해도무섭다고그리오.

  제11의아해가무섭다고그리오.
  제12의아해도무섭다고그리오.

제13의아해도무섭다고그리오.
13인의아해는무서운아해와무서워하는아해와그렇게뿐이모였소.
(다른사정은없는것이차라리나았소.)

그중에1인의아해가무서운아해라도좋소.
그중에2인의아해가무서운아해라도좋소.
그중에2인의아해가무서워하는아해라도좋소.
그중에1인의아해가무서워하는아해라도좋소.

(길은뚫린골목이라도적당하오.)
13인의아해가도로로질주하지아니하여도좋소.
— 이상, 「오감도— 시제1호」 전문

    이 시 제목은 원래 조감도(鳥瞰圖)라는 건축용어에서 따온 말이다. 조감도란 새가 높은 곳에서 낮은 곳을 내려다 본 것과 같은 상태의 건축도면을 말하는 것으로, 건축기사로 일했던 이상의 이력을 생각한다면 이해할 수 있다. 조감도의 조(鳥)에서 한 획을 뺀 오(烏)를 사용한 것으로 조판 과정의 실수로 보는 시각도 있지만, 이상의 성향으로 볼 때 오감도(烏瞰圖)가 맞는 표현이라고 생각된다. 오감도는 말 그대로 해석하면 까마귀가 내려다 본 그림이라는 것이다. 이는 까마귀가 주는 부정적 이미지를 끌어와 시 전체에 불안하고 냉소적인 분위기를 조성하고 있다.

    이 시는 이상이 《조선중앙일보》에 연재하던 작품으로 30편까지 연재 예정이었지만, 많은 독자의 항의에 의해 15편까지만 연재되었던 것들 중 첫 번째 작품이다. 기존의 시 양식들에서는 찾아볼 수 없었던 형식이기도 하지만, 모순으로 일관된 시 전체의 구조도 이해하기 난해한 시이다. 시적 언어의 애매성(ambiguity)과 난해성은 구분된다. 시적 언어의 애매성을 중시하고 그것을 논리적으로 규명한 엠프슨(W. Empson)의 이론에 의하면, 애매성은 언어를 매개로 세계를 드러내는 시인의 시적 형상화 과정에서 필연적으로 야기되는 문제이다.[59] 애매성은 시가 일상적인 용법을 벗어나 시적 구조의 언어라는 관점에서 필연적으로 제기된다. 말하자면 합리적인 일관성을 지닌 객관적 언어와 감정적 일관성을 지닌 시적인 언어와의 상반된 거리에서 시어의 애매성이 드러나게 되는 것이다. 반면 난해성은 독자의 미적 인식과 그 수용의 폭이 좁은 경우에 제기되는 것이며, 미적 기교나 형상성에 관한 이해의 결핍에서 오는 수도 있다. 그리하여 난해성은 독자가 어떻게 이해할 수 없는 당혹감을 준다.

「오감도」는 시인이 제재에 대하여 지나치게 심리적 거리를 둠으로써 분열적인 시가 된 경우이다. 왜 하필 '13'명의 아이들인가에 대해서 저마다 다양한 해설을 곁들이고 있기도 하다. 최후의 만찬에 참석한 예수와 12제자를 상징하는 것으로 서양에서는 불길한 의미로 상징되는 숫자 13에서 유래한다는 견해도 있고, 일제 강점기 한반도가 13도(道)였음을 들어 우리나라를 상징하는 의미로 이해해야 한다는 견해도 있다. 하지만 이들 견해는 어디까지나 주관적인 견해일 뿐이며, 이상의 시가 무의식의 흐름을 그리고 있음을 고려할 때 '13'의 숫자는 특별한 의미가 없는 것으로 파악할 수 있다.

이 시는 기존 문장에서 관습적으로 익혀진 문맥의 정상적 논리를 찾아보기 어렵다. 따라서 독자는 당황하게 되고 매우 낯선 이질감을 느끼게 된다. 즉 정독법과 감상의 능력을 제대로 갖추지 못한 독자에게는 난해성으로 다가오는 것이다. 어쩌면 이 시는 어떤 해석도 거부하고 있는지도 모른다. 시가 독자와의 소통을 그 목적으로 두는 데 반해, 이 시는 소통 불능 상태를 초래하고 있다고 할 수 있는 것이다.

---

59 W. Empson, 『Seven types of ambiguity』, Penguine Books, 1965, pp.234~235 참조.

③ 적당한 거리

시 창작 과정에서 시인은 많은 노력을 기울여 화자를 창조하고 등장시킨다. 시인이 자신의 주관성과 독자의 주관성에 유의하면서 서로를 잘 조정하여 작품을 창작할 때, 시인과 독자 사이에는 적당한 거리가 발생한다. 시인은 자신의 감정에 치우쳐 표현대상과의 부족한 거리를 유발하게 하면 안 되고, 또한 시의 객관성을 위해 시인이 지나치게 자신의 감정을 억제하여 표현대상과의 지나친 거리를 두어서도 안 된다. 곧, 화자의 유동성을 드러내어 표현대상과의 거리를 심미적으로 잘 조정해야 적당한 거리가 발생하는 것이다.

> 네가 오기로 한 그 자리에
> 내가 미리 가 너를 기다리는 동안
> 다가오는 모든 발자국은
> 내 가슴에 쿵쿵거린다
> 바스락거리는 나뭇잎 하나도 다 내게 온다
> 기다려 본 적이 있는 사람은 안다
> 세상에서 기다리는 일처럼 가슴 애리는 일 있을까
> 네가 오기로 한 그 자리, 내가 미리 와 있는 이곳에서
> 문을 열고 들어오는 모든 사람이
> 너였다가
> 너였다가, 너일 것이었다가
> 다시 문이 닫힌다
> 사랑하는 이여
> 오지 않는 너를 기다리며
> 마침내 나는 너에게 간다
> 아주 먼데서 나는 너에게 가고
> 아주 오랜 세월을 다하여 너는 지금 오고 있다
> 아주 먼데서 지금도 천천히 오고 있는 너를

너를 기다리는 동안 나도 가고 있다
남들이 열고 들어오는 문을 통해
내 가슴에 쿵쿵거리는 모든 발자국 따라
너를 기다리는 동안 나는 너에게 가고 있다.
　　　　　　　— 황지우, 「너를 기다리는 동안」 전문

　이 시는 현상적 화자인 '내'가 현상적 청자인 '너'를 절실하게 기다리고 있는 마음을 섬세하면서도 서정적인 언어로 그리고 있다. 우리 삶에서 보여주는 일반적인 기다림의 태도는 보통 수동적인 양태를 띤다. 그런데 이 시에서의 시적 화자는 자아와 타자의 거리를 직접적으로 극복할 수 있는 능동적인 행위를 보여준다. 기다리는 순간 시적 화자의 머릿속은 불안·초조·기대·조바심 등 모든 복합적인 감정과 수많은 생각들이 오간다. 모든 감각의 날은 세워지고 신경이 온통 곤두선다. 카페의 시끄러운 웅성거림 속에서도 온갖 미세한 소리들이 기다리는 화자의 마음속에 와 박힌다. 세상의 모든 소리들과 내 몸 내부에서 울리는 소리들이 확성기를 갖다 댄 듯 커진다.

　1~5행에서 화자인 '나'는 앉아서 '너'를 기다린다. 기다리는 동안 들리는 모든 발자국소리와 나뭇잎소리마저 '너'로 착각할 만큼 온 신경이 '너'에게 집중되어 있다. "내 가슴에 쿵쿵거린다"에서 '쿵쿵'은 청각과 촉감이 결합된 의성어로 화자의 불안과 떨림을 절실하게 전달해준다. 동시에 빠르게 뛰는 심장소리를 통해 '나'의 마음 졸이는 상황을 단적으로 보여준다. 화자는 기다리고 있지만 '너'가 오고 있는지는 알 수 없다. 여기서 분명하게 화자인 '나'와 '너' 사이에는 만나지 못할 만큼의 거리가 존재한다. 바로 이 심리적 거리감이 화자를 애타게 하는 요소이다. 이러한 '거리감'이야말로 시에 팽팽한 긴장감을 감돌게 한다. 9~12행 "문을 열고 들어오는 모든 사람이/너였다가/너였다가, 너일 것이었다가/다시

문이 닫힌다"에서는 화자와 '너' 사이의 거리감은 좁혀졌다가 다시 멀어진다. 그만큼 긴장감 역시 극도로 팽팽해졌다가 수축한다.

13행에 와서 시적 상황은 획기적으로 뒤집어진다. 곧 이전에 평면적으로 진행되었던 시적 화자의 상황이 발상의 전환을 가져온 것이다. 특히 16~18행의 '먼 데', '오랜 세월'에는 공간적·시간적 거리감이 드러나 있다. 19행에 와서는 만나기로 한 장소에서 기다리다 못해 화자 자신이 '너'를 향해 가기 시작한다. 너를 기다리고 기다리다가 그 자리를 박차고 일어나 직접 너를 찾아 나서는 간절한 마음은 둘 사이의 물리적 거리를 좁히는 충분한 이유가 된다. 이 부분에서 갑자기 시의 거리감이 움직이기 시작하고 속도가 생기기 시작한다. '나' 또한 '너'를 향해 감으로써 두 사람 사이의 거리가 더 빠른 속도로 좁혀지기 시작하는 것이다. 기다리는 시간과 장소를 통해 형상화된 시간적·공간적 거리가 2차적으로 심리적 거리를 만들어내고, 이러한 심리적 거리를 좁히기 위해 화자는 스스로 움직인 것이다.

"너를 기다리는 동안 나도 가고 있"음으로 그 거리는 좁혀진다. 화자의 간절함과 의지가 물리적 거리를 극복하고 있는 것이다. "오지 않는 너를 기다리며/마침내 나는 너에게" 가는 이 행위는 '나'와 '너'의 사이의 거리를 좁히는 동시에 둘 사이의 물리적 단절을 넘어서려고 하는 화자의 의지를 명백하게 보여준다. 그리하여 화자는 "남들이 열고 들어오는 문을 통해/내 가슴에 쿵쿵거리는 모든 발자국 따라" '너'가 걸어오고 있을 길을 따라 거슬러 올라가기 시작한다. 이제 "너를 기다리는 동안"은 "너에게로 가고 있"는 화자의 역동적인 움직임으로 인해 '너'와 '나'의 만남이 상상적으로 이루어질 수 있는 실천적 시공이 된다. 여기서 시적 공간은 "네가 오기로 한 그 자리"라는 한정된 자리에서 나도 너를 향해 계속 가고, 너도 나를 향해 계속 오고 있는 '영원성을 지닌 공간'으로 전환된다.

서로에게 다가가는 화자와 청자의 감정을 통해 둘 사이를 단절시켰던 물리적 거리가 극복되고 있는 것이다.

간절한 마음은 둘 사이의 물리적 거리를 좁히는 적극적인 마음의 움직임이다. 그리하여 사랑하는 사람과의 실제적인 거리는 아직 멀지만, 사랑하는 사람을 향한 화자의 심리적 거리는 사랑하는 사람을 바로 앞에 두고 있는 것처럼 가깝게 경험되는 것이다.

시적 거리의식은 언어를 통해 상상력의 공간을 무한히 확장해 나간다. 화자와 대상, 독자와 시인 간의 거리, 멀거나 가깝거나 적절히 균형을 유지하는 거리 등은 시의 표현과 미감을 나타내는 데 있어서 긴장감을 조율하는 악기의 현과 같은 요소이다. 시를 통해 나타나는 거리는 물리적으로 감지할 수 있는 거리가 아니라 시를 읽음으로 인해 느껴지는 감정적·미적 거리이므로 그 응축과 확장이 무한하다. 시의 텍스트는 단순히 행간이나 자간의 거리에서 머무는 것이 아니라 시 속에 형성된 공간감과 독자의 정서적 거리를 통해 상상력을 자극하고 그 의미를 확장시켜 나간다. 시 「너를 기다리는 동안」에서 나타나는 기다림의 정서와 거리감은 멀고도 가깝고, 팽창하면서 수축되고, 상승하고 하강하면서 결국 '나'와 '너'의 단절된 물리적 거리를 역동적으로 극복하는 양태를 띤다. 이러한 거리 조절은 적절한 긴장 관계를 유지하면서 독자들에게 공감을 일으키고 있다.[60]

---

60 김현자, 『아청빛 길의 시학』, 소명, 2005, 43~45쪽 참조.

제11장
변화하는 개성의 시와 시론

1. 아방가르드 · 전위문학의 시
2. 포스트모더니즘 시대의 현대시 양상
3. 다매체 시대의 문학과 현대시
4. SNS와 디카시의 대두

1. 아방가르드 · 전위문학의 시

　시사(詩史)에 있어서 다양한 실험적 기법들은 정도의 차이는 있지만 어느 시대에나 존재해 왔다. 시인이란 차곡차곡 쌓인 문화의 적층 위에 앉아 현실과 이야기를 주고받으며 그 감수성을 표출하는 사람이다. 때문에 시의 역사는 전통의 수용과 계승, 전통의 부정과 반항 등 다성적인 목소리가 섞이고 혼류하면서 끊임없는 실험이 전개되어 온 것이다. 이러한 실험적 기법들은 전통과 질서를 무시하고 앞서가는 일군의 아방가르드(avant-garde) 정신과 기존의 질서를 파괴하고 인간의 자유로운 정신을 해방시키고자 하는 다다이즘(Dadaism) 정신을 보여준다. 다다이즘 정신은 다시 초현실주의로 이어지게 된다. 이들이 예술과 문학에서 일어난 소위 전위적인 운동이다.

　예술사에 있어서 아방가르드라는 용어는 오늘날까지도 혼란한 이미지 그 자체이다. 아방가르드라는 말은 1794년 프랑스 혁명의 전투적인 열기 속에 간행된 『동부 피레네 산맥의 전위 부대』에서 처음 사용된다. 이 분위기에서 엿볼 수 있듯이 이 말은 전투적인 의미를 담고 있다. 그리고 그것은 당대의 예술을 앞지르고 있으며 소수 사람들에 의해 수행된다는 의미도 내포하고 있다. 시의 경우, 이러한 전위의식은 실험시의 내적 속성으로 수용된다. 독일의 문학개념사전에 의한 아방가르드라는 의미는 "불어로 전위라는 뜻이다. 본래는 군사용어이며, 분명 반부르주아적이며 자율적인 예술이 나타난 19세기 중반 이후 사용되었으며, 매 시기 등장하는 아주 새로운 예술적·문학적 발전에 적용된다. 진보적인 프로그램을 가지고 형식적·내용적으로 제도권 문학과 사회적 관습에 저항하는 예술가와 문인을 전위주의자라고 한다. 새로운 것에 대한 욕구를 과도하게 펼치는 움직임을 전위파라고 할 수 있다. 미래파·다다이즘·초현실주의·누보 로망·구체시·해프닝 혹은 현장 연극 같은 형식들이 아방가르드 운동으로 이해된다."[61]라고 설명한다. 이 정의에 의하면, 아방가르드는 19세기 중반 이후 부르주아 이데올로기와 그 부르주아 이데올로기에 젖어 있던 제도권 문학에 대한 반발로 발생한 것이다. 이는 아방가르드 운동의 특성이 '부정'과 '단절'의 사상에 있음을 뜻하는 것이기도 하다. 따라서 아방가르드 예술이 보여주는 가장 중요한 특징은 기존 예술이 갖는 내용과 형식을 뒤집어엎는다는 점에 있다. 곧 전복적 성격이다.

   서구 유럽에서 1920, 30년대에 돌풍적으로 일어났던 미래파를 비롯한 다다이즘·초현실주의 사조들은 바로 아방가르드의 이러한 미학을 지닌다. 다다이즘은 1916년 마르셀 뒤샹(M. Duchamp), 만 레이(M. Ray), 프란시스 피카비아(F. Picabia) 등이 뉴욕에서 모임을 갖고 반예술적인 활동을 선보인 뒤, 1916년 2월 '다다이즘 선언'을 함으로써 공식적으로 출발한다. 그 선언의 핵심은 모든 기존의 체제를 반대하고 앞으로 어떤 체제도 갖지 않는다는 부정의 정신이다. 그러나 다다 운동은 구성원 간의 견

---

61 최문규, 「아방가르드 미학의 현대적 의미」, 『현대시사상』 1994년 가을호, 고려원, 125쪽 재인용.

해 차이로 내부 붕괴가 시작되고 마침내 1922년 5월에 해산된다. 그리고 다다의 한계를 극복하기 위하여 다다의 일원으로 활약했던 앙드레 브르통(A. Breton) 등이 새로운 인식 방법인 초현실주의를 선언하게 되며, 그들은 초현실주의 정신 또한 무방향성과 해체 · 부정 · 반향 · 파괴를 주장한다.

아방가르드 예술은 기존 담론체계를 뒤흔들어 새로운 담론체계를 유도한다. 때문에 아방가르드 예술은 '위기의 예술', '반예술'이다. 전통 미학의 특징은 부분이 전체에 통일되고 다시 전체는 부분을 관장함으로써 '동시적 전체'가 되는 데 있다. 그리하여 부분은 전체에 수렴되는 한에서 다양성을 가질 뿐이며, 이러한 다양성은 다시 내부적으로 질적 귀일성을 가짐으로써 근본 형식이나 근본 정서에 일관된다. 반미학은 이러한 전통 미학에 대항한다. 그리하여 전통적 미학이 갖는 총체성 · 통일성 · 유기적 결합을 깨뜨린다. 그리고 비유기적 작품에서 각 부분은 그보다 상위에 있는 어떤 전체로부터 해방된다. 부분과 부분이 자립성과 우연성을 갖고 병치될 따름이다.

이것은 반미학이 부정의 개념을 지니고 있음을 말한다. 부정은 체계 속의 모순을 통한 체계의 변화를 불러오는 힘을 의미하기 때문이다. 반미학을 역사 속에서 실천했던 아방가르드 예술을 논의할 때 이러한 부정을 잘 나타낸 것이 전위 예술이다. 마르쿠제(H. Marcuse)는 "미리 협잡으로 조작해 놓은 게임의 규칙에 대한 위대한 거부를 뜻하는 부정 언어의 모색이 바로 전위문학의 본질이다. 그리고 그 부정이 기존 상태를 현상의 파괴성과 동시에 그것을 뛰어넘는 새로운 가능성으로 나아가는 기본적인 제 요인 및 힘들과 관계 지어 적용될 때, 그 부정은 규정적이다. 그 기본적인 제 요인과 힘들은 역사적인 요인과 힘들을 말하며 그래서 '규정적 부정(determinate negation)'은 결국 정치적 부정을 뜻하게 된다. 이것이 변증법적 언어와 시어가 만나는 지점이다."라고 말한다.[62] 말하자면 마르쿠제는 전위문학의 본질을 '규정적 부정'으로 정의하고 그것의 의의를 정치적 부정이라 지적하고 있는 것이다. 이는 전위 예술이 부르주아 이데올로기에 제도화된 형태로 기능하고 있던 전통 예술에 대해 자기비판의 형식으로 문제를 제기하고 있는 것이기도 하다.

이것은 또한 부르주아 예술에 대한 아방가르드 예술의 '부정'의 긍정적 공격성을 대변해 주고 있다고도 할 수 있다. 이처럼 반미학은 아방가르드 예술의 미학에서 비롯한 것이다. 이 점에서 아방가르드 예술과 포스트모더니즘이 연계성을 맺는다. 말하자면 포스트모더니즘의 미학은 아방가르드 예술이 갖는 부정성과 단절성의 심화라고 할 수 있다. 또한 아방가르드를 포스트모더니즘의 주요 장치인 패러디와 관련시켜 논의해야 할 필요성이 발생하는 것이기도 하다. 왜냐하면 아방가르드 시는 바로 그 당대의 정체된 시에 대한 부정이요 비판의 형식, 곧 제도권 내에서 지배 이데올로기에 수렴된 예술에 대한 자기 풍자의 형식을 띠고 있기 때문이다. 그 말은 결국 아방가르드 문학은 필연적으로 당대의 문학에 대한 반대 형식으로서 패러디성을 지닐 수밖에 없음을 뜻한다.

우리나라 시에서도 이러한 아방가르드·전위 의식의 영향을 보여주는 시들을 찾아볼 수 있다. 1920년대 후반의 시에서 김니콜라이(본명, 김여수(金麗水))의 「윤전기(輪轉機)와 사층(四層)집」, 임화의 「지구와 빡테리아」 등이 있다. 1930년대 한국 시단에 혁명적으로 등장한 이상의 숫자와 도형, 형태성을 차용한 일군의 시들, 그리고 자연과학의 법칙과 구조를 차용하는 일군의 시들이 있다. 1950년대 후반에는 조향의 형태시·다다이즘시·초현실주의 시 등이 독특한 양상을 띠고 나타난다. 이러한 양상들

---

62 H. Marcuse, 김현일·윤길순 역, 『이성과 혁명(Reason and Revolution)』, 중원문화사, 1984, 8~9쪽 참조.

은, 그 후 김수영의 대담한 산문성의 반예술 기법, 김춘수의 무의미시, 이승훈의 비대상시로 변용되면서 토착화된다.

(1) 이상의 아방가르드 시

이상은 1930년대를 전후하여 전 세계에 주목을 끌었던 자의식 문학 시대에 우리나라를 대표하는 자의식문학의 선구자인 동시에 초현실주의적 시인으로 평가받고 있다. 그리고 한편으로는 그를 일컬어 모더니스트, 다다이스트, 초현실주의자, 경박한 유행아, 식민지 시대의 전형적인 지식인 등 수많은 수식어를 동원하여 부르기도 한다.

그의 문학에 스며있는 감각의 착란, 객관적 우연의 모색 등 비정상적이고도 비상식적인 세계는 그의 시를 난해한 것으로 성격 짓는다. 이러한 그의 문학세계는 개인적인 기질이나 환경, 그리고 자전적인 체험과 무관한 것은 아니지만, 근본적으로는 그의 비극적이고 지적인 반응에 기인한다고 할 수 있다. 그리고 그러한 지적 반응은 당대의 시적 상황에 비추어 볼 때 한국시의 주지적 변화를 대변함과 동시에 현대시의 새로운 경지를 개척하는 계기가 된다. 즉 그러한 시적 태도는 의식의 내면세계에 대한 새로운 해명을 가능하게 하였으며, 무의식의 메커니즘을 시 세계에 도입하여 시상의 영토를 확장하게 하였다.

이상의 시는 억압된 의식과 욕구 좌절에서 비롯된 초현실주의적 색채가 엿보인다. 그의 문학에서는, 정신을 논리적 사고과정에서 해방시키고자 함으로써 무력한 자아가 주요한 주제로 나타나게 된다. 시 「거울」이나 소설 「날개」 등은 이러한 경향이 두드러지게 드러나는 대표적인 작품들이다.

이상 시의 또 다른 세계는 욕구 충족을 위한 자기 방어의 메커니즘이다. 시 「오감도」는 육체적 정력의 과잉, 말하자면 발산되어야 하면서도 발산되지 못한 채 억압된 리비도의 발작으로 인한 자의식 과잉을 보여주는 작품으로서, 대상을 정면으로 다루지 못하고 역설적으로 파악하는 시적 현실이 잘 드러나 있다. 바로 이와 같은 역설에서 비롯되는 언어적 유희는 그의 인식 태도를 반영하는 동시에 독특한 시작(詩作) 방법이 된다. 그리하여 억압받은 성년의 욕구가 나르시시즘의 원 고향인 유년 시대로 퇴행함으로써 욕구 충족을 위한 자기 방어의 메커니즘을 마련한다. 유희로서의 시작은 그러한 욕구 충족의 한 표현이 되는 것이다. 그만큼 그는 인간의 모순을 언어적 유희와 역설로 표현함으로써 시적 구제를 꾀한 것이다.

그의 작품은 특히 무의미하고 비합리적인 낱말을 많이 사용하고 있다. 이러한 작품 경향은 그가 다다이즘의 영향을 받은 것으로 평가되는데 가령, 구두점과 띄어쓰기 무시·숫자나 도표의 사용·지나친 동어 반복·구문과 문법의 해체 등 언어의 정상적 사용을 거부하고 무의미하고 비합리적인 낱말들의 사용에서 드러난다. 그리하여 흔히들 그의 시 세계를 사회의 병폐에 대한 반항과 인간 정신의 절대적 자유를 시 속에서 추구하고자 했던 것으로 판단하고 있다.

```
      1 2 3
  1 · · ·
  2 · · ·
  3 · · ·

      3 2 1
  3 · · ·
  2 · · ·
  1 · · ·
  ∴nPn = n(n−1)(n−2) · · · · · · (n−h+1)
```
(腦髓는부채와같이圓까지展開되었다, 그리고 完全히回轉하였다)

— 이상, 「線에關한覺書 3」 전문

위의 시는 기존의 시 형식에 대한 일탈과 부정의 극점을 이루고 있다. 무슨 소리를 하고 있는지 시적 메시지를 전혀 찾을 수 없을 정도이다. 언어는 거의 배제되고 숫자와 기호 및 수식이 시 전체를 차지하고 있는 것이다. 제목부터가 모호하다. 각서라고 하는 것은 자신의 의견이나 희망 또한 어떤 약속을 상대편에게 전달하는 문서를 말하는 것인데 그 형식과는 전혀 어울리지 않는다. 또한 외견상 시에서 어떠한 선도 드러나 있지 않다. 이 시에서 숫자와 점으로 배열된 처음의 연 오른쪽과 아래는 왜 숫자가 비워져 있는가, 점들은 무엇을 의미하고 있는가, 괄호 안의 구절은 어떻게 해석해야 할까, 이 모든 것이 수수께끼이다. 그 이유는 시의 문법이 파괴되어 있기 때문이다.

그의 시는 바로 아방가르드 시 전통에서 해독될 수 있으며, 특히 미학적 부정의식을 강하게 드러낸 시라고 할 수 있다. 이미 앞에서 살펴봤듯이, 그의 시는 당대의 독자들에게 거센 항의를 받을 정도로 전통문학에 대한 극단적인 단절을 시도했다. 그것은 당시 제도권 문화에 젖어 시를 발표하던 시인들에게나 독자들에게 큰 충격을 준다. 특히 그의 시적 기법은 현실의 내용을 직접 '끼워 넣는' 몽타주(montage) 기법[63]을 보여주고 있는데, 이것이 당대 문학계에서는 놀라운 수법이 되고 있는 것이다.

이 시는 수학적 기호의 시각적 형태를 강조한 회화시로서 문자시에 대한 패러디 형식을 취한다. 또한 이 시는 무엇보다도 현실적 내용인 '선에 대한 각서'를 끼워 넣어 짜깁기하는 방식으로 정상적인 세계에 대한 전복을 꾀한다. 즉 첫연에서의 1·2·3이라는 숫자와 점의 배열은 '삼진법'에 의거한다. 이 시는 삼진법에 의한 기본 숫자를 가로 세로로 배열한 후 그

---

[63] 몽타주(montage) 기법 : 원래 '부분품 조립'을 뜻하고 있지만, 영화용어로 쓰일 때는 '편집(editing)'의 의미를 가진다. 또한 모든 예술의 근본원리인 구성(composition · construction)의 의미, 즉 '부분과 부분을 특정한 효과를 위해 결합하는 구성 기법'이라고 정의되기도 한다.

가운데를 숫자 대신 점으로 메우고 한 층위를 더 설정하고 있는 것이다. 실제로 3으로 상징되는 원초적 역동주의는 대체적으로 종교를 통해 해석할 수 있다. 원형적으로는 '탄생·성장·죽음', '아침·낮·밤', '과거·현재·미래' 등을 예시한다. 또한 삼진법에서는 '3차원의 현실 세계', '3위일체(三位一體)', '천지인(天地人)의 삼재(三才)' 등에서 비롯되는 세계 표상의 이미지를 읽을 수도 있다.

또한 시에 차용된 순열 공식 "nPh = n(n-1)(n-2)····(n-h+1)"(서로 다른 n개의 물건 중 h개만 골라서 나열시키는 방법의 수), 그리고 괄호 속의 "뇌수는부채와같이원까지전개되었다, 그리고완전히회전하였다"라는 뜻은 어떻게 해독할 수 있을까. 사방팔방으로 이루어진 선대칭은 마치 부챗살과 같은 형태를 띠고 있는데, 그것은 또 360°를 이루고 있는 것을 근거로 하고 있는 것일까. 괄호 속의 구절은 헝가리 건축학자 모홀리 나지의 「부채꼴 인간」이란 글을 패러디한 것이라고도 해석할 수 있다. 이상은 당시 편집을 담당했던 잡지 『조선의 건축』(1932년 9월호) 권두언에서 R이라는 이니셜로 모홀리 나지의 '부채꼴 인간'을 다루고 있었는데 이를 통해 추측해 볼 수 있을 것이다.

이와 같이 이상의 수학·기하학·건축학이 갖는 독특한 원리를 끌어들인 합리적 세계에 대한 전복의식은, 바로 아방가르드 시에 나타나는 전복의 미학이며 해방의 미학이라고 볼 수 있다. 그것은 새로운 담론체계를 형성하게 하는 위기의 계기를 마련해준다. 수와 식, 도형의 기호 작용에 의해 시인이 전달하고자 하는 의미를 추상화시키는 데서, 나아가 언어가 전달할 수 없는 것을 전달하고자 하는 데서 그의 아방가르드·전위의식에 대한 동기를 찾아볼 수 있다. 그는 수학이나 기하학 및 기타 실용 과학이 갖는 추상성·확정성·고정불변성의 질서를 동경했거나, 그렇지 않으면 그것들에 대한 거부감을 지니고 있었던 것으로 보인다. 인간 내면의 질서와 우주의 질서를 숫자나 기하학적 도형으로 형상화한 그의 작품들에는 수학적 도식체계에 대한 지향성과 그것에 대한 부정의식이 동시에 드러나고 있기 때문이다.

이러한 미학적 전복의식으로서 몽타주 기법은 1980년대에 와서 해체시의 모습으로 이어진다. 특히 황지우 시 「벽·3」 등에 나타난 현실의 짜깁기로서의 몽타주는 현실적 소재가 그 자체에 대한 패러디적 성격을 지니며 예술을 현실로 되돌린다는 아방가르드 명제에도 부합하고 있다.

(2) 조향의 형태시와 상호텍스트성[64]

조향은 초현실주의적인 시론을 썼던 전후 모더니즘의 대표적인 시인으로 평가되어 왔다. 조향의 시들은 감상적 서정시, 문명비판적인 시, 초현실주의적인 시 등으로 발전하는 양상을 보인다. 그의 감상적 서정시가 쓰인 것은 『후반기(後半期)』 활동을 전후한 시기인 1947, 8년에 해당한다. 이러한 그의 시가 감상적 서정시에서 문명비판적인 시로 변모하게 된 까닭은, 전쟁이라는 사회적 조건과 기질적인 센티멘탈리즘을 극복하려는 개인적인 의지가 결합된 데서 찾아볼 수 있다. 또한 그의 시적 변모 발전은 과거의 전통과는 구별되는 새로운 문학적 질서를 수립해야 한다는 시대적인 사명감 역시 한몫을 했다고 할 수 있다. 그의 실험적인 시들은 이러한 요인들과 맞물려 나타난 것이다.

조향의 시에서 두드러지는 실험적 요소들은 형태 실험과 초현실주의적인 기법의 사용, 상호텍스트성(intertextuality)적인 방법 등이다. 그는 주로 시각적인 이미지들을 시에 접합시킴으로써 시의 영역을 확장하였다. 음절들을 반복하여 나비가 날아가는 모양을 흉내 낸다든지, 낱말들을 세모

---

64 문혜원, 「조향 시의 상호텍스트성」, 『한국현대시와 전통』, 태학사, 2003, 152~153쪽, 164~166쪽 참조.

꼴로 배치한다든지 하는 것은 다분히 형식주의적인 기법을 보여주는 것이다. 그의 실험적 기법에서 언어의 의미는 중요하지 않다. 중요한 것은 언어를 이용하여 형태를 만들어내는 것이며, 그렇게 함으로써 시적인 언어에 대한 선입견을 깨뜨리는 것이다. 초현실주의자들이 시도했던 공동창작의 방식을 사용한 것 역시 같은 맥락이다.

특히 주목되는 것은 조향 시에 나타나는 상호텍스트성이다. 상호텍스트성이란 어느 한 작품이 다른 작품과 맺고 있는 상호관련성을 말한다. 그의 시에서 상호텍스트성은 통텍스트성・원텍스트성・메타텍스트성・윗텍스트성・밑텍스트성 등으로 변주하여 나타난다.[65] 조향 시에 나타나는 상호텍스트성은 단순히 다른 사람의 시의 일부를 빌려오는 것만이 아니라, 자신의 시를 변주하거나 문학의 영역을 넘어서 다른 예술과의 접합을 시도하는 등 다양한 방식으로 나타난다. 자신의 시를 변주하거나 반복하는 것은 특정한 이미지를 강조하거나 그것을 바탕으로 시인 자신의 정서 상태를 표현하기 위한 것이다.

다른 시인의 시를 차용하는 경우는 그대로 베껴오는 인유와 원작에 수정을 가하는 패러디로 나누어진다. 인유는 원작의 권위를 빌려 자신의 시를 보다 신빙성 있는 것으로 보이게 하는 효과가 있고, 패러디는 원작을 조롱하고 비틂으로써 자신의 의도를 드러낸다. 조향이 정지용・김광균・김기림 등 1930년대 모더니즘 시인들의 시를 원본으로 하고 있는 것은, 30년대 모더니즘에 대한 전후 모더니즘의 대타의식을 증명하는 것이기도

---

65 통텍스트성(transtextuality)이란 제목・부제・소제목・서문・발문・광고・주석・일러두기・그림・제사(題詞) 등 텍스트 곁에 있는 성질을 말한다. 원텍스트성(architextuality)은 한 작품이 원 작품(원전)과 맺는 관계를 말한다. 메타텍스트성(metatextuality)은 한 작품을 그것이 말하고 있는 작품과 연결시켜 주는 주석・비평의 관계를 말한다. 그리고 윗텍스트성・밑텍스트성(hypertext・hypotextuality)은 A작품 hypertext와 B작품 hypotext를 결합시키는 관계를 말한다.

하다. 또한 그는 문학의 영역을 넘어서 영화·회화와 같은 다른 예술들과의 접목을 시도하고 있다. 이는 언어의 고정성을 뛰어넘어 시의 영역을 확대했다는 면에서 의의가 있다.

```
이름성로은와다  그러마입소울다  돌아아녀와그다  구두에자이덕서  식물집하죄이자
  도도는소쟀     지세술녀엇      앞서냄서린      끝밤갈는에      채을자나짓
    모눈녀        요좀는          소샐쪼          이처언          랑하많
     이            쥐              구              럼              아
     맑            요              역              차              야
                                   질
                                   하
                                   니
                                   까
                                   까
                                   만
                                   죽
                                   음
                                   이
```

— 조향, 「물구나무선 세모꼴의 서정」 전문

아방가르드 시의 가장 본질적인 기법은 정통적 시의 형태에 대한 위반으로 충격을 주는 것이다. 1950년대 조향의 시에 나타나는 전위적 문학의 양상은 무의식적 자동기술법(automatism · automatisme)과 그가 주장하고 있는 데뻬이즈망(depaysement) 기법[66]이라고 할 수 있다. 특히 문자를 통

---

66 데뻬이즈망(depaysement) 기법 : 초현실주의의 갈래에 속하는 시인들이 개발한 시 창작의 한 방법. 시간의 흐름에 대응하는 오브제들을 군데군데 병치해 놓은 공간적 테크닉으로, 의식의 흐름 속에 흘러가는 것들을 포착해서 현실적인 연관 관계를 제거하고 한 공간에 나란히 늘어놓는 방법.

한 여러 형태시의 모색은 그의 시를 특징짓고 있다. 그의 시에는 글자 형태의 시각적인 이미지들이 자주 나타난다. 또한 그는 하나의 단어가 가지고 있는 의미망뿐만 아니라 음성적인·시각적인 질료로서의 글자에도 관심을 기울인다. 가령, 날아가는 나비의 모양을 "비나비나비나비나비나비나비나비나비나비나/비"(「1950년대의 사면」)라고 하여 흉내 내거나, 쏟아지는 빗줄기를 "비비비비비비비비비비비비비비비비비비비비비비비비비비비비"(「SARA DE ESPERA(抄)」)로 표현한 것 등이 그 예이다.

여기서 한발 더 나아간 것이 「물구나무선 세모꼴의 서정」이다. 이 시는 바로 전형적인 형태시다. 문자 중심의 시 문법에서 일탈하여 형태 중심의 시 문법으로 변화를 꾀하고 있다. 그러면서 삼각형 모양의 부호를 짜깁기하는 가운데 기존 연과 행 위주의 시에 대한 형식으로서 형태시를 실험하고 있는 것이다. 즉, 시의 내용 전개에서 자유 연상에 따른 의식의 흐름 기법을 채용하면서 시에 대한 새로운 인식을 유도한다. 따라서 이 시에서 중요한 것은 단어의 의미나 그것들이 모여 이루어진 문장의 메시지가 아니라, 세모꼴을 연상시키는 글자 배열의 모양이다. 쓰인 글자들은 오직 물구나무선 세모꼴, 곧 역삼각형의 모양을 만들기 위해서만 존재한다. 가령, 맨 앞에 있는 "이름도 성도 모르는 눈이 맑은 소녀와 잤다"는 구절을 읽어내기 위해서는 상하를 왕복하는 선을 그려야만 하는데, 그 선을 연결시켜 보면 작은 역삼각형이 나온다. 다섯 개의 작은 역삼각형은 가운데 놓인 세로의 긴 역삼각형을 중심으로 대칭을 이루고 있고, 작은 역삼각형 다섯 개를 선으로 연결하면 하나의 큰 역삼각형이 만들어진다. 말 그대로 '물구나무선 세모꼴'인 셈이다.

이러한 기하학적인 모양에 '서정'이라는 말을 붙이는 것은 그 자체가 모순이다. 그의 시 가운데 의미 없는 글자들의 연속체 중간 중간에 고딕체로 글자들을 집어넣어 단어 하나를 만들거나(「H씨(氏)의 주문(呪文)」), 행의 앞글자만 연결하여 한 문장을 만든 긴 산문시(「디멘쉬어 프리콕스의 푸르른 산수(算數)」) 역시 글자의 형태만을 고려한 것들이다. 이는 현실을 재현하는 도구로서의 언어의 특징을 의도적으로 배제함으로써 현실과의 사이에 고의적인 불연속성을 만들어내고 있는 것이다.

> 마지막 내려가는 에레베터, 기프스 붕대를 실어내는 masquer들이 있고,
> 마이크로 필름에 감금된 소년의 휘파람. 희다. E선(線).
> 여자들의 몸에서 사보텐이 돋아나는 기후(氣候). 지구(地球) 바깥에서 침 뱉는 소리가 난다.
> 늪 지대(地帶)를 가로질러 모가지도 없는 검은 이마아쥬의 대열(隊列).
> 밤의 까아만 저변(底邊)에 하얀 손이 하나 떨어져 있다.
> 여기는 참 두드러지게도 은화식물(隱花植物)의 대화(對話)들이 걸려있는데.
> 옛날의 옛날의 나의 명함이 한 장 떨어져 있고,
> 옥수수나무처럼. 흐느적거리는 정치가들. 빈혈증(貧血症)의 러슈 아워.
> 미래의 장례식을 위하여 매화총을 준비한 대통령단(大統領團)은 오페라 관(館)의 문 앞에서 소낙비를 만난다.
> 백마포(白麻布) 벳드 위에서 euthanasia를 체크하고 있는 하얀 길다란 손가락의 환영(幻影). 사 · 에 · 라.
> 까아만 지구(地球) 위엔 카아네이션 한 송이만 피어 있고.
> 어어이! 어어이! SARA는 없다. 참 아무도 없다.
> ─ 조향, 「어느 날의 지구(地球)의 밤」 전문

조향의 시에는 '나비'나 '비행기'와 같은 단어들만이 아니라, 동일하거나 유사한 이미지군(群)들이 자주 반복되어 나타난다. 이처럼 하나의 이미지나 장면들이 서로 다른 시에 원용되면서 변화되는 것은, 시인이 자신의 작품 내에 상호텍스트성의 기법을 차용한 경우이며, 이는 일종의 자아

패러디 형식이라고 할 수 있다. 이와는 달리 조향의 시에는 동서양의 유명한 글귀들, 혹은 다른 시인들의 시 한 부분을 차용하는 경우처럼, 다른 작품을 패러디의 원천으로 사용하는 경우도 발견된다. 또한 그의 시에 자주 드러나는 회화적인 요소와 연극적인 장치들은, 장르와 장르 간에 성립하는 상호텍스트성의 예를 보여주고 있어서 보다 확대된 의미의 상호텍스트적인 가능성을 엿보게 한다.

또한 조향의 상호텍스트성은 자신의 시를 모방하는 경우도 있다. 이렇게 다른 시인의 작품이 아니라 자신의 과거 작품의 시구들을 발췌하는 것은 혼성 모방의 특이한 변형이다. 그리고 조향의 시에 나타나는 또 하나의 특징은 패러디와 인유이다. 잘 알려진 다른 시인들의 시 한 구절을 그대로 베껴 와서 삽입하는 경우도 있고, 일부분을 슬쩍 바꾸는 경우도 있다. 이러한 것들이 문학 내적인 상호텍스트성이라고 한다면, 조향의 시에 두드러지게 나타나는 회화성과 연극성은 장르의 경계를 넘나드는 상호텍스트성의 예라고 할 수 있다. 조향은 형식주의 수법을 이용한 많은 시를 썼으며, 언어의 의미가 아닌 형태에 관심을 가지고 시각성에 주목한다. 이는 곧, 언어의 시각성에 관심을 둔 것으로써 회화적인 부분과 연결된다. 그의 초현실주의적인 시들은 마치 초현실주의 회화를 보는 것 같은 인상을 준다.

시 「어느 날의 지구(地球)의 밤」은 몽타주 수법을 사용한 것이다. 이 시의 분위기를 살펴보자. 칠흑처럼 어두운 밤의 배경에 하얀 손 하나, 기프스 붕대와 복면한 얼굴, 모가지가 없는 이미지들, 하이얀 침대 시트와 안락사를 체크하고 있는 기다란 손가락, 카아네이션 한 송이, 짙게 깔려 있는 죽음의 이미지 등 검은 어둠을 배경으로 출몰하는 단절된 이미지군은 그로테스크하고 음습하기만 하다.

이러한 이미지들을 나란히 배열하는 원리는 언어의 선택적인 측면을 강조하는 은유적 원리에 의한 것이다. 환유는 다른 기호들과 결합하여 연속적으로 컨텍스트를 확장해 나가지만, 이와는 달리 은유는 선택과 대체의 방식을 따른다. 곧 동일한 위치에 놓일 수 있는 단어들 중에서 하나를 선택하는 것이다. 따라서 초현실주의시는 이러한 은유의 방식을 극단화시킨 예이다. 왜냐하면 선택된 단어들 사이에 놓여 있는 연결의 고리 자체를 지워버린 상태이기 때문이다. 이는 마치 이질적인 사물늘을 병치해 놓은 초현실주의 화가인 르네 마그리트(René Magrette, 1898~1967)의 그림을 연상시키기도 한다. 이런 면에서 초현실주의는 또한 회화와 접맥되고 있다.

(3) 김수영의 미학적·정치적 반시

김수영은 김경린, 박인환 등과 함께 5인 합동시집 『새로운 도시와 시민들의 합창』을 간행하면서 작품 활동을 시작한다. 그는 당시 모더니스트들의 일반적 경향과 같이 도시 문명을 비판하였다. 그러나 점차 모더니즘에 공허함을 느끼면서 이로부터 벗어나고자 하였고, 4·19를 고비로 강렬한 현실의식을 추구하는 방향으로 시의 모습을 바꾸면서 소시민의 자기 자각, 지식인이 가지는 정직한 고뇌와 현실에 대한 비판 등 저항의 목소리를 내기 시작한다. 그것은 엄밀한 의미에서 단순한 기법의 차원이 아니라 시대적인 사건에 대한 반성적인 정신의 태도에 결부된 문제이다. 즉, 사회적 조건에 속박된 존재이면서도 주어진 여건을 묵인하기보다 현실의 의미를 진지하게 파헤쳐 보고 이러한 과정을 시로 표현했던 것이다.

그리하여 김수영은 강렬한 현실의식과 저항정신에 뿌리박은 새로운 시정(詩情)의 탐구로 참여파 시인들의 전위적 역할을 담당한다. 즉 그는 현실의 전위에 서서, 시로써 현실의 부조리와 부패를 온몸으로 밀고 나가면서 도시 소시민의 내면과 자의식을 비판하는 현대시의 새로운 방향성을 개척해 간 것이다. 때문에 그의 시는 미학적 아방가르드 시에만 머물지 않는다. 그의 시는 형식적 단절에다 정치적 부정까지 첨가하는 반예술적 특성을 지니게 된다. 그의 시에 나타나는 '해사체'에 의한 문학적 충격은 역시 아방가르드 시로서의 면모를 살리고 있다고 할 수 있다.

> 왜 나는 조그마한 일에만 분개하는가
> 저 王宮 대신에 王宮의 음탕 대신에
> 五十원짜리 갈비가 기름덩어리만 나왔다고 분개하고
> 옹졸하게 분개하고 설렁탕집 돼지같은 주인년한테 욕을 하고
> 옹졸하게 욕을 하고
> 한번 정정당당하게
> 붙잡혀간 소설가를 위해서
> 언론의 자유를 요구하고 越南파병에 반대하는
> 자유를 이행하지 못하고
> 二十원을 받으러 세 번씩 네 번씩
> 찾아오는 야경꾼들만 증오하고 있는가
> ― 김수영, 「어느날 古宮을 나오면서」 부분

위의 시는 우선 전통 서정시에서 보여주는 압축성·서정성·긴밀성 대신에 산문성과 요설체의 형식적 특징을 드러낸다. 또한 비시적인 일상 언어뿐만 아니라 야유와 풍자의 어조, 비속어를 시어로 채택한다. 말하자면 반미학적 특징을 드러내고 있는 것이다.

내용을 살펴보면, 시적 화자는 사회적으로 중요한 의미를 지니는 것에는 무관심하거나 아무런 발언도 못하면서, 지극히 조그마하고 사소한 일에는 지대한 관심을 갖고 분개하고 욕하고 증오까지 한다. 그러면서 이러한 자기 자신을 돌아보며 '옹졸'하다는 자기비판을 가한다. 이는 일종의 자의식을 곁들인 자기풍자라고 할 수 있다. 그런데 시인의 자기풍자는 전

통적인 풍자의 방식에 위배된다. 왜냐하면 전통적인 풍자의 접근 방식은 일반적으로 '외부로부터 내부에로'의 방식을 택하고 있는 데 반하여, 이 시에서는 '내부로부터 외부에게로'의 방식을 택하고 있기 때문이다. 이는 시적 화자가 자신의 옹졸함과 세속에 물들어 있는 것을 스스로 비판하고 있음으로 해서, 독자들이 자신의 생활을 돌아보며 반성할 기회를 준다. 이 점에서 반시는 전통시의 반대 모델이며 반대 진술이 된다고 할 수 있다.

> 나는 이사벨·버드·비숍女史와 연애하고 있다 그녀는
> 一八九三년에 조선을 처음 방문한 英國王立地學協會會員이다
> 그녀는 인경전의 종소리가 울리면 장안의
> 남자들이 사라지고 갑자기 부녀자의 世界로
> 화하는 劇的인 서울을 보았다 이 아름다운 시간에는
> 남자로서 거리를 無斷通行할 수 있는 것은 교군꾼,
> 내시, 外國人의 종놈, 官吏들뿐이다 그리고
> 深夜에는 여자는 사라지고 남자가 다시 오입을 하러
> 闊步하고 나선다고 이런 奇異한 慣習을 가진 나라를
> 세계 다른 곳에서는 본 일이 없다고
> 天下를 호령한 閔妃는 한 번도 장안 外出을 하지 못했다고…
>
> 傳統은 아무리 더러운 傳統이라도 좋다 나는 光化門
> 네거리에서 시구문 진창을 연상하고 寅煥네
> 처갓집 옆의 지금은 埋立한 개울에서 아낙네들이
> 양잿물 솥에 불을 지피며 빨래하던 시절을 생각하고
> 이 우울한 시대를 패러다이스처럼 생각한다
> 버드·비숍女史를 안 뒤부터는 썩어빠진 대한민국이
> 괴롭지 않다 오히려 황송하다는 歷史는 아무리 더러운 歷史라도 좋다
> 진창은 아무리 더러운 진창이라도 좋다
> 나에게 놋주발보다도 더 쨍쨍 울리는 追憶이 있는 한 人間은 영원하고

사랑도 그렇다

　　　비숍女史와 연애를 하고 있는 동안에는 進步主義者와
　　　社會主義者는 네에미 씹이다 統一도 中立도 개좆이다
　　　隱密도 深奧도 學究도 體面도 因習도 治安局으로 가라 東洋拓殖會社, 日
　　本領事館, 大韓民國 官吏,
　　　아이스크림은 미국놈 좆대강이나 빨아라 그러나
　　　요강, 망건, 장죽, 種苗商, 장전, 구리개 약방, 신전,
　　　피혁점, 곰보, 애꾸, 애 못 낳는 여자, 無識쟁이,
　　　이 모든 無數한 反動이 좋다
　　　이 땅에 발을 붙이기 위해서는
　　　─ 第三人道橋의 물 속에 박은 鐵筋기둥도 내가 내 땅에
　　　박는 거대한 뿌리에 비하면 좀벌레의 솜털
　　　내가 내 땅에 박는 거대한 뿌리에 비하면

　　　奇怪映畵의 맘모스를 연상시키는
　　　까치도 까마귀도 응접을 못하는 시커먼 가지를 가진
　　　나도 감히 想像을 못하는 거대한 뿌리에 비하면…
　　　　　　　　　　　　　─ 김수영,「거대한 뿌리」부분

　위의 시 제목「거대한 뿌리」는 전통의식의 언어이다. 그러나 시의 형식은 전통적 서정시와 다른 형태로 제시된다. 어떤 폐쇄적 형식에도 얽매이지 않고, 거침없이 흘러나오는 억압된 본능의 분출이라는 산문적 특성을 보여준다. 시 속에 욕설과 성적 표현 그리고 야유와 패러디 등 온갖 해사체적 요소를 집어넣음으로써 독자로 하여금 시에 대한 고정된 관념을 깨뜨리고 있는 것이다. 그리하여 시를 객관적으로 받아들이게 하고, 다시 이를 통해 독자들로 하여금 현실적 모순을 생각하게 유도한다. 다시 말해서 김수영은, 전통적 서정시는 시 속의 내용을 신비화할 뿐 객관적 현실을 인식하지 못하게 하며 나아가 주관적인 이데올로기를 표현하는 데 적

절치 않다고 본 것이다.

시 「거대한 뿌리」는 영국의 비숍 여사가 쓴 한국 방문기를 읽고 그에 대해 빗대는 내용을 담고 있다. 따라서 이 시에서 김수영이 전하는 시적 메시지는 미 제국주의에 빌붙어 사는 비주체적 인간들에 대한 풍자이다. 말하자면 이 시가 공격하고 있는 대상은 제국주의 혹은 식민주의로 대변되는 권위주의적인 질서이다. 이러한 권위적 질서에 저항하는 주체들로서 요강, 망건, 장죽, 종묘상, 장전, 구리개 약방, 신전, 피혁점, 곰보, 애꾸, 애 못 낳는 여자, 무식쟁이 등 우리의 것을 내세운다. 그리고 오입, 개좆, 좆대강이 등 욕설과 성적 표현을 통해 권위적 질서에 대한 전복의식을 표출한다. 즉, 이 시에서 사용되고 있는 전위의식은 언어의 절대적 권위를 파괴함으로써 웃음과 풍자를 주고 있는 것이다. 이것이 바로 김수영의 반예술의 특징이다.

김수영은 자신의 저서 『퓨리턴의 초상』에서 "모든 실험적인 문학은 필연적으로는 완전한 세계의 구현을 목표로 하는 진보의 편에 서지 않을 수 없게 되는 것이다. 모든 전위문학은 불온하다. 그리고 살아 있는 문화는 본질적으로 불온한 것이다. 그것은 두말할 것도 없이 문화의 본질이 꿈을 추구하는 것이고 불가능을 추구하는 것이기 때문이다."[67]라고 말한다. 이것이 바로 그의 반시론을 설명하는 대목이라고 볼 수 있다. 따라서 그의 반시론은 부르주아 문학에 대한 자기비판적 시이며, 이것은 전통 서정시가 지니고 있는 관념성과 도피성에 대한 반대 형식으로 나타난 것이라고 할 수 있다. 다시 말하여 김수영 시에 나타난 패러디성은 기존의 시적 표현의 틀을 부르주아 사회 통치의 논리, 곧 지배 논리로 보고, 형식적 전복을 통해 제도권 예술에 대항한 것으로 해석할 수 있다. 이러한 형식적

---

67 김수영, 「실험적인 문학과 정치적 자유」, 『퓨리턴의 초상』, 민음사, 1976, 58쪽.

단절과 더불어 정치적 부정까지 겸한 전위문학의 특질이 김수영의 소위 '온몸의 시학' 또는 '반시론'인 것이다. 이러한 장르 해체와 전통 장르에 대한 해체 패러디는 시인 김지하의 「오적가(五賊歌)」, 「앵적가(櫻賊歌)」 등이 뒤를 잇고 있다.

(4) 김춘수의 무의미시론

김춘수의 시론 가운데 가장 주목받는 것은 무의미시론이라고 할 수 있다. 따라서 무의미라는 용어는 시인 스스로가 밝히고 있듯이, 의미론적 차원의 말이 아니라 존재론적 차원 혹은 시학적 차원으로 이해해야 한다. 그리고 그것은 또한 기교나 수사의 차원에서 바라볼 성질의 용어도 아니다. 그는 첫 시집 『구름과 장미(薔薇)』(1948)로부터 출발하여 『부다페스트에서의 소녀(小女)의 죽음』(1959)을 내놓은 이후 실험기로 들어선다. 이는 『타령조(打令調)·기타(其他)』(1969)의 후기에서 밝혀진 바이다. 즉, 그의 시적 관심 『꽃의 소묘』 시절로부터 『타령조』와 『처용단장(處容斷章)』에로의 파격적 급선회를 보인 것이다. 『타령조(1)』에서는 춘향의 모습으로, 『타령조(2)』에서는 처용(處容)으로, 『타령조(3)』에서는 지귀(志鬼)로 표현된 설화적 주인공이 등장한다. 그리고 이러한 탈역사주의의 지평 위에 설정된 설화적 주인공들은 공통적으로 인고행(忍苦行)의 존재이며, 시적 주체의 인고행은 '윤리'의 다른 이름이기도 하다. 이 시집의 경향은 무의미시의 완성과는 거리가 멀지만, 이후 무의미시에로의 변환에 기여할 기교적 실험을 보여주고 있다. 『타령조·기타』 이후 무의미시에로의 변환은 언어를 비우는 과정이며 동시에 주체와 객체, 자아와 대상을 비우는 과정이다. 김춘수의 무의미시란 시로부터 일체의 관념을 추방하는 것으로 드러난다.

그가 말한 『의미와 무의미』(1976)를 통해서 살펴 본 무의미시의 본질은, 시 작품 안에서 대상을 소멸함으로써 덩달아 통일된 이미지를 소멸하는 것이다. 일체의 통일된 대상을 소멸시키고 주체의 자유 연상에 의해 자유롭게 이미지의 유희를 만들어낼 때, 이미지 그 자체가 시의 대상이 되며 시의 언어는 의미의 차원을 뛰어넘어 절대 자유에 도달하게 되는 것이다.

결국 무의미시란, 대상을 소멸하고 대상에 대한 거리를 소멸함으로써 도달하게 되는 가장 순수한 예술의 상태이다. 다시 말하여 언어에서 의미를 배제하고 언어와 언어를 배합하거나, 혹은 충돌에서 빚어지는 음색 내지는 의미의 그림자들이 암시하는 제2의 자연 상태를 가리키는 것이다. 이러한 절대적 허무와 자유에 도달하기 위해 김춘수는 이미지 자체에서 벗어나는 '탈이미지' 내지는 '초이미지'가 필요하다고 역설한다. 그리고 그 구체적인 방법으로 '리듬'을 내세운다.

김춘수의 무의미시의 본격적인 전개는 『처용단장(處容斷章)』 1부와 2부에서 펼쳐진다. 『처용단장』 제1부는 13편으로 된 연작시로 그가 초기시부터 즐겨 사용한 이미지나 정경이 모두 나타나 일대의 파노라마를 이루고 있다. 「바람」, 「눈에 대하여」, 「낙엽이 지고」, 「나의 하나님」, 「샤갈의 마을에 내리는 눈」, 「인동(忍冬)잎」, 「유년시(幼年時)」, 「눈물」 등의 작품에서 보여주는 이미지의 공통 요소는 '바다', '눈', '바람', '아이', '햇발', '새' 등의 동적인 이미지들이다. 이러한 슬프고도 아름다운 이미지들은 '봄', '여름', '가을', '겨울'의 계절들 사이, 그러니까 겨울도 아니고 봄도 아닌 그런 계절들을 회전폭으로 하여 전개된다. 그러나 1부의 자아와 대상의 동시적 소멸이라는 무의미의 시적 세계는, 역설적으로 자아와 대상의 또 다른 현존으로 나타난다. 이것은 바로 김춘수가 도달하고자 하는 '순수'에 미치지 못하는 것이다. '순수'란 궁극적으로 자아와 대상이 모두 현실 원리의 지배로부터 벗어나, 경험적 현실로 환원되지 않는 타자성을 간직

할 때 얻어지는 것이다. 결국 참다운 의미에 있어서 '순수'에 도달하기 위해서는, 자아와 세계를 모두 탈신비화하고 서로가 지속적으로 어긋나 있는 상태를 드러내려는 아이러니의 정신이 필요한 셈이다. 『처용단장』 제1부의 세계는 그러한 아이러니 정신에 훨씬 못 미친다. 자아와 세계의 탈신비화, 혹은 시적 주체의 아이러니적 세계 인식은, 대상이 있는 서술적 이미지(통일적 이미지)의 전면적 부정을 통해서 성취될 수 있다.[68]

『처용단장』 제2부는 김춘수 자신의 무의미시론을 뒷받침하면서 그 가능성을 보여준 중요한 시편 중의 하나이다. 『처용단장』 제2부의 모티프를 형성하는 이미지들은 제1부와 비슷하지만, 시적 세계에는 큰 차이점을 발견할 수 있다. 우선 제1부의 과거형 시제와는 달리 제2부의 서술어들은 일관되게 현재 시제를 취한다. 그리고 대부분의 서술어는 행위의 주체인 주어를 갖고 있지 않거나, 주어를 갖고 있는 경우라 할지라도 이어지는 문장에 의해 그 주어의 주어됨이 부정된다. 또한 행위의 대상이 되는 목적어 역시 주어의 경우와 마찬가지 상황에 놓인다.

> 불러다오, 멕시코는 어디 있는가,
> 사바다는 사바다, 멕시코는 어디 있는가,
> 사바다의 누이는 어디 있는가,
> 말더듬이 일자무식(一字無識) 사바다는 사바다,
> 멕시코는 어디 있는가,
> 사바다의 누이는 어디 있는가,
> 불러다오.
> 멕시코 옥수수는 어디 있는가,
> ― 김춘수, 『처용단장』 제2부 V 전문

---

68 남기혁, 「김춘수 '무의미시'의 자아 인식과 시간 의식」, 『한국 현대시의 비판적 연구』, 월인, 2001, 226쪽.

위의 시는 몇 개의 시어를 제외하고는 동일 어휘와 구문 구조의 반복으로 숨 가쁜 리듬만이 소용돌이친다. 작품에서 '불러다오'라는 청유형 서술어의 발화 대상(청자)과 발화 주체(화자) 모두 불분명하다. 단지 "어디 있는가"라는 반복되는 서술어의 주어, 곧 행위 주체만이 '멕시코'→'사바다의 누이'→'멕시코'→'사바다의 누이'→'멕시코 옥수수' 등으로 변이되고 있음을 본다. 그리고 이러한 발화들 사이사이로 의미 해독이 전혀 불가능한 "사바다는 사바다"라는 발화가 삽입되어 있다. 시적 발화 간에 의미의 통합을 가능하게 하는 시간적 질서 혹은 통사적 연속성이 완전하게 해체되어 있는 것이다. 그리하여 되풀이된 시어는 되풀이되는 순간부터 벌써 의미를 잃어버리고 있다. 이는 탈이미지의 세계, 곧 리듬만이 존재하는 세계이다.

　행위의 주체 혹은 행위 대상으로서의, 주어와 대상이 모두 탈중심화되어 있는 상황에서 서술어의 의미는 더 이상 보존되지 않는다. '-다오'만이 텍스트 전면에 부각되는 것이다. 주어와 목적어의 부재, 서술어 어간의 부재는 궁극적으로 자아의 비워짐, 대상의 비워짐, 의미의 비워짐을 낳게 된다. 무의미시의 진면목은 이런 방식으로 자아와 세계를 동시에 부정하는 데 있다. 이러한 철저한 주체의 파멸은 자아의 신비화를 부정하는 것으로서, 문학적 자아가 경험 세계로 환원될 수 없는 절대적 비동일성을 확보하는 데 결정적인 역할을 하고 있다. 또한 대상의 비워짐 역시 세계의 무의미성을 폭로하는 의미 해체의 중요한 전략이 된다.

　　바보야, 우찌 살꼬
　　바보야,
　　하늘수박은 올리브빛이다 바보야,
　　바람이 자는가 자는가 하더니
　　눈이 내린다 바보야,

> 우찌 살꼬 바보야,
> 하늘수박은 한여름이다 바보야,
> 올리브 열매는 내년 가을이다 바보야,
> 우찌 살꼬 바보야,
> 이 바보야,
>
> ─ 김춘수, 『처용단장』 제2부, 「하늘수박」 전문

「하늘수박」은 언어의 통사적인 질서가 보다 완전하게 해체되어 있다. 이 시에서 각각의 시행은 의미의 해독이 불가능하다. "하늘수박은 한여름이다", "올리브 열매는 내년 가을이다" 등의 표현은 일상적인 의미뿐만 아니라 은유적으로도 어떤 의미를 내포하고 있지 않다. 말하자면 철저하게 의미가 비워져 있는 것이다. 그리고 '하늘수박' → '올리브' / '바람' → '내년 가을' 등으로 묘사 대상이 이동하면서, 하나의 시어가 다른 시어에 의해 부정된다. 그럴 때 이 시를 읽고 남게 되는 것은 "우찌 살꼬 바보야"라는 말의 반복뿐이다. 결국 이 시에서 모든 시적 진술은 무의미한 말장난으로 전이되는 것이다. 이는 서술적 이미지마저도 모두 증발시킴으로써 리듬만의 세계를 보여주려는 것으로 이해할 수 있다. 말하자면 리듬만을 하나의 이미지로 보여주려 한 것이다. 또한 이처럼 이미지가 이미지에 의해서 부정되는 제시 방법은 철저하게 무시간성 혹은 영원한 현재의 시간성을 지니게 된다. 무의미시의 시간은 과거와 미래를 향한 모든 통로가 차단된다.[69]

김춘수는 대상이 없는 서술적 이미지, 즉 『처용단장』 제2부에서 무의미시를 완성시킨다. 무의미시의 시적 주체는 자기동일적 자아의 환상을 전면적으로 부정함으로써, 자아의 신비화와 더불어 세계의 신비화에 저항

---

69 남기혁, 앞의 책, 230~240쪽 참조.

하고 있는 것이다. 이처럼 무의미시에서 시적 주체는 경험적 세계에 대해 침묵함으로써 세계의 무의미성을 폭로하는 데 있다. 그런데 이러한 철저한 주체 파멸은 경험적 현실로 환원될 수 없는 문학적 자아로서, 새로운 시적 주체의 현존을 가능케 한다. 물론 무의미시에서 새롭게 현존하게 된 시적 주체는 구체적인 형상을 지니지 않는다. 때문에 『처용단장』 제2부의 연작시들은 『타령조』 연작시에 나타난 자아-이상마저 등장하지 않는다. 이러한 주체 파멸과 주체 현존의 변증법은 '이중섭', '예수'를 소재로 쓰인 시들에서 구체적으로 확인할 수 있다.

그러나 김춘수는 무의미시에 한계를 느낀다. '무의미시를 30년이나 고집해 왔지만 결국 이처럼 허사였다'라는 그의 고백에 이르러 마침내 의의와 한계를 동시에 인식한 것이다. 그는 자기 시를 패러디하거나 의미의 음영을 드리우는 방식으로 시 세계를 선회한다. 무의미에서 의미로 향하는 무의미시는 부단히 실험적인 시도 끝에 이루어낸 절대언어의 세계였지만, 의미를 끝내 버리지 못한 앙상한 골격의 언어들로 남게 된다. 그는 다시 모순을 거치고 무의미의 세계로부터 의미의 세계로 선회한 것이다. 왜냐하면, 시의 리듬은 언어를 떠나서는 존재할 수 없으며, 언어는 어떤 언어이든 의미를 가지고 있으며, 의미는 어떤 의미이든 그 배후에 관념을 거느릴 수밖에 없기 때문일 것이다.

(5) 이승훈의 비대상시론

이승훈이 자신의 색깔로 시 세계를 모색하기 시작한 것은 1964년 당시 신세대로 새롭게 구성된 『현대시』 동인에 가담하면서부터이다. 『현대시』 동인지는 1962년 김춘수·전봉건·김광림·김종삼 등을 중심으로 범문단적인 성격을 띠고 있었으나, 제6집을 계기로 신세대 중심 동인지로 새롭게 출발한다. 이후 이승훈의 시론을 대표하는 것으로는 자아와 대상의 부정, 의미의 해체, 너와 그에 대한 관심으로 집약될 수 있다.

　이승훈의 비대상시론은 1981년부터 논의된다. 당시 이승훈의 비대상시는 괄호 친 상태에서의 자의식 혹은 자아의 심리적 실체만을 강조했다. 그러나 그 후 실존적 현기를 극복하고자 고심하다가 그 결과 하나의 돌파구를 찾아 제5시집 『당신의 방』을 펴낸다. 그는 어떤 대상에 대해서도 말하기를 포기한 시를 비대상시라고 말한다. 비대상시란 말 그대로 대상이 없음을 의미한다. 어떤 대상에 대해서도 말하기를 포기한다는 것은 대상이 아니라 대상과 자아가 공유하는 가능성으로서의 질서를 노래한다는 뜻이다.

　다른 시인들은 언어와 세계 혹은 언어와 대상에 대해 생각하지만, 이승훈은 언어와 자아 혹은 언어란 무엇인가에 대해서 생각한다. 그의 주장은, 시는 말하는 세계가 아니라 보여주는 세계라는 것이다. 말하기는 구체적 현실이나 대상을 전제로 하여, 구체적 현실이나 대상을 언어로 그리는 행위이다. 그러나 우리가 바라보는 구체적 현실은 혼돈·불확실성·애매성으로 덮여 있을 뿐이라는 것이 이승훈의 입장이다. 그리고 그는 이러한 혼돈의 세계를 그대로 그릴 수 있는 언어는 없다는 결론에 이른다. 언어는 세계에 대해서 말하기를 포기하고 세계가 숨기고 있는 어떤 질서를 보여줄 수 있을 뿐이라는 것이다. 세계의 질서를 보여준다는 것은 자아와 세계가 공유하는 가능성으로서의 질서를 제시하는 일에 지나지 않는다.

　　내가 삽을 들면
　　너는 달려온다
　　너는 없지만
　　너는 어디에나 있다
　　너는 방에 누워 있고

너는 울고 있고
너는 거울을 보고 있고
너는 머리를 빗고 있고
너는 머리를 흔들고 있다
너는 추억 속에 있고
너는 혁명 속에 있고
너는 펑펑 쏟아지는
고독 속에 있고
너는 눈밭 속에 있다
너는 희망 속에 있다
너는 희망 속에 텀벙댄다
네가 텀벙대면
나는 삽을 던지고
나는 너를 껴안고
숨을 쉬는 게 아니라
숨을 죽이고
나는 너를 삼킨다
과연 너는 누구인가?

— 이승훈, 「너는 누구인가」 전문

위의 시에서 대상은 '너'이다. 그러나 '너'에 대해서는 구체적으로 말하는 것이 거의 없다. 시행들은 어떤 대상의 세계에 대해서도 말하지 않는다. 가령, "너는 없지만/너는 어디에나 있다"와 같은 시행은 대상인 '너'가 있기도 하고 동시에 없기도 하다. 구체적 대상이 아무것도 없는 것이다. 이러한 시행들은 영국의 언어분석 철학자인 비트겐슈타인(L. Wittgenstein)의 동어반복(tautology)의 개념과 닮아 있다. 일반적으로 동어반복이란 하나의 사고, 낱말이 계속해서 반복하는 것을 말한다. 이러한 사고나 낱말들은 지적 의미에 관한 정보를 새로 부가할 수 없다는 점에서 불필요하고 무의미한 반복이 된다. 비트겐슈타인은 구체적 현실이나 대상에 대해서 어떤 말도 하지 않으면서 존재하는 말을 동어반복이라고 정의하고 있는 것이다. 따라서 이러한 언어 형식은 말하는 세계가 아니라 보여주는 세계이다. 그것은 세계에 대해서 말하지 않고, 세계와 자아가 공유하는 숨어 있는 정신적 구조를 보여줄 뿐이다.[70]

그러나 이승훈은 다시 보여주기의 언어적 한계를 느낀다. 보여주기의 언어 형식은 언어가 대상의 세계를 재현한다는 전통적인 언어 이론을 극복하는 한 가지 양식이다. 그러나 동어반복의 명제들은 결국에는 언어의 순수한 형식을 지향한다. 그리고 순수 형식으로서의 언어 속에는 구체적 대상의 흔적이 소멸한다. 대상의 흔적이 소멸하면 남는 것은 언어를 사용하는 자아의 추상성 곧, 선험적 자아뿐인 것이다. 이러한 보여주기 언어의 한계를 극복하기 위해 이승훈은 다시 언어놀이의 개념을 도입한다. 이 역시 비트겐슈타인의 게임의 논리를 차용한 것으로, 언어가 그림이 아니라 하나의 게임에 지나지 않는다는 논리이다. 언어를 게임으로 인식하는 것은 무엇보다도 게임에는 어떤 관념도 그리고 어떤 보편적 특성도 존재하지 않는다는 뜻이 담겨 있다. 게임은 어느 정도의 규칙만 존재하고 있는 것이다. 언어 행위가 하나의 게임이라면 언어 사용은 언어의 규칙에 따르는 일에 지나지 않는다. 그러나 게임의 경우 규칙이라는 것은 절대적인 것이 아니다. 마찬가지로 언어 행위 역시 규칙에 지배되지만 절대적이지는 않다.

이승훈의 언어놀이의 개념은, 시는 언어를 수단으로 하는 놀이에 불과하다는 것이다. 언어 게임 혹은 언어놀이가 놀이로서 성립하기 위해서는 언어를 사용하는 자아가 놀이 속에서 소멸하지 않으면 안 된다. 그런데

---

70 이승훈, 「자아와 대상의 부정—나의 시론(1)」, 『포스트모더니즘 시론』, 세계사, 1991, 261~262쪽 참조.

자아 소멸은 말 그대로 소멸이라기보다는 창조적 소멸이라고 할 수 있다. 남는 것은 놀이의 공간뿐인 것이다.

> 우리들의 가을밤
> 비에 젖던
> 약방만 있었다
> 비에 젖던
> 약만 있었다
> 비에 젖던
> 방만 있었다
> 약방 앞에
> 우린 서 있었다
>
> — 이승훈, 「우리들의 가을밤」 부분

이 시는 보여주기의 양식보다는 그러한 양식의 부정이나 혹은 지양이라고 할 수 있다. 보여주기의 양식이 언어로서의 한계를 내비친 것은 자칫 순수 형식의 논리로 떨어질 위험을 안고 있다는 것이다. 순수 형식의 논리는 대상을 괄호 속에 놓은 다음의 자아 혹은 정신의 구조를 보여주며, 이러한 자아는 한편 초월적 자아로 발전할 가능성이 크다. 초월적 자아란 '내가 안다는 것을 아는 자아'를 뜻한다. 그러나 세밀하게 살펴보면 '내가 안다는 것을 아는 자아' 혹은 '내가 보여준다는 것을 아는 자아'란 어디에도 존재하지 않는 것이다. 이러한 자아는 결국 세계에 속하지 않고 오히려 세계를 한정한다. 세계에 속하지 않고 세계를 제약하는 자아에 대한 신뢰는 다시 유아론(solipsism)의 차원으로 떨어질 뿐이다. 이승훈은 이러한 전략을 극복하려고 언어놀이의 개념을 찾아낸 것이다.

「우리들의 가을밤」에서 이승훈은 그것을 '약방', '연못', '개구리'라는 낱말을 통해 전개한다. 말하자면 시인으로서의 자아의식보다는 언어 자체의 자율성에 기댄 것이다. 그것은 자아를 죽이는 한 가지 방법이다. 곧, 대상의 세계를 부정하고 나아가 자아마저 부정하고 있다. 이렇게 자아를 죽이면서 이승훈은 이 세계에는 어떤 중심, 어떤 이성, 어떤 본질도 없다는 새로운 인식론과 대면하게 된 것이다.[71]

　이와 같이 이승훈의 시는 대상이 뚜렷하지 않은 소위 비대상, 실존의 어지러운 현기, 현대인의 불안과 절망을 섬뜩하게 표출한다. 하나의 대상이 객관적으로 존재할 때와 그것이 시 작품 안으로 흡수되어 나타날 때는 모습이 전혀 다르다. 시인의 의식 작용을 거치는 과정에서 그 대상은 이미 변형 가공 재생되기 때문이다. 그런데 만일 시인이 의식 작용을 끊고 완전 무의식 상태에서 대상과 마주한다면, 우선 그 대상은 객관물 자체로 분리되어 떨어져 나가고 이미 그 객관적인 대상물은 시인에게도 작품 내에서도 큰 의미를 가질 수 없게 된다. 왜냐하면 의식되지 않는 한 대상물은 가치를 지닐 수 없기 때문이다. 그렇다면 무의식의 작품 속에 들어 있는 것, 그래서 독자가 바라볼 수 있는 것은 언어 그 자체일 뿐일 것이다. 그러기에 비대상시에서는 언어의 아름다움과 기쁨 외에 독자가 바랄 수 있는 것은 아무것도 없다.[72]

　의식 세계의 일탈은 곧, 세계 상실을 의미한다. 그 결과 이승훈이 지향하는 바, 자아에게 미치는 변화는 비인격화의 징조를 띠게 된다. 이렇게 자기 자신으로부터 추방된 자아는 모든 관련에서 해방되어 익명적인 집합과 뒤섞인다. 또는 자기 내부에 들여놓고 동화시킨 세계마저 마침내 텅 빈 영역으로 바뀌게 되어 결국은 작품 속에 작용하는 주체·영혼까지 순수한 기호를 창조하는 영매(靈媒)가 되는 것으로 후퇴해야 한다. 따라서

71　이승훈, 앞의 책, 264~265쪽 참조.
72　김재홍, 「이승훈론」, 『심상』 1980년 6월호, 82쪽 참조.

추상이 서 있는 땅은 바로 이 탈자아(脫自我)의 보편적인 세계, 비인격적인 생활의 부재, 절대공간의 자유로움과 상응한다. 다시 말하여 이승훈은 이러한 절대성의 순수한 자아의 해방을 체험하고 있는 것이다.[73]

2. 포스트모더니즘 시대의 현대시 양상

포스트모더니즘(postmodernism)이라는 용어는 문학적 용어만으로 사용되지 않고 건축·회화·음악·무용 등 문화 일반의 현상을 포괄하고 있다. 포스트모더니즘의 대표적인 이론가인 제임슨(F. Jameson)이나 후이센(A. Huyssen) 등도 건축·회화·음악 등과 관련시켜 논의를 전개하고 있다. 포스트모더니즘의 용어는 수잔 손탁(Susan Sontag), 레슬리 피들러(Leslie Fiedler), 이합 하산(Ihab Hassan) 등 미국 비평가들에 의해 폭넓게 사용되었고 이론적 체계가 이루어졌다고 할 수 있다.

초기 포스트모더니즘에 나타나는 특성은 첫째, 유럽의 아방가르드 문학적 요소, 곧 '전위', '다다', '초현실주의'의 속성을 많이 내포한다. 둘째, 뷔르거(P. Bürger)가 말하는 제도권 예술에 대한 우상파괴적 성격을 드러낸다.[74] 말하자면 부르주아 제도권 예술과 그 자율성을 약화시키고 변형시키려는 데 있는 것이다. 셋째, 기계 예술에 대한 낙관론을 나타낸다. 텔레비전·비디오·컴퓨터 등은 기계 기술적 미학의 가능성을 예언하고 후기 산업사회의 자기도취적 비전과 결합된다. 끝으로 새로운 매체들에 열광한다. 이것은 대중문화와 고급문화, 대중 예술과 고급 예술의 경계를

---

73 안수환, 「내인(內因)의 세계 그 비대상」, 『현대시학』 1982년 1월호, 96쪽 참조.
74 P. Bürger, 『Theory of the Avant-garde』, trans. by M. Shaw, 『Theory & History of Literature』, Vol. 4, Univ. of Minnesota Press, Minneapolis, 1985, p.15 참조.

허물고 모든 문화와 예술의 대중주의를 형성한다.

이러한 초기 포스트모더니즘이 보여주는 아방가르디즘적 특성은 1970년대에 접어들면서 쇠퇴한다. 1970년 중반에 이르러 아방가르드의 우상파괴적 현상이 차츰 상업화됨으로써 본래의 목적에서 일탈한 것이다. 60년대에는 팝 아트·광학 예술·움직이는 예술 등 다양한 예술 양식들이 존재했고, 예술과 반예술이 구별되었지만 70년대에 들어와서는 그러한 구별들이 무의미하게 된 것이다.

이러한 포스트모더니즘은 모더니즘과 어떤 관계에 있는가. 이제까지 포스트모더니즘과 모더니즘과의 관계는 세 가지 측면에서 논의되어 왔다. 첫째는 포스트모더니즘은 모더니즘의 연속이라는 개념, 둘째는 단절이라는 개념, 셋째는 연속이면서 단절이라는 개념이 그것이다. 포스트모더니즘이 모더니즘의 연속이라는 개념의 대표적 이론가는 제럴드 그라프(G. Graff)를 들 수 있다. 그에 의하면 낭만주의에서 시작되는 문학적 전통이 모더니즘으로 계승되고, 다시 포스트모더니즘으로 발전된다. 이는 포스트모더니즘은 낭만주의와 모더니즘의 특성을 거부하는 것이 아니라 오히려 확장시킨다는 주장을 담고 있다. 포스트모더니즘을 모더니즘의 단절 개념으로 인식한 대표적 인물은 하버마스(Habermas)와 제임슨(F. Jameson)이다. 제임슨에 의하면 포스트모더니즘은 후기자본주의 시대 특유의 문화 현상으로 정의되며, 그 이전의 사실주의나 모더니즘과는 전혀 다른 문화 개념이다. 후기 자본주의 시대란 그 앞 단계에 해당하는 시장자본주의 시대, 독점자본주의 혹은 제국주의 단계에서 근본적으로 단절 또는 비약하는 시대를 의미하는 것이다.

포스트모더니즘과 모더니즘의 관계에 있어서 연속의 개념이나 단절의 개념은 모두 통시적 차원에서 해명한 것이라고 볼 수 있다. 그렇지만 일반적인 시각에 따르면, 모든 역사는 연속적이면서 동시에 불연속적인 특성을 띤다. 포스트모더니즘 역시 예외는 아니다. 따라서 포스트모더니즘은 앞 시대의 모더니즘 혹은 아방가르드 운동을 수용하면서 그런 개념들을 변증법적으로 지양하게 된다. 이것이 바로 모더니즘과 포스트모더니즘의 관계에 대한 절충 개념이다. 이 절충 개념은 엄격한 의미에서 변증법적으로 지양된다는 입장이다. 이러한 연속이면서도 단절된다는 절충 개념의 대표적인 이론가로는 이합 하산을 들 수 있다.

포스트모더니즘과 모더니즘의 사이에는 공통점도 있고 차이점도 있다. 그러므로 획일하게 그 둘 사이를 구별할 수는 없다. 이처럼 한마디로 분명하게 설명할 수 없는 것이 포스트모더니즘의 세계이다. 하산에 따르면 포스트모더니즘은 불확정 편재성(indetermanence)의 개념으로 요약된다. 불확정 편재성이란 불확정성(indeterminacy)과 보편적 내재성(immanence)을 결합시켜 만든 조어이다. 이는 포스트모더니즘이 분명하게 정의할 수 없는 매우 복잡하고 모호한 내용을 거느린다는 것을 환기하는 것이기도 하다. 따라서 포스트모더니즘의 특징은 불확정성·탈중심·탈정전·혼성모방·대중주의·퍼포먼스(performance)·재현불가성·보편내재성을 띤다고 할 수 있다.[75]

우리나라에서 포스트모더니즘이라는 용어는 1980년 초부터 영미문학자들 사이에 논의되기 시작하여, 국문학을 전공하는 학자들, 작가들, 예술가들, 그리고 건축·회화·음악·미술·무용 등 문화 일반인들에게의 관심을 집중시켰다. 그리하여 1989년 봄에서 1991년 봄에 이르는 기간 동안 국내 유수의 신문 잡지들은 앞다퉈 포스트모더니즘 관련 특집을 다루었다. 뿐만 아니라 탈식민주의·신역사주의·페미니즘과 같은 포스트모

---

[75] 김혜니, 「포스트모더니즘의 특징」, 『내재적 비평문학의 이론과 실제』, 푸른사상, 2005, 238~248쪽 참조.

더니즘 하위 범주들까지 본격적으로 논의되기에 이른다.[76] 80년대 후반 우리 문학계에 포스트모더니즘 논의가 활발하게 진행될 수 있었던 원인에 대해 김윤식은, 후기 산업사회라는 문학외적 변화와 아울러, 분단 모순의 극대화와 이에 대응한 문학 논리로서 80년대 리얼리즘이 효력을 잃기 시작한 점을 지적한다.[77] 이처럼 포스트모더니즘은 90년대 우리 문학의 새로운 풍토를 조성해주었다. 이러한 포스트모더니즘은 2000년대를 어떻게 장식할 것인가, 그 방향은 예견할 수 없다.

우리시의 경우 포스트모더니즘 시에 대한 논의 역시 1980년대 초반부터 일기 시작하였고, 기존의 시 형식과 의미의 해체를 보여주는 시적 경향들을 중심으로 선을 보였다. 따라서 일반적으로 우리시의 포스트모더니즘은 한편으로는 30년대의 모더니즘을 계승하고, 동시에 한편으로는 비판하는 특이한 시 형식으로 정의할 수 있다. 80년대 논의되기 시작한 해체시는 그런 의미에서 우리시의 포스트모더니즘의 한 가지 양상을 나타낸다고 할 수 있다.

80년대 우리시의 포스트모더니즘은 도시시 · 해체시 · 일상시 · 광고시 등으로 다양하게 펼쳐지면서 문단의 주요 흐름을 형성한다. 그리고 1990년대에 와서 김준오의 도시시론, 이승훈의 해체시론, 박상배의 일상시론의 개념 정립은 1980년대 말에서 1990년대 전반에 걸쳐 드러난 우리 현대시의 특성을 해명하는 데 기여한다. 이러한 논의의 주요 시인들은 이승

---

[76] 포스트모더니즘의 작품과 이론의 소개는 『문학사상』의 공이 크다. 1973년 7월호에 바셀미의 「펠페츄아」라는 작품 소개를 시작으로, 1979년 9월호에는 레슬리 피들러와 김성곤 교수의 대담을 실었고, 1982년 2월호에는 포스트모더니즘을 탄생시킨 글인 존 바스의 「고갈의 문학」을 번역하여 실었다. 또한 1982년 이합 하산의 글이 『문학사상』에 소개되면서 포스트모더니즘이라는 용어가 정식으로 등장한다.

[77] 김태원 편, 「난장이—이후 문학인식과 포스트모던」, 『한국문화 · 사회의 상황과 후기 현대』, 현대미학사, 1994, 238~239쪽 참조.

훈·오규원·황지우·박상배·장정일·유하·하재봉·최승호·이하석 등이다. 포스트모더니즘은 불확정 편재성이라는 단어가 말해주듯이 선명하게 정의할 수 없는 매우 복잡하고 모호한 내용을 지닌다. 와해·파괴·해체 등의 특징적 성격을 지닌 포스트모더니즘의 새로운 문학적 기법으로 패러디(parody)·패스티쉬(pastiche)·키치(kitsch) 등이 있다. 이들은 곧 메타 시(meta-poetry)·상호텍스트성(intertextuality) 안에서 포괄되는 개념이기도 하다.

(1) 패러디와 풍자·상호텍스트성

문학사적 측면에서 90년대 한국 현대시의 흐름을 살펴볼 때, 패러디는 포스트모더니즘의 중심 시학으로 자리매김하고, 문학비평은 이러한 문제적 형식에 관심을 집중시킨다. 사실 패러디는 문학사와 분리해서 생각할 수 없다. 문학사에서 모든 각 작품은 혼자서 고립되지 않고 반드시 다른 시대 작품들과의 관계 속에 놓이기 때문이다. 우리의 문학사적 배경을 논할 때, 80년대는 '불의/정의', '주변/중심', '주/종' 등 분명하게 적(敵)이 실존한 시대이다. 따라서 80년대는 이분법 사고체계에 의하여 민중시의 발전 형태인 노동시를 정점으로 모든 유형의 시들이 정치적 담론의 성격으로 통일되었다. 90년대적 시대 인식은 '적(敵)의 부재' 또는 '적의 불분명함'으로 규정된다. 우리 현대시에서 '적의 부재', '중심의 소멸 인식'은 90년대 시인에게 지나치게 무게를 잡던 80년대 시의 진지성으로부터 언어와 사고의 유희성을 유발시키고, 이러한 정신사적 문맥에서 원전의 희극적 개작으로서 패러디의 부각이 가능했던 것이다.[78]

패러디의 어원은 'parodia'로서 '다른 것에 대한 반대의 입장에서 불린

---

78 김준오 편, 「문학사와 패러디 시학」, 『한국 현대시와 패러디』, 현대미학사, 1996, 22쪽 참조.

노래'라는 의미를 지닌다. 오늘날 패러디 시학은 전통 시학과의 단절을 통하여 시학의 새로운 가능성으로 자리 잡고 있다. 패러디 시학은 전통 시학이 지닌 본질주의와 형이상을 해체하고 전통 시학이 관심을 집중했던 재현의 문제를 시학에 끌어들인다. 그리하여 시학을 확장시킴으로써 현대문학적 지형의 변화에 적극적으로 상응한다. 다시 말하여, 패러디 시학은 기존의 시학이 강조한 주체·동일성·단성성·표현 등을 대신하여 타자·차이성·다성성·재현 등을 도입함으로써 새로운 시학적 지평을 열고 있다.

일반적으로 패러디는 '원전의 풍자적 모방' 또는 '원전의 희극적 개작'으로 정의된다. 더욱 좁은 의미로는 특정한 원전의 진지한 소재나 태도, 또는 특정 작가의 고유한 문제를 저급하거나 어울리지 않는 주제에 적용시키는 것이다.[79] 패러디는 원전의 모방·변형·희극성이라는 세 가지 요소로 구성되며 풍자적 목적을 실현하는 주요한 방법이다. 이처럼 풍자와 패러디는 역학 관계를 이룬다. 그동안 많은 이론가들이 패러디를 풍자의 한 수단으로 주장해 왔음에도 불구하고 실제로 풍자와 패러디는 그 경계가 뚜렷하지 않다.

패러디의 풍자 양상은 기준에 따라 매우 다양하지만 일차적으로 패러디스트의 원전에 대한 태도를 들 수 있다. 즉 원전의 고유성과 의도를 왜곡하고 조롱하는 경우와 원전을 우월적인 기준으로 삼는 경우, 원전을 이용하여 당대의 사회정치적 의미를 부각시키는 경우가 그것이다. 또한 원전에 대한 태도에 따라 그 목표가 당대의 비판이냐 아니면 과거를 비판하기 위한 것이냐 하는 것도 고려되어야 한다. 그리고 당대를 기준으로 원전이 기반하고 있는 현실을 패러디하는 경우와 과거를 통해 당대를 비판

---

[79] 김준오, 「시론」, 삼지원, 1997, 236쪽.

하는 패러디도 포함시킬 수 있다. 일반적으로 풍자가가 당대를 비판할 때는 보수주의적 입장을 지니지만 과거를 비판할 경우 혁명적·전위적이 된다.

    1. 〈돈키호테〉에서
    (…상략…) 한번 칼을 뽑았다가 끝장을 보지 않고 도로 꽂는 것은 기사도(騎士道)가 아니다. 그대 책상물림들이 골백번 아우성을 친다 한들 내가 눈썹 하나 까딱할 줄 아는가? 나는 이미 기사(騎士)로서의 일생을 끝마치기로 결심한 사람이다. 오직 나는 그대들을 포함한 모든 사람들의 행복한 삶을 위하여 티끌만큼의 사념(邪念)도 없이 내 목숨 다하는 그날까지 역사의 한 길을 전진(前進)할 뿐이다.

    2. 〈햄릿〉에서
    이제 나에게 죽느냐? 사느냐? 하는 판가름이 남았을 따름이다. 가혹한 이 운명의 화살을 맞고도 참아 견디며 살아남을 것인가? 아니면 죽어서 이 삶의 쓰라림과 괴로움에서 벗어날 것인가? 그러나 살아서 참고 견디자니 이 뒤틀린 세상, 눈꼴신 자칭 기사(騎士)들의 오만과 횡포, 그 학대와 멸시를 이 이상 더 어떻게 감수한단 말인가? 더욱이나 참지 못할 것은 '사슴인 줄 알면서도 말이라고' 발라맞추는 무리들의 소행과 내가 그렇듯 코에 걸어온 민중 자체로부터의 배반으로서 이것들은 나를 절망의 수렁으로 몰아넣는다. (…중략…) 이것은 나의 어리석음에서가 아니라 나의 현명함이 나를 이꼴로 만들고 있으니 이 또한 어인 까닭일까? 어여쁜 '오필리아'여! 이 영원한 방황을 용서해다오.

    3. 〈파우스트〉에서
    여러분 나를 정녕 기쁘게 하는 것이 무엇인지 아십니까? 누구나 듣고자 하지 않는 것을 나는 노래하고 말하는 것이랍니다 ….
                                          ― 구상,「상황」부분

이 시는 각각의 소제목을 통해서 세르반테스의 『돈키호테』, 셰익스피어의 『햄릿』, 괴테의 『파우스트』를 원작품(패러디된 작품)으로 하고 있음을 전경화시키고 있다. 돈키호테가 비현실적이며 이상주의자의 우스꽝스러운 행동을 통해 현실과 환상의 간극을, 햄릿이 현실로부터의 배반과 복수에 갈등하는 윤리적 갈등을, 파우스트가 이상적 인식과 현실적 경험 사이의 갈등을 상징하는 전형적인 인물들임을 참고로 할 때, 이 시 제목「상황」은 인간에게 주어진 모든 현실적 조건과 이상적 조건과의 갈등을 환기시킨다.

1의 시는 맹목적으로 환상을 좇는 돈키호테의 목소리를 빌어, 역사를 향한 '기사도'적 사명감과 실천에 몸 바쳤다고 착각하는 자의 허황된 자기도취를 보여준다. 2의 시는 원 작품 제3막 1장에 나오는 햄릿의 유명한 방백을 차용한다. 그리하여 고통스러운 삶과 민중을 배반하고 있는 이 '뒤틀린 세상'을 벗어나고자 하지만 신념과 실천의 결여로 괴로워하는 나약한 인간상을 구현한다. 3의 시는 파우스트의 목소리를 빌어 '누구나 듣고자 하지 않는 것'으로 추상화된 시대의 진실을 있는 그대로 직시할 것을 역설적으로 촉구한다.

이 시의 묘미는 돈키호테, 햄릿, 파우스트의 목소리를 빌고 있는 주체가 각각 누군가에 따라 해석이 달라지는 데 있다. 이 시는, 『한국문학』 1979년 5월호에 발표되었다. 시어 '역사의 한길', '민중 자체의 배반' 등으로 미루어, 발표 당시인 1979년 정권 말기의 정치적 알레고리임을 쉽게 짐작할 수 있다. 따라서 돈키호테와 햄릿은 아마도 당시의 정치적 입장을 대표하는 인물임을 유추해 볼 수 있다. 즉 돈키호테는 환상에 젖은 무모한 독재자를, 햄릿은 우유부단한 민주인사를, 파우스트는 관념적인 시인을 비유하고 있는 것으로 읽혀진다.

이와 같이 패러디는 풍자와 혼동할 정도로 주로 풍자적 목적을 위해 채용된다. 풍자는 패러디의 가장 중요한 기능이다. 시 「상황」은 당시 기만적인 정치 사회적 풍자인 것이다. 패러디는 '원전의 희극적 개작'이라는 말이 시사하듯이, 희극적인 것은 원전을 왜곡하고 병용시키는 작인이자 그 효과라고 할 수 있다.

 패러디의 문학적 기법 가운데 하나는 과거의 문학작품이나 장르 등을 현재의 문학 텍스트에 적극 수용하기도 한다. 즉, 패러디는 선행문학에 대한 문학, 패러디된 텍스트에 대한 패러디 시인의 텍스트를 말한다. 이때 패러디화한 텍스트와 패러디 시인의 텍스트인 작품 사이에는 상호텍스트의 관계가 맺어진다. 상호텍스트성은 불가리아의 기호학자 크리스테바(J. Kristeva)가 처음 사용한 용어로서, 어떤 문학작품이나 장르가 그 이전 또는 같은 시대의 다른 발화와 맺고 있는 관계를 말한다. 상호텍스트성은 패러디스트가 원전의 독자이자 패러디된 작품의 작가라는 이중적 태도를 지닌다. 그러므로 패러디는 모방의 형식이면서 비평의 형식이기도 하다. 이러한 이중적 구조를 상호텍스트성이라고 한다. 이런 장치들을 통해 현대의 패러디시는 가능한 한 패러디된 언어와 패러디한 언어의 자립성을 확보한다. 원전의 희극적 개작이라는 패러디의 정의는 텍스트를 원전의 흡수와 변용으로 고려하는 상호텍스트 이론에 특히 적합하며 따라서 정의상 패러디는 원래 필수적으로 상호텍스트적일 수밖에 없는 것이다.

 한국 현대시에서 패러디는 작가들에 의해서 언어와 언어, 작품과 작품 사이의 개작과 변주가 꾸준히 시도되고 있다. 선행 작품과 세계관이나 이데올로기의 반대적 입지점에 서서 원전을 비판하거나 재해석을 목적으로 하는 비판적 패러디야말로 개작과 변주의 특성을 가장 두드러지게 구현한다. 그리고 그것은 작가의 현실 인식 차이에 의한 비판적 재해석이다. 다음 시들은 원전에 대해 비판적 거리를 현격하게 유지하고 있는 경우이다.

① 내가 그의 이름을 불러주기 전에는
　그는 다만
　왜곡될 순간을 기다리는 기다림
　그것에 지나지 않았다.

　내가 그의 이름을 불렀을 때
　그는 곧 나에게로 와서
　내가 부른 이름대로 모습을 바꾸었다.
　(…중략…)
　그리고 그는 그대로 의미의 틀이 완성되면
　다시 다른 모습이 될 그 순간
　그리고 기다림 그것이 되었다.
　　　　　　　　　― 오규원 「'꽃'의 패로디」 부분

② 내가 꽃에게 다가가 '꽃'이라고 불러도 꽃이 되지 않았다. 플라스틱
　조화(造化)였다.
― 황지우, 「다음 진술들 가운데 버틀란트 러셀경(卿)의 '확정적 기술'을
　　　　　　　　　　　　　　포함하고 있는 것은」 부분

③ 내가 그의 단추를 눌러 준 것처럼
　누가 와서 나의
　굳어버린 핏줄기와 황량한 가슴 속 버튼을 눌러다오
　그에게로 가서 나도
　그의 전파가 되고 싶다.

　우리들은 모두
　사랑이 되고 싶다.
　끄고 싶을 때 끄고 켜고 싶을 때 켤 수 있는
　라디오가 되고 싶다.
― 장정일, 「라디오와 같이 사랑을 끄고 켤 수 있다면―김춘수의 '꽃'을
　　　　　　　　　　　　　　변주하여」 부분

위의 ①, ②, ③의 시는 현대시에 웬만큼 관심이 있는 독자라면 누구나 쉽게 김춘수의 시 「꽃」을 패러디하고 있다는 사실을 알 수 있다.

널리 알려진 대로, 김춘수는 사물로서의 대상이 아닌 완성된 인격 혹은 절대적 관념으로 '꽃'을 파악한다. 빛깔과 향기에 알맞은 '이름'을 가진 존재자 '너'로 인지하였을 때, 그 꽃은 비로소 존재의 의미를 획득한다. '그'라는 하나의 '몸짓'에 지나지 않았던 불안하고 규정되지 않은 존재는 '이름을 불러주는' 행위를 통해 '너'라는 '잊혀지지 않는 의미'를 얻는 것이다. 그에게 있어서 이름을 불러주는 행위는 숨겨져 있던 존재의 모습을 드러내주는 행위이며, 이는 곧 대상에 대한 규정이자 다른 사물과 구별되는 개별성을 부여하는 행위다.

김춘수의 「꽃」이 가진 존재론적 관념성에 대해 비판적 거리를 유지하고 있는 오규원, 황지우, 장정일은 원전의 중심 통사 구조를 그대로 차용하면서 중심 시어만을 현실적이고 물질적인 차원으로 변형시키고 있다. 시 ①과 ③은 원전과 구조 및 통사적 측면에서도 거의 일치한다.

먼저 ①의 오규원 시를 살펴보자. '하나의 몸짓'은 '왜곡된 순간을 기다리는 기다림'으로, '꽃'은 '내가 부른 이름대로의 모습'으로, '무엇'은 '의미의 틀'로 바뀌고 있다. 절대의미를 현존케 하는 명명으로서의 '이름'이 오규원에 와서는 '왜곡'으로 비쳐진다. 즉 무한한 기다림으로만 유보되었던 이름은 명명되는 순간 왜곡되는 것이다. 언어의 순수성에 대해 회의하는 오규원에게 있어서, 명명이란 곧 의미라는 고정관념을 덧씌우는 행위에 불과할 뿐이다. 그 의미의 틀이 완성되면 '그'는 그 틀에 맞는 다른 모습이 되어버리기 때문이다.

그런데도 여전히 추상적이고 정신적인 행위였던 ①의 명명은, ②의 황지우 시에 오면 '조화'로 물화된다. 가짜가 진짜 같고 정작 진짜는 가짜 취급을 받는 사회-모든 것이 상품으로 전락되고 돈으로 환산되는 사회에서, 모든 인격적인 존재는 욕망과 편리한 삶을 위한 하나의 위조물이나 도구로 격하되고 만다.

③의 장정일에게 오면 원전의 명명은 '단추를 누르는' 행위로, '꽃'은 물리적인 '전파'로 바뀐다. 이를테면 우리가 생활 속에서 하나의 도구적 존재로 라디오를 켰다 껐다하는 것처럼, 사랑조차도 필요에 따라 스위치로 켰다 껐다 할 수 있는 물화된 대상으로 남게 된다. 나아가 그 조급한 사랑의 욕망은 '굳어버린 핏줄기와 황량한 가슴'마저도 버튼을 누르는 행위로 해소시키고 싶어 한다. 라디오·텔레비전·컴퓨터·CD-ROM 등에 둘러싸인 오늘날의 현대인들은 정보의 홍수 속에서 산다. 그러나 아이러니하게도 현대인은 그 어느 때보다도 '핏줄이 굳고 가슴이 황량'한 소외와 고립 속에 있다. "우리들은 모두 사랑이 되고 싶다"라는 구절은 이러한 전자화 시대의 인간적 소외와 고립에서 벗어나고 싶은 욕망을 담고 있다.

이와 같이 똑같은 원전을 대상으로 하는 ①, ②, ③의 패러디 시들은 존재론적인 차원의 형상화에 주력한 원전에 도전함으로써 본질(관념)과 현상(현실)의 간극에서 비롯되는 사실적 진술을 전략화하고 있다. 원전의 '명명'이라는 것이 우리의 존재를 억압하는 하나의 '관념'이나 '틀' 혹은 '왜곡'에 지나지 않음을 폭로하는가 하면, 모든 것이 도구화되고 물질화된 현대의 실상을 강렬하게 풍자한다. 이런 경우는 원전이라는 패러디의 대상과 현실이 모두 공격의 대상, 즉 패러디의 목표가 된다. 이처럼 패러디 작품의 의미는 작품 속에 내재하는 것이 아니라 오히려 다른 작품과의 변증법적인 관계에서 생성되는 것이다. 그리고 그 직접적인 원인은 바로 작품에 접근하는 사회적 문맥의 차이에 있는 셈이다.

— MENU—

샤를르 보들레르	800원
칼 샌들버그	800원
프란츠 카프카	800원
이브 본느프와	1000원
에리카 종	1000원
가스통 바쉴라르	1200원
이하브 핫산	1200원
제레미 리프킨	1200원
위르겐 하버마스	1200원

시를 공부하겠다는
미친 제자와 앉아
커피를 마신다
제일 값싼
프란츠 카프카

— 오규원, 「프란츠 카프카」 전문

　위의 시는 서구의 시인·소설가·문학(문화) 이론가들의 이름과 일상에서 흔히 접하는 메뉴판(식단표)의 틀을 패러디하고 있다. 세계적인 문학과 석학을 대표하는 이들의 이름을 커피 메뉴판의 항목에 끌어다 놓음으로써, 인문주의적 지성과 감성이 커피 한 잔의 가격으로 물화되고 속화되는 현실을 비판한다. 음악이 음식으로 물화됨으로써 문학 창작자도 하나의 상품이 되고 만다. 각 연에서 보여주고 있는 문학가의 이름뿐만 아니라 그 가격의 차이는 시인의 주관적 판단 곧 창작물과 이론 사이, 시대적 순차, 시인이나 대중의 선호도, 성별의 차이 등에 의해 책정된다. 그런 의미에서 이 시는 비문학장르를 혼성모방적으로 패러디하면서도, 원전에 시인의 의도적 조작을 첨가하여 차용하고 있는 시이다.

원전을 다소 변형시켜 차용한 후 마지막 연에서 시적 화자는 스스로를 냉소적으로 인식한다. 이처럼 원전의 차용에 더 보태어 원전과 대조되는 혹은 유사한 패러디 작가의 상황 제시는 패러디의 모범적 공식이다. 시를 '공부'하고 있는 현실에 대한 비판과 그러한 현실을 부정하면서도 벗어나지 못하는 스스로에 대한 부정의식을 담고 있다. 실은, 이 진술 속에는 '시란 절대로 공부로 되는 것이 아니다'라는 의미와 함께, '세계의 위대한 문학가들이 1000원 안팎에 팔리는 현실 속에서 시를 공부한다는 것은 미친 짓이다'라는 양의적 의미가 내포되어 있는 것이다.

이와 같이 오규원의 패러디는 주로 현대의 일상생활이 소비와 직결되어 있다는 자각에서 비롯된다. 이 시도 메뉴판을 방법적으로 인용하여 문학이나 인간도 상품처럼 소비되고 마는 일시적이고 덧없는 존재임을 암시한다. 세계가 속물스러울수록 그런 세계를 향한 오규원의 응전 양상은 그 속물스러운 세계의 화법과 똑같아지는 것이다. 메뉴판을 인용한 그의 패러디는 속물스러운 세계에 대한 문명 비판적 성격을 띨 뿐만 아니라 풍요롭고 아름답고 초월적이라는 시에 대한 낡은 믿음을 거부하고자 하는 의도를 간접적으로 시사한다.

이러한 역설적 상황은 독자들로 하여금 적극적으로 그 시적인 의미를 찾고 재구성하게 하고 나아가 현실의 삶을 반성하도록 한다. 요컨대, 이 시에서 패러디는 뒤틀린 현실의 단면을 보여줌으로써 타인의 아픔과 무심한 시적 자아와 독자의 삶에 대한 반성적 인식을 유도하는 시적 장치로 활용된다. 패러디적 발견이란 이러하듯 기존에 널려 있는 모든 양식들을 새로운 의미의 위상에 놓는 일이다. 그리하여 일상의 자질구레한 것들을 인용하여 형상화하기 어려운 역사적 사실과 의미를 재현해낼 뿐만 아니라, 자유로운 의사소통의 가능성을 모색할 수 있도록 한다.

권위적이고 관념화된 언어에 대한 부정을 기반으로 정치와 폭력, 물질 만능의 자본주의 세태를 반영하고 있는 황지우, 오규원, 박남철, 유하, 장정일, 박상배 등의 패러디는 8, 90년대를 대표하는 한국 현대시의 시 정신이자 시 형식이 된다. 그들은 영화라든가 설문 양식, 메뉴판, 공고문, 광고문, 신문의 단편들 등을 포함해 광범위하게 원전을 차용한다. 그리하여 그들의 패러디는 비문학장르를 적극적으로 시에 차용한 결과 시의 실험성과 시 형식의 개발이라는 의의를 획득했으며, 많은 독자들의 관심을 유발함으로써 시의 대중화에 기여하기도 했다. 비문학적·일상적 인접 매체와의 교류를 통해 신선한 '의미'와 '유희'와 '재미'를 불러일으키는 데 성공했기 때문이다. 유희성과 오락성은 패러디가 가진 본질적인 기능의 또 다른 단면이기도 하다.

　이와 같은 특성이 풍자와 절묘하게 결합할 때 그 현실 비판력은 증대될 수 있다. 그러나 풍자성이 결여되고 방법적 새로움마저 둔진해졌을 때의 치명적인 결함은, 비판하려던 타락한 현실의 논리 속으로 말려들어가 일회성·경박성·오락성·요설성에 봉사함으로써 자기 붕괴될 소지도 있다. 이는 일련의 자본주의와 상업주의의 논리에 오염되어 있으면서 그 논리를 비판하는 시들이 갖는 양면성이기도 하다.

　패러디·패스티쉬와 같은 상호텍스트성의 시는 90년대적 시인의식과 가장 부합되는 형식으로 문학사적 의미를 띠고 있다. 그러나 그러한 시들은 오늘날 우리의 글쓰기와 글읽기의 기반을 검토해야 할 필요성을 보여주고 있기도 하다. 따라서 90년대 패러디의 부각 현상은 문학사가 하나의 반성기에 접어들었음을 보여주고 있다는 데 주목해야 할 것이다.

　앞에서 살펴보았듯이, 패러디는 어떤 텍스트를 풍자적으로 고치면서 모방하는 기법을 말한다. 이러한 패러디는 두 가지 특성을 보여준다. 하나는 모방의 대상이 존재한다는 것인데, 패러디가 그 대상을 소유한다는 것은 그것이 최소한 기댈 수 있는 토대 혹은 규범을 전제로 한다. 또 하나는 그 모방이 풍자를 목표로 한다는 것인데, 풍자가 패러디를 겨냥한다는 것은 어떤 이데올로기나 신념을 전제로 한다. 다시 말하여 패러디는 그 나름의 일정한 신념체계를 전제로 하고 있다는 것이다.

(2) 패스티쉬의 시

이제 포스트모더니즘이라는 용어는 우리와 친숙해져 있다. 후기 산업 사회에 생산되는 예술작품들에 패러디가 아니라, 제임슨(F. Jameson)이 이른바 '공허한 패러디'라고 언급한 패스티쉬(pastiche)가 등장한다. 패러디와 함께 포스트모더니즘의 주요 기법으로 거론되는 것이 바로 패스티쉬인 것이다. 패스티쉬는 패러디처럼 독특하거나 특이한 스타일의 모방이다. 흔히 혼성모방이라고 불리는 이 기법의 특성은 대상을 모방하지만, 그 모방에는 어떤 동기도 없다. 또한 패러디가 주체의 해체를 위한 기법이라면, 주체의 죽음을 구가하는 기법은 패스티쉬이다. 패스티쉬가 패러디와 다른 점은 이 점에 있다. 그리고 패러디가 다른 작품과의 관계에서 차이와 변형을 강조하는 데 반해, 패스티쉬는 모방적인 관계를 형성하는 데 그친다. 다시 말하여, 패러디는 역설적 모방의 미학이며 패스티쉬는 전문이나 부분을 발췌하여 짜깁기한 수법이다. 그런데 패러디와 패스티쉬는 모두 모방에 관계를 맺고 있으며 표절과 함께 문제가 되고 있기도 하다. 표절 시비가 일어나면서 그 주범으로 지적되는 기법인 패스티쉬에 대해 제임슨은 '인식의 주체가 소멸한 후기 산업사회의 문화 논리로 풍자적 의도가 없는 피상적인 긁어모음'[80]이라고 비난한다. 패스티쉬란 주체

---

80 F. Jameson, *Postmodernism and Consumer Society*, Hall Foster ed., The Anti Aesthetics, Bay Press, 1983, p.113.

가 소멸한 세계에서 속이 텅 빈 모방·중성모방·짜깁기로서의 혼성모방에 불과한 것으로 제임슨은 보았던 것이다.

패스티쉬는 사회적·정치적 현실이나 그 이념에 구속되지 않는 자유로운 발상법으로 세상의 온갖 다양한 측면을 보여준다는 점에서 그 문학적 의의를 인정한다. 그러나 한편, 다양한 세상의 다양한 측면을 다양한 기법으로만 보여줄 뿐이라는 점과, 동시에 새로움과 경박함이라는 두 속성을 껴안음으로써 우리 문학의 여러 양태들을 가능하게 한 요인이라고 평가받기도 한다.

그러나 패러디와 패스티쉬의 기법은 서로의 경계를 넘나든다. 패러디는 또 콜라주(collage)와 몽타주(montage)와도 그 경계를 넘나든다. 콜라주는 색종이·신문지·천·사진·광고문 등을 오려 붙여 형과 색채를 만들어 내는 기법이며, 몽타주는 원래 '부품 조립'을 뜻하고 있지만 영화용어로 쓰일 때는 '편집(editing)'의 의미를 가진다. 또한 모든 예술의 근본 원리인 구성(composition·construction)의 의미, 즉 '부분과 부분을 특정한 효과를 위해 결합하는 구성 기법'이라고 정의되기도 한다.

우리 현대시의 경우 이러한 패스티쉬의 특성은 박상배의 「희시(戱詩) 3」에 나타난다. 이 시는 서정주의 「국화 옆에서」, 「파소(婆蘇) 두 번째의 편지 단편(斷片)」, 「부활(復活)」 등 세 개의 텍스트의 구절들을 엮어 모방한 것으로 패러디와는 또 다른 시적 기법을 보여주고 있다.

> 내 누님같이 생긴 꽃아 너는 어디로 훨훨 나돌아 다니다가 지금 되돌아와서 수줍게 수줍게 웃고 있느냐 새벽닭이 울 때마다 보고 싶었다 꽃아 순아 내 고등학교 시절 널 읽고 천만번을 미쳐 밤낮없이 널 외우고 불렀거늘 그래 지금도 피 잘 돌아가고 있느냐 잉잉거리느냐 새삼 보아하니 이젠 아조아조 늙어 있다만 그래두 내 기억 속에 깨물고 싶은 숫처녀로 남아 있는 서정주의 순아 난 잘 있다 오공과 육공 사이에서 민주와 비민주 보통과 비

보통 사이에서 잘도 빠져나가고 있단다 그럼 또 만나자 꽃나비꽃아
— 박상배, 「戱詩 3」 전문

 이 시는 서정주의 텍스트와 박상배의 텍스트가 서로 주고받는 상호텍스트성을 보여주고 있다. 즉 박상배는 서정주의 시 세 개의 텍스트를 뒤섞어 모방함으로써 패러디와는 다른 시적 효과를 얻고 있다. 「국화 옆에서」의 시행인 "이제는 돌아와 거울 앞에 선/내 누님같이 생긴 꽃이여"는 "내 누님 같이 생긴 꽃아"로 약간 변주하여 인용되어 있고, 「파소 두 번째의 편지 단편」의 시행인 "피가 잉잉거리던 병(病)은 이제는 다 나았습니다"는 "지금도 피가 잘 돌아가고 있느냐 잉잉거리느냐"로 변주하고 있으며, 「부활」에서의 시행인 "새벽닭이 울 때마다 보고 싶었다…내 부르는 소리 귓가에 들리느냐 순아"는 "새벽닭이 울 때마다 보고 싶었다 꽃아 순아"로 변주하고 있다.
 이렇게 패스티쉬의 시는 과거의 텍스트들을 혼성모방하여 텍스트가 반드시 지녀야 한다고 믿어온 전통적 총체성을 허물어뜨린다. 패러디는 일반적으로 단일 텍스트를 모방하거나 개작한다는 점에서 총체성 혹은 통일성에 대한 관념을 지킨다. 그러나 패스티쉬에서는 혼성모방이라는 점에서 단일성이나 총체성은 와해된다. 그리고 패스티쉬는 풍자나 비판을 목표로 삼지 않는다. 그런 점에서 박상배의 「희시 3」도 마찬가지이다. 이 시는 동기가 없는 모방에 불과한 것이다. 이는 모든 이데올로기나 신념체계를 은폐하고 있는 것이며, 어떤 허위의식에 대한 미적 도전이라고도 볼 수 있다.

(3) 키치의 시

 1970년대부터 80년대에 급격하게 팽창을 이룬 자본주의 사회와의 맥락 속에서 활성화된 것이 우리나라의 키치 문학(kitschliteratur)이다. 산업화된

자본주의를 넘어 후기 자본주의 논리가 팽배해지는 가운데 세계는 생산보다는 소비에 더 치중하게 되었고, 이를 배경으로 문화 또는 문학은 '상품'으로의 가치가 주어지게 된 것이다. 자본주의 사회의 특징적인 문화는 대중문화이고, 이러한 대중성에 기초해서 대중매체인 텔레비전·포르노물·영화·신문 광고·비디오·무협지·만화 등을 매개로 키치 문학이 형상화되고 있다. 다시 말해서 키치 문학은 사회적으로는 거대한 소비 사회로, 문화적으로는 전자·기계·영상 문화 등을 위시한 탈문자화의 단계로 돌입한 상황에서 이를 반영하여 나타나게 된다. 특히 1980년대에 두드러진 인유의 방법으로 소재가 곧 작품이 되는 반미학의 미학이 바로 키치 문학의 범주를 이룬다. 이러한 키치 시의 성격은 대중성·전위성·세속성·이중성·모순성·복잡성 등을 띤다.

키치는 독일어로 '경박한 것'이나 '저속한 작품'이라는 의미를 지니고 있으며 뮌헨 지방에서 생긴 말이다. 미국인이나 영국인이 뮌헨 지방에서 비싼 그림을 사지 않고 그 스케치를 사간 데서 유래되었다고 한다. 이러한 키치의 용어가 오늘날에 와서 대부분 통속적인 오락거리를 제공하는 대중문화의 잡다한 양식들을 지칭하는 용어가 되었다. 따라서 키치 시는 대중시와 밀접한 관계를 맺고 있으며, 오늘날 우리 문단에서 논란이 되고 있는 일군의 도시시·해체시·일상시·광고시 등이 이에 포함될 수 있다. 따라서 시 분야에서 살펴보면 황지우·오규원·이윤택·장절일·유하·하재봉·장경린 등이 이러한 시를 쓰고 있다.

① 쪼옥 빠라서 씨버 주세요. 해태 봉봉 오렌지 쥬스, 삼배권!
　더욱 커졌습니다. 롯데 아이스콘 배권임다!
　뜨거운 가슴 타는 갈증 마시자 코카콜라!
　오 머신느 남자 캐주얼 쥬즈 만나 줄까 빼빼로네 에스에스 패션!
　　　　　— 황지우,「徐伐, 셔볼, 셔블, 서울, SEOUL」부분

② 태림모피는 결코 많이 만들지 않습니다
그리고 최고가 아니고는 만들지 않습니다
(…중략…)
언더웨어의 하이 소사이어티―트라이엄프!
(…중략…)
칼스버그, 130개국 세계인이 공감하는 그 깊은 품격―
침구 수예패션의 귀족, 로자리아
― 오규원, 「제라늄, 1988, 신화」 부분

우리는 매체로 포화된 환경 속에 살아가고 있다. 우리를 둘러싸고 있는 환경은 소비 상품의 세계이다. 그래서 우리는 탈자연화된 소비 상품의 현실과 타협하고 친숙해져 있다. 키치 문학이 반영하고 있는 현실의 모티프들은 오로지 소비의 상승을 부추기는 경제, 상업 광고의 압도적인 지배, 욕구와 가치 평가의 도식적 공식, 삶의 조작의 증대, 정신적인 세계의 황폐화 등이다. 표준화된 체제에서 모티프를 얻은 광고들은 소외 문화와 억압체계를 속에 감추고 겉으로의 화해를 시도하려 한다. 문제는 바로 이러한 간극에 서 있는 소비자들의 무비판적 향유이다.

위의 시들은 이러한 유도를 위한 목소리가 된다. 곧 소비를 부추기는 광고 문안들을 인유의 기법으로 표현하고 있는 것이다. 시인의 판단은 배제되어 있고, 소비자들의 의식을 마비시켜 소비로 유도하는 선전 문구를 짜깁기한다. 이처럼 현대 사회에서 광고시는 가장 키치적인 요인을 안고 있다. 왜냐하면 광고시야말로 과장된 욕망의 탈인격화된 자아상이 두드러지기 때문이다.

① 그것은 꿈이 아니다 버튼만 누르면
   인공위성을 통해 중계되는 프로야구 프로축구 결승전 마술
   쇼, 쇼, 쇼, 미스 유니버스 선발 대회 붕괴되는

베를린 장벽 국회 청문회
　　　욕망의 옷을 입고,
　　　컴퓨터로 전자동 조절되는 조명 받으며 무대 위에 서 있는 나를
　　　TV를 통해 바라볼 수 있는
　　　나의 현실은 TV 나는
　　　TV 시민
　　　나와 잠자리를 같이하는
　　　　　　　　　　　　　　　　— 하재봉, 「비디오/TV는 숨을 쉰다」 부분

② 냉장고 문을 열자 희미한 야간등이 비친다
　　그는 채소더미 속에 묻힌 햄버거를 꺼내고
　　코카콜라 캔을 하나 꺼낸다 그리고
　　티브이를 보던 방으로 돌아와 햄버거를 싼
　　폴리에스터 곽을 쓰레기통에 넣고
　　조심스레 은박지를 벗긴다 깡통고리도 따서
　　쓰레기통에 곱게 넣는다
　　　　　　　　　　　　　　　　— 장정일, 「햄버거를 먹는 남자」 부분

③ 경천동지한 무공으로 중원을 후비쓸고 우뚝 무림왕국을 세웠던
　　무림패왕 천마대제 만박이 주지육림에 빠져 온갖 영화를 누리다
　　무림의 안위를 위해 창설했던 정보기관 동창서열 제이위
　　낙성천마 금규에게 불의의 일장을 맞고 척살되자
　　무림계는 난세천하를 휘어잡으려는 군웅들이 어지러이 할거하기 시
작했다
　　　　　　　　　　　　　　　　— 유하, 「무림일기 1」 부분

④ 파리애마는 안소영 염해리 오수비 시절
　　단조로운 피스톤 운동과는 스케일부터 달라
　　이젠 백마 콤풀렉스 훌훌 던져버리고
　　역시 제주도에서 벌거벗고 말타는 것보다는

파리에서 한복 입고 말타는 게
국위선양도 될겸 보기에도 포토제닉하구만

— 유하,「파리애마」부분

  이상의 작품들은 여러 방면의 키치적 현상을 보여주고 있다. 우선 ①의 시는 모든 것이 물질화되고 상품화된 산업 사회의 구조를 그 대표적인 산물인 TV의 속성을 통해 보여 준다. 인간의 편의를 위해 창조된 기계가 도리어 인간의 주체적 삶을 지배하고 있다는 메시지를 담고 있다. "나의 현실은 TV 나는/TV 시민"은 혼란스러운 등식이다. 나와 잠자리까지 같이 하는 TV는 곧 '나'이고, 이러한 나의 확대 의미인 '시민'도 곧 TV가 된다. 인간과 사물의 구분이 더 이상 무의미해지는 현상이다. 물질문명이 이루어 놓은 구도 속에서 인간은 소외되고 점점 무의미해진 상황에까지 이른 것이다. 산업사회가 이루어 놓은 편리한 구도를 받아들여 일상 속에서 당연하게 즐기고 소비하는 모습은 ②의 장정일 시「햄버거를 먹는 남자」에 나타난다. 일회용의 식생활과 물상화된 일상을 그대로 보여주고 있는 것이다. 기계 문명에 모든 우선권이 있는 현실에서 인간의 물화·파편화는 키치 문학의 주요한 소재거리이기에 충분하다. ③은 무협지를 제재로 삼은 키치 시이다. 스포츠·무협소설·만화·영화 등 대중 예술이 시와 만나고 있다. 진보적인 매체들의 확산과 아울러 기존의 매체들이 변화를 하고 있는 현실에서, 이러한 대중매체를 활용한 키치 시들은 현재 한국 사회의 구조적 단면들을 드러내주고 있기도 하다. ④의 시는 가장 비속한 키치 시, 곧 포르노 시로서, 예술이라기보다는 악에 가까운 오락물이다. 20세기 초부터 포르노의 예술적 활용이 일반화된다. 교환 가치를 매개로 하는 상품의 유통 구조가 성행위에도 적용되어, 성의 문제에서 구매 행위나 판매 행위가 공정하게만 이루어진다면 이 또한 자연스러운 것으로 여겨지는 풍토가 조성되고 있는 것이다. 성행위를 폭로하고 있는 시들은 유하의 「배드룸 윈도우」, 「교활한 닭똥집」, 장정일의 「프로이트식 치료를 받는 여교사 9」, 「길잃은 사람들」, 「새영화」, 오규원의 「NO MERCY」, 하재봉의 「비디오/콤팩트디스크」, 황지우의 「버라이어티 쇼, 1984」, 장경린의 「色色」 등이 있다.

(4) 메타 시

포스트모더니즘 문학에서 현대시의 새로운 현상 가운데 하나로 논의되고 있는 것이 메타 시이다. 메타 시(meta-poetry)는 이른바 '시에 대한 시 쓰기', '시인을 대상으로 한 시쓰기'라는 일종의 장르 혼합 혹은 패러디의 한 양상으로 정의되고 명명된다. 이러한 정의는 텍스트성을 대상으로 한다는 말과 통한다. 패러디가 차이를 내포한 반복, 비평적 아이러니의 거리를 지닌 모방이라면, 메타성은 이러한 반복과 비평적 모방을 통해서 시 장르와 관련된 자기반영적 예술 비평 형식의 의미를 획득하게 된다. 이처럼 메타 시는 창작이면서 동시에 비평의 의미를 지니게 되는 진지한 예술비평 형식으로 이해될 수 있다.[81]

메타 시라는 용어를 처음 사용한 사람은 야콥슨(R. Jakobson)이다. 그는 언어 기능을 분석하면서 대상 언어와 메타 언어로 나눈다. 전자는 대상들에 대해 말하며, 후자는 언어에 대해 말한다. 그에 의하면 의사소통이 코드를 향하고 있을 때 메타 언어적 기능이 우세해지는데, 메타 언어적 기능이란 동일한 코드가 쌍방의 당사자에 의해 사용되고 있음을 확인하기 위한 것이다. 결국 메타 언어적 기능은 대상이 아니라 언어 자체를 대상으로 하는 언어이며, 구체적으로는 자신이 사용하고 있는 코드에 대한 무

---

81 Linda Hutcheon, 김상구·윤여복 공역, 『패러디의 이론』, 문예출판사, 1992, pp.32~33.

지, 발신자와 수신자 사이의 코드 혼란, 자신이 사용하는 코드에 대한 확인 등으로 드러난다. 바꾸어 말하자면 포스트모더니즘 예술은 기존의 모든 예술 코드에 회의하고 의심한다는 것이다. 포스트모더니즘 예술은 예술로서 예술을 이야기하는 자기반영적 패러디의 특성을 지닌다. 자기반영의 양식에 대한 관심이 고조되고, 텍스트의 상호관계성이 강조됨으로써 패러디는 메타성의 중요한 양식이 된다. 그리하여 자기반영적 시쓰기는 '메타 시'라는 하나의 유형으로 등장하게 된 것이다.

메타 시의 사회적 배경으로는 언어 혹은 기호에 의해 현실이 소외되는 후기 산업사회적 특성을 들 수 있다. 더불어 철학적 배경으로는 탈중심주의, 해체주의를 들 수 있다. 이런 상황을 배경으로 메타 시의 진술은 이 시대에 시란 무엇이며, 현실은 무엇이며, 자아란 무엇인가 하는 근본적인 질문을 던진다. 그런 점에서 메타 시는 계몽이성 부정과 지식의 확실성에 대한 근본적인 회의를 기본으로 하는 철학적 자기 회귀성과 통한다.[82] 자기 회귀성은 시가 현실을 반영하는 것이 아니라, 시가 시 자체, 그리고 시인·독자·시가 이루어지는 과정을 대상으로 한다. 이것은 언어가 현실을 지시하지 않고 언어가 언어 자체를 지시할 때 메타 언어가 되는 것과 같은 이치이다.

우리나라의 시에 있어서는, 1980년대에 보여준 해체시가 90년대의 메타 시로 발전하여 후기 현대성의 문제와 관련을 맺게 되었다고 할 수 있다. 이처럼 메타성은 탈중심화된 포스트모더니즘 시대 속에서 문학예술 자체의 존립에 대한 위기의식에서 비롯된 시인의 예술에 대한 자기의식적 물음과 답변의 과정으로 볼 수 있다.

---

82 이승훈, 「메타시의 매혹과 전망」, 『한국현대시의 이해』, 집문당, 1999, 53쪽.

① 나는 시를, 당대에 대한, 당대를 위한, 당대의 유언으로
쓴다.
上記 진술은 너무 오만하다( )
위풍당당하다( )
위험천만이다( )
천진난만하다( )
독자들은 ( )에 ○표를 쳐 주십시오.
그러나 나는 얼마나 위험스러운가( )
얼마나 위험스러운가( )
과연 위험스러운가( )에 ?표 !표를 분간 못하겠습니다.
不在의 혐의로 나는 늘 괴로워했습니다.
당신은 나에게 감시당하고 있는가( )
당신은 나를 감시하고 있는가( )
독자들이여 오늘 이 땅의 시인은 어느 쪽인가( )
어느 쪽이어야 하는가( ) ○표를 해주시고 이물음의 방식에도 양자택일해 주십시오.
— 황지우, 「도대체 시란 무엇인가」 부분

② 바다가 있는 詩와
바다가 없는 詩가
서로서로 욕질을 한다 싸운다
싸움싸움에 걸리어 넘어진다 자빠진다

金春洙의 시와
金洙暎의 시가
東西에서 西北에서 삿대질하며
서로서로 욕질한다 싸운다
싸움싸움에 걸리어 넘어진다 자빠진다
싸움싸움을 말리는 詩들까지 싸움싸움에 걸리어
넘어진다 자빠진다
— 박상배, 「바다 有無」 부분

③ 손톱을 깎고 구름을 본다 아니면 하루종일 혼자 술을
　마신다 하루종일 혼자 화투를 치고 트럼프를 치고
　포커를 하고 마작을 하고 하루에도 마흔 번이나
　술을 마시고 그는 남자이기 때문에 여자가 아니고
　하루종일 작은 방에 처박혀 고독을 즐긴다
　말하자면 이승훈 씨는 하루종일 담배를 피운다
　물론 이건 시다 제발 현실로 착각하지 마시길
　　　　　　　— 이승훈, 「담배를 피우는 이승훈 씨」 부분

　일반적으로 문학이나 문학가에 대한 회의와 반성 그리고 되돌아봄이 시에 반영되어 있는 것이 메타 시이다. 곧 메타 시는 자기반영성을 띠고 있는 것이다. ①의 「도대체 시란 무엇인가」는 설문 형식을 띠고, 시인이 시 장 자체에 대해 근본적으로 회의하는 물음으로 전개된다. 그리하여 독자들로 하여금 시란 무엇인가를 적극적으로 사유해 주기를 유도한다. 따라서 이 시는 시와 시인 그리고 시쓰기에 대한 회의를 통해 시에 대한 자기반영적 반성으로 귀착된다. 이 반성은 시대가 요구하는 시인의 삶, 곧 시와 시인의 역할을 하지 못하는 데 대한 질책인 것이다. ②의 「바다 有無」는 시에 대한 자기반영적 인식을 보여줌과 동시에 한국 시 문학사 자체에 대한 자기반영성을 보여준다. '순수/참여' 문학과 같은 이분법적인 대립 구도를 지니고 있는 한국문학사의 문제점을 아주 자연스럽게 극복하고 있는 것이다. '바다가 있는 시', '바다가 없는 시'와 같은 표현은 말장난 같아서 이분법의 구도가 얼마나 쓸데없는 장난 같은 것인가를 암시해 준다. 그래서 서로 욕질하고 싸울 필요가 없다. 곧, 이 시는 문학사적인 자기반영적 반성을 보여주는 시라 할 수 있다. ③의 시는 메타 시의 하위 유형으로 시론시와 함께 주목되는 3인칭 시점의 시, 곧 시인론시이다. 시인 이승훈은 자신을 시 속의 인물로 설정하여 타자화하면서 일상적 모습을 그대로 펼쳐 진술한다. 이승훈이라는 자신의 이름을 상징화한 것은 전통시에

서 1인칭 화자에게 새로운 위치를 부여한 새로운 화법으로 주목된다. 이 시는 단순히 자신을 객관화시켜 쓸데없는 일상사를 펼쳐 보이는 듯하지만, 다분히 자기반영적인 반성의식이 숨겨져 있음을 간파할 수 있다.

3. 다매체 시대의 문학과 현대시

(1) 다매체 시대의 문학

문화는 고정적인 것이 아니다. 바로 지금 이 순간에도 역동적으로 변화하며 움직이고 있다. 문화의 한 양상인 문학 또한 변화하는 문화에 대응하기도 하고, 문화의 변화를 이끌기도 하며 변화한다. 곧, 문학과 문화는 서로 영향을 주고받는 관계에 있는 것이다. 그래서 현대문학 문화는 과거의 문학 문화를 계승·발전시키는 가운데 현대 사회의 특징을 반영하여 형성된 것이다. 말하자면 문학은 그 작품이 만들어진 시대의 사회·문화적 상황과 그 시대를 살아가는 사람들의 의식을 반영한다. 이것은 그 작품이 당대의 사회·문화적으로 중요한 사안을 다룬다는 데에 그치지 않고 표현 또는 향유 방식까지도 반영함을 의미한다.

현대의 문학 문화 형성에 영향을 끼친 요인은 여러 가지이다. 그 가운데 가장 중요한 것은 사회 자체의 변화이다. 현대 사회는 고도 산업 사회에서 지식 정보 사회로 변환하는 과정에 있으며 그 특징은 대중화·개성화·정보화·탈중심 등으로 설명된다. 따라서 이전의 시대에는 문학의 범주에 들지 않았던 것이 오늘날에는 문학으로 인정받기도 하며, 주변 환경이나 여건의 변화에 따라 다양한 변모를 거듭해 온 것이다. 이는 정보화 사회가 컴퓨터라는 혁명적인 도구를 통해 물질적 기반만을 변화시킨 것이 아니라 우리들의 의식적 지반까지도 영향을 주고 있다는 것을 증명한 것이다.

그 가운데 정보화 사회는 현대의 특징을 가장 선명하게 보여준다. 매체

(media)의 발달은 현대 사회 전반에 큰 영향을 끼쳤는데 문학도 예외는 아니다. 신문·방송 등의 대중매체와 컴퓨터를 기반으로 한 디지털 매체(digital-media)의 영향으로 문학도 크게 변화를 가져왔다. 구비문학에서 문자문학을 거쳐 이제 매체문학이 새로운 영역으로 부상된 것이다. 이러한 매체 중심 문학은 크게 세 가지 방향에서 거론될 수 있다. 첫째는 대중문학으로서, 대중매체를 활용하여 대중적인 관심에 호소하는 문학이다. 신문문학·통속시·판타지 소설 등이 그 예이다. 둘째는 미디어 문학으로서, 영상이나 음향과 결합한 멀티 미디어화를 그 특징으로 들 수 있다. 영화·뮤직 비디오·낭송문학 등이 그 예가 된다. 셋째는 사이버 문학으로서, 인터넷망을 통해 가상 공간에서 생산되고 유통되는 문학을 가리킨다.

그런데 여기서 특히 멀티미디어, 곧 다매체의 개념에 유의해야 한다. 멀티미디어에서는 모든 것이 미디어로 환원되며, 그것들은 서로 겹치고 뒤섞이고 상호 교류하면서 새로운 형태의 복합체를 만들어내게 된다. 그리하여 각기 다른 미디어들을 연결시켜 복합적인 텍스트를 만들어낸다. 이것은 에드워드 사이드(Edward W. Said)가 그의 저서 『문화와 제국주의(*Culture and Imperialism*)』에서 "모든 문화는 본질적으로 서로 겹치고 뒤섞인다"고 말한 그러한 현상이라고 할 수 있다. 그렇다면 이제 더 이상 전 세계에 단일 문화나 순수 문화가 존재하지 않을 것이다. 그간 단일성을 자랑했던 한국 문화조차도 사실은 중국 문화와 일본 문화 혹은 미국 문화와 분리해 생각할 수 없게 될 것이다. 그리고 그동안 이분법적 가치 판단에 의해 세워졌던 사물의 경계가 와해될 것이다. 장르의 해체나 퓨전문학(fusion-literature), 또는 인터랙티브 예술(interactive arts)[83]이나 복합 예술(multi-media arts) 같은 것

---

83 인터랙티브(interactive) : 컴퓨터 시스템의 일종으로, 사용자가 자료나 명령어를 입력할 수 있도록 한 프로그램이다. 이 용어는 사용자와 컴퓨터가 마치 대화를 하듯이, 컴퓨터가 출력한 내용에 따라 사

들은 바로 그러한 맥락에서 생겨난 새로운 개념들이다.

이처럼 오늘날 우리 시대는 기술 문명의 발전에 따라 다양한 매체가 등장하면서 문학은 새로운 형식을 갖게 되었다. 현대 사회는 컴퓨터와 인터넷 매체의 발달로 인해 정보가 대량으로 생산되고 신속하게 소통되는 정보화 시대이다. 그 결과 문학에서는 멀티미디어 문학이나 사이버(cyber) 문학 같은 새로운 문학 문화가 형성되고 있다.

> 나가고 싶다
> 초록의 문을 열고 싶다 나는
> 또 나가고 싶잖은 마음이 인다
> 또는 잠시 나가 패랭이나 캐서
> 화분에 심어보고 싶다
>
> 누가, 바깥에서 문고리를 잡는다
> 밖에서…누가
> 내 방의 어두운 유리창을 닦는다
>
> ― 이하석, 「밖」 전문

이 시는 오늘날의 현실 상황을 그려내고 있다. '문'을 경계로 하여 '안'과 '밖'의 공간이 서로 대응된다. '안'은 그대로 안주하고 싶은 마음의 공간, '밖'은 변화하고 싶어 하는 마음의 공간으로 드러난다. 시적 화자는 문을 열고 바깥으로 나가 변화에 동참하고 싶기도 하고 또 나가지 않고 '안'에 그대로 있고 싶기도 하다. 이렇듯 갈팡질팡한 마음으로 안정을 찾지 못하고 있는데, 시적 화자의 의사와는 상관없이 밖에서 누군가가 문고리를

용자가 적절한 입력을 하는 식으로, 입력과 출력이 공존하는 프로그램을 가리킨다. 따라서 인터랙티브 텍스트란 텍스트, 즉 작품의 단계가 지나갈 때마다 다음 단계의 진행을 사용자 혹은 독자가 입력하여 선택할 수 있도록 한 작품을 뜻한다.

잡고 어두운 유리창을 닦는다. 이 시에서 '밖'은 혼란스럽고 변화하는 21세기 시학의 거대 담론인 매체문학의 세계 혹은 디지털 시대의 사이버 문학의 세계라고도 해석할 수 있다. 문자 매체로부터 전자 매체에로의 이동 변화에 따른 21세기의 새로운 시쓰기는 과연 어떻게 전개될 것인가. 그 질문에 대한 명확한 해답은 아직 없다. 그러나 분명한 것은 첨단 테크놀로지의 결합이라는 형식의 변화에 편승하는 데 그치지 않고, 인식의 변화나 주제의 변화가 수반되어야 할 것이다. 그리하여 21세기에 걸맞는 새롭고 바람직한 시 문학의 가치 설정을 위해 혼신의 노력을 기울여야 할 줄로 믿는다.

(2) 사이버 공간의 문학

정보화 사회에서는 컴퓨터라는 새로운 글쓰기 도구가 등장한다. 예전의 연필과 원고지 대신 키보드나 모니터를 통해 문학하는 시대로 변한 것이다. 컴퓨터로 쓰인 언어는 종래의 문자 매체와는 다른 형식을 갖는다. 소위 '사이버 공간의 문학'이라고 할 수 있는 이 새로운 글쓰기는 이제 널리 사용되고 있어 새삼스럽지도 않게 되었다. 우리나라에서 '사이버 공간(cyber-space)'이라는 말로 통용되고 있는 이 용어는 인공두뇌학(cybernetics)과 공간(space)의 합성어인데, 캐나다 공상 과학 소설가 윌리엄 깁슨(William Gibson)이 발표한 그의 소설 『뉴로맨서(*Neuromancer*)』(1984)에서 처음 사용한 말이다. 이 용어는 컴퓨터의 네트워크(network)화로 인해 펼쳐지는 정보 세계, 정보화사회를 상징하는 개념으로서, 물질적인 실체와 떨어진 가상 공간(virtual reality)을 말한다. 사이버 공간과 현실 세계의 가장 큰 차이점은 시간과 공간의 제한을 받지 않는 까닭에 거리감이 없다는 것이다. 지구의 반대편에 있는 사람들이 이웃에 사는 사람들처럼 정보를 주고받을 수 있어서 사이버 공간은 국경·인종·언어의 차이를 초월하여 사람들이 모이는 가상 광장이며, 온갖 정보를 주고받을 수 있는 정보의 전시장이라고 할 수 있다.

　이러한 사이버 공간을 무대로 펼쳐지는 문학과 관련된 일체의 창작 및 유통, 감상 활동을 일컫는 용어가 바로 사이버 문학(cyber-literature)이다. 사이버 문학의 특징으로는 작가와 독자의 전통적인 역할 분담의 해체, 가상 현실까지도 담아내고자 하는 상상력의 확장과 비물질적 상상력으로의 형질 변화, 인터넷이라는 소통 공간과 컴퓨터라는 저작 도구가 만나 창출해 낸 파격적인 문학형식, 곧 하이퍼 텍스트(hypertext)[84]나 인터랙티브 픽션(interactive fiction)의 등장을 들 수 있다. 하이퍼 픽션은 독자들의 참여에 의해 다양한 줄거리를 만들어 내고, 인터랙티브 픽션은 문자와 음향, 동영상이 함께 어울려 멀티미디어 텍스트를 구성한다. 이러한 특징들은 모두 우리의 의식적인 문학 실천 행위를 통해서만 가능한 현상이며, 이 때 우리의 의식에 영향을 끼치는 것은 정보화 사회라는 시대정신과 사이버 공간이라는 환경 조건이다.

　보드리야르(J. Baudrillard)에 의하면 이 시대는 가상 현실이 지배하고 있다. 그러나 허위·가짜·모조 등은 어느 시대에나 존재했다. 따라서 인간의 문화를 지배한 기호는 허위이고 가짜이고 모조이다. 고전 시대는 기호가 현실을 반영·모방·모조했으며, 이러한 모조는 현실이 아닌 까닭으로 가짜이다. 산업 시대의 기호는 현실과 관계없는 자율적 실체로 나타났으며, 이러한 자율적 실체 역시 가짜이다. 그리고 오늘날 정보화 시대를 지배하는 것 역시 가짜·위조·사이비이다. 사이비는 진짜도 아니고 가짜도 아니며 동시에 진짜이고 가짜이다. 아니 진짜와 가짜의 개념을 초월

---

[84] 하이퍼 텍스트(hyper-text) : 파생 텍스트라고도 한다. 1960년대 컴퓨터 개척자 테오도르 넬슨(Theodore Nslson)이 'hyper(건너편의, 초월, 과도한)'와 'text'를 합성하여 만든 컴퓨터 및 인터넷 관련 용어이다. 일반 문서나 텍스트는 사용자의 필요나 사고의 흐름과는 무관하게 계속 일정한 정보를 순차적으로 얻을 수 있지만, 하이퍼 텍스트는 사용자가 연상하는 순서에 따라 원하는 정보를 얻을 수 있는 시스템이다.

한다. '진짜와 가짜', '현실과 환상', '진리와 허구'라는 이항 대립이 소멸하고 기호의 해방 혹은 기호의 완전한 자유만이 남는다. 기호의 무한 팽창과 자본의 순수 회전이 있을 따름이다.[85] 이처럼 가상 현실은 컴퓨터가 창조한 대하형의 가상 세계를 실재인 양 체험하게 해주는 기술이다. 여기서 '가상'이란 실제로 존재하지는 않지만 마치 실재와 같은 효과를 갖는 것을 의미한다. 따라서 가상 현실이 갖는 몰입(immersion) 효과는 현실 시스템의 가장 중요한 특징이기도 하다.

> 글이 오는 동네에서
> 면목없는 동네로 가는 좌석버스가 지나치는
> 우리 동네 한귀퉁이에서 157번 버스를 기다리고
> 서 있노라면
> 영원한 등불의 포구를 통해 올라온
> 갓 잡혀온 갖가지 물고기들의 판때기를
> 확성기로 알리는 소리, 그 왁짜한 소리들
>
> — 박상배, 「영등포 수첩」 부분

사이버 공간에서는 사이버 공간 또는 가상 공간과 현실 공간 사이의 경계가 무너진다. 현실이 허물어지고 따라서 '현실과 상상'의 경계가 해체되고 '현실과 예술'의 경계도 지워진다. 여기서 지워진다는 것은 소멸함을 의미하지 않고 '존재와 부재' 그리고 '부재'를 암시한다. 상상이 현실이고 현실이 상상이다. 예술이 현실이고 현실이 예술이다. 따라서 인간은 현실에 살면서 예술에 살고 현실계에 살면서 상상계에 산다. 보드리야르가 말하듯이 현실의 놀이 속으로 들어간다.

위 시에서 '글이 오는 동네'는 문래동이며, '면목없는 동네'는 면목동

---

[85] J. Baudrillard, 『From Symbolic Exchange & Death, from Modernism to Postmodernism』, ed,. Cahoone, Blackwell publishers, 1996, pp.437~441 참조.

이며, '영원한 등불의 포구'는 영등포를 의미한다. 그러나 그러한 '글이 오는 동네', '면목없는 동네', '영원한 등불의 포구'는 서울에는 없다. 때문에 동네는, 낱말들은, 언어들은, 기표들은 현실을 지시하지 않는다. 말하자면 이 시가 노래하는 것은 지시물, 현실, 기의를 상실한 언어, 기표들의 놀이이며 표류이다. 이러한 기표 놀이를 통해 시인은 현실이 예술이고 예술이 현실인 그런 공간을 떠돌고 있다.

사이버 공간이 문학행위의 소통 공간으로 기능함으로써 문학에 대한 인식의 전환을 가져왔다면, 그것이 점차 대중화되면서 문학에서의 리얼리티의 문제가 대두되지 않을 수 없다. 정보화 사회와 컴퓨터 혁명은 문학의 표현 방식과 소통 과정뿐만 아니라 인간 상상력의 지반 자체를 뒤흔든다. 사이버 공간은 엄밀한 의미에서 가상 공간이며, 그런 관점에서 본다면 그것은 현실이 아닌 가상 현실뿐이다. 그러나 이 가상 현실은 때로는 현실보다도 더 실감 있게 인간의 의식에 작용한다. 그 결과 가상과 실제가 거의 구분이 불가능할 정도로 혼동되곤 한다. 사실 사이버 공간에서는 현실 공간에 대한 거의 그대로의 모사가 가능하기 때문에, 나아가서 현실 공간에 대한 모사를 뛰어넘어 새로운 세계의 가시적 창조가 가능하기 때문에 이 공간이 갖는 매력은 대단한 것이다. 예전의 리얼리티의 개념으로는 이러한 현상을 설명할 길이 막막하다. 종래의 시각으로는 황당무계하게 여겨지는 사건들이 사이버 공간에서는 너무도 실감 있게 느껴지기 때문이다.

사이버 공간과 문학의 만남은 그 역사가 불과 10년도 채 되지 않았다. 그러나 그 공간 자체가 우리의 일상에 가져다 줄 혁명적인 변혁의 가능성은 문학에도 역시 동일하게 열려 있다고 할 수 있다.

(3) 사이버 공간과 현대시

오늘날 문학과 관련하여 사이버 공간 또는 가상 현실에 대한 우려의 목소리가 도처에 산견해 있다. 이 목소리 가운데는 '문학의 위기', '문학의 죽음'이라는 구호도 심심찮게 들리기도 한다. 문학의 위기는 컴퓨터와 관계되며, 디지털 매체가 문제가 되는 것이다. 디지털 혁명은 21세기 문화 혁명이며, 이미 세계는 정보 사회 혹은 인터넷 사회로 돌입했다. 이는 문학의 위기나 문학의 죽음이 아니고 문학형식의 변화이며, 디지털 문학과 활자 문학과의 관계일 뿐이다. 따라서 컴퓨터나 컴퓨터가 제공하는 가상 공간과 존재론적으로 같은 위치에 있는 것은 문학작품이 아니라 문학작품을 담고 있는 문자 텍스트인 것이다.

이에 앞서 텔레비전이 가정에 보급되면서 한때 '문학의 위기론'이 대두된 적이 있었다. 텔레비전의 일반화로 당시 수많은 영화관이 문을 닫았지만 그것이 곧 영화산업 자체에 결정적인 위기를 제공하지는 않았다. 텔레비전은 영화관을 대신하는 것이지 영화를 대신하는 것은 아니기 때문이다. 마찬가지로 컴퓨터가 문학작품을 담고 있는 책에 보일 관심의 시간을 빼앗아 간다는 것은 인정할 수 있지만, 그것이 곧 문학에 보이는 관심의 시간을 빼앗아 가는 것이라고는 말할 수는 없다. 그럼에도 불구하고 여전히 문학 쪽에서 컴퓨터와 사이버 공간에 우려의 눈길을 보내고 있다면, 그 원인은 바로 문학에 대한 우리의 고정 관념에 있는 것이다. 즉, 문학은 종이로 된 책의 형태로 존재해야 한다는 고정 관념이 사이버 공간의 출현을 위기로 의식하게 하였는지도 모른다.[86]

지금까지 활자 매체로 구현된 텍스트를 매개로 하여 작가와 독자 사이에 일방향 소통 구조를 지녔던 독서 패러다임은, 사이버 공간을 모태로 실시간(real time) 쌍방향이라는 소통 구조로 전환하면서 새로운 형태의 문학행위를 이끌어 내고 있다. 문학은 문자의 발명과 인쇄술의 발명 이후

---

[86] 장경렬, 「컴퓨터, 인터넷, 그리고 문학」, 『21세기문학』, 2001년 여름호, 도서출판 이수, 15쪽 참조.

세 번째로 거대한 변화에 직면하게 된 것이다. 사이버 공간이 문학에 미친 특징으로는 무엇보다도 대중화와 민주화에 크게 기여했다는 점일 것이다. 인터넷의 글쓰기는 작가와 독자 사이의 경계를 허물고, 시간과 공간의 제약을 넘어선다. 온라인상에 시를 올려놓으면 금방 반응이 나타난다. 또한 누구나 쉽게 글을 쓸 수 있기 때문에 작품을 읽고 나름대로 시평(詩評)을 올린다든지 아니면 '이어쓰기'나 '고쳐쓰기'를 해놓은 글들이 올려지기도 하는 것이다. 이렇듯 온라인상의 시쓰기는 작가에 대한 독자의 간섭이 창작에 구체적으로 영향을 끼친다. 그리고 작가의 익명성이 보장되기 때문에 장르의 해체뿐만 아니라 작가와 독자의 구분까지도 모호하게 함으로써 전통적인 문학의 개념을 무너뜨리고 있다.

물론 사이버 공간에서의 글쓰기는 많은 문제점을 노출시키고 있기도 하다. 익명인지 실명인지 확인되지 않은 많은 사람들이 사이버 공간 안에 띄워 놓은 문학작품 가운데 수준이 낮은 것, 과잉감정의 비속어와 농담과 야유의 발언들, 비문법적인 언어와 어법 등의 내용들도 많이 눈에 띤다. 이렇듯 작자와 독자의 구분이 사라진 사이버 공간에서의 문학은 매우 혼란하다. 또한 사이버 공간에서는 복제와 변형이 손쉽게 이루어질 수 있기 때문에 문학작품의 원본과 이본을 가리기도 어렵다.

그럼에도 불구하고 우리는 시대적 요구에 부응할 수 있는 또 다른 시적 가능성을 시도해야 한다. 인터넷의 진전은 현대인의 삶의 방식 전반을 바꾸고 있는 것이다. 인터넷의 활용도 시의 문화적 영향에서 볼 때 분명히 나름대로의 의의를 지니고 있다. 오히려 '낭송시'나 퍼포먼스 포어트리라고도 하는 '공연시'의 경우가 그러하듯이 시적인 모색이 형상화되고 있다. 또한 독자에게 전달되는 의사소통 수단이라는 점에서 인터넷은 전달의 방식을 보다 더 다양하게 할 수 있다는 강점이 있다. 그리고 인터넷을 통해 수준이 낮은 창작의 폐해를 막고자 한다면, 오히려 많은 시인들이 솔선수범해서 인터넷을 통해 모범적인 시의 모습을 보여주어야 한다.

달팽이가 이사간다.
집 한 채 지고 간다.

한 고개 넘었다.
두 고개 넘었다.

어, 다 못 가 해가 꼬박 졌다.

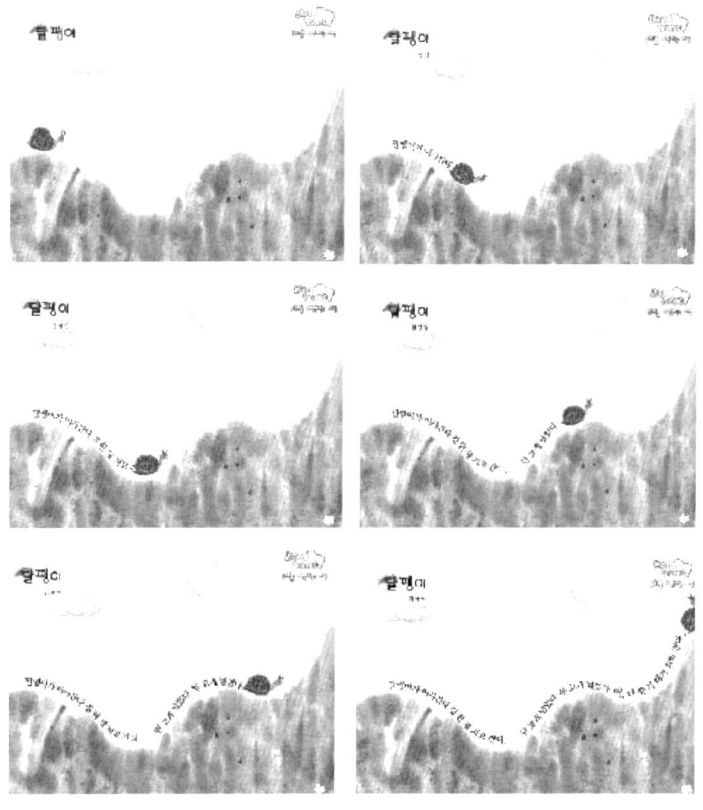

— 글 · 김영일/그림 · 한수진

이 글은 다섯 행으로 구성된 짧은 동시이다. 초등학교 저학년 학생의 작품으로 보이며, 인터넷 상에서 플래시 애니메이션(Flash Animation)[87]이라는 형태로 구현된 동영상을 잘 활용하여 색다른 느낌을 독자들에게 전달해 준다. 달팽이의 움직임이 고개 넘는 동작으로 천천히 이어지는 애니메이션으로 구성되어 있다. 달팽이의 움직임을 따라 텍스트 문자가 구불구불 개성적인 글자체로 구현됨과 동시에 스피커를 통해서는 성우가 천천히 시를 읽어 내려가면서 우리에게 들려준다.

　기존의 비디오테이프를 디지털화한 영상물이나 애니메이션과 다르게, 인터넷 사이버 환경 안에서는 플래시 형태로 제작한 동영상들이 다량으로 나타낸다. 플래시 애니메이션이라고 부르는 이런 작품들은 특정 캐릭터와 상황, 줄거리를 가지고 연작 시리즈 형태로 제작되는 것이 많다. 유명한 것은 네티즌들뿐만 아니라 현실에서도 높은 지명도와 인기를 누리고 광고의 단골 모델로 그리고 캐릭터 산업으로 호황을 누리기도 한다. 이렇듯 인터넷을 통한 문학활동에 긍정적으로 참여하여 우리는 새로운 표현기법을 창출해야 한다. 음악과 음향 등의 청각적 요소, 그림과 영화 등의 시각적 요소를 가미한 좀 더 입체적인 문학의 가능성을 찾아야 할 것이다.

　이상에서 언급했듯이 오늘날 한국문학은 심각한 변화를 겪고 있으며, 그 변화는 본질적인 차원에까지 영향을 미치고 있다. 그러나 지구상의 주체는 어디까지나 우리 인간이다. 문학은 인간의 존재와 삶의 가치 추구에 그 핵심을 둔다. 문학은 인간이 자신의 외적 세계를 이해하고 자기 완성

---

[87] 플래시 애니메이션(flash animation) : 기존의 비디오 테이프를 디지털화한 영상물이나 애니메이션과 다르게, 인터넷 사이버 환경 안에서는 플래시 형태로 제작한 동영상들이 다량으로 나타나고 있다. 플래시 애니메이션이라고 부르는 이런 작품들은 특정 캐릭터와 상황, 줄거리를 가지고 연작 시리즈 형태로 제작되는 것이 많다. 유명한 작품들은 네티즌들뿐만 아니라 현실에서도 높은 지명도와 인기를 누리고 광고의 단골 모델로, 그리고 캐릭터 산업으로 호황을 누리기도 한다.

을 도모하는 그 중심에 자리하고 있는 것이다. 새로운 시대의 전개에 따라 새로운 형식과 새로운 내용의 작품들이 계속 쓰일 것이지만, 인간 존재의 본질을 탐색하고 삶과 정신의 가치를 추구하는 문학의 명제는 영원히 사라지지 않을 것이다. 더불어 시 문학 역시, 지난 시대에 대한 반성과 미래에 대한 비전 그리고 인류 문명에 대한 예리한 비판 정신으로 2000년대에 임해야 할 것이다.

4. SNS와 디카시의 대두

우리 시대 문화 예술의 새로운 패러다임은 디지털 매체의 등장으로 형성되었다. 근자에는 인터넷 사이트에서나 카페나 블로그를 통하여 정보를 축적하고 검색하던 시대를 넘어, 트위터 같은 매체를 통하여 "눈앞에 보이는 사건이나 사고를 즉석에서 영상화하여 전달"하는 이른바 SNS 시대가 열린 것이다.[88] 더구나 손 안의 컴퓨터로 일컬어지는 스마트폰의 상용화로 멀티언어(영상+문자 등)로 소통할 수 있는 환경을 맞이한 것이다. 즉, 순간 포착과 순간 소통의 영상 글쓰기가 실시간 가능한 시대가 도래했다는 것이다.

미국의 커뮤니케이션 학자인 인니스(Harold A. Innis)가 커뮤니케이션 매체와 문화의 상관 관계에 대해, "각 시대별로 새롭게 등장하는 매체는 사회·문화·정치적으로 새로운 변화를 가져온다"[89]라고 지적한 대로 매체환경의 변화에 따른 소통방식의 변화는 다양한 예술 장르에서 영향을 주었다. 디지털 시대의 특징인 멀티매체를 활용한 현상들이 그것들이

---

88 장한기, 「소셜네트워크 시대의 우리들의 자화상」, http://cafe.daum.net/LENSEclub.
89 김요한, 『디지털 시대의 문학하기』, 한국학술정보, 2007, 19~20쪽 재인용.

다. 미술의 연장선상에 있는 비디오 아트나 음악의 연장선상에 있는 뮤직 비디오, 영화의 연장선상에 있는 애니메이션 등은 비교적 일찍부터 시작된 갈래교섭적 예술 양상인 셈이다.[90] 이제 이러한 매체적 소통방식의 변화는 전통문학 갈래에까지 영향을 미치고 있다. 언제부턴가 시는 문자 예술로서의 좁은 카테고리를 넘어서고 있다. 디지털 매체의 일상화는 전통적 문자언어를 넘어 멀티언어를 활용한 시적 형상화에 이르게 하였고, 빠른 시간에 상당한 진척을 보이고 있다.

이처럼 급격한 매체 변화의 환경 속에서도 '시는 언어 예술, 곧 문자 예술'이라는 고전적 사고의 위의(威儀)는 여전하지만, 문자 예술을 넘어서고자 하는 새로운 시적 시도가 드러나고 있다.

그 대표적 양상의 중 디카詩(dica-poem)가 있다. 디카시는 이상옥 시인이 2004년 『고성 가도(固城 街道)』라는 디카시집을 출간함으로써 공론화되었다. 디카시는 자연이나 사물(모든 피사체)에서 포착한 순간의 시적 형상(날시)을 디지털카메라(스마트폰 등의 디카)로 찍어 문자로 재현하는 멀티언어(영상+문자) 예술로, 근자에 스마트폰 등에 의해 일상화된 영상 글쓰기(영상+문자)를 예술 글쓰기로 업그레이드시킨 것이다. 최근 디카시는 트위터 등에 탑재되어 순간 포착, 순간 소통이 실시간 이루어지는 소통 환경을 맞아 SNS의 새로운 시 장르로 자리 잡기 시작했다.

문자시가 '활자'라는 하나의 대상에 의존하고, 포토포엠(사진+시)이 이미지와 활자의 형태적 결합에 주력하는 것이라면, '디카시'(사진+문자)는 '활자'와 '이미지'라는 두 개의 대상을 하나의 의미적 텍스트로 완성하는 표현 양식이다. 따라서 디카시는 이미지를 통해 즉각적으로 전달되는 메시지와 활자로 재현된 의미망 사이에 폭넓은 행간을 지닌다. 그

---

90 장경기,「토탈 콘텐츠, 토탈 엔터테인먼트 속의 시」,『현대시』, 한국문연, 2001년 3월호, 55쪽.

행간의 의미를 정서적으로 창조해 내는 것이 디카시가 추구하는 예술성이다. 근자에 디카시는 트위터나 페이스북 등과 같은 소셜네트워크 미디어를 적극 활용함으로써 예술의 일상화, 일상의 예술화를 주도하는 예술 갈래로 자리 잡고 있는 것이다.

비 내리는 봄날 늦은 오후
구형 프린스는 통영 캠퍼스로 달린다
차창을 스치는 환한 슬픈 벚꽃들 아랑곳하지 않고
쭉 뻗은 고성 가도(固城 街道)의 가등은
아직 파란 눈을 켜고 있다

— 이상옥, 「고성 가도(固城 街道)」전문

이 디카시는 최초의 디카시집 『고성 가도(固城 街道)』의 표제작이다. 이 작품은 시인이 구형 프린스를 운전하고 가다가 고성 가도를 경유하며 순간적으로 포착한 장면이다. 시인은 고성터널을 막 진입하려고 하는데, 길가의 벚꽃들이 흐드러지게 피어 있는 것을 보고는 잠시 멈추어서 그 아름다운 순간을 만끽하고 싶었지만 머물 수가 없었다. 흐드러진 벚꽃들이 며칠을 견디지도 못하고 벌써 한 잎 두 잎 차도로 떨어져 내리는 그 애잔

한 풍경으로 애달파진 시인은 고성터널을 통과한다. 그러자 쭉 뻗은 고성 가도의 신호등은 아직 파란 눈을 켜면서 빨간 불이 들어오기 전에 머물지 말고 어서 통과하라고 손짓한다. 고성 가도의 파란 신호등이 환기하는 순간의 느낌은 날시(raw poem)로 드러난 것이다. 시인은 디지털카메라로 순간 포착하고 그 순간의 느낌을 문자로 재현한 것이 바로 위의 작품이다.

위의 작품은 디카시의 초기 형태이다. 근자에는 디지털카메라 내장의 스마트폰으로 트위터에 올리면 순간의 느낌을 실시간 독자들과 공유할 수 있는 진화된 SNS 소셜 소통환경 속에서 디카시는 더욱 순간 예술로서 진화하고 있다. 순간의 느낌이 날아가기 전에 순간 소통 공유함으로써 공감을 확보하는 것이기 때문에 디카시의 문자 재현은 일본의 하이쿠처럼 더욱 짧아지고 있는 것이다.

이곳에 오니 사람들 마음에서 사라진 평온함이 모여 살고 있구나
― 조정권, 「고성 앞바다」[91] 전문

---

91 『디카詩』, 도서출판 디카시, 2009년 특별호(통권 7호), 36~37쪽.

이 디카시는 '2009년 문인 초청 고성 생명환경 농업 디카시 체험 한마당'에 참가한 조정권 시인이 쓴 작품이다. 이 작품은, 행사를 마치고 경남 고성의 공룡발자국 화석이 있는 상족암 부근의 바다를 보러 나갔다가 순간적 영감으로 시적 형상을 포착하고 쓴 것이다. 상족암이 있는 고성 앞바다는 인적이 없이 잔잔하기만 했고, 평화로운 작은 집을 배경으로 두고 있어 평온함 그 자체로 여겨졌을 터이다. 서울 같은 대도시인들의 마음에서 사라진 평온함이 이곳 고성에 모여 있다는 그 시적 느낌이 바로 날시로 살아 있어, 이를 "이곳에 오니 사람들 마음에서 사라진 평온함이 모여 살고 있구나"라고 문자 재현한 것이다.

일반 문자시에서 착상은 시의 종자로서 기능하지만 디카시는 착상 자체가 소재를 넘어 한 편의 완성된 날시(raw poem)로 시인의 상상력보다는 자연의 상상력(혹은 신의 상상력)을 그대로 포착하여 옮겨 오는 방식을 취함으로써 디카시의 시인은 에이전트를 지향하는 것이다.

디카시에서 날시(raw poem)[92]은 매우 중요하다. 날시는 자연이나 사물 속에 깃든 시적 형상을 말한다. 그러니까 날시는 자연이나 사물이 스스로의 상상력, 즉 신의 상상력으로 빚은 언어화되어 있지 않을 뿐이지만 완벽한 시적 형상을 획득하고 있는 것을 말한다.[93] 따라서 디카시는 날시를 전제로 하고, 디카로 이 날시를 찍어 문자로 재현하기 때문에, 문자시

---

92 '날시' 등의 디카시의 이론적 토대에 대해서는, 이상옥의 디카시론집 『디카詩를 말한다』(시와에세이, 2007), 『앙코르 디카詩』(국학자료원, 2010) 등에서 자세히 다루었다.
93 프랑스의 '으젠느 앗제'를 '카메라의 시인'이라고 한다. 앗제는 19세기 후기부터 20세기 초까지 한 세기의 전환기에 활약한 사진가로 미국의 사진가 알프레드 스티글리츠와 더불어 현대사진의 원점으로 일컬어진다. 앗제는 당시 살롱사진가들이 머릿속에서나 그리던 시의 세계를 표현하려 했던 것과는 달리, 현실 속에 깃들어 있으면서도 우리들이 미처 보지 못했던 시의 세계를 찾아내었다. 날시는 살롱사진가가 머릿속에서 그리려고 했던 시의 세계(기존의 문자시)와는 달리, 앗제가 포착해내었던 숨어 있는 시의 세계라고 봐도 좋다. 육명심, 『세계사진가론』, 열화당, 1987, 24~26쪽.

를 전제로 하는 포토포엠과는 사뭇 다른 양상임이 드러난다.

2004년 처음 디카시가 공론화될 때만 해도 디카로 찍고 문자 재현하여, 그것을 컴퓨터를 이용하여 사이트에 올리는 방식으로 쌍방향성 실시간 소통환경을 확보하기는 힘들었다. 그러나 최근, 실시간 언제 어디서나 자유롭게 통신망에 접속하여 갖은 자료들을 주고받을 수 있는 있는 유비쿼터스 환경 속에서 스마트폰 등을 통하여 순간 포착 순간 소통하는 SNS의 도래로 디카시의 가능성은 더욱 열려 있는 것이다.

이렇듯, 이제 디카를 활용한 글쓰기는 네티즌을 중심으로 일상화되고 있다. 2007년도에 《조선일보》는 사이버 신춘문예에서 '디카로 찍은 사진과 함께 쓰는 에세이'라는 새로운 개념으로 '디카에세이'를 공모한 바 있다. 또한 2012년 '경남 고성공룡세계엑스포'에서는 태고의 상상력을 보이는 공룡과 최첨단 디지털 상상력의 디카시가 새롭게 만나는 디카시 공모전을 개최하였다. 디카가 이처럼 새로운 펜의 역할을 톡톡히 해내고 있는 추세로 문학예술에 자리매김하고 있는 것이다.

이상옥 시인이 그의 저서 『앙코르 디카詩』(국학자료원, 2010) 책머리에 쓴 말이 떠오른다. "문득 한편의 시를 만나는 경우가 있다. 이건 시인이 쓴 시라기보다 자연이 혹은 신이 쓴 혹은 선물한 시라고 하는 편이 옳다. 자연이나 사물에서 문자로 기록되어 있지 않을 뿐인, 완벽한 시의 형상을 발견하고, 저건 바로 시인데, 하고 놀랄 경우가 있다. 그걸 새로운 세대의 펜인 디카로 찍어서 영상 프레임으로 가져와서 문자로 재현하는 것, 그게 디카시다."

| 참고문헌 |

김대행 편, 『운율』, 문학과지성사, 1984.
김대행, 『한국시가구조연구』, 삼영사, 1982.
김수영, 「실험적인 문학과 정치적 자유」, 『퓨리턴의 초상』, 민음사, 1976.
김요한, 『디지털 시대의 문학하기』, 한국학술정보, 2007.
김재홍, 「이승훈론」, 『심상』 1980년 6월호.
_____, 『한국근대시사(상)』, 학연사, 1986.
_____, 『한국현대시인연구』, 일지사, 1986.
김종철, 「자기 객관화와 향수」, 『문학사상』, 1975. 3.
김준오 편, 「문학사와 패러디 시학」, 『한국 현대시와 패러디』, 현대미학사, 1996.
김준오, 『시론』, 삼지원, 1997.
김춘수, 『시론』, 송원문화사, 1973.
김태원 편, 「난장이―이후 문학인식과 포스트모던」, 『한국문화 · 사회의 상황과 후기 현대』, 현대미학사, 1994.
김현자 외, 「리듬과 음성 상징」, 『문학의 이해』, 학연사, 1994.
김현자, 『아청빛 길의 시학』, 소명, 2005.
김혜니, 『내재적 비평문학의 이론과 실제』, 푸른사상, 2005.
_____, 『외재적 비평문학의 이론과 실제』, 푸른사상, 2005.
남기혁, 『한국 현대시의 비판적 연구』, 월인, 2001.
H. Marcuse, 김현일 · 윤길순 역, 『이성과 혁명(Reason and Revolution)』, 중원문화사, 1984.
문혜원, 「조향 시의 상호텍스트성」, 『한국현대시와 전통』, 태학사, 2003.

볼프강 카이저, 김윤섭 역, 『언어예술작품론』, 대방출판사, 1984.
성기옥, 「소월시의 율격적 위상」, 『관악어문연구』 2집, 1977.
_____, 『한국시가 율격의 이론』, 새문사, 1986.
안수환, 「내인(內囚)의 세계 그 비대상」, 『현대시학』 1982년 1월호.
양왕용, 「리듬과 음악성」, 『현대시교육론』, 삼지원, 2000.
오세영, 「국경의 밤과 서사시의 문제」, 『국어국문학』, 1977.
_____, 『문학연구방법론』, 이우출판사, 1988.
_____, 『한국 근대문학론과 근대시』, 민음사, 1996.
_____, 「최승호의 「아마존의 수족관」」, 『20세기 한국 시의 표정』, 새미, 2001.
육명심, 『세계사진가론』, 열화당, 1987.
이승훈, 「메타시의 매혹과 전망」, 『한국현대시의 이해』, 집문당, 1999.
_____, 「자아와 대상의 부정—나의 시론(1)」, 『포스트모더니즘 시론』, 세계사, 1991.
장경기, 「토탈 콘텐츠, 토탈 엔터테인먼트 속의 시」, 『현대시』 2001년 3월호.
장경렬, 「컴퓨터, 인터넷, 그리고 문학」, 『21세기문학』, 2001년 여름호.
장도준, 『한국 현대시 교육론』, 국학자료원, 2003.
장한기, 「소셜네트워크 시대의 우리들의 자화상」, http://cafe.daum.net/LENSEclub.
정 광, 「한국시가의 운율연구시론」, 『응용언어학』, 서울대어학연구소, 제7권 2호, 1975.
정병욱, 「고시가 운율론 서설」, 김대행 편, 『운율』, 문학과지성사, 1984.
조동일, 『한국시가의 전통과 율격』, 한길사, 1984.
최문규, 「아방가르드 미학의 현대적 의미」, 『현대시사상』 1994년 가을호.
Linda Hutcheon, 김상구·윤여복 공역, 『패러디의 이론』, 문예출판사, 1992.
호세 오르테가 이 가세트, 박상규 역, 『예술의 비인간화』, 미진사, 1988.
홍기삼, 「한국 서사시의 실제와 가능성」, 『문학사상』, 1975. 3.
홍문표, 「행과 연 가르기」, 『시창작 강의』, 문원각, 1991.

Allex Preminger(ed.), 『Princeton Encyclopedia of Poetry and Poetics』, Princeton University Press, 1965.

C. Brooks & R. P. Warren, 『Understanding Poetry』, Holt, Rinehart & Winston, 1963.

C. D. Lewis, 『The Poetic Image』, A.W. Bain & CO. Ltd., London, 1958.

Caroline F. E. Spurgeon, 『Shakespeare's Imagery』, Cambridge Univ. press, 1958.

E. Bullough, 『Psychical Distance as Factor in Art and Aesthetic Principle』, British Journal of Psychology 5, 1912.

F. Jameson, 『Postmodernism and Consumer Society』, Hall Foster ed., The Anti Aesthetics, Bay Press, 1983.

Georges Poulet, 『Espace et Temps Mallarméms』, Etre et Pes'ee, No. 30,10, 1950.

I. A. Richards, 『Principles of Criticism』, London, Routledge & Kegan Paul, 1976.

─────────, 『Principles of Literary Criticism』, Routledge & Kegan Paul Ltd., 1964.

J. Baudrillard, 『From Symbolic Exchange & Death, from Modernism to Postmodernism』, ed,. Cahoone, Blackwell publishers, 1996.

L. Pike, 『Phonetics』, ELMA, 1965.

M. H. Abrams, 『A Glossary of Literary Terms』, Holt, Rinehart & Winston, Inc., 1971.

N. Frye, 『The Archetypes of Literature, Fables of Identity』, Harcourt Brace &World, 1963.

Norman Freidman, 『Image, Princeton Encyclopedia of Poetry and Poetics』, Alex Freminger edited, Princeton unibersity press, 1965.

P. Bürger, 『Theory of the Avant-garde』, trans. by M. Shaw, 『Theory & History of Literature』, Vol. 4, Univ. of Minnesota Press, Minneapolis, 1985.

P. Wheelwright, 『The Burning Fountain』, Indiana University press, 1959.

─────────, 『Metaphor and Reality』, Indiana University Press, 1962.

Philip Sidney, 「An Apology for Poerty」, G.G. Smith(ed), 『Elizabethan Critical Essays』, Voume I, Oxford Univ. Press, 1971.

R. Wellek & A. Warren, 『Theory of Literature』, Penguin Books Ltd., 1970.

Rebecca Price Parkin, 『The Poetic Workmanship of Alexander Pope』, Octagon Books, 1974.

S. Chatman, 『Story and Discourse-Narrative: Sturcture in Fiction and Film』, Cornell

University Press, 1980.
W. Empson, 『Seven types of ambiguity』, Penguin Books, 1965.
W. L. Guerin, etc., 「mythological and archetypal appoaches」, 『A Handbook of critical approahes to literature』, Harper & Row, 1966.
W. Y. Tindal, 『The Literay Symbol』, Indiana University Press, 1955.

| 찾아보기 |

인명

ㄱ

강우식 • 99, 265
강은교 • 245, 246
고은 • 297
고재종 • 300
공자(公子) • 13
곽재구 • 19
괴테(J. W. Goethe) • 98
구상 • 372
궤린(W. L. Guerin) • 246
그라프(G. Graff) • 367
그레이(Thomas Gray) • 122
김경린 • 350
김광균 • 110, 178, 274, 345
김광섭 • 189, 285
김기림 • 107, 108, 139, 345
김기진 • 115
김남조 • 37
김남주 • 299
김대행 • 152, 155
김동명 • 206
김동환 • 91, 310
김상옥 • 182
김석송 • 115
김소월 • 47, 51, 67, 79, 80, 129, 134, 163, 164, 279, 324
김수영 • 118, 120, 135, 229, 291, 292, 350, 351, 353, 354
김안서 • 69, 92
김억 • 51, 66
김영랑 • 17, 52, 67, 67, 166, 167, 196, 274
김영태 • 256
김용직 • 180
김종삼 • 72, 194
김준오 • 180, 369
김준태 • 34
김지하 • 27, 289, 355
김춘수 • 180, 207, 227, 258, 268, 340, 355, 357, 359, 376
김현승 • 83, 276, 298
김후란 • 99

ㄴ

노천명 • 42
뉴턴(I. Newton) • 111

ㄷ

다이치(D. Daiches) • 319

두보(杜甫) • 160
뒤샹(M. Duchamp) • 337
듀이(John Dewey) • 39

ㄹ

레이(M. Ray) • 337
로크(J. Locke) • 111
루이스(C. D. Lewis) • 175
리드(H. Read) • 106
리처즈(I. A. Richards) • 16, 125, 179, 252, 321

ㅁ

마그리트(René Magrette) • 350
마르쿠제(H. Marcuse) • 338
무카로프스키(Jan Mukarovsky) • 141

ㅂ

바슐라르(G. Bachelard) • 40
박남수 • 189, 244
박남철 • 260, 380
박두진 • 56, 168, 171

박목월 • 31, 41, 56, 164, 233, 235, 293, 300, 316
박상배 • 369, 380, 382, 383, 390, 397
박영희 • 102, 103
박완희 • 115
박용래 • 86
박은식 • 112
박인환 • 350
박재삼 • 59, 74, 241, 242
박제천 • 99
박종화 • 102
발레리(P. Valery) • 106
백대진 • 69
백석 • 24
버어질(Virgial) • 87
베를렌(P. M. Verlaine) • 114
보드리야르(J. Baudrillard) • 396
보들레르(C. Baudelaire) • 73
뷔르거(P. Bürger) • 366
브레히트(Bertolt Brecht) • 321
브룩스(C. Brooks) • 25, 243, 253, 273
브르통(A. Breton) • 338
블레이크(W. Blake) • 69
비트겐슈타인(L. Wittgenstein) • 362, 363

ㅅ

서정주 • 20, 49, 306, 383
성기옥 • 152, 164
셰익스피어(W. Shakespeare) • 98
셸리(P. B. Shelley) • 30
소크라테스 • 251
손탁(Susan Sontag) • 366
송수권 • 61, 62, 286

송찬호 • 188, 189
수켈튼(R. Skelton) • 179
쉬클로프스키(V. Shklovsky) • 138, 141
쉴레겔 형제(A. W. Schlegel & F. Schlegel) • 252, 267
스퍼젼(C. F. E. Spurgeon) • 176
시드니(P. Sidney) • 15, 175
신동엽 • 119, 120, 231, 291
신동집 • 228
신석정 • 55
신채호 • 112

ㅇ

아놀드(M. Arnold) • 69
아리스토텔레스(Aristoteles) • 14, 26, 98, 195, 199, 205
야스퍼스(K. Jaspers) • 123
야콥슨(R. Jakobson) • 283, 388
에드워드 블로흐(Edward Bullough) • 318
에드워드 사이드(Edward W. Said) • 393
에이브람스(M. H. Abrams) • 174
엘리엇(T. S. Eliot) • 12, 99, 106
엠프슨(W. Empson) • 132, 328
오규원 • 211, 215, 234, 369, 375, 376, 378, 379, 380, 384, 384
오르테가(Jose Ortega Y. Gasset) • 326
오상순 • 102
오세영 • 152
워렌(A. Warren) • 21, 126, 175, 222

워렌(R. P. Warren) • 14, 25, 253
워즈워드(W. Wordsworth) • 14, 122
웰렉(R. Wellek) • 21, 126, 175, 222
웰즈(H. W. Wells) • 179
윌리엄 깁슨(William Gibson) • 395
유리 티니아노프(Yury Tynyanov) • 141
유치환 • 207, 275
유하 • 369, 380, 384, 386
윤동주 • 217, 239, 240
융(C. G. Jung) • 243
이건청 • 99
이광수 • 112
이규보 • 13
이근배 • 99
이동주 • 58
이백 • 66
이상 • 76, 328, 340, 341
이상국 • 198
이상옥 • 404
이상화 • 102, 104, 115
이색 • 65
이승훈 • 180, 340, 360, 362, 363, 364, 369, 391
이양하 • 107
이육사 • 167
이장희 • 85, 161
이정우 • 288
이준관 • 212
이하석 • 313, 369, 394
이합 하산(Ihab Hassan) • 366, 368
이호우 • 70
인니스(Harold A. Innis) • 403

ㅈ

장경린 • 384
장만영 • 176
장정일 • 258, 262, 375, 377, 377, 380, 386, 387
장지연 • 112
전봉건 • 142, 235
정지용 • 53, 75, 169, 185, 275, 315, 345
정진규 • 99
정현종 • 294
정호승 • 80, 218, 225
제임스(W. James) • 16
제임슨(F. Jameson) • 366, 367, 381
조동일 • 152
조명희 • 115
조지훈 • 48, 56, 57
조향 • 211, 345, 346, 344, 348
졸라(E. Zola) • 114
주요한 • 102, 127

ㅊ

채트먼(Seymour Chatman) • 283
천상병 • 82, 241
최남선 • 69, 112, 113
최승호 • 140, 369

ㅋ

칸트(I. Kant) • 18, 320
크리스테바(J. Kristeva) • 374
키이츠 • 160

ㅌ

테이트(A. Tate) • 253
트로우키(touchee) • 157

ㅍ

파킨(R. P. Parkin) • 253
포우(E. A. Poe) • 15, 21
프레밍거(A. Preminger) • 180
프리드먼(N. Friedmann) • 179
플라톤(Platon) • 14, 25, 251
피들러(Leslie Fiedler) • 366
피카비아(F. Picabia) • 337

ㅎ

하버마스(Habermas) • 367
하우프트만(G. Hauptmann) • 114
하이네(H. Heine) • 114, 252
하재봉 • 369, 384, 386
한세광 • 107
한용운 • 36, 51, 51, 71, 207, 215, 275, 308
함명춘 • 124
허드슨(W.H. Hudson) • 21
헉슬리(A. L. Huxley) • 106
헤즐릿(W. Hazlitt) • 30
호머 • 264
황동규 • 239, 270
황석우 • 69, 102
황지우 • 189, 265, 266, 331, 344, 369, 375, 380, 384, 390
황진이 • 46, 155
후이센(A. Huyssen) • 366

휘트먼(W. Whitman) • 69
휠라이트(Philip Wheelwright) • 204, 210, 238
흄(T. E. Hulme) • 106

용어

ㄱ

가상 현실 • 398
각운 • 159
감각적 이미저리 • 214
감각적 이미지 • 181, 184
감관적 이미지 • 181, 183
감정 • 16
감정적 오류(affective fallacy) • 36
강약율 • 152, 153, 156
개방 연접(開放連接, open juncture) • 156
개연성(probability) • 26
개인 상징(personal symbol) • 237, 238
객관적 사물 묘사 시점 • 314
거리 • 317, 322
경험적 자아 • 318
계급주의 문학 • 117
계몽사상 • 111
계몽주의 • 111
계몽주의 문학 • 112
고저율 • 152, 158
고전 서사시(classical epic) • 87
곡언법(曲言法) • 255
공감각적 이미지 • 181, 214
관념 • 228
관찰자 • 326
광고시 • 369

구두점 • 169
구조적 아이러니(structural irony)
 • 263
구조주의 • 320
규정적 부정(determinate negation)
 • 338
극시 • 97
극적 아이러니(dramatic irony)
 • 264
기계론적 우주관 • 111
기관적 이미지(organic image) •
 183
기본 의미(primary meaning) •
 195
기지(wit) • 260
긴밀 연접(緊密連接, close juncture)
 • 156
긴장(tension) • 253

난해성 • 132, 328, 329
날시(raw poem) • 406, 407
남성운(masculine rhyme) • 161
낭만시 • 323
낭만적 아이러니(romantic irony)
 • 267
낭만주의 • 100, 105, 320
낯설게 하기(ostranenie) • 138,
 141
낯설음 • 136
내재율 • 22, 163
내포(内包) • 22
내포적 언어(connotative language)
 • 21, 126
노동시 • 370

다 • 366
다다이즘(Dadaism) • 213, 336,
 337, 341
다매체 시대 • 392
다의성 • 228
단순직유 • 196
단순은유 • 205, 207, 208
단음절(斷音節) • 155
단절의 개념 • 367
단형시조 • 149
담화 • 322
대상 언어 • 388
대조적(oppositional) • 137
댁틸(dactyl) • 157
데뻬이즈망(depaysement) 기법
 • 346
데카당스 • 101, 105
도시시 • 369
도시시론 • 369
독서 패러다임 • 399
독자 • 32
돈호법 • 216
동어반복(tautology) • 362
동일성 • 224
동화(assimilation) • 40
두운 • 160
등시적 기식율(等詩的氣息律)
 • 155
디지털 매체(digital-media) • 393
디카시 • 404

ㄹ

러시아 형식주의(Russian Formalism) • 35, 137

로만주의(魯漫主義) • 100
리듬 • 21, 144, 146, 147
리얼리티 • 398

매재(vehicle) • 195
매체(媒體, media) • 195, 392
멀티미디어 문학 • 394
메타 언어 • 388
메타시(meta-poetry) • 370, 388
메타텍스트성 • 345
메타포 • 138
모더니즘 • 345, 367, 368, 369
모라(mora) • 155
모방 • 26
모방론 • 175
모방론적 관점 • 25
모방론적 입장 • 14
모순어법(oxymoron) • 274
모음운(母音韻) • 160
목가(pastoral) • 79
목소리(voice) • 295
몽타주(montage) • 342, 382
무의미성 • 358
무의미시 • 340, 356, 360
무의미시론 • 355
무의식적 자동기술법(automatism · automatisme) • 346
묶인 이미지(tied image) • 179
문맥성 • 234
문장(sentence) • 133, 153
문학당의설(文學糖衣說) • 33
문학성(literariness) • 137
문화 • 392
미각적 이미지 • 181
미적 거리 • 320

미적 대상 • 318
미터(meter, 격조) • 64
미학 • 318
민요풍 • 67, 164
밑텍스트성 • 345

ㅂ

반미학 • 338, 339
반어(反語) • 250
발라드(ballad) • 78
방점 • 158
배제의 시(exclusive poetry) • 252
백조파 • 104, 105
변별적(differential) • 137
병치은유 • 204, 210, 213, 213, 215
보여주기 • 364
보조관념 • 183, 186, 194, 198, 202, 208, 216, 223, 229
보편성(universality) • 26
보편적 내재성(immanence) • 368
본관념 • 229
본의(本義) • 195
본체(tenor) • 195
부르주아 예술 • 339
부족한 거리 • 323
불확정 편재성(indetermanence) • 368
불확정성(indeterminacy) • 368
비대상 • 365
비대상시 • 340
비대상시론 • 360
비유 • 192, 194, 195, 197, 224
비유법 • 200

비유적 심상(metaphorical image) • 180
비유적 언어(Figurative Language) • 175
비유적 이미지(figurative image) • 179, 180, 184, 186, 187, 194
비인간화 • 327
비인간화의 시 • 326

ㅅ

사무사(思無邪) • 14
사물시(事物詩) • 315, 326
사이버 공간(cyber-space) • 395, 398
사이버 문학(cyber-literature) • 394, 396
사회문학 • 114
산문시 • 73, 77, 163, 169
3인칭 • 309
3인칭 객관적 화자 • 313
3인칭 허구적 객체 시점 • 309
상상 • 16
상상력 • 18, 194, 198
상징 • 186, 187, 222, 223, 226, 228, 232, 233, 237
상징적 대상 • 223
상징적 의미 • 223
상징적 이미지(symbolic image) • 179, 180, 186, 187
상징주의 • 101
상호텍스트성(intertextuality) • 344, 345, 348, 370, 374, 380
생소화(生疎化, defamiliarization) • 138

서사성 • 98
서사시 • 86, 99, 99
서술적 심상(descriptive image) • 180
서정시 • 39, 43, 50, 51, 62, 78, 79, 80, 81, 82, 85
성실성(sincerity) • 30
성조(聲調) • 158
소네트(sonnet) • 157
소네트(sonnet)용어 • 78
소외효과(疏外效果, alienation effects) • 321
속의 개념 • 367
수사학(rethoric) • 199
순진성의 아이러니(maive irony) • 270
스캔션(scansion) • 64
시각적 이미지 • 181
시극동인회 • 99
시어 • 122, 123, 236
시인론시 • 391
시적 거리 • 333
시적 역설 • 278
시적 자아 • 318
시적 파라독스 • 278
시적 화자 • 16, 225, 227
시점 • 304
시조 • 65
시행(詩行) • 152
신비평(The American New Criticism) • 35, 320
신비평가 • 15, 200, 252, 253
신역사주의 • 368
신체시 • 113
심리적 거리(psychical distance) • 318, 320
심상(心象) • 174

심층적 파라독스 • 275

아리스토텔레스학파(The Chicago Aristotelians) • 36
아방가르드(avant-garde) • 336, 337, 338, 342, 367 •
아방가르드 시 • 340, 346, 351
아이러니(irony) • 250, 251, 253, 254, 271
아이엠버스(iambus) • 157
악음조 • 168
알레고리 • 228, 229
암시성 • 226
압운(押韻, rhyme) • 22, 148, 149, 159, 161, 162
압축 • 25
애너피스트(anapeast) • 157
애매성(ambiguity) • 132, 328, 329
액자식 은유 • 209
액자은유 • 206
야유(sarcasm) • 255
어구 • 133
어절(語節) • 156
어조 • 295, 296
어휘 • 153
언술 • 282
언어 • 125
언어놀이 • 363
언어적 아이러니(verbal irony) • 255
에이로네이아 • 251
엘리지(elegy) • 78
여성운(feminine rhyme) • 161
역설(paradox) • 253, 255, 272

역설적 상황 • 379
연(聯) • 152
연루(involvement) • 321
예술 서사시(art epic) • 87
오우드(ode)용어 • 78
오포야즈(Opojaz) • 137
완전운(完全韻) • 161
외연(外延) • 22
외연적(denotative) • 126
운문(verse) • 146
운율 • 148, 149
운율론 • 142
운율적 언어(rhythmical language) • 21
2차적 의미(secondary meaning) • 195
원관념 • 183, 186, 194, 198, 202, 208
원전의 풍자적 모방 • 371
원전의 희극적 개작 • 371
원텍스트성 • 345
원형 상징 • 238
원형적 상징 • 243
원형적 의미 • 243
윗텍스트성 • 345
유사성(similarity) • 197, 224
유아론(solipsism) • 364
유의(喻義) • 195
유추 • 198
율격(律格, metre) • 22, 146, 148, 149, 159
율조 • 164
은유 • 175, 195, 199, 200, 204, 209, 217, 350, 350
음보(音步, foot) • 64, 152
음보격 • 166
음보수 • 154

음보율(音步律) • 149, 150, 152, 153, 154, 154
음수율(音數律) • 150, 151, 154
음지 속량(音持續量) • 154
의도적 오류(intentional) • 36
의식 세계 • 365
이미지 • 18, 174, 178, 192, 200, 214, 228, 359
이미지군(imagery) • 178, 180
이미지즘 • 110
이지(intellect) • 105
인유 • 384
인접성(contiguity) • 197
인터랙티브 픽션(interactive fiction) • 396
일상시 • 369
일상시론 • 369
일상적 담화 • 322
1인칭 시인 주체 시점 • 305, 306
1인칭 허구적 서술자 시점 • 308
입체성 • 232

자유 이미지(free image) • 179
자유시 • 68, 73, 143, 163
작가 • 32
장단율 • 152, 159
장르(genre) • 25
적당한 거리 • 330
전설음(顫舌音) • 167
전위 • 337, 366
전위 의식 • 339
전위문학 • 354
전의(轉意) • 192

전이 형상 • 181
절조(絶調) • 46
정격 운문 풍자(formal verse satire)
    • 256
정서 • 16, 17
정신 정화 작용(精神淨化作用,
카타르시스) • 33
정신적 이미지(mental image) •
    179
정조(sentiment) • 17
정한 • 46
정형시(定型詩) • 64, 73
정형율 • 165
제유(synedoche) • 217, 218, 219
조롱(mockery) • 255
조선프롤레타리아예술동맹
    (KAPF) • 115
조합(組合, combining) • 210
존재론적 역설 • 275
종교권적 상징 • 238
종속자 • 144
주도자 • 144
주시시 • 105
주의시 • 111
주정시 • 100
주제 • 296
주지(intelligence) • 105
주지시 • 106
주지주의 • 106, 107
주지주의 시 • 106
죽은 비유(dead metaphor) •
    185, 208
중각운 • 160
지각적 이미지(mental image) •
    180
지나친 거리 • 326
지배소(dominant) • 142, 144

직유 • 175, 195, 198, 199,
    204, 217
진실 • 26
집단적 상징 • 241

청록파 • 55, 58
청자 • 287, 292, 296, 305
초현실주의 • 338, 349, 366
초현실주의자 • 345
초현실주의적 기법 • 77
촉각적 이미지 • 181, 183
추상적 관념 • 326
축소법(litotes) • 255
축어적 표현(literal expression) •
    192
취의(趣意) • 195
치환은유 • 204, 205, 215, 217
침운자(侵韻字) • 161

코민테른 • 114
콜라주(collage) • 382
키치(kitsch) • 370, 383
키치 문학(kitschliteratur) • 383,
    384, 385
키치시 • 387

ㅌ

탈식민주의 • 368
탈이미지 • 358
『태서문예신보』 • 69, 102
텍스트 • 383
톤(tone) • 295

통텍스트성 • 345
퇴폐적 낭만주의 • 101
투사(projection) • 40

ㅍ

파라독스(paradox) • 250, 272
패러디(parody) • 255, 258,
    339, 345, 349, 370, 373,
    374, 377, 380
패러디적 발견 • 379
패스티쉬(pastiche) • 370, 380,
    381, 382, 383
퍼스낼리티(personality) • 321
퍼슨(person) • 283
퍼포먼스(performance) • 368
펀(pun) • 135
페르소나(persona) • 283, 308
페미니즘 • 368
평시조 • 150
포괄의 시(inclusive poetry) • 252
포르노시 • 387
포스트모더니즘(postmoder-
    nism) • 339, 366, 368, 388
포에트리(poetry) • 39
포토포엠 • 404
표시(denotation) • 22
표층적 역설 • 278
표층적 파라독스 • 274
표현론적 관점 • 28
표현론적 입장 • 14
풍자 • 256, 258, 371, 373
프랑스 상징주의 • 74
프롤레타리아 혁명 • 114
프롤레타리아(proletariat) 문학
    • 114
플롯 • 264

찾아보기 419

ㅎ

하이퍼 텍스트(hypertext) • 396
함축(connotation) • 22
함축적 화자 • 314
함축적 화자 시점 • 305, 312
해체시 • 369
행위 • 358
허구적 화자 • 323
현대시 • 163, 165, 189, 196, 388
현대시를 위한 실험 무대 • 99
현상적 화자 시점 • 305
형식론적 관점 • 35
형이상학적 기능 • 253
호음조 • 167
화자 • 284, 285, 287, 292, 296, 297, 304, 305, 307, 323
화제 • 305
확장직유 • 197, 199
확장은유 • 206
환유(metonomy) • 217, 219
활력 상징 • 238
효용론 • 14
효용론적 관점 • 32, 35
효용론적 입장 • 14
후각적 이미지 • 181
후기 낭만주의 • 102
후기 산업사회 • 369
휴지 • 170

작품

「가늘한 내음」 • 166, 167
「가시리」 • 45, 46

「가을의 기도」 • 298
「가정」 • 31, 76
「개화」 • 70
「거대한 뿌리」 • 353
「거울」 • 340
「겨울 남해에서」 • 198
「겨울 바다」 • 37
「겨울밤」 • 86
「결혼식과 장례식」 • 256
「고성 가도」 • 404
「고향」 • 53
「공무도하가」 • 44
『공화국』 • 25
「공후인」 • 44
「교감」 • 294
「교활한 닭똥집」 • 388
「구두 소리」 • 264
「구두」 • 188, 189
『구름과 장미』 • 355
『국가』 • 14
「국경의 밤」 • 91, 93, 310
「국화 옆에서」 • 383
「귀천」 • 82, 241
「그 먼 나라를 알으십니까」 • 55
「그리이스 항아리에 부치는 송가」 • 160
「금강」 • 120
「기상도」 • 108
「길잃은 사람들」 • 388
「김씨의 옆얼굴」 • 313
「깃발」 • 275
「껍데기는 가라」 • 118, 119, 231
「꽃」 • 258, 376, 376
「꽃을 위한 서시」 • 227
『꽃의 소묘』 • 355
「'꽃'의 패로디」 • 375

ㄴ

「나그네」 • 41, 43
「나는 바퀴를 보면 굴리고 싶어진다」 • 239
「나의 침실로」 • 104
「나의 하나님」 • 207, 208
「낙동강」 • 115
「날개」 • 340
「내 마음은」 • 206
「내 마음」 • 208
「너는 누구인가」 • 362
「너를 기다리는 동안」 • 331, 333
「네거리의 순이」 • 116
「NO MERCY」 • 388
「누가 하늘을 보았다 하는가」 • 291
「눈」 • 135, 291, 292
『뉴로맨서』 • 395
『님의 침묵』 • 36, 71, 207, 275

ㄷ

「다음 진술들 가운데 버블란트 러셀경의 '확정적 기술'을 포함하고 있는 것은」 • 375
「달·포도·잎사귀」 • 176
「담배를 피우는 이승훈 씨」 • 391
『당신의 방』 • 361
『대화』 • 251
「도대체 시란 무엇인가」 • 390
「도산십이곡」 • 154
「돌 6」 • 235
「돌담에 속삭이는 햇발같이」 • 67, 196
『동국이상국집』 • 89

「동명왕편」• 89, 91
「동백잎에 빛나는 마음」• 52
『동인시화』• 13
「동지달 기나긴 밤을」• 46
「동천」• 20
「디멘쉬어 프리콕스의 푸르른 산수」• 348
「땡감에게」• 130, 131
「또 기다리는 편지」• 80

ㄹ

「라디오와 같이 사랑을 끄고 켤 수 있다면」• 258, 375

ㅁ

「만물은 흔들리면서」• 234
「말1」• 185
「머슴 대길이」• 297
「먼 후일」• 279
「모란이 피기까지는」• 274
「무림일기 1」• 386
「무위」• 235
「문학 비평의 원리」• 125
『문학연구서설』• 21
『문학의 이론』• 21, 126
『문화와 제국주의』• 393
「물구나무선 세모꼴의 서정」• 346, 347
「미끄럼대」• 142, 144
『미적 판단력 비판』• 320

ㅂ

「바느질」• 60
「바다 有無」• 390, 391

「바다 · 1」• 169, 170
「바다와 나비」• 139
「바다의 층계」• 211
「바위」• 207
「밖」• 394
「배드룸 윈도우」• 388
「백설이 자자진 골에」• 65
『백조』• 102, 115
「버라이어티 쇼, 1984」• 388
「벨런스」• 233
「벽 · 3」• 344
「복종」• 308
「봄은 고양이로다」• 85, 161
「부다페스트에서의 소녀의 죽음」• 355
「부활」• 383
「부흥이 우는 밤」• 212
「북치는 소년」• 72, 73, 194
「분수」• 268
「불국사」• 316
「비단 안개」• 134
「비디오/TV는 숨을 쉰다」• 386
「비디오/콤팩트디스크」• 388

ㅅ

「SARA DE ESPERA(抄)」• 347
「사슴」• 42, 43
「사평역에서」• 19
「사향」• 182
『사화시집』• 114
「산」• 79
「산문에 기대어」• 61
「산역」• 60
「산유화」• 67, 163, 164
「산중문답」• 66

「산중여관 1」• 124
「삼수갑산」• 66
「상황」• 372, 374
「새」• 189
「새들도 세상을 뜨는구나」• 189
「새로운 도시와 시민들의 합창」• 350
「새영화」• 388
「色色」• 388
「서경」• 13
「서경별곡」• 154
「徐伐, 셔블, 셔블, 서울, SEOUL」• 384
『서사건국지』• 112
「서사연극」• 321
「서시」• 239, 240
「서정시가집서문」• 14
「서정시집」• 122
「서쪽 숲의 나무들」• 211
「석문」• 48
『석보상절』• 88
「線에關한覺書 3」• 341
「성북동 비둘기」• 189
「성호 부근」• 178
『소년』• 113
「소묘 1」• 265
「소파 두 번째의 편지 단편」• 383
「수수께끼」• 260
「수정가」• 74
「순수이성비판」• 18
「순전」• 13
「쉬인」• 262
「슬픈 족속」• 217
「슬픔이 기쁨에게」• 225
「승무」• 57

찾아보기 *421*

「시문학」• 51, 54
「시의 옹호」• 30
「시의 원리」• 21
「시의 이해」• 14, 25
「시인부락」• 54, 110
「시학」• 14, 98, 200, 205
「신부」• 49
「심인」• 265, 266

ㅇ

「아리랑」• 165
「아마존 수족관」• 140
「아이들 놀이」• 270
「아침 이미지」• 244
「앉은뱅이꽃의 노래」• 288
「애국부인전」• 112
『애매성의 일곱 가지 유형』• 132
「앵적가」• 355
「어느 날의 지구의 밤」• 348, 349
「어느날 古宮을 나오면서」• 351
「어져 내일이야」• 155
「H씨의 주문」• 348
「여승」• 24
『영국시인론』• 30
「영등포 수첩」• 397
『예지』• 114
「오감도－시제1호」• 328
『오디세이아』• 264
「오렌지」• 228
「오매 단풍 들것네」• 17
「오백 년 도읍지」• 151
『오이디푸스 왕』• 264
「오적가」• 355
「와사등」• 274

「외인촌」• 110
「용비어천가」• 88, 158
「우리 오빠와 화로」• 311
「우리가 물이 되어」• 245, 246
「우리들 서울의 빵과 사랑」• 218
「우리들의 가을밤」• 364
「우리집」• 127
『운수 좋은 날』• 264
「울음이 타는 가을 강」• 59
「월광으로 짠 병실」• 103, 104
「월인천강지곡」• 88
「웨스트민스터 다리 위에서」• 273
「유리창 1」• 275
「윤사월」• 164, 165
「윤전기와 사층집」• 339
「을지문덕」• 112
「의미와 무의미」• 355
「이별가」• 300
「이별에게」• 276
「인동차」• 315

ㅈ

「자연계」• 33
「자오선」• 110
「자화상」• 306
「잘 빚어진 항아리」• 273
「장미촌」• 102
「장수산1」• 75
「저 혼자 가는 봄날의 이야기」• 300
「저녁에」• 285
「적막한 바닷가」• 286
「절정」• 167, 168
「접동새」• 129

「정읍사」• 151
「제라늄, 1988, 신화」• 385
「제왕운기」• 90
「조선시단의 발족점과 자유시」• 69
「조선지광」• 116
「지구와 빡테리아」• 339
「진달래꽃」• 47, 163

ㅊ

「찬송」• 215
「참깨를 털면서」• 34
「창조」• 102
『처용단장』• 355, 356, 357, 359
「1950년대의 사면」• 347
「청노루」• 293, 294
「청록집」• 56
「청산도」• 171
「청산별곡」• 151
「초혼」• 324, 325
「춘망」• 160
『춘향전』• 74, 264

ㅌ

「타는 목마름으로」• 27, 289
「타령조 · 기타」• 355
「타령조」• 355

ㅍ

「파리애마」• 387
『파리의 우수』• 73
『파우스트』• 98
「판단력 비판」• 18
『폐허』• 101, 102, 115

「풀」• 118, 120, 229
『퓨리턴의 초상』• 354
「프란츠 카프카」• 378
「프랑스 시단」• 69
「프로이트식 치료를 받는 여교 사 9」• 388
「플라타너스」• 83

ㅎ

「하늘수박」• 359
『한국문학』• 373
「함께 가자 우리 이 길을」• 299
「해에서 소년에게」• 113
「해」• 168
「햄버거를 먹는 남자」• 386, 387
『현대시』• 360
「현상실험」• 215
「흥부 부부상」• 241, 242
「희시 3」• 382, 283